Windows 2000 Active Directory

Windows 2000 Active Directory

edgar brovik
doug hanger
william c. wade

new technology

Markt+Technik Verlag

Die Deutsche Bibliothek – CIP-Einheitsaufnahme

Ein Titeldatensatz für diese Publikation ist bei
der Deutschen Bibliothek erhältlich.

Autorisierte Übersetzung der amerikanischen Originalausgabe:
Web Database Development for Windows Platforms © 1999 by Prentice Hall

Umwelthinweis:
Dieses Buch wurde auf chlorfrei gebleichtem Papier gedruckt.
Die Einschrumpffolie – zum Schmutz vor Verschmutzung – ist aus umweltverträglichem und recyclingfähigem PE-Material.

10 9 8 7 6 5 4 3 2 1

03 02 01 00

ISBN 3-8272-5747-6

ein Imprint der Pearson Education Deutschland GmbH,
Martin-Kollar-Straße 10–12, D 81829 München/Germany

Übersetzung: Christian Alkemper, Clemens Vargas
Lektorat: Angelika Ritthaler, aritthaler@pearson.de
Herstellung: Ulrike Hempel, uhempel@pearson.de
Satz: reemers publishing services gmbh i. Gr., Krefeld
Druck und Verarbeitung: Schoder Druck, Gersthofen
Printed in Germany

Inhaltsverzeichnis

Einleitung

Willkommen zu *Windows 2000 Active Directory* aus der Buchreihe *new technology*, einem Buch, das geschrieben wurde, um Ihnen die Informationen zu vermitteln, die Sie benötigen, um mit den Vorbereitungen auf Windows 2000 Active Directory beginnen zu können. Ihr Active-Directory-Projekt wird sich auf zahlreiche Aspekte Ihrer Organisation auswirken, denn es vereinigt verschiedene Technologien zu einer einheitlichen Verzeichnislösung. In welchem Umfang Active Directory in Ihrer Organisation eine Rolle spielen wird, hängt von Ihrem Tätigkeitsfeld und Ihren technischen Anforderungen ab. Dieses Buch soll Ihnen helfen, diese Anforderungen zu identifizieren und mit den Funktionalitäten von Active Directory umzusetzen. Nach Feststellung der Anforderungen werden Ihnen die einzelnen Kapitel dieses Buches dabei behilflich sein, Active Directory so zu strukturieren, dass Ihre Ansprüche voll und ganz erfüllt werden.

Das Buch ist in drei Teile gegliedert: Teil 1, »Einführung und Übersicht«, Teil 2, »Planung«, und Teil 3, »Implementierung«. Obwohl dieses Buch so aufgebaut ist, dass Sie es von Anfang bis Ende durchlesen können, lässt der Aufbau dieser drei Hauptteile wie auch jedes einzelne Kapitel ein gezieltes Suchen der Informationen zu, die Sie gerade dringend benötigen.

Für wen ist dieses Buch?

Dieses Buch wurde speziell für Systemarchitekten verfasst, die mit Windows NT bereits vertraut sind. Es wird vorausgesetzt, dass Begriffe wie Domänen, Vertrauensstellungen und Namespace dem Leser geläufig sind und er über Erfahrungen mit Internettechnologien verfügt. Das Buch richtet sich demnach nicht an Interessierte, die erfahren wollen, wie eine Active-Directory-Umgebung erstellt und verwaltet wird.

Ferner legt das Buch den inhaltlichen Schwerpunkt auf mittelgroße bis große Organisationen mit 1.000 und mehr Arbeitsplatz-PCs. Viele der Strukturaspekte, die hier angesprochen werden, sind auf kleinere Organisationen nicht anwendbar.

Was finde ich in diesem Buch?

Das Buch enthält Informationen, die zur Vorbereitung auf die Migration zu Active Directory, zum Aufbau einer geeigneten Verzeichnisstruktur und schließlich zur Implementierung dieser Struktur in Ihrer Organisation dienen. Es handelt sich also nicht um ein Erklärungswerk zu Active Directory und auch nicht um eine Referenz, die all die Eigenschaftsseiten und die verschiedenen Benutzeroberflächen von Active Directory beschreibt. Es wurde auch nicht für Einsteiger konzipiert, die mit Windows NT oder Windows 2000 nicht vertraut sind.

Damit das Buch leichter zu lesen ist, haben wir eine Informationsstruktur erstellt und die Kapitel in drei große Sektionen unterteilt:

Teil 1: Einführung und Überblick

Dieser Teil des Buches enthält fünf Kapitel, die eine Übersicht über die zu unternehmenden Schritte und die Themen bieten, die vor Beginn des Planungsprozesses zur Active-Directory-Implementierung berücksichtigt werden müssen. Kapitel 1, »Wie sich Active Directory auf Ihr Unternehmen auswirkt«, bietet einen Überblick über das Thema. Kapitel 2, »Active Directory – was ist das?«, beinhaltet eine kleine Einführung in die Terminologie und die Begriffe, die in diesem Buch verwendet werden; Leser, die bereits mit Windows 2000 und Active Directory vertraut sind, können dieses Kapitel ohne weiteres überspringen. Kapitel 3, »Das Active Directory als Metaverzeichnis«, erläutert die verschiedenen Ansätze zur Verwendung von Active Directory als Metaverzeichnis und zeigt, was ein Metaverzeichnis eigentlich ist. Kapitel 4, »Anforderungen definieren und erfüllen«, listet alle möglichen Anforderungen in einer Organisation auf, die identifiziert werden müssen, bevor die Planung des Active Directory beginnen kann. Kapitel 5, »Der Projektrahmen«, soll dem Leser bei der Einschätzung des Aufwands behilflich sein, der für die Entwicklung einer Active-Directory-Architektur notwendig ist.

Teil 2: Planung

In diesem Teil des Buches sind sechs Kapitel enthalten, anhand derer Sie die einzelnen Schritte bei der Entwicklung Ihrer Umgebung nachvollziehen können. Die Kapitel sind nicht als eine Art »Kochbuch« anzusehen, sondern umreißen die Hauptkomponenten und die notwendigen Betrachtungen für Ihre Umgebungsstruktur. Kapitel 6, »Planung von Koexistenzstrategien«, setzt da an, wo auch die meisten Active-Directory-Installationen starten – mit Überlegungen zur Koexistenz der verschiedenen vorhandenen Verzeichnisstrukturen mit Active Directory. Kapitel 7, »Aufbau der Domänenstruktur unter Windows 2000«, widmet sich der Erstellung des Namespaces. Dieses Kapitel ist das wahrscheinlich ergiebigste bei den zentralen Betrachtungen über Active Directory, da der Namespace eines der Hauptmerkmale des erfolgreichen Active-Directory-Einsatzes ist. Kapitel 8, »Entwurf des DNS-Namespace«, befasst sich mit der DNS-Integration und deren Auswirkungen auf Active Directory. Kapitel 9, »Gruppenrichtlinien«, zeigt die Verwendung von Gruppenrichtlinien, die ein wesentliches Merkmal von Active Directory sind und außerdem einen der wichtigsten Gründe für die Migration von Windows NT auf Windows 2000 darstellen. Kapitel 10, »Die physikalische Topologie: Standorte und Replikation«, erläutert den Einfluss der physikalischen Topologie auf den Aufbau von Standorten und die Replikation in Active Directory. Kapitel 11, »Active Directory und die Skalierbarkeit«, stellt Betrachtungen über die Skalierbarkeit Ihrer Active-Directory-Struktur an.

Teil 3: Implementierung

Der letzte Teil des Buches zeigt Ihnen, wie Sie Ihre strukturellen Überlegungen in die praktische Realität umsetzen. Auf eine gewisse Weise kann dies die anspruchsvollste Phase sein. Sie erfordert die Entwicklung eines Implementierungsplans für die Übertragung Ihrer Active-Directory-Struktur in einen fassbaren Aspekt der Computerumgebung Ihrer Organisation. Kapitel 12, »Arbeitsplatz-PCs verwalten«, nennt die vielen Gesichtspunkte, die bei der Entwicklung eines Plans zur Kontrolle von Arbeitsplatz-PCs mit Hilfe von Active Directory berücksichtigt werden müssen. Kapitel 13, »Entwicklung einer Verwaltungsstrategie«, Kapitel 14, »Die Netzwerkdienste von Windows 2000«, Kapitel 15, »Entwerfen einer Sicherheitsstrategie für das Netzwerk« und Kapitel 16, »Entwicklung einer Lösung für den Fernzugriff« zeigen die substanziellen Fähigkeiten von Active Directory, z.B. Flexibilität bei der Administration, zentrale Netzwerkdienste, Sicherheit und Fernzugriff.

Die Erstellung eines Plans wird in Kapitel 17, »Entwicklung eines Implementierungsplans«, behandelt. Microsoft Exchange 2000 ist bereits eine der Anwendungen, die viele von der Migration auf Windows 2000 und Active Directory überzeugen wird; Kapitel 18, »Windows 2000 und Exchange 5.5«, beschreibt deswegen die Koexistenz von Active Directory und Exchange 5.5 vor der Umstellung auf Exchange 2000. Kapitel 19, »Scripting mit dem Active Directory«, zeigt die Scripting-Fähigkeiten von Active Directory, mit denen die Administration von Active Directory und Ihrer Windows-2000-Umgebung vereinfacht werden kann. Kapitel 20, »Namespace-Szenarien für die Implementierung«, listet die Hauptaspekte auf, die bei der Implementierung einer Active-Directory-Organisationshierarchie mit einzubeziehen sind. Der Aufbau eines Testfeldes für die Active-Directory-Struktur wird in Kapitel 21, »Testfeld erstellen«, erläutert. Schließlich zeigt Kapitel 22, »Windows NT 4.0 aktualisieren«, wie man bei der Implementierung von Active Directory taktisch vorgehen kann.

Wie verwende ich dieses Buch?

Es gibt eine ganze Reihe von Möglichkeiten, dieses Buch zu benutzen. Wenn Ihre Erfahrung mit Windows 2000 oder Active Directory begrenzt ist, werden Sie optimal davon profitieren, wenn Sie es Kapitel für Kapitel durcharbeiten.

Haben Sie bereits mit frühen Versionen von Windows 2000 und Active Directory Erfahrungen gemacht, dann sollten Sie jene Kapitel suchen, die Sie interessieren und diese dann nach Belieben in Angriff nehmen. Wenn Sie allerdings bereits Experte in Sachen Windows 2000 sind, dann empfehlen wir Ihnen, mit Hilfe des Inhaltsverzeichnisses und des Registers systematisch nach Themen zu suchen und Ihr Wissen gezielt zu vertiefen.

Wir, die Autoren, begrüßen alle Kommentare, Kritik und kostenlosen Ratschläge, die Sie im Zusammenhang mit dem Buch haben. Sie erreichen uns via E-Mail unter *author@wadeware.net*. Wir hoffen, dass Sie mit dem Buch viel Spaß haben und hier all die technischen Informationen finden, die Sie benötigen, um ein erfolgreiches Active Directory in Ihrer Organisation zu implementieren.

Teil I

Einführung und Überblick

Kapitel 1

Wie sich Active Directory auf Ihr Unternehmen auswirkt

Heutzutage arbeiten die meisten Organisationen auf der Basis mehrerer Verzeichnisse. Es gibt ein Personalverzeichnis, ein Telefonverzeichnis – in gedruckter *und* elektronischer Form – und ein E-Mail-Verzeichnis. All diese Verzeichnisse werden normalerweise von verschiedenen Gruppen verwaltet und gepflegt, wodurch sichergestellt ist, dass sie keinesfalls auf dem gleichen Stand sind.

Obwohl mehrere Verzeichnisse in Unternehmen gängige Praxis sind, verspricht die Konsolidierung des Datenbestandes in einem einzigen Verzeichnis größere Genauigkeit, erhöhte Produktivität bei der Arbeit mit Verzeichnissen und eine weitaus effektivere Verzeichnisverwaltung. Microsoft hat mit dem *Active Directory* eine überzeugende Technologie vorgestellt, mit der all diese Ziele verwirklicht werden können.

In diesem Kapitel soll gezeigt werden, wie Active Directory sich in Ihrer Organisation auswirkt. Wenn Sie Ihre Organisation betrachten, gibt es zwei mögliche Sichtweisen. Das Active Directory kann aus der Sicht des Administrators und Entwicklers oder aus der Sicht der IT-Abteilung betrachtet werden. Diese zweite Sichtweise ist die des Endbenutzers. Das Kapitel beschreibt die Auswirkungen des Active Directory auf Einzelpersonen und Gruppen in Ihrer Organisation – d.h. Ihre Kunden. Ferner werden Empfehlungen gegeben, welche Konsequenzen sich aus dem Active Directory für die IT-Abteilung Ihres Unternehmens ergeben sollten.

1.1 Der Kunde – Auswirkungen von Active Directory auf die Benutzer

Active Directory ist für die meisten Organisationen ein neues Paradigma. Heutzutage führen Unternehmen Listen über alles mögliche, von Telefonnummern über Bücher bis hin zum Inventar. Jetzt, wo es objektorientierte Strukturen und die zugehörige Technologie gibt, versuchen Entwickler und Systemanalysten Anwendungen zu erstellen, die enger an die reale Welt angelehnt sind. Sie hoffen, dass die Wartung und mögliche Modifikation der Anwendung durch Anpassungen erleichtert wird, die sich an der Wirklichkeit orientieren. Active Directory basiert auf objektorientierter Technik und kann dadurch die intuitive Aufnahme von Informationen reflektieren – d.h. die Art und Weise, wie Informationen in der Wirklichkeit wahrgenommen werden.

Statt sich durch Listen und zahlreiche Ressourcen zu wühlen, möchte ein Endbenutzer vielleicht lieber in einem Verzeichnisbaum nachsehen, ob es jemanden in Hannover gibt, der Mitglied der Finanzabteilung ist. Kein Problem mit Active Directory: Als Endbenutzer kann man den Baum von oben nach unten, beginnend mit Deutschland über Niedersachsen bis hin zum Standort Hannover, abarbeiten, die dortige Finanzabteilung betrachten und aus dieser vergleichsweise kurzen Liste die gewünschte Person auswählen. Alternativ kann man auch die Administration des Unternehmens nach der Finanzabteilung durchsuchen und dann feststellen, welche Personen dieser Abteilung nun in Hannover sitzen. Jeder dieser

Navigationsprozesse repräsentiert eine andere Sichtweise der »Welt«. Der Aufbau Ihres Active-Directory-Baums und die Art und Weise, wie der Endbenutzer die Wirklichkeit sieht, bestimmen, wie schnell der Benutzer den Active-Directory-Baum durchquert und das Gesuchte gefunden hat. Im besten Fall führen der Aufbau und ein gutes Verständnis der vorgesehenen Benutzergemeinde zu einem Active Directory, das auf den Endbenutzer intuitiv wirkt.

1.1.1 Alles am selben Fleck

Active Directory erlaubt das Auffinden aller Informationen an einem einzigen Standort. Anstatt zwischen einzelnen Informationsquellen hin- und herzuwechseln, stellt Active Directory den einzigen Ausgangspunkt für Verzeichnisinformationen in Ihrem Unternehmen dar.

Und wie hilft das dem Anwender in der modernen EDV? Nun, statt vieler Suchwerkzeuge wird nur noch ein einziges Tool verwendet. Schauen wir uns eine konventionelle Implementierung an, so stellen wir fest, dass

- Dateisysteme mit dem Explorer durchsucht werden,
- Microsoft Exchange zur Verwaltung der Empfängernamen dient,
- Ressourcen (wie beispielsweise Drucker) über den Explorer aufgerufen werden,
- WINS für die NetBios-Namensregulierung verwendet wird,
- wir Informationen über lokale und ferne Ressourcen über DNS-Server (Domain Name Service) suchen.

Der Vorteil von Active Directory liegt darin, dass sich der Verzeichnisbaum mit einem einzigen Werkzeug durchsuchen lässt und all diese Ressourcen direkt identifiziert werden können. Das Unternehmen wird nur noch aus einem einzigen Blickwinkel betrachtet.

1.1.2 Auswirkungen in der IT-Abteilung

In der Regel werden die Aufgaben diverser Verzeichnisdienste innerhalb einer Organisation durch mehrere Stellen verwaltet und diese Verwaltungen weisen eine gewisse Formenvielfalt auf. Es ist eine Tatsache, dass bei dieser konventionellen Art der Verwaltung praktisch jedes der genannten Verzeichnisse auf einer anderen Technologie basiert. Um all diese Verzeichnisse verwalten zu können, muss man eine Vielzahl von Technologien kennen. Dieses Dilemma führt fast zwangsläufig zu einer Flut von Verzeichnissystemen – es gibt keine einzige verwendete Technologie, die alle Bedürfnisse befriedigt; bis jetzt – denn jetzt gibt es Active Directory.

In einem typischen Szenario gibt es Netzwerkadministratoren. Deren Aufgabe ist es, Daten zu den Netzwerkressourcen hinzuzufügen, zu löschen oder anderweitig zu modifizieren. Netzwerkadministratoren verwenden wahlweise ein Tool, welches speziell auf die Bedürfnisse des Netzwerks zugeschnitten ist, oder ein angepasstes Script. Auch für die Verwaltung der E-Mails gibt es einen Verantwortlichen, der seinerseits Benutzer zum E-Mail-Verzeichnis hinzufügt, aus diesem entfernt oder ihre Daten ändert. Der E-Mail-Administrator verwendet ein Tool, das ebenfalls speziell für das E-Mail-System entwickelt wurde (siehe auch Tabelle 1.1).

Verzeichnis	Notwendige Kenntnisse
Netzwerkadministration	Sachkenntnis über das Betriebssystem des Netzwerks und das Administrationswerkzeug für das Netzwerk. Überblick über die Infrastruktur des Netzwerks und die Benutzerattribute. Kenntnisse in der Scripterstellung für Netzwerk-Logins
E-Mail-Verzeichnis	Erfahrung mit dem Administrationswerkzeug für E-Mail-Verzeichnisse. Kenntnisse über die Prinzipien der Nachrichtenübertragung
Internetverzeichnis	Kenntnisse in HTML, FrontPage 98 oder Word 2000. Fähigkeit der Erstellung von Internetseiten mit Verweisen

Tab. 1.1: Verzeichnisse und notwendige Kenntnisse

Bereits ein kurzer Blick auf die Tabelle zeigt, dass es hinsichtlich der Kenntnisse, die für die vergleichsweise einfachen Verzeichnissysteme notwendig sind, keinerlei Übereinstimmungen gibt. Leider würde die Abstimmung all dieser Umgebungen heutzutage Expertenwissen über eine Vielzahl von Tools erfordern. Hätte man hingegen ein einziges Tool, mit dem alle diese Verzeichnisse administriert werden könnten, so fände die Verschiebung aller Daten in ein einziges Verzeichnis mit Sicherheit viel Beifall. Active Directory stellt eine Umgebung zur Integration verschiedenster Prämissen von Verzeichnissen bereit – Sie brauchen nur noch ein einziges Tool zur Verwaltung Ihrer Umgebung.

1.2 Administration

Leider arbeiten Administratoren an einer nie endenden Aufgabe und der Arbeitsaufwand ist stets unbestimmt. Manchmal sind wochenlang keine Änderungen vorzunehmen, dann wieder sind es hundert an einem Tag. Die Herausforderung währt ewig und mit gutem Willen könnte man das Verzeichnis als Ressource betrachten, nicht jedoch als eine akkurate Quelle für Verzeichnisdaten. Aus diesem Grunde erstellen sich verschiedene Administratoren ihr eigenes Verzeichnis. Überall auf den Arbeitsplatz-PCs dieser Welt findet man Excel-Arbeitsblätter mit Informationsuntermengen. Dabei erhielte man im Idealfall die gesamte benötigte Information doch einfach als Resultat einer einfachen Abfrage eines übergeordneten Verzeichnisses.

Der beschriebene Fall hat allerdings eine dreifache Auswirkung auf Ihr Unternehmen:

- **Doppelter Aufwand:** Mitarbeiter des Unternehmens geben dieselbe Information in mehrfacher Ausfertigung ein.
- **Die verfügbare Information wird nicht konsequent als Ressource verwendet:** Verzeichnisse werden mit Misstrauen betrachtet. Da es verschiedene Quellen mit unterschiedlicher Aktualisierungshäufigkeit gibt, sind die vorhandenen Daten offensichtlich mit Regelmäßigkeit veraltet.
- **Das Verzeichnis wird nicht als Unternehmensdienst und deswegen nicht übergreifend von Anwendungen, Benutzern, Kunden und Partnern verwendet:** Weitere indirekt kompromittierte Faktoren sind die Unternehmenssicherheit und das zu Grunde liegende Netzwerk.

Viele Verzeichnisse tragen zu vielen Datenquellen bei. Mit zahlreichen Kopien ähnlicher Informationen und ohne zentrale Steuerung stellen diese Datenquellen nur einen Kompromiss dar, der zu weiteren Kompromissen führen muss. Auch würde eine Reduzierung der Aktivitäten bei der Suche von Verzeichnisinformationen das Netzwerk deutlich entlasten.

Vor Einführung der horizontalen Anwendungsnutzung in Unternehmen erfüllten die meisten Anwendungen abteilungsspezifische Aufgaben. Das Rechnungswesen hatte eine Buchführungsanwendung; Mitarbeiter, die Informationen über die Buchführung anfragten, erhielten Berichte, die von den Anwendungen erstellt und typischerweise in gedruckter Form geliefert wurden. Verwaltung und Benutzer solcher Systeme befanden sich in der Regel in der entsprechenden Abteilung. Für den Abteilungseinsatz wurden spezielle Systeme mit eigener Hard- und Software und später auch kleinen LANs entwickelt.

Der erste horizontale Technologie-Einsatz betraf das Telefon, gefolgt von Mainframe-Anwendungsdiensten (z.B. E-Mail). Etwas später gab es die LANs, die miteinander verbunden waren, und kurz darauf umfangreichere E-Mail-Systeme mit »Postämtern« an verschiedenen Standorten. Natürlich hatten diese Systeme Auswirkungen auf die Netzwerke, denn Mitteilungen und Verzeichnisinformationen wurden hin und her gesendet. Für jedes der Systeme wurden Mitarbeiter benötigt, die sich zentral um Aufbau, Verwaltung, Einsatz und Support für die Systeme kümmerten. Natürlich könnte man nun einwenden, dass dies nicht für die frühe E-Mail-Integration gelte, denn die Netzwerkadministratoren arbeiteten dezentral miteinander, um E-Mails innerhalb des gesamten Unternehmens versenden zu können. Allerdings ist ein solches System nur teilweise effektiv, denn das

Verzeichnis wurde niemals synchronisiert, wodurch der Bedarf an einem einheitlichen E-Mail-System erst entstand. So ähnlich verhält es sich auch, wie bereits beschrieben, mit anderen Verzeichnissen – es gibt heute sehr viele unverträgliche Systeme. Active Directory ist die Möglichkeit, auf ein einziges System zu migrieren.

Mit der Implementierung von Active Directory stellt Microsoft nun einen weiteren horizontalen und unternehmensübergreifenden Dienst vor. Der Effekt auf die Organisation ähnelt dem der Einführung von Telefonsystemen, Netzwerken, E-Mail-Systemen, und doch sind die Auswirkungen wahrscheinlich stärker. Wie bereits erwähnt, ist die Integration von Anwendungen Grundvoraussetzung dafür, dass das Versprechen eines unternehmensweiten Verzeichnisses gehalten werden kann. Dafür werden Fachkenntnisse über Entwicklung und Integration benötigt. Zur Verzeichnisverwaltung benötigt das Unternehmen administratives Fachwissen; ohne eine Unternehmenspolitik, die die Administration unterstützt, und entsprechende Prozesse kann ein solches System nicht effektiv genutzt werden.

1.3 Funktionen

Active Directory hat auf die Organisation große Auswirkungen. Ähnlich wie die frühen LAN/WAN-Strukturen zur Unternehmensvernetzung ist auch Active Directory ein horizontaler Dienst, der das gesamte Unternehmen durchdringt und von manchen Benutzern möglicherweise unwissentlich verwendet wird.

Um diesen neuen Dienst zu unterstützen, sollte eine neue Gruppe zusammengestellt werden. Zwar könnte man argumentieren, dass Verzeichnisdienste nichts anderes seien als eine Erweiterung des vorhandenen Netzwerks, tatsächlich aber ist die Umstellung auf Active Directory eine einschneidende Maßnahme und Microsofts Implementierung stellt hohe Anforderungen hinsichtlich der Integration einer Vielzahl von Diensten; einige dieser Anforderungen könnten die Fähigkeiten des typischen Netzwerkadministrators übersteigen.

Es gibt noch einen zweiten Grund für den Aufbau einer neuen Gruppe in Ihrem Unternehmen, denn es könnte sein, dass das Verzeichnis zwar implementiert, aber *nicht* optimal genutzt wird. Mit der Beauftragung einer neuen Gruppe, die für das Verzeichnis verantwortlich ist, bekommen Sie eine treibende Kraft bei der Fürsprache für den Einsatz des Verzeichnisses sowie Vorbilder für die Anwendungsimplementierung des Verzeichnisses und die Entwicklung von Richtlinien und Prozessen, die zur Etablierung dieser Technologie notwendig sind. Es wäre viel zu einfach, mit Active Directory frühe Verzeichnisdienste imitieren zu wollen, die die Anforderungen an ein einfaches Repository für Datei- und Druckdienstverzeichnisse erfüllen sollten. Die Zielsetzung bei der Implementierung von Active Directory ist es, dem Verzeichnis, welches in vielerlei Hinsicht durch die Rechnerumgebung genutzt wird, einen Wert zu verleihen, der Organisations- und Unternehmensziele durchzusetzen hilft.

Die Gründung einer neuen Gruppe bedingt auch die klare Definition von Funktionen. Diese müssen mit dem Ziel der Integration definiert werden. Funktionen können so definiert sein, dass sie in größeren Institutionen von einer Gruppe von vielleicht drei Mitarbeitern wahrgenommen werden, während sie bei kleinen Organisationen mit anderen Verzeichnisdienstfunktionen kombiniert eine einzige Position darstellen. Dieser Abschnitt soll den Bedarf an speziellen Funktionen bei der Verwaltung des Verzeichnisses und die Beziehungen zu vorhandenen Funktionen in den meisten Unternehmen und Rechenzentren aufzeigen

Zunächst werden die Funktionen und Verantwortlichkeiten beschrieben, gefolgt von einem Beispiel in einem fiktiven Unternehmen.

1.3.1 Verzeichnisdienstmanager/-leiter

Je nach Größe der betroffenen Organisation sollte wahlweise der Posten eines Verzeichnisdienstmanagers oder eines Verzeichnisdienstleiters geschaffen werden. Der Verzeichnisdienstmanager ist die zentrale Anlaufstelle für alle Fragen hinsichtlich der Implementierung des Active Directory und sollte einen gewissen Einfluss auf Aufbau, Implementierung und Bedienvorgänge für andere Verzeichnisdienste im Unternehmen haben; bestenfalls arbeitet er selbst daran mit. Der Verzeichnisdienstmanager verwaltet die folgenden Dienste:

- Struktur des Active Directory
- Feststellung der Unternehmensprämissen für die Implementierung des Active Directory und zugehöriger Dienste
- Implementierung des Verzeichnisses
- Anpassung des Active Directory
- Projektplanung für
  - mögliche Strukturerweiterungen,
  - die Umsetzung der Unternehmensprämissen,
  - andere Erweiterungen
- Einführung in die Interaktion mit bzw. die Verwendung von Active Directory, d.h.
  - Entwicklung von unternehmensweiten Standards, auch für den Gebrauch von Anwendungen
  - Qualitätssicherung für den Gebrauch von Anwendungen in Verbindung mit Active Directory
- Bedienung und Wartung
- Datenwiederherstellung und -rettung

- Zusammenstellung der Verzeichnisdienstgruppe
- Einflussnahme in der Organisation
- Erstellung eines Programms zur Verwendung des Active-Directory-Dienstes innerhalb der Organisation sowie extern zur Vernetzung im Rahmen des E-Business

Obwohl der Verzeichnisdienstmanager sicherlich nicht selbst alle in dieser Liste aufgeführten Aufgaben wahrnehmen kann, ist er doch verantwortlich für die Durchsetzung dieser Ansprüche und die Erledigung der Aufgaben und Programme. Nur so kann Active Directory zur Verzeichnisgrundlage innerhalb der Organisation und als solche auch genutzt werden.

Prioritäten beim Verzeichnisdienstmanagement

Die fünf wichtigsten Punkte der obigen Liste sind die Ausgangsstruktur des Active Directory, die saubere Implementierung, der Betrieb, die Datenwiederherstellung und der Einsatz von Anwendungen in Verbindung mit dem Verzeichnis. Da der Verzeichnisdienstmanager durchaus bereits durch all die Aufgaben und Anforderungen verwirrt sein könnte, sollen die folgenden Zeilen dabei helfen, die Prioritäten richtig zu setzen.

Struktur Ihres Active Directory

Für die Verwendung und die Funktionalität von Active Directory ist dessen Struktur von immenser Bedeutung. Durch einen klaren Aufbau des Active Directory kann der Benutzer es intuitiv verwenden. Obwohl die Struktur in späteren Kapiteln noch umfassend erläutert werden soll, kann bereits jetzt gesagt werden, dass die Entwicklung einer Metapher für das Verzeichnis sehr wichtig ist. Der Aufbau des Verzeichnisses sollte eine Struktur reflektieren, die dem Endbenutzer stimmig erscheint. Eine allgemein gebräuchliche Metapher für die Active-Directory-Struktur sind die physikalischen Standorte einer Organisation. Eine andere könnte beispielsweise die Organisationsstruktur sein.

Auch die Verzeichnisadministration wird durch die Struktur beeinflusst. Der Active-Directory-Aufbau hat seine Auswirkungen auf die Leistung einer zentralen oder dezentralen Administration. Die Administratoren sollten Topologie, Bandbreite und Delegierung von Verwaltungsaufgaben als Teil der Struktur auffassen.

Saubere Implementierung

Nach Abschluss des Entwurfs Ihres Active Directory ist die Implementierung – wie bei vielen komplexen Technologien – sehr wichtig. Sie muss sich am Entwurf orientieren oder aber der Entwurf muss modifiziert werden, um die Implementierung zu reflektieren. Eine Implementierung dieser Art bedarf einiger Anpassungen.

Es gibt verschiedene Wege zur sauberen Implementierung. Auch diese Themen werden in späteren Kapiteln eingehend beschrieben, aber über allem muss bei der »sauberen« Implementierung die Entwicklung eines Implementierungsprozesses stehen. Die Hardware sollte wenn möglich konsistent sein und den technischen Vorgaben entsprechen. Wiederholte Funktionsprüfungen sollten die wesentlichen Merkmale während der laufenden Implementierung demonstrieren. Ein Beispiel: Arbeitet die Verzeichnisreplizierung korrekt? Können Benutzer an anderen fernen Standorten problemlos auf ihre Konten zugreifen? Führen Schulungen zu einem Verständnis für die Technologie?

Betrieb

Das Augenmerk hinsichtlich des Betriebs durch den Verzeichnisdienstmanager liegt auf der Betonung eines Bedarfs für Prozesse und Überprüfungen. Dieses wiederum bezieht sich auf den Bedarf nach einer verwaltbaren Struktur. Ferner gibt es auch einen Bedarf an Prüfkapazitäten, Leistungs- und »Was wäre, wenn…«-Szenarios.

Die Betriebsgruppe muss die Verfügbarkeit unternehmensrelevanter Dienste sicherstellen und zukünftige Anforderungen und Pläne adäquat formulieren können. Regelmäßige Berichte und Trendanalysen hinsichtlich des Systems begünstigen langfristig die Festlegung auf die Betriebsumgebung.

Datenrettung und -wiederherstellung

Wenn Sie als Verzeichnisdienstmanager überleben wollen, ist die Datenwiederherstellung von extremer Bedeutung. Warum auch immer ein Datenverlust stattgefunden hat, Sie müssen die Funktionsfähigkeit des Systems in jedem Fall wiederherstellen können. Insofern sollten Sie bereits beim Entwurf des Active Directory überprüfen, wie Daten gegebenenfalls wiederhergestellt werden können. Dabei sind alle Möglichkeiten vom abgestürzten Server bis zum Daten- oder Funktionalitätsverlust im System in Betracht zu ziehen.

Da es sich bei Active Directory um einen horizontalen Dienst handelt, der sich über die gesamte Organisation erstreckt, sollte man sich immer wieder klarmachen, dass ein einfacher Dienstausfall zahllose Mitarbeiter betreffen kann. Wenn die Daten schnell wiederhergestellt oder aber zumindest Prozess und Ablauf für die Wiederherstellung aufgerufen werden können, braucht man nicht viele Aktualisierungen, um das System wieder zu starten.

1.3.2 Anwendungen im Active Directory

Hat man sich in der Organisation für Active Directory entschieden, so folgt naturgemäß die Implementierung. Zunächst werden die Benutzer Active Directory für den täglichen Gebrauch verwenden, bald darauf greifen auch Anwendungen darauf zu. Active Directory ermöglicht Anwendungen über Standardschnittstellen den Zugriff auf eine Unternehmensdatenbank mit Informationen, die innerhalb der gesamten Organisation konsistent sind.

Beispiele für die Benutzung des Verzeichnisses durch Anwendungen wären eine Anwendung für die Verteilung von Personalgratifikationen oder beliebige andere Geschäftsanwendungen, die Arbeitsabläufe einschließen oder integrieren.

1.3.3 Der Active-Directory-Entwickler

Der Active-Directory-Entwickler ist der führende Kopf bei der Strukturerstellung des Active Directory. Er gestaltet diese Struktur und passt sie gegebenenfalls an veränderte Umstände an, die sich aus geänderten kaufmännischen Anforderungen der Organisation ergeben.

1.3.4 Der ADOS

Der ADOS (Active Directory Operations Specialist, Active-Directory-Betriebsexperte) ist für die ständige Pflege des Active Directory verantwortlich. Er sollte über profundes Wissen über die Systemarchitektur verfügen, welche die Basis für das konkrete Projekt ist. Auf der Grundlage dieses Wissens vermittelt der ADOS Informationen über die Stabilität, die Leistung und die Kapazitäten der Arbeitsumgebung.

Zu den täglichen Aufgaben des ADOS gehören die folgenden:

- Hinzufügen und Löschen von Benutzern und anderen Objekten
- Implementierung von Strukturänderungen am Active Directory, die vom Verzeichnisdienstentwickler beschlossen wurden
- Ausführen von Backups
- Ausführen von Training-Backups (»Brandschutzübung«)
- Verfassen von Berichten über Leistung und Verwendungshäufigkeit
- Implementierung von Änderungen am Verzeichnis, die sich aus den vom Verzeichnisdienstentwickler vorgegebenen Strukturänderungen ergeben

Pro 1.000 Endbenutzer sollte ein ADOS bereitstehen. Dieses Verhältnis kann sich je nach der Streuung der einzelnen Standorte der Organisation und der überlegten Nutzung der Active-Directory-Implementierung ändern. Eine Vereinfachung der Verzeichniswerkzeuge und deren Benutzung kann das Verhältnis der Endbenutzer pro ADOS verringern.

1.3.5 Der DSAS

Der DSAS (Directory Services Applications Specialist, Experte für Verzeichnisdienstanwendungen) ist der technische Experte für die Entwicklung von Anwendungen unter der Verwendung von Active Directory. Diese verantwortungsvolle Aufgabe setzt die Fähigkeit voraus, die Struktur des Active Directory zu verstehen und sie – auch in Zusammenarbeit mit dem Verzeichnisdienstentwickler –

gezielt zu beeinflussen. Während sich der Verzeichnisdienstentwickler auf die Funktion des Active Directory, die zu Grunde liegende Architektur und die Informationen konzentriert, die Endbenutzer brauchen und wünschen, arbeitet der DSAS daran, wie diese Informationen in Verbindung mit dem Zweck einer Anwendung genutzt werden können.

Der DSAS sollte die Anforderungen an das Active Directory kennen, denn dadurch kann er auf dessen notwendige Merkmale und letztlich auch auf die Struktur schließen. Zu seinen Aufgaben gehören Kenntnisse darüber, wie die Struktur der Organisation sich im Active Directory widerspiegelt und die Entwicklung, Dokumentierung und Prüfung von Standards für die Erstellung von Anwendungen, die im Unternehmen mit dem Active Directory verwendet werden sollen. All diese Punkte sollten exakt in der Architekturbeschreibung des Active Directory aufgelistet sein (die Active-Directory-Architektur dokumentiert die Unternehmenserfordernisse für die Implementierung und die Implementierungsdetails der Installation).

Das wichtigste Ziel des DSAS ist es, den täglichen Umgang mit dem Verzeichnis zu verbessern und sicherzustellen, dass das Verzeichnis einen konsistenten Dienst bereitstellt. In enger Zusammenarbeit mit seinem Kollegen, dem Verzeichnisdienstentwickler, ist der DSAS für die konsequente Verwendung des Active Directory verantwortlich. Da das Active Directory ein horizontaler Dienst in der Organisation wird, muss der DSAS die Entwicklungsteams bei der Nutzung des Active Directory anleiten und konsequent durchsetzen, dass das Active Directory ein unternehmensweites Repository wird.

Möglicherweise müssen DSAS und Verzeichnisdienstentwickler beim Aufbau einer verlässlichen Umgebung, welche die gewünschte Leistungsfähigkeit für Anwendungen und Endbenutzer bietet und für Anwendungsentwickler, Endbenutzer und Administratoren gleichermaßen leicht zu bedienen sein soll, hin und wieder Kompromisse suchen.

Zu den Aufgaben des DSAS gehören die folgenden Punkte:

Zusammenarbeit mit dem Verzeichnisdienstentwickler

Der DSAS sollte eng mit dem Verzeichnisdienstentwickler zusammenarbeiten, um die Active-Directory-Implementierung richtig überblicken zu können und seinerseits Einsicht in die Anwendungsbenutzung zu vermitteln.

Aufstellen von Standards für die Anwendungsentwicklung

Der DSAS sollte Standards für die Entwicklung von Anwendungen aufstellen. Die Verwendung des Active Directory durch Anwendungen ist ein wichtiges Argument für die Umstellung auf Active Directory. Es sollte das Ziel sein, die Verwendung des Active Directory klar zu definieren und Modifikationen später leichter vornehmen zu können, wenn sich die Oberflächen ändern sollten. Dieses Bemühen schließt auch die Dokumentierung von Standards, die Bereitstellung von Beispiel-Codes für typischen Gebrauch sowie interne Schulungen über Implementierungen mit ein, die in der Organisation entwickelt wurden.

Definition von High-Level-Funktionalitätsanforderungen durch Anwendungen

Ziel dieses Vorgehens ist es, dem Verzeichnisdienstentwickler und den Entwicklern ein klares Verständnis der Funktionalität zu vermitteln, die Anwendungen benötigen. Dies ist insbesondere von Vorteil, wenn Erwartungen formuliert werden, was über die Verzeichnisschnittstellen zu realisieren sei. Ferner sollte, falls die Migration zu einer anderen Oberfläche oder Technologie nötig werden sollte, diese Umstellung im Kontext der aktuellen Funktionalitätsanforderungen betrachtet werden und letztlich zur konsequenten Umstellung auf die benötigte Oberfläche führen. Beispiele für High-Level-Funktionalitätsanforderungen sind:

1. die Möglichkeit, das Verzeichnis auf der Basis beliebiger Felder durchsuchen zu können,
2. die Möglichkeit, das Verzeichnis zu aktualisieren und
3. die Möglichkeit, im Kontext der Anwendungssicherheit den Zugriff auf bestimmte Verzeichnisfelder beschränken zu können.

Noch einmal: Die Möglichkeit, High-Level-Anforderungen umzusetzen, erleichtert bei der Anwendungsprogrammierung zukünftige Migrationen oder Änderungen der Schnittstelle. Die Definitionen stellen außerdem eine Möglichkeit dar, die vorhandene Funktionalität der Schnittstelle bewerten zu können, ohne sich in einen Wust technischer Daten stürzen zu müssen. Der DSAS leitet die Entwicklerteams bei der Verwendung von Active Directory an. Abbildung 1.1 zeigt die Organisation des Verzeichnisdienstteams.

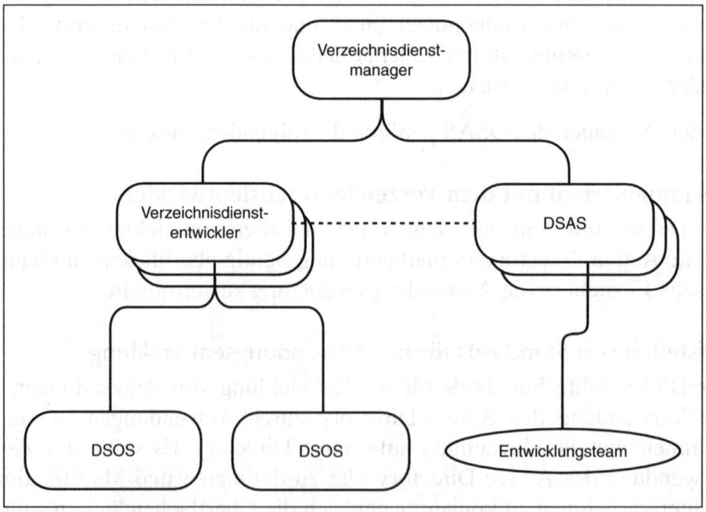

Abb. 1.1: Die Organisation der Verzeichnisdienste (DSOS = Directory Services Operations Specialists)

1.4 Aufbau und Entwicklung des Active-Directory-Teams

Wenn Sie daran gehen, das Team aufzubauen, welches das Active Directory planen, implementieren, entwickeln und schließlich einsetzen soll, ist es wichtig, die Entwicklung zu erkennen, die innerhalb des Teams sowie im Verhältnis des Teams zur Organisation stattfindet.

Am Anfang geht es zunächst um das Sammeln von Fakten über die Verzeichnisanforderungen und die Verzeichnistypen, die zur Zeit in der Organisation vorhanden sind. Diese Tätigkeiten stellen die erste Phase der Verzeichnisentwicklung dar. Diese Phase 1 heißt »Verstehen, Erforschen und Basisentwicklung« und ist die Lernphase, während der das Team daran arbeitet, das Active Directory zu begreifen und zu bestimmen, wie es in der Organisation implementiert werden soll.

1.4.1 Phase 1: Verstehen, Erforschen und Basisentwicklung

Während der Phase 1 besteht das Active-Directory-Team aus dem Verzeichnisdienstmanager/-leiter, dem Active-Directory-Entwickler, dem ADOS und einem DSAS. Ziel ist es, ein Architekturdokument zu erstellen, welches die Anforderungen an das Active Directory feststellt. Dazu können auch verminderte Verwaltungskosten und eine höhere Informationskonsistenz im Unternehmen gehören. Da das Team mit der neuen Technologie möglicherweise noch nicht vertraut ist, sollte etwas Zeit für die Erforschung von Ideen und Technologie und für die Einschätzung der Funktionalität basierend auf den Anforderungen eingeplant werden. Diese Erforschungsphase sollte ein vernünftiges Architekturdokument als Ergebnis haben.

Diese Art des Entdeckungsprozesses, der ganz am Anfang steht, verlangt handlungsorientierte Mitarbeiter. Notwendig ist außerdem eine Analyse, wie die Anforderungen zu gewichten sind. In dieser ersten Phase sollten erfahrene Mitarbeiter die Bedürfnisse der Organisation klären, wobei sich hier Befragungen durchaus bewährt haben. Die Ergebnisse sind zu belegen und in das Architekturdokument zu integrieren. Das Team sollte alle Resultate dokumentieren und daraus Standards für die Implementierung entwickeln.

Nach der Feststellung der Anforderungen sollte als nächstes ein Testfeld (d.h. eine Art »Retortenumgebung«) aufgebaut werden, in der die Funktionalitäten bewertet und wichtigen Mitarbeitern außerhalb des Teams gezeigt werden kann, wie das Produkt die Anforderungen erfüllt. Zu diesem Zeitpunkt sollte auch der DSOS (Directory Services Operations Specialist, Betriebsexperte für Verzeichnisdienste) Verwaltungsaufgaben zu Prüfzwecken durchführen und bewerten.

Im dritten Teil der Phase 1 sollte dann innerhalb der Organisation ein Prototyp erstellt werden, der eine kleine, repräsentative Gruppe von Benutzern bedient. Ziel dieser Phase ist es, den Benutzern ein Verständnis für die Funktionalität der Active-Directory-Struktur in einer realen Umgebung zu vermitteln. Leistungs- und Betriebsdaten dieser Implementierung sind für den Fall festzuhalten, dass unerwartete Verhaltensweisen auftreten.

Während dieser Phase wird der Verzeichnisdienstmanager/-leiter ernannt, der sich mit allen logistischen Aufgaben in Zusammenhang mit der Umstellung des Systems befasst und die Leitung der Prototypphase übernimmt. Ferner muss er feststellen, welche Schulungen für Mitarbeiter, Endbenutzer und Entwickler notwendig sind.

1.4.2 Phase 2: Implementierung von Active Directory und Anwendungen

Während dieser Entwicklungsphase verschiebt sich das Interesse des Teams weg von der Erforschung und Dokumentierung hin zum tatsächlichen Aufbau des Systems und der Verzeichnisprozesse. Anfangs hat man sich noch auf die Struktur und ihre Überprüfung konzentriert, nach Abschluss dieser Arbeit geht es nun um die Umstellung auf Active Directory und die Ermöglichung eines strukturierten Betriebs zur Unterstützung der neuen Umgebung.

Der Sprung von der Planung zur Implementierung bedingt massive Änderungen für die Zusammenstellung des Teams. Je nach Größe der Organisation kann es notwendig sein, weitere Mitarbeiter während der Umstellung vorübergehend in das Team zu integrieren. Die Herausforderung ist jedenfalls der Wechsel von einer weitgehend analytischen Phase zu einer Phase, in der es praktisch darum geht, das Produkt tatsächlich einzuführen.

In Verbindung mit der Einführung des Verzeichnisses sollten spezielle Betrachtungen hinsichtlich der Aufnahme einer Anwendung angestellt werden, die vom Unternehmensverzeichnis profitiert. Diese Anwendung sollte während der Vorproduktionsphase entwickelt und gestestet worden sein und den typischen Qualitätssicherungsprozess für Anwendungen durchlaufen haben. Während das Verzeichnis zur Größe des Unternehmens skaliert wird, lässt sich die Anwendung einsetzen. Empfohlen sei, dass die Umstellung schon zu mindestens 50 Prozent erfolgt ist und dass diese 50 Prozent für die Organisation als Ganzes repräsentativ sind. Ferner sollte die erste Anwendung, die das Verzeichnis nutzt, möglichst einfach gehalten sein und nur von einem geringen Anteil der Mitarbeiter in der Organisation verwendet werden.

Anwendungen, die mit dem Active Directory arbeiten, sollten nach der ersten Installation und Stabilisierung von Active Directory eingesetzt werden. Die Nutzung von Active Directory durch Anwendungen ist ein kritischer Punkt für den neuen Verzeichnisdienst, aber es ist wohl verständlich, dass einige Organisationen neue Betriebssysteme, Verzeichnisstrukturen und angepasste Anwendungen nur widerstrebend gleichzeitig einsetzen wollen.

Ziel der Implementierungsphase ist der Einsatz einer sauberen, vergleichsweise simplen Verzeichnisimplementierung in der Organisation. Es wäre unrealistisch zu glauben, dass die gesamte Organisation während der Erstimplementierung auf Active Directory umstellen würde. Wichtiger für diese Phase ist es, eine Implementierung einzusetzen, die als Plattform für die Organisation zuverlässig arbeitet. Der Organisation mag der wesentliche Vorteil des Verzeichnisses in dieser Phase nicht offensichtlich erscheinen, aber auch in diesem Fall wird während der Phase 2 eine verlässliche Grundlage für die spätere Erweiterung des Active-Directory-Systems gelegt.

In Phase 2 wechselt das Verzeichnisdienstteam von der analytischen und forschenden zur aufgabenorientierten und prozessentwickelnden Vorgehensweise - eine echte Herausforderung. Die meisten Systemarchitekten sähen ihre Entwürfe gerne verwirklicht, aber mit einer unbarmherzigen, sich täglich ändernden Installation zu kämpfen, macht die Sache nicht einfach. Wie in Tabelle 1.2 gezeigt, unterstützen der Verzeichnisdienstentwickler und der DSAS die Systemeinführung und stellen bereits zu diesem Zeitpunkt Planungen für zukünftige Erweiterungen an, z.B. das Hinzufügen von anfangs nicht implementierten Optionen und von Drittanbietersoftware sowie die Anpassung des Verzeichnisses.

Funktion	Phase 1	Phase 2	Phase 3
Verzeichnis-dienstent-wickler	Erstellung der Grundfunktionen	Vornahme von Strukturmodifikationen, die für die Implementierung notwendig sind	Bei Bedarf Vornahme weiterer Strukturmodifikationen
		Planung zukünftiger Erweiterungen	Weitere Planung zukünftiger Erweiterungen
		3-Tier-Support	Überlegungen zu zukünftigen Verzeichnisdiensten in Zusammenarbeit mit dem Verzeichnisdienstmanager
DSAS	Mitarbeit bei der Erstellung der Grundfunktionen	Unterstützung bei der Implementierung von Anwendungen, die Verzeichnisdienste nutzen	Entwicklung eines Fahrplans für Directory-Enabled-Anwendungen
DSOS	Verstehen der Struktur	Unterstützung bei der Implementierung/ Einführung	Betrieb der Verzeichnisdienste
		2-Tier-Support	
Projektmanager	keine	Drängen auf effektive Implementierung	Nachträgliche Leitung und Bewertung der Resultate

Tab. 1.2: Aufgaben des Verzeichnisdienstteams in den einzelnen Phasen

1.4.3 Phase 3: Reifeprozess, Einführung und Evolution

In Phase 3 definiert das Team für sich einen neuen Auftrag. Nach Abschluss der Implementierung ist die Grundlage für die flächendeckende Einführung der Verzeichnisdienste geschaffen. Das ist aber nicht das Ende der Herausforderung, sondern eigentlich erst ihr Anfang. Nach der Platzierung der Verzeichnisdienste hat das Team eine Menge über das Produkt und seine Verwendung gelernt. In dieser Phase des Projekts wird nun eine echte Betriebsumgebung geschaffen. Am Ende der Planungsphase stand die Vision einer Implementierung. In der Implementierungsphase wurde das Active Directory entsprechend dieser Vision aufgebaut und hat außerdem viele Erkenntnisse über das Produkt, die Endbenutzer, den Einsatz von Anwendungen und das Verzeichnisdienstteam selbst gebracht. In Phase 3 nun wird mit diesem Wissen im Hintergrund das Verzeichnis optimiert.

Der Reifeprozess

Die Verzeichnisdienstumgebung und auch das Verzeichnisdienstteam machen während dieser Phase einen Reifeprozess durch. Während der Implementierungsphase haben möglicherweise viele Einzelpersonen miteinander an der Ausführung von Aufgaben gesessen, unabhängig von ihren tatsächlichen Verantwortlichkeiten. Der Projektmanager hat sich nun den noch offenen Fragen der Implementierung zugewandt. Während der Phase 3 sollte das Team nun das System im Hinblick auf diese offenen Fragen optimieren. Dazu gehören auch die regelmäßige Erfassung der Systemleistung und -nutzung sowie Problemaufstellungen, die Trendanalysen und aktive Problemlösungen ermöglichen.

Wie bereits erwähnt, macht nicht nur das System, sondern auch das Team einen Reifeprozess durch. Es verfügt nun über umfassendes Wissen über die Arbeitsweise des Systems. Während dieses Prozesses sollte das Active-Directory-Planungsteam nun um einige, wenn nicht alle DSOS' aufgestockt werden, denn sie sind die direkte Verbindung zu den alltäglichen Betriebsfunktionen und Herausforderungen.

Durch die Zusammenarbeit mit den DSOS' kann der DSAS die Möglichkeiten ausloten, durch die Entwicklung von Tools das System innerhalb des Unternehmens zu erweitern und zu optimieren.

Einführung

An diesem Punkt ist bereits viel Arbeit geleistet worden. Das Active Directory läuft stabil. Die Organisation verwendet das Verzeichnis. Mindestens eine auf Active Directory basierende Anwendung läuft. Nun können Sie zum großen Schlag ausholen und das Active Directory in der Organisation etablieren. Bei dieser Aufgabe sollten Verzeichnisdienstmanager und DSAS in der Anwendungsentwicklung führend sein. Sie besteht darin, Anwendungen zu finden – und zwar sowohl bereits verwendete als auch neue –, die von der Nutzung des Verzeichnisses profitieren würden, um ein effektiveres und dynamischeres Arbeiten im Unternehmen zu ermöglichen.

Verschiedene Anwendungen kommen einem in den Sinn, z.B. Anwendungen, die in der Personalverwaltung verwendet werden und auf einem aktuellen Stand gehalten werden müssen oder für die Kommunikation der Angestellten sorgen. Ein alltägliches Beispiel wäre eine Schnittstelle für neue Angestellte. Nach der Orientierungsphase könnte ein Mitarbeiter der Personalabteilung für den neuen Angestellten ein E-Mail- und Netzwerkkonto aktivieren. Verlässt der Angestellte das Unternehmen, so müsste der Mitarbeiter in der Personalabteilung das Konto wieder löschen. Würden regelmäßig Rundschreiben an Angestellte versendet, so könnten diese getrennt nach Standorten verwaltet werden, die im Verzeichnis des Unternehmens identifiziert würden. Dies sind nur ein paar Beispiele, aber das Verzeichnis hat wahrscheinlich tausenderlei Vorteile, wenn es von einer Organisation eingerichtet und verwaltet wird, die ordentlich arbeitet.

Entwicklung

Der Reifeprozess des Verzeichnisses ist nun abgeschlossen und langsam zeigen sich innerhalb der Organisation die Vorteile. Jetzt beginnt der nächste wichtige Prozess: die Entwicklung, vergleichbar mit der Entwicklung der Organisation selbst oder der Entwicklung in der Industrie im Allgemeinen. Diese Entwicklung des Verzeichnisses fängt ganz am Anfang an. Der Verzeichnisdienstmanager, der Verzeichnisdienstentwickler und der DSAS sollten gemeinsam diese Evolution definieren. Viele Fragen über die Ausführung dieses für das Ziel sehr wichtigen Dienstes müssen beantwortet werden:

- Wird der Dienst sich zur Führung der Organisation skalieren?
- Wie sehen die Dienststandards aus, die erforderlich werden, wenn der Dienst integraler Bestandteil aller Aktivitäten der Organisation wird?
- Sind wir bereit für das nächste Produktupdate?
- Gibt es Merkmale des aktuellen Produkts, die wir aufzugeben bereit sind?
- Muss die derzeitige Anwendungsfunktionalität erweitert werden?

Die Beantwortung dieser Fragen ist bei der Evolution, die ohne Zweifel stattfinden wird, wenn die Verzeichnisdienste eine zunehmend wichtige Rolle in Ihrem Unternehmen spielen werden, sehr hilfreich.

Die Organisation, das Verzeichnisdienstteam und die verschiedenen Rollen, die die Teammitglieder in Ihrer Organisation spielen, wurden bereits beschrieben. Es gibt allerdings ein weiteres strukturelles Erfordernis, das sich auf Ihre Organisation und darauf, wie sich Ihre IT-Mitarbeiter organisieren, auswirken kann.

1.5 Zentrale oder verteilte Administration?

Die Frage, ob einer zentralen oder einer verteilten Administration der Vorzug zu geben ist, wird seit langem von LAN- und E-Mail-Administratoren diskutiert. Für die zentrale Administration spricht eine bessere Kontrolle und eine größere Konsistenz – dies ist vom betrieblichen Standpunkt aus sehr wichtig. Eng zusammengehaltene Systeme ermöglichten immer eine zuverlässige und stabile Umgebung. Leider können sie die Benutzerfreundlichkeit verteilter Systeme nicht aufweisen. Ob es um eine Passwortänderung oder die Modifikation eines Logon-Scripts ging, es war schon immer praktischer, das am Standort selbst, zumindest jedoch in der gleichen Region zu erledigen.

Zusätzlich zur Benutzerfreundlichkeit kann eine verteilte Administration auch ein Forum für die Systemanforderungen vieler entfernter Umgebungen und Benutzer bereitstellen. Sie hat ferner den Vorteil, dass Benutzer auf eine Umgebung zugreifen können, die den lokalen Bedürfnissen am besten entspricht. Heutzutage unterliegen viele Systeme einer Art zentralisierter Kontrolle, wahlweise indirekt durch eine Politik des starren Festhaltens an Standards oder direkt durch eine zentrale Administration – alle Änderungen werden von einem einzigen Standort aus vorgenommen.

Bei Active Directory brauchen Sie nicht mehr zwischen zentraler und verteilter Administration zu wählen. Eine zentralisierte Architektur und Struktur gewährleisten konsistenten Betrieb, Zuverlässigkeit und hohe Leistung. Die verteilte Administration von Daten hingegen ermöglicht es Endbenutzern und/oder Verzeichnisdiensten, bestimmte Felder des Verzeichnisses zu modifizieren. Ein einfaches Beispiel hierfür wäre die Möglichkeit, dass Endbenutzer ihre Einträge für Adressen oder Telefonnummern im Active Directory bei Bedarf selbst ändern können.

Bei der Einführung des Verzeichnisses sollten Vertreter mehrerer entfernter oder verteilter Standorte miteinbezogen werden. Wenn Sie keine Reaktionen sammeln oder Einwände wegen der Struktur oder des Umgebungsbetriebs ignorieren, fördern Sie falsche Erwartungen oder einfach gesagt die Nichtverwendung des Verzeichnisses. Die Berücksichtigung ferner Standorte kann auch beim Aufbau effektiver Schulungsmaßnahmen helfen. Denn indem Sie Ihren Benutzern die Möglichkeiten der Verzeichnisnutzung zeigen, holen Sie das Optimum aus den Verzeichnisdiensten heraus.

1.6 Kleine Organisationen

Je nach Größe Ihrer Organisation müssen Sie vielleicht einige Funktionen im Verzeichnisdienstteam miteinander vermischen. Eine kleine Organisation könnte die Aufgaben des Verzeichnisdienstmanagers und des Entwicklers mit den Aufgaben des Netzwerkmanagers bzw. des Netzwerkadministrators verbinden. Die Angelegenheiten des Netzwerkbetriebsexperten könnten auch mit denen des Netzwerkadministrators verquickt werden.

Wenn die kleine Organisation angepasste Entwicklungen vornimmt, könnte es strategisch sinnvoll sein, die Aufgaben des DSAS einem externen Unternehmen zu übergeben. Mit diesem Ansatz könnte man Bedarf nach zusätzlichen Mitarbeitern umgehen.

1.7 Sicherheit

Active Directory verfügt über verbesserte Sicherheitseigenschaften. Es unterstützt Anmeldungen für Einzelplätze und auch Kerberos, einen Industriestandard für die Benutzerauthentifizierung.

Ferner hat Active Directory Auswirkungen auf die PKI-Struktur (Public Key Infrastructure, Infrastruktur öffentlicher Schlüssel). Da Active Directory Bestandteil von Windows 2000 ist, sind PKI-Fähigkeiten in Active Directory integriert. Außerdem kann Active Directory Zertifikatsinformationen spiegeln und replizieren. Diese Zertifikate können auf Smart-Cards gespeichert werden, die von der PKI-Unterstützung des Active Directory profitieren.

1.8 Infrastruktur

Die Replikations- und Redundanzmöglichkeiten von Active Directory helfen bei der Reduzierung von Netzwerkaktivitäten. Mit replizierten Domänencontrollern (DCs) kann ein Benutzer sich gegenüber lokalen Geräten authentifizieren, wodurch der Netzwerkverkehr eingeschränkt wird.

DNS spielt eine Rolle bei der Auflösung von Hostnamen. Die DNS-Implementierung von Windows 2000 nutzt die Fähigkeit des Active Directory, DNS-Informationen zu replizieren und zu spiegeln. Und wenn Sie dynamisches DNS verwenden, müssen sich die DNS-Aktualisierungen nur mit dem nächsten DC verbinden – eine drastische Verbesserung im Vergleich zu typischen DNS-Implementierungen. Der primäre Domänenmaster fungiert als zentrale Anlaufstelle für Umgebungsaktualisierungen. Wenn Ihre Umgebung sich über ein WAN erstreckte, könnten sich die DNS-Aktualisierungen nur mit einem einzigen Standort verbinden, wodurch im Netzwerk ein Flaschenhals geschaffen würde.

1.9 Fazit

Active Directory wird ohne Zweifel Konsequenzen für Ihre IT-Organisation haben und die Infrastrukturgruppe, die Betriebsgruppe und das Team der Anwendungsentwickler gleichermaßen betreffen. Die Konsequenzen dieses horizontalen Dienstes mögen auf den ersten Blick überwältigend erscheinen und ohne eine Organisation, die mit der Vielzahl möglicher Folgen umzugehen weiß, wird das Active Directory wahrscheinlich nicht effektiv genutzt werden. In diesem Kapitel wurden geeignete Maßnahmen für die effiziente Organisation der Entwicklung und Unterstützung des Active Directory vorgeschlagen.

Wenn Sie eine formale Organisation erstellen, um direkt an der Implementierung und dem Support von Verzeichnisdiensten in Ihrem Unternehmen zu arbeiten, dann sollten Sie die in diesem Kapitel beschriebenen Kompetenzen an Mitarbeiter delegieren. Bei Ihrer Entscheidung werden Größe und Komplexität Ihrer Gesellschaft und Ihr Interesse an der Etablierung des Active Directory eine große Rolle spielen.

Kapitel 2

Active Directory – was ist das?

Bei allen wichtigen NOS' (Network Operating Systems, Netzwerkbetriebssysteme) ist eine Form des Verzeichnisses vorhanden, in dem Informationen über Netzwerkressourcen wie beispielsweise Benutzer, Gruppen, Computer, Drucker usw. gespeichert werden. In der Tat ist das Verzeichnis eines der wesentlichen Merkmale, aufgrund derer sich große Unternehmen für ein NOS entscheiden. Ein Unternehmensverzeichnis muss skalierbar sein, um Hunderte, Tausende oder sogar Millionen von Objekten unterstützen zu können, und es muss für schnellen und sicheren Zugriff in einer verteilten Netzwerkumgebung bereitstehen, in der eine Vielzahl verschiedener Übertragungsmedien und -geschwindigkeiten vorhanden sind.

Heutzutage ist eine Reihe solider Verzeichnisdienstprodukte erhältlich. Netscape bietet ein Verzeichnis namens *Netscape Directory Server* an, Novells Erzeugnis heißt *Novell Directory Services* (NDS), Banyan nennt seines *StreetTalk* und Mitanbieter wie Entevio und Isocore verkaufen Metaverzeichnisse, mit denen auf der Grundlage konventioneller Verzeichnisprotokolle wie z.B. des LDAP-Protokolls mehrere Verzeichnisse gleichzeitig verwaltet werden können.

Als man sich bei Microsoft daran machte, mit Windows 2000 eines der übersichtlichsten und vollständigsten Betriebssysteme überhaupt zu entwickeln (über diese These kann man natürlich diskutieren), war der Aufbau einer soliden Verzeichnisstruktur eine der wesentlichsten Vorgaben. Active Directory ist elementar für Windows 2000. Wie alle Verzeichnisarten stellt auch Active Directory ein Verzeichnis mit Objekten (Benutzer, Gruppen, Computer, Drucker etc.) und Objektattributen (E-Mail-Adressen, Telefonnummern, Standorten usw.) bereit, über das Netzwerkbenutzer auf einfache Weise auf Informationen und Ressourcen zugreifen können. Da Active Directory all diese Informationen in einem Datenspeicher ablegt, der schnell und effizient arbeitet und in einer verteilten Umgebung (z.B. einem Unternehmen mit mehreren Standorten) replizierbar ist, können Verwaltung und Support dieses Dienstes auf die speziellen Erfordernisse jeder denkbaren Organisation zugeschnitten werden und Benutzer können jederzeit und von überall her auf Informationen zugreifen.

Die Vorteile eines Verzeichnisses sind nun ersichtlich. Dabei ist es gerade ein paar Jahre her, dass Hersteller wie Novell hart arbeiten mussten, damit Nutzen, Bedeutung und Vorteile eines Verzeichnisses allgemein akzeptiert wurden. Heutzutage sind Verzeichnisse hingegen zentrale Bestandteile großer Unternehmen und erst jetzt beginnt man damit, ihr Potential wirklich zu erschließen.

Wie Windows 2000 basiert auch Active Directory auf Standards und besitzt zudem eine Reihe erkennbarer Vorteile. Als zentrales Verzeichnisprotokoll wird LDAP verwendet, für die Verzeichnisreplikation RPC und SMTP, für die Auflösung der Hostnamen DNS und für die Authentifizierung und Verschlüsselung Kerberos und eine X.509 PKI-Struktur.

Active Directory ist quasi das zentrale Nervensystem von Windows 2000. Es fungiert als *Sicherheitsaktivierung* für das Netzwerk, als *Ressourcenlokator* für die Benutzer und als *Richtlinienimplementierer* für Unternehmen. Active Directory zahlt sich für eine Organisation aus, weil es

- wichtige Daten über Computernetzwerke, Benutzer und Gruppen auf einem einzigen *Datenspeicher* ablegt,
- konsistente und exakte Informationen über das Netzwerk und seine Ressourcen bereitstellt,
- die Kooperation mit den Anwendungsherstellern vertieft, so dass diese die Durchsetzung des Verzeichnisses unterstützen und es verwenden,
- Datenduplikate beseitigt und doppelte Eingabevorgänge unnötig macht,
- die Dauer der Anwendungsentwicklung und den Aufwand für Netzwerkverwaltung und -support reduziert,
- den sicheren Zugriff auf Netzwerkressourcen und Daten in der Organisation verbessert,
- die Automatisierung von Geschäftsvorgängen im E-Business gestattet,
- den Kundendienst sowohl für Benutzer als auch für Kunden erweitert und erleichtert,
- durch ein Multimaster-Verzeichnis eine Redundanz ermöglicht, durch die Änderungen im gesamten Unternehmen repliziert werden,
- sich als ausreichend flexibel für Directory-Enabled-Anwendungen erweist, indem es die Modifizierung des Verzeichnisschemas für speziell kodierte oder angepasste Anwendungen gestattet,
- durch dezentralisierte Verzeichnisdienste eine skalierbare Verzeichnislösung darstellt, die die Replikation unterstützt.

Active Directory vereinfacht die Verwaltung, erhöht die Sicherheit, verbessert die Produktivität, erhöht die Rentabilität vorhandener Investitionen, steigert die Verfügbarkeit und kann die Gesamtkosten für den Support senken. Außerdem hat es den einzigartigen Vorteil, dass Struktur und Implementierung auf dem neuesten Stand der Technik sind, da es neu auf dem Markt ist und auf offenen Standards basiert und weil es die gleichen Chancen hat wie andere, etablierte Verzeichnisse – mit allen Stärken und Schwächen.

Schließlich gibt es noch einen wichtigen Aspekt von Active Directory, der mit der Verzeichniskonsolidierung zu tun hat. Sowohl Microsofts BackOffice als auch zentrale Dienstanwendungen wie Exchange, SQL Server, System Management Server (SMS), Dynamic Host Configuration Protocol (DHCP) und DNS nutzen bzw. basieren auf Active Directory, was Austauschprozesse und Verwaltung angeht. Wenn Sie ein Active Directory für Ihre Organisation planen und entwerfen, definieren Sie einen Großteil der Struktur Ihrer Rechnerumgebung neu. Die von Ihnen definierten Strukturen bestimmen den Grad der Verfügbarkeit und die Fehlertoleranz, die Nutzungsmerkmale für Clients und Server, die von den Benutzern verwendeten Methoden für Anzeige von und Zugriff auf Verzeichnisinformationen und die Fähigkeit Ihres Verzeichnisses, skaliert zu werden und sich mit Ihrer Organisation zu wandeln. Sie legen fest, wie effektiv der Inhalt des Verzeichnisses verwaltet wird.

In diesem Buch werden die zentralen Bestandteile von Active Directory vorgestellt und beschrieben. Wir werden strukturelle Betrachtungen anstellen und Informationen präsentieren, die Ihnen dabei behilflich sein werden, beim Entwurf des Active Directory die richtigen Entscheidungen zu treffen. Bevor wir allerdings damit beginnen, ist es wichtig, einige Grundlagen zu Active Directory zu diskutieren.

In diesem Kapitel werden wir die zentralen Komponenten von Active Directory vorstellen, die Beziehungen der einzelnen Komponenten zueinander erläutern und erklären, wie sie sich auf die Struktur Ihres Active Directory auswirken können.

2.1 Komponenten von Active Directory

In der Struktur des Active Directory gibt es vier Hauptkomponenten:

1. den Active-Directory-Wald
2. die Active-Directory-Domäne
3. die Active-Directory-Organisationseinheit (Organizational Unit, OU)
4. den Active-Directory-Standort

Jede dieser Komponenten baut auf die anderen auf und bildet mit ihnen das gesamte Active Directory. Ein Beispiel: Zwar könnten OUs und Domänen geografische bzw. verwaltungstechnische Anforderungen der Organisation erfüllen, aber wenn es das Konzept des Standorts nicht gäbe, müsste ein Benutzer, der sich von einem entfernten Büro aus über eine langsame Verbindung authentifizieren und dann Informationen abrufen würde, mit einer schwachen Übertragungsleistung leben. Wenn nun Domäne, OU und Standort integriert wären, die Organisation jedoch Verzeichnisdaten zu einer Filiale replizieren müsste, die einen anderen Namespace benötigt, dann müsste ein Active-Directory-Wald vorhanden sein, damit die Active-Directory-Struktur als exakt und vollständig bezeichnet werden könnte.

2.1.1 Terminologie und Kontext

Vor der Beschreibung der vier Hauptkomponenten von Active Directory sollen zunächst die Active-Directory-Terminologie vorgestellt und der Kontext für eine stimmige Active-Directory-Struktur definiert werden.

Der Active-Directory-Wald

Der Active-Directory-Wald (d.h. die Active-Directory-Gesamtstruktur) ist eine Gruppe von einer oder mehreren Active-Directory-Domänenstrukturen (oder »Bäumen«), die in einer Vertrauensstellung zueinander stehen. In einem Wald sind die Domänen als Bäume organisiert. Alle Domänen haben ein gemeinsames Schema und die gleiche Konfiguration und teilen sich einen globalen Katalogserver (Global Catalog, GC). Anders als Verzeichnisdomänenstrukturen besitzt ein Wald keinen zusammenhängenden Namespace, weswegen Wälder auch keinen eigenen Namespace wie *microsoft.com* oder *msn.com* benötigen. Aus diesem Grunde können mehrere Namespace in einem einzigen Wald unterstützt werden. Wenn Sie den Einsatz eines Unternehmensnetzwerks planen, das aus mehreren Teilbereichen (wie beispielsweise Filialen) besteht, dann bietet sich die Erstellung eines Active-Directory-Waldes an, der Ihr Unternehmen, die Geschäftsvorgänge und geografischen Strukturen logisch repräsentiert und organisiert.

Der Active-Directory-Baum

Der Active-Directory-Baum ist eine Zusammenstellung von einer oder mehreren Windows-2000-Domänen, die ein gemeinsames Schema und die gleiche Konfiguration haben und sich einen GC teilen. In einem Wald können mehrere Bäume vorhanden sein. Active-Directory-Bäume haben einen zusammenhängenden Namespace, wodurch eine hierarchische Namespace-Beziehung entsteht, etwa wie *microsoft.com* zu *sales.microsoft.com.* Das Konzept des Active-Directory-Baums ist die Grundlage von Windows 2000 und unterstützt Sie bei der Definierung des Namespace und der logischen Struktur Ihres Netzwerks.

Die Active-Directory-Domäne

Die Active-Directory-Domäne ist eine Verwaltungseinheit für eine Windows-2000-Umgebung. Sie kann sich über einen oder mehrere Standorte erstrecken und hat ihre eigenen Sicherheitsrichtlinien. Eine Zusammenstellung von Domänen, die in einer Vertrauensstellung zueinander stehen und einen gemeinsamen Namespace haben, bildet einen Verzeichnisbaum. Alle Bäume im Wald haben ein gemeinsames Schema, die gleiche Konfiguration und denselben GC. Es ist wichtig, dass Sie Ihre Active-Directory-Domäne in Anlehnung an Ihre Verwaltungs- und Sicherheitsmodelle strukturieren, so dass das Windows-2000-Unternehmen leicht zu verwalten ist und vor unerlaubtem Zugriff geschützt wird.

Der globale Katalog (GC)

Innerhalb einer Domäne führen alle Domänen-Controller (DCs) dieselben Verzeichnisobjekte. Domänenobjekte werden dagegen nicht zwischen Domänen repliziert. Der GC ist ein Teilreplikat jeder Windows-2000-Domäne im Active Directory und stellt so die Erkennbarkeit von Objekten zwischen den Domänen sicher. Er speichert ein Replikat des gesamten Verzeichnisses und enthält außerdem eine Teilliste von Attributen, so dass Informationen (Benutzer, Computer und Drucker) schnell im Active Directory und domänenübergreifend gefunden werden können.

Die Active-Directory-Partition

Active-Directory-Server haben generell zumindest drei Partitionen: die Schemapartition, die Konfigurationspartition und die Verzeichnispartition, auf der die Sub-Bäume (Unterstrukturen) gespeichert sind. Die Domänenpartition wird nur zwischen DCs innerhalb derselben Domäne repliziert. Die Schema- und Konfigurationspartitionen werden zwischen allen DCs im Active Directory repliziert. Active-Directory-Partitionen replizieren, d.h. Sie müssen bei der Planung der Active-Directory-Partitionsschemata Ihre physikalische Netzwerktopologie sowie die Merkmale und Bedürfnisse Ihrer Benutzer in Betracht ziehen.

Die Organisationseinheit (OU)

Die Organisationseinheit (Organizational Unit, OU) ist ein Container in der Active-Directory-Domäne, der andere OUs, Benutzer-, Gruppen- und Computerobjekte und anderes enthalten kann. OUs gestatten es Ihnen, Ihre Objekte in logischen Containern zu organisieren, die von der Unternehmensstruktur, geografischen Gegebenheiten oder einer beliebigen Kombination aus beiden abgeleitet sind. Durch die Definition einer soliden OU-Struktur können Sie ein flexibles Verwaltungsmodell zuweisen, das Support und Verwaltung eines großen Unternehmens mit zahlreichen Standorten vereinfacht. Ferner wird die OU-Struktur auch für die Anwendung von Gruppenrichtlinien verwendet.

Der Active-Directory-Standort

Der Active-Directory-Standort definiert eine Reihe von Windows-2000-Servern, die sich physikalisch innerhalb eines schnellen LANs (z.B. ein Ethernet mit 10 Mbps) befinden. Der Aufbau eines soliden Active-Directory-Standorts, der auf der physikalischen Topologie Ihres Netzwerks basiert, gewährleistet, dass das Active Directory und alle davon abhängigen Dienste und Anwendungen mit hoher Leistung und sehr zuverlässig laufen. Wie DCs replizieren und auf welche DCs Windows-2000-Clients zugreifen, hängt von der Topologie Ihres Active-Directory-Standorts ab.

2.1.2 Struktur des Active-Directory-Waldes

Active-Directory-Domänen werden über DNS-Namen wie z.B. *cleverware.de* identifiziert. Eine Domäne enthält immer einen oder mehrere DCs. Eine Zusammenstellung von Active-Directory-Domänen ist ein Baum. Bäume wiederum können zu Wäldern zusammengefasst werden. Der Sinn des Waldes liegt darin, die Verwaltung mehrerer Domänen zu verbessern – für ältere Versionen von Windows NT normalerweise eine entsetzliche Aufgabe – und den Benutzerzugriff auf Netzwerkressourcen im Verzeichnis zu vereinfachen. Alle Domänen in einem Wald haben ein gemeinsames Schema, die gleiche Konfiguration und den gleichen GC. Wenn die Domänen in einem Wald einen zusammenhängenden Namespace haben, werden sie als Domänenbaum bezeichnet; haben Sie hingegen keinen zusammenhängenden Namespace, so stellen Sie getrennte Domänen innerhalb eines Waldes dar.

Abbildung 2.1 zeigt die Struktur eines typischen Active Directory-Waldes – einmal mit zusammenhängendem Namespace, einmal mit nicht zusammenhängendem Namespace.

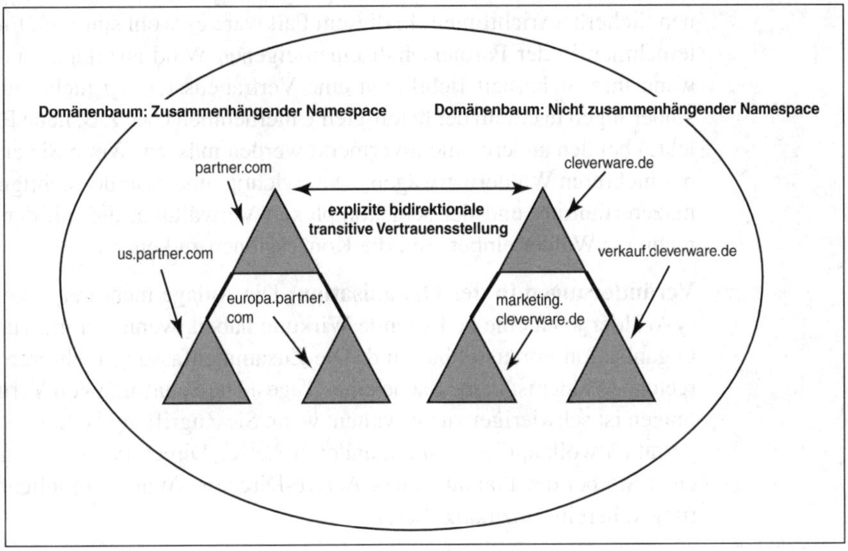

Abb. 2.1: Ein Active-Directory-Wald mit zwei Domänenbäumen

Die erste Domäne in einem Wald wird als Wurzeldomäne bezeichnet. Sie können das Wurzelverzeichnis anlegen, wenn Sie den ersten Active-Directory-DC installieren und einen neuen Wald erstellen. Nach der Erstellung können Sie zusätzliche DCs in derselben Domäne, zusätzliche Domänenbäume oder untergeordnete Domänen eines vorhandenen Domänenbaumes anlegen. Unter gewissen Umständen kann es auch wünschenswert sein, neue Active-Directory-Wälder zu erstellen.

Wenn Sie Ihre Active-Directory-Struktur planen, sollten Sie zunächst die Struktur des Waldes definieren. Ein wesentlicher Faktor dabei ist die Entscheidung, ob nur ein einzelner Wald definiert wird, bei dem Verwaltung und Support vergleichsweise einfach sind – wohl der typische Fall – oder ob man sich für mehrere Wälder entscheidet; diese Möglichkeit erhöht zwar den Verwaltungsaufwand, kann aber im Hinblick auf die speziellen Merkmale einer Organisation erkennbare Vorteile besitzen. Zu den Überlegungen, die im Rahmen der Strukturplanung für einen Active-Directory-Wald angestellt werden müssen, gehören die folgenden:

- **Organisationsstruktur:** In Betracht gezogen werden müssen alle Geschäftseinheiten wie Partnerschaften, Gemeinschaftsunternehmen und Großkonzerne. Je nach Organisationsstruktur der einzelnen Einheiten kann sich die Anlage eines oder mehrerer Wälder anbieten.

- **Verwaltungs- und Sicherheitsmodell:** Auch die Verwaltungs- und Sicherheitsmodelle der einzelnen Geschäftseinheiten können die Struktur beeinflussen. In einer Partnerschaft beispielsweise hat jedes Unternehmen seine eigene Identität mit eigenen Geschäftsvorgängen, eigener EDV-Abteilung und eigenen Sicherheitsrichtlinien. In diesem Fall wäre es wohl sinnvoll, für jedes Unternehmen in der Partnerschaft einen eigenen Wald anzulegen, insbesondere wenn ihre Sicherheitsrichtlinien eine Vertrauensstellung nicht zulassen oder Änderungen in einem der beteiligten Unternehmen (wie z.B. neue Benutzerobjekte) bei den anderen nicht vermerkt werden müssen. Wenn Sie eine Struktur mit mehreren Wäldern erwägen, ist es wichtig, unter Berücksichtigung der Benutzererfahrung und der sehr komplexen Verwaltung, die mit der Erstellung mehrerer Wälder einhergeht, die Konzessionen zu kennen.
- **Veränderungen in der Organisation:** Die Anlage mehrerer Active-Directory-Wälder kann eine bedeutende Wirkung haben, wenn Veränderungen in der Organisation voraussehbar sind. Die Zusammenfassung mehrerer Active-Directory-Wälder ist keine Sache eines Tages. Die Schaffung von Vertrauensstellungen ist schwieriger zu verwalten, wenn Sie Zugriff auf Netzwerkressourcen gestatten wollen, die in einem anderen Active-Directory-Wald liegen. Versuchen Sie bei der Planung Ihres Active-Directory-Waldes mögliche Veränderungen bereits einzukalkulieren.
- **Namespace-Struktur:** Die Namespace-Struktur basiert auf der von Ihnen definierten Organisationsstruktur. Zu diesem Vorgang gehört auch die Definition des globalen Namespace, der sich aus der Kombination aus DNS-Namespace und Active-Directory-Namespace ergibt. Die korrekte interne und externe Definition Ihres Namespace ist ein wesentlicher Punkt, der weitere Entscheidungen hinsichtlich Ihres Active Directory berührt. Einige typische Modelle für die Namespace-Struktur sind nachfolgend aufgeführt:
  - *Das geografische Modell:* Hier basiert der Namespace ausschließlich auf den geografischen Attributen der Organisation.
  - *Das Verwaltungsmodel:* Der Namespace reflektiert die Organisationsstruktur eines Unternehmens.
  - *Das geopolitische Modell:* Der Namespace wird nach geografischen und organisatorischen Gesichtspunkten strukturiert.
  - *Das administrativ-geografische Modell:* Entspricht dem geopolitischen Modell, nur dass in diesem Fall die Organisationsstruktur Priorität genießt
  - *Das funktionale Modell:* Hier ergibt sich die Namespace-Struktur aus betrieblichen Notwendigkeiten.

- **Vertrauensstellungen:** In früheren Versionen von Windows NT war die Anlage und Verwaltung von Vertrauensstellungen schwierig, besonders bei Masterdomänenmodellen mit einer Reihe von Ressourcendomänen. Wenn Sie hingegen in einem Active-Directory-Wald Domänen oder Domänenbäume erstellen, werden automatisch gegenseitige transitive Vertrauensstellungen zwischen den einzelnen Domänen des Waldes erzeugt, wodurch die Verwaltung wesentlich vereinfacht wird. Die Feststellung der Vertrauensverhältnisse, die in Ihrer Organisation benötigt werden, hilft bei der Definition der Struktur des Active-Directory-Waldes. Mehrere Active-Directory-Wälder verlangen ausdrückliche Vertrauensstellungen, damit Daten anderer Wälder abgerufen werden können und sogar dann müssen Objekte von einem Wald in einen anderen importiert werden.
- **Der globale Katalog (Global Catalog, GC):** Da die Datensuche des Verzeichnisses auf Verweise im GC basiert und der GC auf allen Domänen und Domänenbäumen in einem Active-Directory-Wald repliziert wird, sind Anzahl und Platzierung der GC-Server von höchster Bedeutung für schnelle Datenabrufe im Gesamtverzeichnis. Wenn Sie wissen, welche Zugriffsformen auf Netzwerkressourcen von Ihren Benutzern bevorzugt werden, können Sie die erforderliche Struktur Ihres Active-Directory-Waldes leichter bestimmen.

Wenn Sie sich die Active-Directory-Komponenten und die zugehörige Terminologie klarmachen und die beschriebenen Überlegungen einzeln anstellen, werden Sie bei der Planung Ihres Active-Directory-Waldes sicher Erfolg haben. Wenn diese Aufgabe dann abgeschlossen ist, sind Sie bereit, noch tiefer in den Planungsprozess für das Active Directory einzudringen und sich auf den Aufbau der Active-Directory-Domänen zu konzentrieren.

2.1.3 Struktur der Active-Directory-Domänen

Wie die Planung des Waldes ist auch der Aufbau der Active-Directory-Domänen ein wesentlicher Teil von Active Directory. In diesem zweiten Schritt müssen Sie Ihre Domänenstruktur beurteilen. Es gibt viele Faktoren, die auf den Domänenaufbau einwirken:

- **Active Directory ist eine verteilte Datenbank**, bei der Teile des Verzeichnisses (repräsentiert durch Domänen) auf DCs in einem Domänenbaum oder einem Wald gespeichert sind. Angesichts dieser Tatsache ist es wichtig, das Verzeichnis so zu definieren, dass Benutzerdaten lokal gespeichert werden, wobei Fehlertoleranz und Zuverlässigkeit gewährleistet sein müssen.
- **Eine Domäne ist eine Verwaltungseinheit**, d.h. Domänenadministratoren haben vollständigen Zugriff auf Objekte in ihrer Domäne, aber keinen Zugriff auf andere Domänen innerhalb des Waldes.

- **Eine Domäne ist eine Authentifizierungseinheit**, deswegen wird ein DC zur Bearbeitung von Authentifizierungsanforderungen benötigt.
- **Eine Domäne hat eine gemeinsame Datenbankpartition**, die zwischen allen DCs der Domäne repliziert. Aus diesem Grunde repliziert sich, wenn eine Domäne mehrere physikalische Standorte umfasst, die Datenbankpartition der Domäne auf all diese physikalischen Standorte. Diese Replikation kann über Active-Directory-Standorte verwaltet werden, findet aber zwangsläufig statt.

Gehen Sie wie folgt vor, um die Domänenstruktur Ihres Active Directory zu definieren:

1. Stellen Sie sicher, dass die Planung Ihres Active-Directory-Waldes abgeschlossen und von der Organisation abgesegnet ist.
2. Definieren Sie die Anzahl der Domänen in jedem Wald.
3. Wählen Sie die übergeordnete Domäne des Waldes aus.
4. Bestimmen Sie den DNS-Namen jeder Domäne.
5. Bestimmen Sie den Einsatz von DNS-Servern.
6. Richten Sie explizit oder automatisch transitive gegenseitige Vertrauensstellungen ein.
7. Ziehen Sie die Wirkung möglicher zukünftiger Veränderungen in der Organisation in Betracht, die nach Abschluss der Definition und Einrichtung der Active-Directory-Domänen auftreten können.

In früheren Versionen von Windows-NT-Server war die Kapazität der SAM-Datenbank (Security Account Management, sichere Kontenverwaltung) auf 40.000 Objekte begrenzt. Diese Beschränkung zwang große Organisationen zur Entwicklung und Verwaltung ausgeklügelter Domänenstrukturen mit einer Vielzahl von Domänenmodellen (Einzel-, Master- und Multimastermodelle). Ferner wurde das Original der SAM-Datenbank auf einer einzigen Maschine, dem primären Domänen-Controller (PDC) gespeichert. Nun mussten alle Änderungen wie beispielsweise die Einrichtung von Benutzerkonten auf dem PDC umgesetzt und dann auf Sicherungs-DCs (Backup-DCs, BDCs) repliziert werden. Mit Active Directory jedoch lässt sich Windows 2000 (theoretisch) auf Millionen von Objekten skalieren und Änderungen am Verzeichnis können nun auf einer beliebigen Anzahl von DCs vorgenommen werden, weil das Verzeichnis jetzt eine verteilte Datenbank ist, die auf alle Domänen, Domänenbäume und den ganzen Wald repliziert werden kann. Dieses Modell heißt Multimasterdomäne, da alle DCs gleich behandelt werden und ihre Objekte wahlfrei modifiziert werden können. Diese Modifikationen werden dann auf alle anderen passenden DCs repliziert.

Active Directory stellt auch ein flexibles Verwaltungsmodell bereit, da die Domänen nicht die einzige Möglichkeit darstellen, Administrationsrechte zu gewähren oder zu delegieren. Bei Active Directory lassen sich OUs erzeugen, die als Container in der Active-Directory-Hierarchie fungieren. OUs erlauben die Verwaltung von Teilbereichen des Verzeichnisses und die Gliederung von Objekten (Benutzern, Gruppen, Druckern, Computern usw.) in Untereinheiten. Dies wird sich insbesondere in großen verteilten Unternehmen als sehr hilfreich erweisen.

Abbildung 2.2 zeigt ein paar typische Active-Directory-Domänenstrukturen. Eine ist ein Einzeldomänenmodell, das aus OUs zusammengesetzt ist, das andere ein Multidomänenmodell, das aus mehreren Domänen besteht, die einen Domänenbaum bilden.

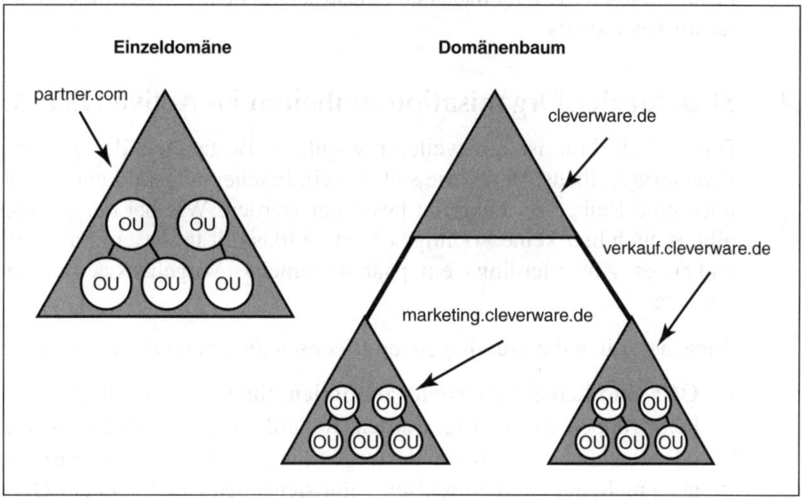

Abb. 2.2: Zwei Beispiele für Active-Directory-Domänenstrukturen

Es gibt mehrere Möglichkeiten, eine spezifische Domänenstruktur zu definieren – hier gibt es keine allgemeingültige Struktur. Allerdings sprechen einige Gründe für die Erstellung mehrerer Domänen. Nach unserer Auffassung sollte man (der Einfachheit halber) immer von einer einzigen Domäne ausgehen und dann überlegen, warum dieses Domänenmodell möglicherweise angepasst werden muss.

Wenn Sie beispielsweise aufgrund von physikalischen Beschränkungen Ihrer Netzwerkstrukturen oder geografischer Strukturen herkömmliche Windows-NT-Domänen aufrechterhalten müssen, um mehrere Domänen zu erzeugen, oder wenn die Administration unter mehreren separaten Einheiten innerhalb einer großen Organisation aufzuteilen wäre, könnte sich eine Multidomänenstruktur anbieten.

Wie auch bei der Struktur des Waldes liegt der Schlüssel für eine erfolgreiche Domänenstrukturierung in der Einbeziehung möglichst vieler Faktoren – Netzwerk, Administration, Sicherheit, Organisation – und der Berücksichtigung möglicher zukünftiger Änderungen. Viele dieser Überlegungen werden in Kapitel 7 (»Aufbau der Domänenstruktur unter Windows 2000«) erläutert. In der Regel werden Sie eine Reihe verschiedener Strukturalternativen in Betracht ziehen und diese auf Ihre speziellen Anforderungen hin überprüfen, bevor Sie sich für eine Struktur entscheiden.

Im Vergleich zur Waldstruktur erweist sich die Domänenstruktur im Active Directory bei Veränderungen als etwas flexibler. Mit Windows 2000 und Active Directory können Sie mit wenig Mühe und ohne großes Risiko DCs herauf- und herabstufen oder hinzufügen und entfernen. Das Verzeichnis lässt sich passend zur Organisationsstruktur und zur Netzwerktopologie partitionieren und repartitionieren.

Wenn Sie die Planungen für Ihre Active-Directory-Domänen abgeschlossen haben, können Sie zum nächsten Schritt übergehen, der Definition der OU-Struktur im Verzeichnis.

2.1.4 Struktur der Organisationseinheiten im Active Directory

Die OU-Struktur ist ein weiterer wichtiger Bestandteil des gesamten Active-Directory-Aufbaus. Bevor Sie sich für ein Erscheinungsbild entscheiden, müssen noch eine Reihe von Faktoren bestimmt werden. Wie bei der Domänenstruktur gibt es auch hier keine »richtige« Lösung (das gilt in diesem Fall vielleicht noch mehr); es gibt allerdings ein paar allgemeine Vorgehensweisen und erprobte Ansätze.

Zunächst sollen die grundlegenden Eigenschaften von OUs erwähnt werden:

- **OUs sind keine Sicherheitsrichtlinien.** Sie können insofern nicht zu Sicherheitsgruppen hinzugefügt werden. Außerdem lassen sich OUs keine Freigaben oder Rechte zuweisen und deswegen (aufgrund der Vererbung) solche Rechte auch nicht auf die hierarchisch tiefer stehenden Objekte in der OU anwenden.
- **OUs werden zur Delegierung der Administration und zur Steuerung von Verzeichnisobjekten innerhalb der OU verwendet.** Das bedeutet, dass Objekte in einer OU als sicher gekennzeichnet und ihnen dann zum Zwecke der weiteren Verwaltungsgranularität und Steuerung ACLs (Access Control List, Zugriffssteuerungsliste) zugewiesen werden können.
- **OUs können andere OUs enthalten.** Diese werden häufig als »geschachtelte« OUS bezeichnet.
- **OUs können einer Gruppenrichtlinie zugewiesen werden**, um Kontrolle und Administration zu erhöhen.
- **OUs sind keine *intuitive* Struktur.** Benutzer können nicht innerhalb OU-Struktur wechseln; vielmehr sehen sie *tatsächlich* die Ressourcen, auf die sie aufgrund aller Sicherheitsvorgaben, Richtlinien und Berechtigungen im Active Directory Zugriff haben. Obwohl eine allgemeine domänenübergreifende OU-Struktur leichter zu verwalten ist, ist sie nicht unbedingt notwendig.

Die Struktur der Active-Directory-OUs kann vielfältige Formen annehmen. Da OUs zur Delegierung von Verwaltungsaufgaben verwendet werden und die Benutzer die OU-Struktur vielleicht gar nicht sehen, basiert diese Struktur in der Regel auf dem Administrativmodus. Wer nun ist verantwortlich für die Verwaltung bestimmter Bereiche (Container) des Verzeichnisses?

Normalerweise gibt es drei Möglichkeiten, die Verwaltung zu delegieren:

1. über den physikalischen Standort
2. über die Abteilung
3. über die Funktion oder Aufgabe

Da das Active Directory geschachtelte OUs enthalten kann und OUs mehrere Objekte mit Sicherheits- und Objektattributen beinhalten können, kann ohne Probleme ein granulares Administrationsmodell aufgestellt werden, das die speziellen Anforderungen Ihrer Organisation erfüllt; ein Beispiel hierfür wäre das Zurücksetzen des Passworts eines Benutzerobjekts, ohne dass andere Eigenschaften des Objekts geändert werden können. Die Tatsache allein, dass OUs geschachtelt werden können, bedeutet noch nicht, dass man sie auch schachteln muss. Je mehr OUs in einer Domäne enthalten sind, desto komplexer gestaltet sich die Verwaltung der Domäne. Deswegen sollten OUs nur dann verwendet werden, wenn Sie spezielle Unternehmensbedürfnisse zufrieden stellen.

Die Struktur der OUs im Active Directory muss mit Sorgfalt geplant werden. Wenn Ihre Organisation nicht sehr komplex ist oder die Anzahl der Standorte überschaubar ist, ist erscheint es nicht ratsam, eine komplexe OU-Struktur zu erstellen. Netzwerkadministratoren, die mit Novell Directory Services NDS von Novell vertraut sind, neigen dazu, eine OU-Struktur zu entwickeln, die sich an die Organisationsstruktur anlehnt, denn sie sind der Ansicht, dass die OU-Struktur dafür gedacht ist, sich »am Baum hinabzuhangeln«. Das allerdings ist so nicht richtig.

In der Regel wird die OU-Struktur dadurch bestimmt, dass die Administration delegiert werden soll oder Gruppenrichtlinien anzuwenden sind. Diese beiden Prinzipien werden in den Kapiteln 9 (»Gruppenrichtlinien«) und 13 (»Entwicklung einer Verwaltungsstrategie«) näher erläutert.

Nachdem nun die Strukturplanungen für den Wald, die Domänen und die OUs abgeschlossen sind, kommen wir zum letzten Schritt: der Standortstruktur.

2.1.5 Struktur der Standorte im Active Directory

Wie bereits zu Anfang dieses Kapitels erwähnt, basiert die Standortstruktur im Active Directory auf der physikalischen Topologie Ihres Netzwerks. Einer der wesentlichen Vorteile von Active Directory im Vergleich mit anderen größeren Verzeichnisdienstprodukten ist die Definition von Standorten. Mit Exchange und SMS hat Microsoft zum ersten Mal eine Standortstruktur eingeführt. Obwohl

Definition und Verwendung des Standorts sich von Produkt zu Produkt leicht unterschieden, war die Intention bei der Definition des Standorts immer die Ermöglichung von Hochgeschwindigkeitsverbindungen.

Unter Windows 2000 nutzt Active Directory die Standortstruktur zur eigenen Partitionierung auf der Basis von Verbindungen mit hohen und niedrigen Geschwindigkeiten. Wenn Sie beispielsweise eine entfernte Filiale haben, die mit einem 100 Benutzer umfassenden LAN arbeitet, welches eigenständig betrieben wird, aber über eine Frame-Relay-Schaltung mit 56 Kbps Zugriff auf Unternehmensanwendungen und E-Mail-Funktionen haben soll, dann bietet es sich an, diesen Teilbereich (oder »Subnet«) des Netzwerks als separaten Standort zu definieren.

In diesem Beispiel würde es der Standort Netzwerkadministratoren erlauben, ausdrückliche Replikationsintervalle zu definieren und Konfigurationen für die Replikationsprozesse zu bestimmen, die für die langsamen Verbindungen tolerantere Übertragungsprotokolle wie SMTP verwenden würden.

Die Standortstruktur von Active Directory hat verschiedene Komponenten und jede dieser Komponenten hat spezielle Konfigurationseigenschaften und -anforderungen. Eine *Standortverknüpfung* ist eine Verbindung zwischen zwei Standorten, die eine langsame Netzwerkverbindung nutzt, deren Geschwindigkeit unterhalb der LAN-Geschwindigkeit von 10 Mbps liegt. Standortverknüpfungen können auf der Basis einer Replizierungsplanung, eines Kostenmodells, eines Replikationsintervalls und in Abhängigkeit von dem Protokoll konfiguriert werden, welches im Active Directory für die Replikation zwischen Standorten verwendet wird.

Am Anfang der Strukturplanung für Ihre Active-Directory-Standorte sollte die Definition oder Dokumentierung Ihrer Netzwerktopologie stehen. Mit diesen Angaben können Sie dann die Anzahl der Standorte und der Verbindungen zwischen den Standorten feststellen und nachfolgend die Standortverknüpfungen und deren Konfigurationseigenschaften festlegen.

Durch die Planung einer soliden Standortstruktur im Active Directory können Sie steuern, wo und wie sich Benutzer gegenüber einer Windows-2000-Domäne authentifizieren können. Benutzer müssen zuerst versuchen, einen DC an ihrem Standort zu lokalisieren, der (per Vorgabe) mit LAN-Geschwindigkeit angeschlossen ist, bevor sie einen anderen DC mit langsamerer Verbindung zu einem anderen Standort suchen. In früheren Versionen von Windows NT war die Authentifizierung über langsame Verbindungen eine qualvoll schleppende Angelegenheit für die Endbenutzer. Durch die Definition von Standorten können Netzwerkadministratoren jetzt Hochgeschwindigkeitsbereiche festlegen und Benutzer transparent zur Authentifizierung bei einem *bevorzugten* DC geleiten.

Die Vorgänge zur Erstellung einer Standorttopologie im Active Directory sind in Kapitel 10 (»Die physikalische Topologie: Standorte und Replikation«) skizziert.

2.2 Fazit

In diesem Kapitel wurde ein kurzer Abriss über das Active Directory präsentiert und einige seiner zentralen Komponenten erläutert, die zur erfolgreichen Strukturierung des Active Directory beitragen. In den übrigen Kapiteln des Buches werden die Kenntnisse über das Active Directory vertieft werden. Ferner soll untersucht werden, wie die Komponenten von Windows 2000 im Sinne einer verbesserten Funktionalität, Skalierbarkeit und Zuverlässigkeit mit dem Active Directory interagieren und es nutzen.

Kapitel 3

Das Active Directory als Metaverzeichnis

An anderer Stelle in diesem Buch wurde bereits die Bedeutung von Verzeichnissen im täglichen Leben erwähnt. Telefonnummern und E-Mail-Adressen müssen nachgeschlagen werden und an unseren Workstations können wir uns nur aufgrund von Daten anmelden, die in einem Verzeichnis gespeichert sind. Verzeichnisse garantieren nicht nur die Funktionsfähigkeit einer elektronischen Gesellschaft, sondern der Schwerpunkt liegt darauf, dass es *viele* Verzeichnisse sind. Daraus ergibt sich, dass die Integration von Verzeichnissen und der dort abgelegten Informationen ein wesentlicher Erfolgsfaktor für die IT-Mitarbeiter in modernen Unternehmensumgebungen ist.

In diesem Kapitel liegt das Hauptaugenmerk auf Active Directory als zentraler Technologie für die Anlage von Metaverzeichnissen. Dazu gehört auch seine Nutzung als zentrales Repository für Anwendungs- und Organisationsdaten und die Untersuchung der Integration mit Novells *Netware Directory Services* (NDS) und X.500.

Was nun ist ein Metaverzeichnis? Im ersten Abschnitt dieses Kapitels werden wir sehen, welche die Grundlagen ein Metaverzeichnis hat und wie Active Directory diese Anforderungen an ein solches Verzeichnis erfüllen kann. Zu diesen Anforderungen gehören

- die Integrierbarkeit anderer Verzeichnisse über Industriestandardschnittstellen,
- Erweiterbarkeit,
- Zuverlässigkeit,
- Skalierbarkeit.

Wie kann ein Verzeichnis, das auf Novell-Verzeichnisdiensten basiert, in Active Directory als Metaverzeichnis integriert werden? Der zweite Abschnitt des Kapitels erläutert einige der technischen Anforderungen für die Integration einer NDS-Lösung mit Active Directory, die eine langfristige Koexistenz in einer einzigen Umgebung zum Ziel haben soll.

Wie können die X.500-Verzeichnisstandards mit Active Directory integriert und diese Standards etabliert werden? Laut Microsoft ist Active Directory »so ähnlich wie X.500«. Dies bedeutet nichts anderes, als dass Active Directory Elemente von X.500 nutzt, wie beispielsweise Organisationseinheiten (OUs) oder Vornamen (Given Name, GN), aber es erfüllt die X.500-Standards nicht vollständig. Deswegen sind im dritten Abschnitt einige der Herausforderungen aufgeführt, die sich bei der Integration eines auf X.500-Standards basierenden Verzeichnisses in Active Directory stellen.

Und wie lässt sich Active Directory in eine heterogene Umgebung integrieren? Der letzte Teil dieses Kapitels beschreibt, wie Active Directory in eine Unternehmensumgebung integriert wird, die auf der Basis anderer Standards arbeitet. Außerdem erläutert es die Nutzung von Active Directory als zentrale Verzeichnisressource in einer heterogenen Umgebung.

3.1 Definition eines Metaverzeichnisses

Bei der Diskussion von Metaverzeichnisstrategien ist es wichtig, dass man das Konzept des Metaverzeichnisses nicht mit der Koexistenz mehrerer Verzeichnisse verwechselt. Ein echtes Metaverzeichnis stellt nur ein einziges Verzeichnis dar, in das andere Verzeichnisse integriert sind und das die einzige Schnittstelle für alle Verzeichnis-Clients darstellt – egal ob Benutzer, Anwendungen oder Hardware. Abbildung 3.1 zeigt ein Metaverzeichnis, welches in eine Infrastruktur integriert ist, die auch andere Verzeichnisse umfasst. Das Metaverzeichnis ist die einzige Anlaufstelle für alle Benutzer dieser Verzeichnisse. Beim Zugriff prüft das Metaverzeichnis eine Referenz der anderen Verzeichnisse und stellt auf dieser Grundlage die benötigten Daten bereit.

Dieses Kapitel konzentriert sich auf Beispiele, in denen das Active Directory als Metaverzeichnis in Konfigurationen fungiert, in denen mehrere Verzeichnisse koexistieren bzw. zueinander synchronisiert sind.

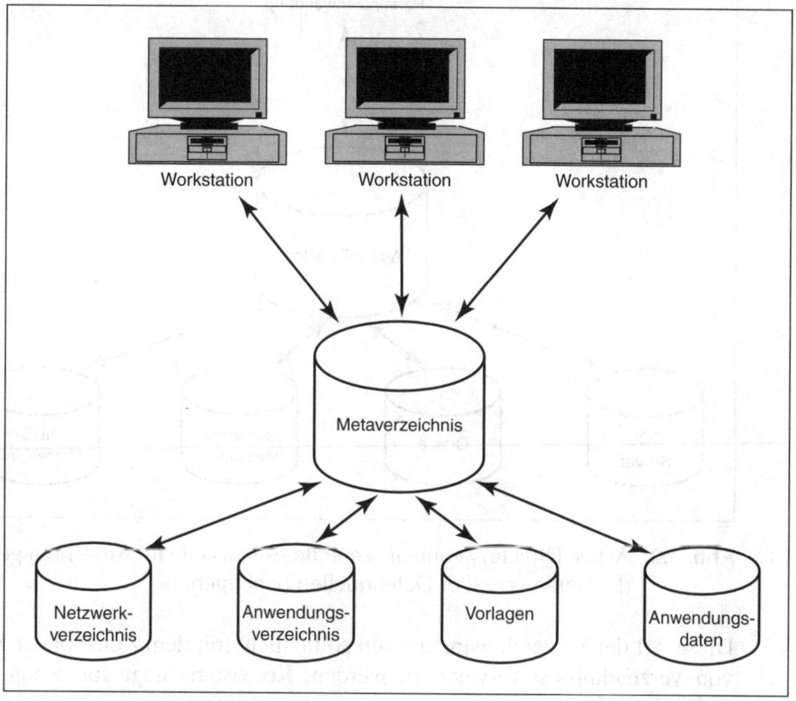

Abb. 3.1: Im Falle einer echten Metaverzeichnisstrategie können die von Netzwerkbenutzern, Anwendungen oder Netzwerk-Hosts benötigten Informationen in mehreren Verzeichnissen abgelegt sein.

Die Verzeichnisintegration beschränkt sich nicht auf klassische Verzeichnisse. Es ist vielmehr auch möglich, ein Metaverzeichnissystem zu konfigurieren, das sowohl Verzeichnisse als auch andere Datenquellen enthält. So können mit Active Directory beispielsweise die Daten einer Personalverwaltung mit den Daten von Microsoft Exchange integriert werden. In Abbildung 3.2 ist Active Directory der Verbindungspunkt zwischen den beiden getrennten Datenquellen. Eine Internet-anwendung, die Informationen beider Anwendungen benötigt, könnte das Active Directory abfragen, statt separat in den Beständen von Microsoft Exchange und Personalverwaltung zu suchen.

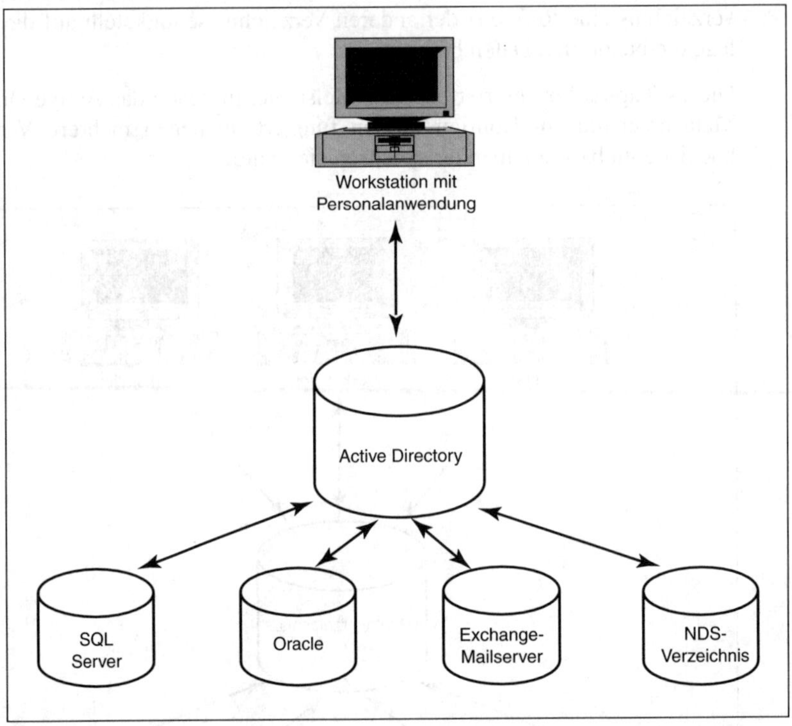

Abb. 3.2: Active Directory kann als zentrale Anlaufstelle für Anwendungen agieren, die Daten verteilter Datenquellen benötigen.

Diese Art der Verzeichnisintegration sollte nicht mit dem Konzept der Koexistenz von Verzeichnissen verwechselt werden. Koexistenz liegt vor, wenn zwei oder mehr Verzeichnisse Daten synchronisieren oder Datenelemente gemeinsam nutzen, während sie gleichzeitig ihre eigenen Verzeichnis-Clients bedienen. Active Directory könnte beispielsweise als Übergangspunkt zwischen Verzeichnissen unter Windows NT 4.0, NetWare mit NDS und UNIX Network Information Service (NIS) dienen (siehe Abbildung 3.3). Allerdings greifen alle beteiligten Netzwerk-Clients und -benutzer, wenn sie Daten für die Netzwerkauthentifizierung benötigen, nicht auf das Active Directory zu, sondern auf ihre eigenen nativen Verzeichnisse.

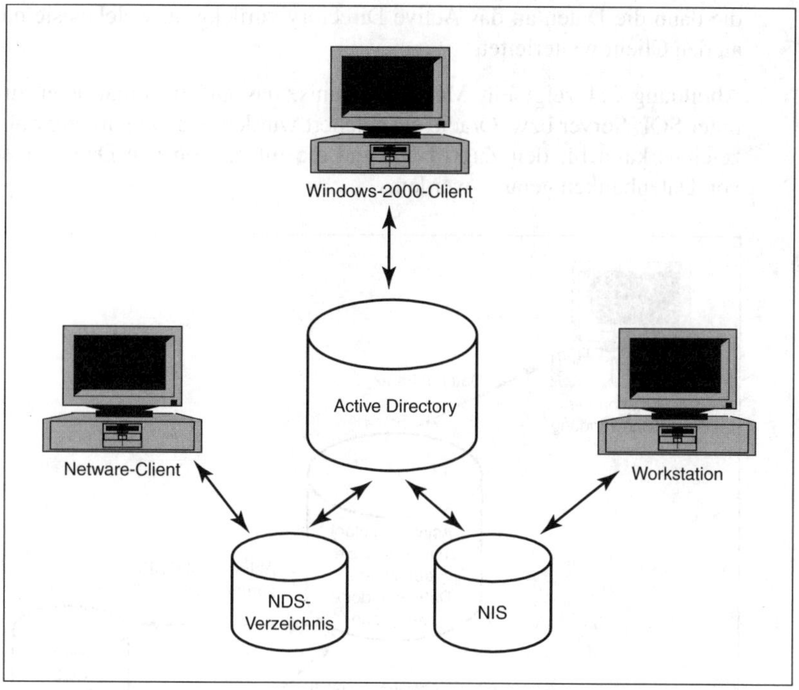

Abb. 3.3: Active Directory kann auch als zentraler Punkt in einem Schema koexistierender Verzeichnisse genutzt werden. Dies darf nicht mit der zuvor beschriebenen Metaverzeichnisstrategie verwechselt werden.

Koexistenzstrategien für Verzeichnisse werden in Kapitel 6 (»Planung von Koexistenzstrategien«) näher erläutert.

Ein Metaverzeichnis ist ein zentrales Repository für viele Datentypen wie Telefonnummern, Benutzernamen und -passwörter für die Netzwerkanmeldung, Namen von Abteilungsleitern, Filialstandorte usw. Da es sehr viele verschiedene Datentypen gibt, die sich in ein Metaverzeichnis speichern lassen, sollte bei der Strukturplanung für das Verzeichnisschema mit größter Sorgfalt vorgegangen werden. In manchen Fällen werden nicht die Daten in das Verzeichnis gespeichert, sondern Zeiger, die auf Daten in anderen Datenbanken oder Verzeichnissen verweisen. Beispielsweise sollte das Active Directory einen GUID (Globally Unique Identifier, global eindeutige Kennung) und eine Zeichenkette für Abfragen nach dem LDAP-Protokoll enthalten, die einen bestimmten Datensatz in einer Personaldatenbank identifiziert, auf den dann über die API (Application Programming Interface, Anwendungsprogrammierschnittstelle) des LDAP zugegriffen werden kann. Auf diese Weise müsste die Personalabteilung keine Daten im

Active Directory modifizieren, sondern nur Daten der lokalen Anwendung. Fragt ein Verzeichnis-Client im Active Directory eine Datenzeichenkette ab, so erstellt das Active Directory seinerseits eine LDAP-Abfrage an die Personalverwaltung, die dann die Daten an das Active Directory zurückgibt, welches sie nachfolgend an den Client weiterleitet.

Abbildung 3.4 zeigt ein Metaverzeichnis, das auf Informationen zugreift, die unter SQL Server bzw. Oracle gespeichert wurden. Active Directory als Metaverzeichnis kann für den Zugriff auf und die Integration von Daten einer Vielzahl von Datenbanken genutzt werden.

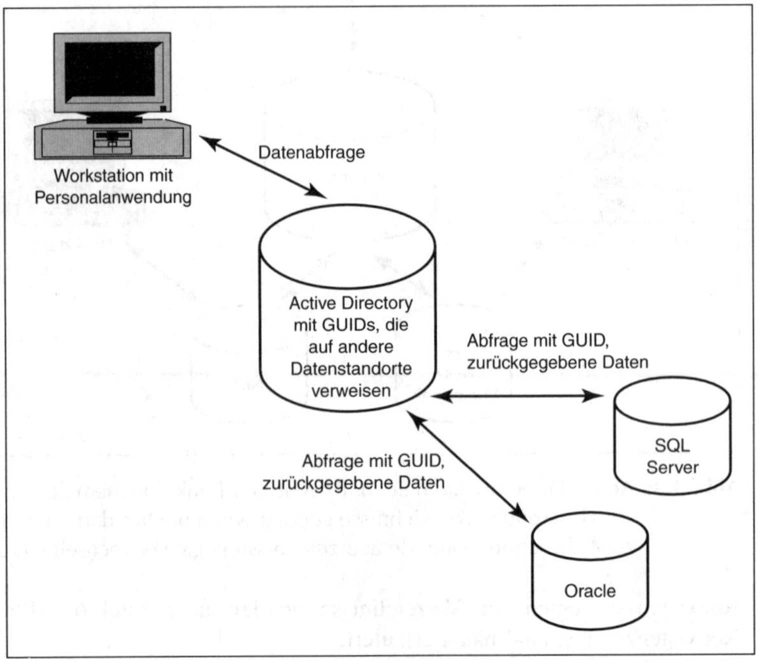

Abb. 3.4: Ein Metaverzeichnis, das auf SQL Server- und Oracle-Datenbestände zugreift

Ein Metaverzeichnis kann Zeiger auf Daten enthalten, die sich in anderen Verzeichnissen befinden und verteilt auf diese Weise sowohl den benötigten Speicherplatz als auch die Verwaltungsanforderungen. Es ist wichtig anzumerken, dass manche Datentypen nicht in ein Verzeichnis gehören. Aktuelle Aktienkurse z.B. sind derart dynamische Daten, dass es nicht praktikabel wäre, sie in ein Verzeichnis zu speichern, denn sie ändern sich so schnell, dass der Datenverkehr, der durch die Replizierung der geänderten Daten zwischen den Verzeichnis-Servern im System entstünde, dieses wahrscheinlich zum Zusammenbruch brächte. Ein Ticker mit Aktienkursen hingegen ist von Natur aus statisch und kann von Benutzern als Referenz zur Abfrage anderer Datenquellen verwendet werden.

3.1.1 Integration

Wenn Sie mit der Planung der Verzeichnisstruktur beginnen, müssen Sie all die verschiedenen miteinzubeziehenden Datentypen und die verschiedenen Datenquellen berücksichtigen. Active Directory ist quasi eine weitere Datenbank in Ihrer IT-Infrastruktur, d.h. Sie müssen die gleichen Überlegungen anstellen wie beispielsweise beim Einsatz einer neuen SQL-Datenbank. Im Falle unseres fiktiven Beispielunternehmens, der Cleverware Software GmbH, werden zahlreiche verschiedene Datentypen in das Active Directory integriert worden sein, nachdem es als zentrales Verzeichnis innerhalb einer Metaverzeichnisarchitektur eingerichtet worden ist. Der Vertreterstab verwendet ein passendes Automationswerkzeug, das separate Benutzernamen und -passwörter benötigt. Die Daten werden im Active Directory gespeichert. Eine der Tochtergesellschaften benutzt gegenwärtig NetWare als bevorzugtes NOS, weswegen die Daten zur Netzwerkauthentifizierung zwischen Active Directory und NetWare NDS synchronisiert werden müssen.

Die Feststellung aller Daten, die ins Active Directory aufgenommen werden müssen, kann eine Menge Arbeit bedeuten. Am Anfang sollten Sie deswegen eine Tabelle erstellen, die all jene Datenelemente enthalten sollte, die ins Active Directory aufgenommen werden müssen. Für jedes Datenelement müssen einige Eigenschaften erfasst werden. Dazu gehören die folgenden:

- **Datentyp:** Der Typ der im Feld vorhandenen Daten. Er kann als ASCII, BLOB (Binary Large Object, großes Binärobjekt), numerisches oder alphanumerisches Objekt, Währung usw. definiert werden. Dadurch werden die Feldformatierung und die Konfiguration der Datenpräsentation beeinflusst.

- **Feldlänge:** Die Länge des Datenfeldes muss gleich zu Beginn festgelegt werden. Dabei ist es von höchster Bedeutung, alle denkbaren Datenkonfigurationen in Betracht zu ziehen. Eine Telefonnummer beispielsweise könnte als *01234-5678-90*, *(01234) 5678-90*, *+49-1234-5678-90* oder sogar *49.1234.5678.90* repräsentiert werden. Jede dieser Konfigurationen stellt an das Datenfeld andere Anforderungen. Eine andere Möglichkeit, die Länge eingegebener Daten zu steuern, besteht in der Bereitstellung einer Datenmaske. Im Falle der zuvor aufgeführten Telefonnummer könnte die Maske z.B. nur Platz für die Ortsvorwahl und die sechs Stellen des Telefonanschlusses bereitstellen. Die Daten ließen sich dann in jedem gewünschten Format anzeigen.

- **Aktuelle Datenquelle:** Wenn Sie ein neues Metaverzeichnis anlegen wollen, sollten Sie immer die derzeitige Quelle jener Daten identifizieren, die in das Verzeichnis aufgenommen werden sollen. Dadurch können Sie den Synchronisierungsbedarf leichter einschätzen.

- **Datenbesitzer:** Anfangs sollte immer festgestellt werden, wer der Besitzer der Daten ist. In großen Organisationen beanspruchen in der Regel viele Leute das Eigentum an Daten für sich. Wenn Sie eine Metaverzeichnislösung unter Verwendung von Active Directory in Betracht ziehen, müssen Sie feststellen, welche Daten wem gehören, damit Sie die Administrationsrechte zur Änderung von Daten im Verzeichnis korrekt an Einzelpersonen oder Abteilungen delegieren.

- **Synchronisierungsmethode:** Es gibt verschiedene Möglichkeiten, die Synchronisierung in einem Metaverzeichnis zu planen. Die einfachste Möglichkeit für den Schnellstart mit der Datensynchronisierung ist eine einmalige Datenextrahierung aus einer herkömmlichen Datenquelle. Das ist für die Behandlung einer herkömmlichen Datenquelle, die unmittelbar nach der Einführung des Metaverzeichnisses stillgelegt wird, vollkommen ausreichend, nicht jedoch, wenn die herkömmliche Datenquelle noch für längere Zeit mit dem Metaverzeichnis koexistieren soll. Es wäre zwar möglich, mit Hilfe einer Stapelverarbeitung fortlaufende Datenextrahierungen aus der herkömmlichen Datenquelle durchzuführen, aber solche Prozesse sind meist lästig and zeitaufwendig. Wenn außerdem große Datenblöcke massenweise einem Verzeichnis hinzugefügt werden, kann sich der Replizierungsverkehr zwischen den Verzeichnisservern beträchtlich erhöhen.

Tabelle 3.1 steht beispielhaft für die Entwicklung einer Metaverzeichnisarchitektur.

Datentyp	Feldlänge (Zeichen)	Aktuelle Datenquelle	Datenbesitzer	Synchronisierungsmethode
Benutzername	50	NDS	NetWare-Administration	MS DirSync
Zugriffsauthentifizierungsebene	2	Siebel Automationssoftware für Kundenberater	IT-Administration der Verkaufsabteilung	ADSI-Script

Abb. 3.5: Beispiele für die bei der Metaverzeichnisentwicklung zu beachtenden Datentypen

3.1.2 Erweiterbarkeit

Soll ein Verzeichnis die Anforderungen an ein Metaverzeichnis erfüllen, so muss es erweiterbar sein. Im Falle des Active Directory kann das Schema mit Hilfe des Verzeichnis-Snap-Ins für die Microsoft Management Console (Microsoft Verwaltungskonsole, MMC) oder programmatisch über die Verwendung eines Scripts erweitert werden. Die Erweiterbarkeit von Metaverzeichnissen ist wichtig, damit externe Anwendungen vom Verzeichnis als Repository für Anwendungsdaten oder für Zeiger auf externe Datenquellen profitieren können. Für die nächste Version von Microsoft Exchange wird das Active Directory umfassend modifiziert, um die notwendigen Verzeichnisdienste bereitstellen zu können.

Im Active Directory ist das Schema vollständig erweiterbar und kann als Objektspeicher für Daten oder als Ablage für Zeiger auf andere Datenstandorte dienen. Trotzdem ist es unumgänglich, dass Active-Directory-Administratoren die Begleiterscheinungen bei der Schemaerweiterung vollständig verstehen und Richtlinien für die Schemamodifikation entwickeln. Da sich Schemaerweiterungen drastisch auf die Leistung des Active Directory auswirken können, sollten Sie sich an diesem Punkt etwas mehr Zeit für die Schemaverwaltung nehmen. Bei der Betrachtung der Erweiterbarkeit von Schemata muss klar sein,

- wie das Schema modifiziert wird,
- wann das Schema modifiziert wird,
- wie Richtlinien für die Schemamodifikation entwickelt werden können.

Wie wird das Schema modifiziert?

Das Active-Directory-Schema setzt sich aus den Objekttypen *Klassen* und *Attribute* zusammen. Beachten Sie, dass, wenn im Verzeichnis ein neuer Benutzer hinzugefügt wird, das Schema nicht modifiziert wird, d.h. es wird keine neue Komponente hinzugefügt, sondern ein Objekt der Klasse *Benutzer* erstellt. Die Erstellung neuer Objekte im Active Directory sollte für Administratoren eigentlich Routinearbeit sein. Die Modifikation des Schemas hingegen sollte selten stattfinden – und dann nur nach gründlicher Überlegung.

Im Schema sind Klassen Gruppierungen von Objekten, die einen Attributsatz gemeinsam nutzen, wie etwa *Benutzer* oder *Computer*. Attribute sind die Datenelemente, die in ihrer Gemeinsamkeit ein Objekt definieren, im Falle eines Benutzers z.B. *displayName* und *name*. Diese Attribute werden auch als *Eigenschaften* bezeichnet (siehe Abbildung 3.5).

Jedes einzelne Attribut wiederum enthält eine Syntaxdefinition. Die Syntax eines Attributs bestimmt Typ und Format der benötigten Daten. Die Syntaxregeln für das Attribut *displayName* beispielsweise könnten vorschreiben, dass der Wert alphanumerischer (und nicht numerischer) Natur sein muss. Die Syntaxregeln für das Attribut *Telefonnummer* hingegen könnten einen numerischen Wert verlangen.

Das Schema lässt sich durch das Schema-Snap-In des Active Directory modifizieren, welches in der MMC zu finden ist. Mitglieder der Schema-Administration können das Schema durch Erzeugen, Deaktivieren und Modifizieren von Klassen und Attributen mit dem Snap-In verwalten. Es ist von extremer Bedeutung, darauf hinzuweisen, dass eine Schemaerweiterung nach ihrer Aktivierung nicht mehr gelöscht werden kann. Klassen und Attribute lassen sich deaktivieren, nicht jedoch löschen.

Auch die Scripterstellung ist ein möglicher Weg zur Modifizierung des Schemas. Durch Verwendung von ADSI kann ein Script exakt die gleichen Schemamodifikationen vornehmen wie das Schema-Snap-In.

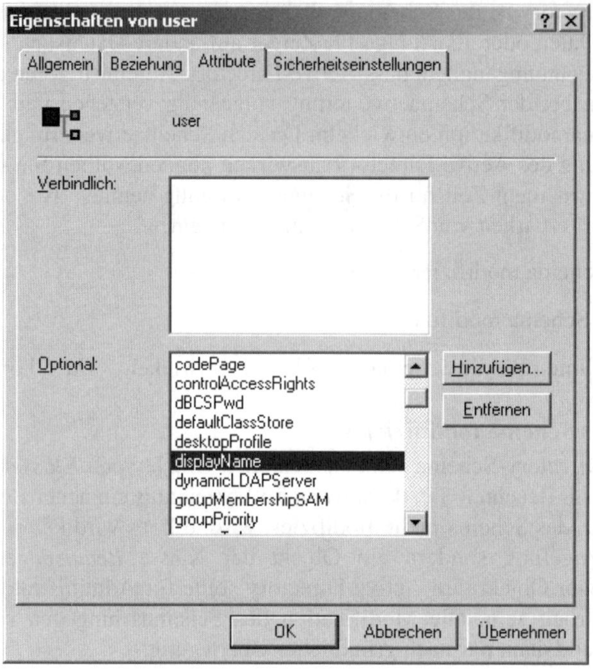

Abb. 3.6: Attributobjekte in einem Verzeichnisschema können mit Hilfe des Active-Directory-Schemas in der MMC modifiziert werden.

Es gibt auch noch einen dritten Weg. Wenn neue Anwendungen installiert werden, kann das Schema während des Installationsvorgangs automatisch auf die Anforderungen der Anwendung abgestimmt werden. Wird eine Anwendung installiert, für die eine Schemamodifikation notwendig ist, so sollte einzig und allein ein Schema-Administrator die Installation vornehmen.

Nicht alle Schemaobjekte lassen sich modifizieren; Systemklassen und -attribute beispielsweise können weder modifiziert noch deaktiviert werden. Außerdem gibt es bestimmte Einschränkungen, wenn Klassen oder Attribute Bestandteil der voreingestellten Schemakonfiguration sind. Objekte in deaktivierten Klassen werden bei Suchvorgängen in Verzeichnissen immer noch angezeigt. Um dieses Verhalten zu unterdrücken, müssen alle Objekte in deaktivierten Klassen gesucht und diese Objekte dann gelöscht werden.

Wann wird das Schema modifiziert?

Wann ein Schema modifiziert werden soll, ist eine wichtige Frage, denn eine solche Modifikation kann drastische Auswirkungen auf die Leistung haben. Aufgrund der hohen Anzahl und der Kompetenzen der Klassen und Attribute im voreingestellten Schema sollten Modifizierungen nur selten vorgenommen werden.

Es kann jedoch vorkommen, dass das voreingestellte Schema Ihren Bedürfnissen nicht entspricht. So könnte das Schema etwa in den folgenden Situationen modifiziert werden müssen:

- **Keine vorhandene Klasse erfüllt Ihre Anforderungen:** Es kann vorkommen, dass keine existierende Klasse im voreingestellten Schema Ihre Anforderungen erfüllt, wenn Sie z.B. eine neue betriebsinterne Anwendung erstellen oder eine Anwendung installieren, bei der eine Schemamodifikation nicht Teil des Installationsprozesses ist. In solchen Fällen sollten Sie eine ganz neue Klasse zum Schema hinzufügen.
- **Einer vorhandenen Klassen fehlen Attribute:** Eine vorhandene Klasse erfüllt zwar annähernd Ihre Anforderungen, aber bestimmte von Ihnen benötigte Attribute fehlen. In diesem Fall können Sie wahlweise neue Attribute zum vorhandenen Aufruf hinzufügen oder Sie leiten von der vorhandenen Klasse eine neue untergeordnete Klasse ab und fügen hier die benötigten Attribute hinzu.
- **Ein Satz bestimmter Attribute wird benötigt:** Manchmal brauchen Sie nur einen Satz bestimmter Attribute, für die aber keine neue oder untergeordnete Klasse erstellt werden soll. In solchen Fällen können Sie eine Hilfsklasse erzeugen, die mit der ursprünglichen Klasse verbunden ist.
- **Klassen oder Attribute werden nicht mehr benötigt:** Werden bestimmte Klassen oder Attribute nicht mehr gebraucht, so können Sie mit Hilfe des Snap-Ins oder eines Scripts Klasse bzw. Attribut deaktivieren.

Wie auch immer Sie das Schema modifizieren, Sie sollten immer das Konzept der Vererbung zwischen den Klassen im Blick haben. Neu angelegte Klassen erhalten die Eigenschaften jener Klassen, von denen sie abgeleitet sind. Die übergeordnete Klasse, von der eine untergeordnete Klasse abgeleitet wird, wirkt sich auf alle Objekte aus, die in diesem Klassentyp zukünftig erzeugt werden. Aus diesem Grunde ist es wichtig, bei der Ableitung neuer untergeordneter Klassen überlegt vorzugehen.

Richtlinien für die Schemamodifikation

Die Entwicklung von Richtlinien für die Schemamodifikation hat weniger etwas mit Technologie als mit guter Projektverwaltung und Planung zu tun. Schemamodifikationen können weitreichende Auswirkungen haben, die das Active Directory in der gesamten Organisation beeinträchtigen oder sogar unbrauchbar machen können. Deswegen ist es unabdingbar, bei der Prüfung und Genehmigung von Modifikationen einer festgelegten Reihenfolge von Schritten zu folgen. Zu diesen gehören die folgenden:

- **Veranlassung der Modifikationsanfrage:** Anfragen für Schemamodifikationen sollten in jedem Fall durch ein Beurteilungsgremium geprüft werden, in dem alle Personen repräsentiert sind, die durch die Modifikation betroffen würden. Alle entsprechenden Gruppen sollten Einwände vorbringen dürfen. Nach Prüfung und Bewertung der Anfrage sollte die letzte Entscheidung beim Komitee liegen.

- **Planung der Implementierung:** Ist die Modifikation genehmigt, dann muss ein Plan zu ihrer Implementierung entwickelt werden. Dieser Plan sollte u.a. Erprobungen im Testfeld vorsehen, um festzustellen, ob die Modifikation den Anforderungen des Anfragenden entspricht, und er sollte die Möglichkeit der Modifikationsrücknahme einkalkulieren.
- **Modifikation:** Die Modifikation des Schemas sollte zunächst in einem Testfeld überprüft werden, das vollständig von der normalen Produktionsumgebung isoliert ist, in dem jedoch das Produktionsschema akkurat repräsentiert wird.

3.1.3 Zuverlässigkeit

Zuverlässigkeit ist ein bedeutendes Merkmal jedes Verzeichnisses – das gilt natürlich besonders für Metaverzeichnisse. Laut Definition wird ein Metaverzeichnis von zahlreichen Anwendungen, Systemen, Netzwerkdiensten und anderen Verzeichnissen genutzt. Insofern kann jeder Ausfall des Verzeichnisses fundamentale Konsequenzen für die Unternehmensleistung und – in letzter Konsequenz – für den Erfolg eines Unternehmens haben.

Es lassen sich verschiedene Fehlertoleranzebenen implementieren, um die Verfügbarkeit des Active Directory möglichst sicherzustellen. Da es sich um ein Multimaster-Verzeichnis handelt, kann der Ausfall eines Domänen-Controllers (DC) durch die Aufstellung mehrerer DCs an strategischen Standorten innerhalb der Organisation kompensiert werden. Es hat sich als praktikabel erwiesen, in jedem Hauptsegment des Netzwerks einen DC zu platzieren. Zusätzlich sollte die physikalische Netzwerkkonfiguration die Verbindung zwischen den DCs über mehrere Wege ermöglichen, wo immer dies möglich ist. Diese Art der Konfiguration stellt die Aufrechterhaltung der Verzeichnisreplizierung auch dann sicher, wenn ein Netzwerksegment ausfällt. In Abbildung 3.6 ist die Verbindung zwischen den DCs auch dann gewährleistet, wenn ein WAN-Segment ausfällt, indem dann nämlich eine zweite Verbindung genutzt wird. In diesem Beispiel verfügt jeder der drei Standorte über eine Netzwerkverbindung zu den jeweils anderen beiden Standorten.

Zusätzlich zur Multimasterreplizierung zwischen den DCs im Active Directory kann jeder Active-Directory-DC auch als Zonenmaster-DNS-Server für externe Clients und andere DNS-Server fungieren. Diese Fähigkeit unterscheidet sich radikal von der DNS-Standardkonfiguration, die nur einen Zonenmaster und mehrere sekundäre (zwischenspeichernde) Server kennt. Die Konfiguration von DNS-Servern im Active Directory wird in Kapitel 8 (»Das DNS Namespace entwickeln«) näher erläutert.

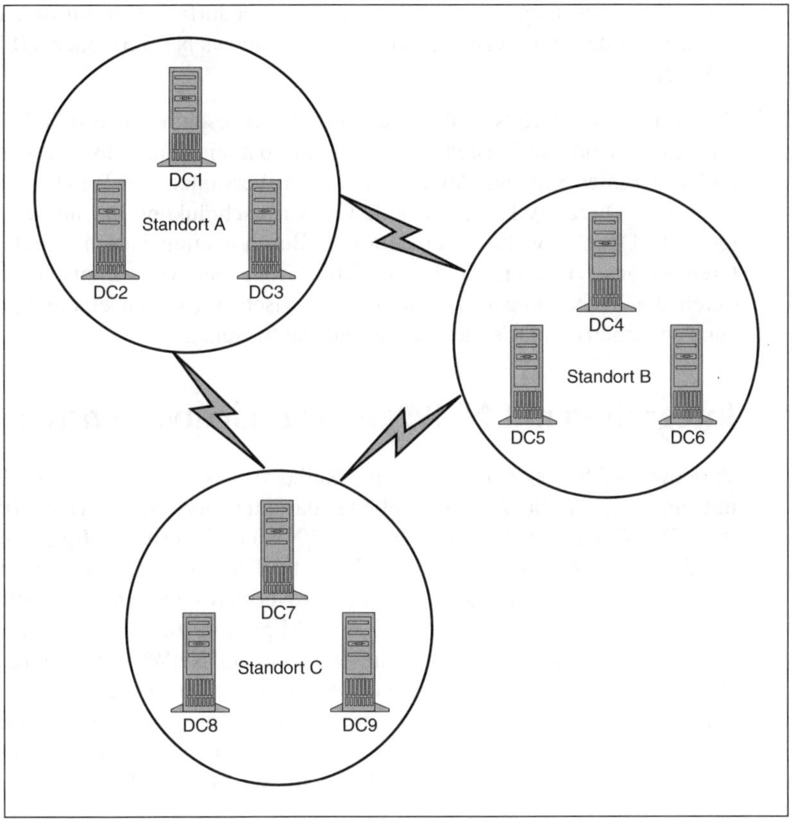

Abb. 3.7: Ein redundantes Netzwerk erhöht die Zuverlässigkeit des Active Directory.

Zusätzlich zur Verzeichnisredundanz hat Microsoft beim Active Directory unter Windows-2000-Advanced-Server das Clustering eingeführt, das die Zuverlässigkeit noch erhöht. Advanced Server und Data Center Server bieten Hardware-Clustering-Dienste für Systeme mit zwei oder mehreren Knoten an. Zur Veröffentlichung der Cluster-Informationen wird Active Directory verwendet.

3.1.4 Skalierbarkeit

Die Skalierbarkeit ist ein weiterer wesentlicher Aspekt eines Metaverzeichnisses. Active Directory ermöglicht die Skalierung über Multimaster-Domänen, Bäume mit mehreren Domänen und Wälder mit mehreren Bäumen. Dies stellt einen scharfen Kontrast zu Windows NT 4.0 her, wo die Anzahl der Domänen, die miteinander über explizite Vertrauensbeziehungen verknüpft werden konnten, beschränkt war. Bei Active Directory hingegen ist es möglich, die Domänenumgebung auf eine Weise zu konfigurieren, die den Bedürfnissen des Unternehmens entspricht, statt umgekehrt die Unternehmensbedürfnisse in ein minderwertiges Domänensystem zu zwängen, wie es bei Windows NT 3.51 oder 4.0 häufig der Fall war.

Wie weiter oben bereits in aller Ausführlichkeit beschrieben, erfüllt Active Directory alle Ansprüche hinsichtlich der Skalierbarkeit durch ein erweiterbares und fehlertolerantes Schema. Anders als frühere Versionen von Windows NT gibt es bei Active Directory keine spezielle Größenbeschränkung für die Verzeichnisdatenbank. Doch obwohl keine derartige Beschränkung besteht, sind praktische Grenzen gesetzt, denn die tatsächliche Größe der Verzeichnisdatenbank wird durch die Verbindungsgeschwindigkeit zwischen DCs an einem Standort und auch zwischen den DCs mehrerer Standorte begrenzt.

3.2 Integration mit NetWare-Verzeichnisdiensten

Windows-NT-Server beinhaltete eine Reihe von Werkzeugen für die Integration mit einer Novell NetWare-Umgebung, darunter *Gateway Services for NetWare* (GSNW), *File and Print for NetWare* (FPNW) und *NetWare Migration*. Von diesen drei Werkzeugen war NetWare Migration das einzige, das tatsächlich in der Lage war, Verzeichnisinformationen eines NetWare- und eines Windows-NT-4.0-Verzeichnisses zu integrieren und eine Migration zu ermöglichen. Windows-2000-Server enthält nun eine neue Version von NetWare Migration, die jetzt *Directory Services Migration Tool* (DSMT) heißt. Zusätzlich zu DSMT gibt es ein weiteres wichtiges Werkzeug für die Integration von NDS und anderen Verzeichnistypen mit Active Directory für eine langfristige Koexistenz. Dieses Tool heißt *DirSync Server* und ist ein Add-On für Windows 2000.

DirSync Server ist ein Windows-2000-Dienst der auf einem Windows-2000-DC läuft. Es handelt sich dabei eigentlich um eine Zusammenstellung von Integrationskomponenten zur Verzeichnissynchronisation (siehe auch Abbildung 3.7). Diese Komponenten sind die folgenden:

- **DirSync Sitzungs-Manager:** Der Sitzungs-Manager verwaltet die Sitzungen mit gegensätzlichen Verzeichnissen. Zu jeder Sitzung gehört ein Paar Verzeichnisse und ein Parametersatz für deren Synchronisierung.
- **Verzeichnisanbieter:** Jedes Verzeichnis verfügt über einen Verzeichnisanbieter, der Änderungen aufsteigend aus dem Verzeichnis ausliest bzw. aufsteigend in das Verzeichnis speichert, welches er unterstützt. Für NetWare-Verzeichnisdienste ist ein Verzeichnisanbieter vorhanden.
- **Objekt-Mapper:** Objekt-Mapper ermöglichen für jedes Verzeichnis die Zuordnung von Objekten im Verzeichnisschema, Zugriffsrechten und Berechtigungen sowie vom Namespace.

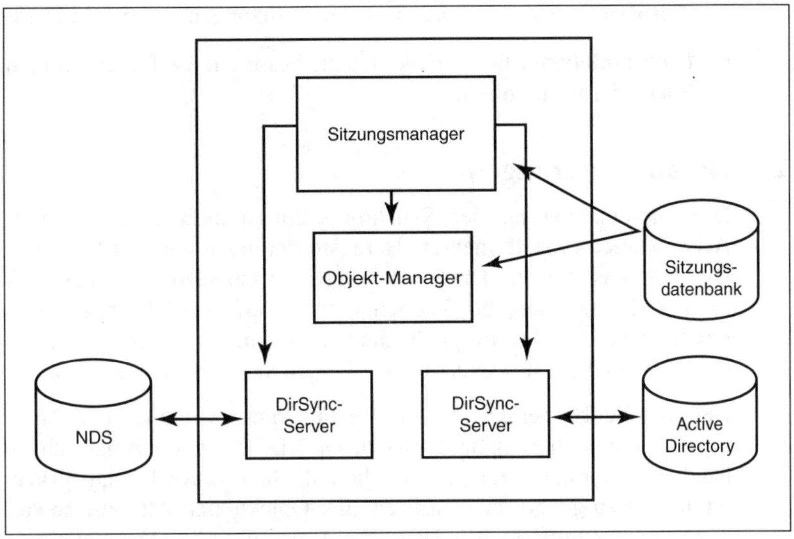

Abb. 3.8: Die DirSync-Dienstarchitektur stellt eine integrierte Umgebung für die Synchronisierung von NDS und Active Directory bereit.

3.2.1 Sitzungs-Manager und Sitzungen

Der Sitzungs-Manager koordiniert den Synchronisierungsprozess zwischen Verzeichnissen. Er bietet Protokollierung, Fehlerbehandlung, Datenrettung und Leistungsindikation.

Sitzungen werden durch einen Satz von Sitzungsparametern definiert. Nachfolgend finden Sie eine Beispielliste mit häufig verwendeten Parametern.

- **Sitzungsbesitzer:** Der Sitzungsbesitzer ist der DC, auf dem DirSync läuft. Es kann nur ein DirSync-Prozess auf einem DC-Computer laufen.
- **Sitzungskennung:** Die Sitzungskennung ist eine eindeutige Kennnummer für die Sitzung auf dem DC, der als Besitzer festgestellt wurde.
- **Sitzungsname:** Der Sitzungsname wird durch den Administrator der Sitzung vergeben.
- **Sitzungs-Flags:** Die Sitzungs-Flags bestimmen, ob die bidirektionale Synchronisation aktiviert ist und ob die Sitzung aktiv oder inaktiv ist. Inaktive Sitzungen werden nicht automatisch gestartet.
- **Quellverzeichnis:** Das Quellverzeichnis bestimmt den Quellverzeichnistyp, den Serverstandort und die Anmeldeinformationen.
- **Zielverzeichnis:** Das Zielverzeichnis bestimmt den Zielverzeichnistyp, den Serverstandort und die Anmeldeinformationen.

- **Zeitplan:** Der Zeitplan legt fest, wann Sitzungen ausgeführt werden.
- **Protokollebene:** Die Protokollebene bestimmt die für jede Sitzung benötigte Ebene der Protokollierung.

3.2.2 Herausforderungen

Die Implementierung der Synchronisationsarchitekturen zwischen NDS und Active Directory stellt mehrere Herausforderungen. Sowohl NDS als auch Active Directory basieren auf dem X.500-Verzeichnisstandard. Aus diesem Grunde kann es in den Semantiken, die Verzeichnisstrukturen unter NDS bzw. Active Directory beschreiben, zu Unverträglichkeiten kommen. Beispielsweise entsprechen die Container in NDS den Organisationseinheiten von Active Directory.

Der erste Schritt bei der Planung der Integration von NDS und Active Directory ist die Dokumentierung der vorhandenen NDS-Verzeichnishierarchie und der vorhandenen oder in der Entwicklung befindlichen Active-Directory-Verzeichnishierarchie. Dazu gehört das Auflisten aller Objekte und Attribute sowie der Sicherheits- und Zugriffsrechte in jedem Container des Verzeichnisses. Sind die Verzeichnisse dokumentiert, so müssen als nächstes Master/Slave-Beziehungen zwischen Objekten in jedem Verzeichnis festgestellt werden.

Es gibt Einschränkungen bei den von DirSync Server bereitgestellten Diensten. Dazu gehören die folgenden:

- Bei den Objektkennungen werden nur 1:1-Zuordnungen unterstützt. Eine 1:x-Zuordnung zwischen einem Objekt in einem NDS-Verzeichnis und dem Active Directory ist nicht möglich.
- Die Synchronisierung findet auf der Container-Ebene statt, nicht auf der Objektebene. Das bedeutet, dass alle Objekte in einem Container und alle untergeordneten Container in jedem Fall zwischen den beiden Verzeichnisumgebungen synchronisiert werden. Die Synchronisation eines Einzelobjektes in einem Container ist nicht möglich.

3.3 Integration mit X.500

Wirkliche Integration mit einem X.500-Verzeichnis zu erreichen, kann sehr schwierig sein. Dafür gibt es mehrere Gründe. Zunächst sind heutzutage nicht mehr viele X.500-Verzeichnisse in Verwendung, denn Nutzung und Verwaltung des X.500-Standards sind mühselige Angelegenheiten. Zweitens benötigt das DAS-Protokoll eine Menge Systemleistung und ist schwer zu konfigurieren.

Demzufolge wäre es eine der besten Möglichkeiten zur Integration mit einem X.500-Verzeichnis, ein X.500-Verzeichnis zu finden, das LDAP unterstützt und LDAP dann als Protokoll für Schreib- und Lesevorgänge zwischen dem X.500-Verzeichnis und dem Active Directory zu verwenden. Diese Art der Verzeichnisarchitektur wurde in den letzten Jahren verwendet, da die Verbreitung des LDAP-Protokolls sich wesentlich erhöhte. Alle wesentlichen X.500-Verzeichnisdienste, die heute auf dem Markt erhältlich sind, unterstützen ohne Ausnahme LDAP (siehe auch Abbildung 3.8).

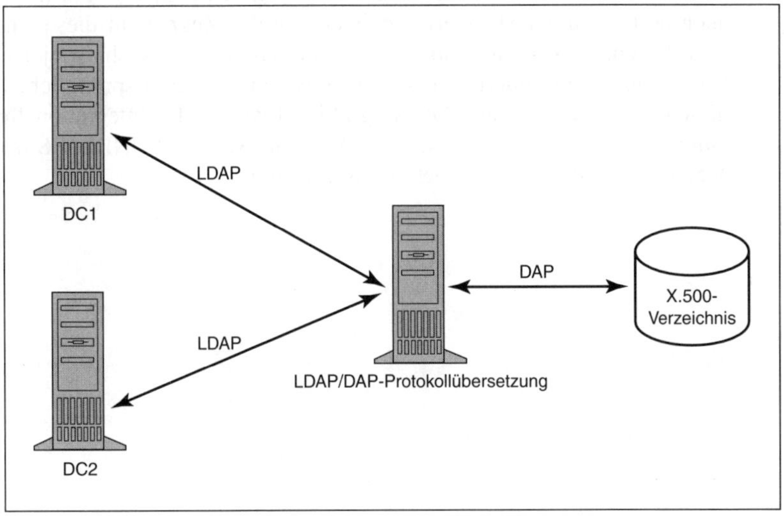

Abb. 3.9: LDAP kann als Kommunikationsprotokoll zwischen Active Directory und einem X.500-Verzeichnis verwendet werden. Alle wesentlichen X.500-Verzeichnisse, die zur Zeit erhältlich sind, unterstützen LDAP.

Wenn Sie Integration oder Koexistenz von Active Directory und einem vorhandenen X.500-Verzeichnisses planen, werden Sie wahrscheinlich die Datenaustauscharchitektur und die Struktur des Active Directory von der Struktur des vorhandenen X.500-Verzeichnisses ableiten, weil X.500-Verzeichnisse normalerweise nach der Top-Down-Methode geplant und entwickelt werden. Daraus kann jedoch eine starre, schwer modifizierbare Verzeichnisstruktur resultieren. Das soll nicht heißen, dass die Active-Directory-Struktur die gleiche sein soll wie die des vorhandenen X.500-Verzeichnisses; wenn Sie Active Directory in eine Umgebung implementieren, in der bereits ein Verzeichnis vorhanden ist, ist es wichtig, die beste Verzeichnisstruktur zu finden und nicht einfach die vorhandene zu kopieren.

Die Hierarchien im Active Directory und die besten Struktureigenschaften für diese Hierarchie werden an anderer Stelle in diesem Buch noch erläutert werden. Hier geht es in erster Linie um die Aufstellung einer einfachen Hierarchie. In vielen Fällen haben X.500-Hierarchien mehrere Ebenen und können sich naturgemäß als recht kompliziert erweisen.

3.4 Fazit

Ein Metaverzeichnis ist ein Verzeichnis in einer Organisation, das als alleinige Anlaufstelle für Benutzer dient, die Verzeichnisinformationen benötigen. Verzeichnisdaten können in mehreren Verzeichnissen abgelegt sein und verbleiben auch dort, doch ein Metaverzeichnis erlaubt den Zugriff auf diese unterschiedlichen Daten. Dieses wird dadurch erreicht, dass die Verzeichnisobjekte im Metaverzeichnis repräsentiert, bei Abfragen jedoch aus den ursprünglichen Verzeichnissen abgerufen werden. Die sorgfältige Planung der Integration Ihres Active Directory mit Windows NT 4.0, NetWare mit NDS und UNIX NIS macht dieses Metaverzeichnis zum Unternehmensverzeichnis.

Kapitel 4

Anforderungen eines Verzeichnisses definieren und erfüllen

Warum? – eine ganz einfache Frage, die aber nicht oft genug gestellt werden kann. In vielen Organisationen gibt es die Angewohnheit, Anwendungen oder Betriebssysteme immer auf die neueste Version zu aktualisieren, ohne zu überlegen, ob dies eigentlich notwendig ist. Andere, die ihre Gründe für Updates formulieren, nennen als Argument nur Erfordernisse in der EDV, nicht jedoch Anforderungen beispielsweise seitens der Benutzer. Normalerweise gibt es für die Aktualisierung von Software immer ein paar gute Gründe sowohl technischer als auch unternehmensbezogener Art, allerdings sollten diese Gründe vor dem Hintergrund der Kosten-Nutzen-Rechnung gesehen werden.

Ergebnis einer solchen Analyse ist eine Liste mit Anforderungen, die eine Aktualisierung oder die Umstellung auf ein neues System rechtfertigen – in diesem Fall auf Windows 2000 und Active Directory. Diese Anforderungsliste ist integraler Bestandteil der Active-Directory-Architektur. Werden die Anforderungen auf der Liste nicht erfüllt, dann erfüllt auch Active Directory das versprochene Kosten-Nutzen-Verhältnis nicht.

In diesem Kapitel soll beschrieben werden, wie eine Anforderungsliste erstellt wird und wie diese Anforderungen mit den Möglichkeiten von Active Directory erfüllt werden können.

4.1 Anforderungsdefinition

Bei jedem Entscheidungsprozess in einem Unternehmen werden Kosten und Nutzen betrachtet. Wie Yin und Yang müssen diese beiden in einem bestimmten Gleichgewicht zueinander stehen. Sind die Kosten höher als der Nutzen, so ist das Gleichgewicht gestört – die Entscheidung über einen Kauf ergibt sich von selbst.

Anforderungen können aus allen Ebenen einer Organisation heraus gestellt werden. Wenn es um ein neues Betriebssystem wie Windows 2000 geht, kommen die meisten Anforderungen aus der EDV-Abteilung. Unternehmensanforderungen sind meistens die Triebfeder für die Implementierung von Anwendungen. Allerdings weisen Windows 2000 und Active Directory eine Funktionalität auf, die bis in jede Arbeitsebene hineinreicht. Aus diesem Grunde sollten die Anforderungen an Active Directory nicht nur für den Verwaltungsbereich, sondern für das gesamte Unternehmen definiert werden, in dem es eingesetzt werden soll.

4.1.1 Unternehmensanforderungen

Die Feststellung von Unternehmensanforderungen hilft dabei, den Vorstand des Unternehmens von den Kosten zu überzeugen, die für die Implementierung eines Systems wie Active Directory anfallen. Wenn Sie Unternehmensanforderungen wie beispielsweise Einzelplatzadministration, die Integration von BackOffice-Anwendungen oder die Organisation von Ressourcen formulieren und darlegen, wie diese Anwendungen die Produktivität erhöhen und Kosten sparen, machen Sie die Entscheidung zur Implementierung von Active Directory den dafür Verantwortlichen so richtig schmackhaft. Wenn Sie die Firmenleitung überzeugt haben, werden deren Mitglieder nicht nur die Gründe für das Vorgehen auf der Basis von Active Directory verstehen, sondern auch das Gefühl haben, Einfluss darauf nehmen zu können.

Einzelplatzadministration

Ganz oben auf der Wunschliste stand bei Windows-NT-4.0-Administratoren die Möglichkeit, das Verzeichnis von einer beliebigen Stelle in der Organisation aus zu verwalten. Dadurch hätten Organisationen die Möglichkeit, eine ganze Reihe administrativer Modelle zu verwenden. Bei der Verzeichnisimplementierung ist es wichtig, ein Administrationsmodell zu entwerfen, das auf die Organisation zugeschnitten ist. Wahrscheinlich werden einige Verwaltungsaufgaben zentral von nur wenigen Stellen aus durchgeführt, während andere im gesamten Unternehmen verteilt werden können. Nehmen wir beispielsweise einmal an, dass die Organisation mehrere ausgelagerte Filialen hat, wobei in jeder Filiale ein Administrator für die Verwaltung des lokalen Servers sorgt. Diese Administratoren sollten alle Rechte haben, die zur Ausübung ihrer Aufgaben notwendig sind, aber sie brauchen nicht sämtliche Berechtigungen, denn der lokale Administrator mag sich zwar um die Wartung des örtlichen Servers kümmern, müsste aber nicht unbedingt etwas mit der Verwaltung der Benutzerkonten zu tun haben, die eher von einem zentralen Unternehmenssupport bearbeitet werden könnten. Deswegen dürften lokale Administratoren in diesem Fall keine Berechtigung zur Änderung von Benutzerkonnten haben. Wenn ein solches Modell mit zentraler Benutzerkontenverwaltung und verteilter Serveradministration für die Organisation ideal ist, dann muss das Verzeichnis flexibel genug sein, um ein solches Modell zu unterstützen.

Aus diesem Grunde ist es eine Unternehmensanforderung, dass das Verzeichnis ausreichend flexibel ist, um ein EDV-Administrationsmodell nachzubilden, welches sich in der Organisation als pragmatisch erwiesen hat – das Administrationsmodell sollte keinesfalls auf der Grundlage eines Verzeichnisdienstes definiert werden, der nicht flexibel genug ist.

Infrastruktur für Unternehmensanwendungen

Ein Verzeichnis sollte in einer Organisation die zentrale Stelle für Benutzer- und Ressourceninformationen sein. Es ist sinnvoll, diese Datenquelle zu etablieren, statt den Benutzern einfach nur Informationen bereitzustellen. Außerdem sollte das Verzeichnis auch Anwendungen als Informationsquelle dienen.

Anwendungen, die aus Gründen der Funktionalität oder der Zugriffssteuerung auf Benutzerinformationen zurückgreifen, sollten diese Benutzerdaten aus dem Verzeichnis entnehmen können. Das bedeutet, dass das Verzeichnis unternehmensweit dort verfügbar sein muss, wo solche Anwendungen darauf zugreifen können.

Man muss analysieren, wie die Anwendungen auf das Verzeichnis zugreifen. Beispielsweise kann es gefährlich sein, wenn man Anwendungen gestattet, Daten in das Verzeichnis zu schreiben je nach Anwendung und gespeichertem Informationstyp. Es müssen Richtlinien für die Informationstypen existieren, die in ein Verzeichnis gespeichert werden dürfen, und dafür erstellt werden, wann Daten auf einem Server oder in einer Datenbank abgelegt werden können.

Als Unternehmensanforderung könnte man also formulieren, dass das Verzeichnis eine Infrastruktur bereitstellen muss, die es unternehmensspezifischen Anwendungen gestattet, auf umfangreiche Verzeichnisdienste zuzugreifen. Der Verzeichnisdienst sollte ferner Regeln für die Anwendungsentwicklung vorgeben.

Integration mit BackOffice-Anwendungen

Als Erweiterung des vorhergehenden Anspruchs, dass das Verzeichnis mit Anwendungen in einer Organisation integrierbar sein muss, sollte es sich auch leicht mit den zentralen, unternehmensweit eingesetzten Anwendungen integrieren lassen. Viele Organisationen, die zur Zeit Windows NT und/oder Novell NetWare nutzen, setzen auch Microsofts BackOffice-Anwendungen ein. Gehört Ihre Organisation zu den genannten, so sollte sich Ihr Verzeichnis auch mit diesen BackOffice-Anwendungen integrieren lassen.

Die Unternehmensanforderung ist also die Verwendung des Active Directory als zukünftiges Verzeichnis für BackOffice-Anwendungen. Wenn die Organisation von der Entwicklung von Microsoft BackOffice profitieren will, ist Active Directory ein entscheidender Aspekt in dieser Entwicklung.

Verzeichnisintegration

Viele Organisationen arbeiten mit mehr als einem Verzeichnis und möglicherweise auch mit mehr als einem Verzeichnisdienst. Damit Benutzer sich auf eine einzige Quelle für Verzeichnisinformationen beschränken können, muss der Verzeichnisdienst, auf den sie zurückgreifen, die Integrierung mit anderen Verzeichnissen der Organisation gestatten. Dadurch sehen Benutzer dann nur noch ein einziges Verzeichnis als Quelle für Verzeichnisinformationen.

Zentralisierte Ressourcen

Ein Verzeichnis sollte neben den Benutzern weitere Objekttypen beinhalten, z.B. Computer, Drucker oder Konferenzräume. Wenn neben Benutzern andere Ressourcen in das Verzeichnis aufgenommen werden, kann es mehr Anforderungen in einer Organisation erfüllen. Sind solche Objekte in das Verzeichnis aufgenommen, so lassen sie sich als Objekte verwalten und profitieren vom eingesetzten zentralen oder verteilten Administrationsmodell.

Als Unternehmensanforderung kann man festhalten, dass zentralisierte Ressourcen die Verwaltung von Unternehmensressourcen auf der Basis eines definierten und eingesetzten Administrationsmodells gestatten.

Sicherheit und Zugriffssteuerung

Wie die meisten modernen Anwendungen muss ein Verzeichnis Sicherheitsansprüchen genügen. Soll allerdings das Verzeichnis Zugriffe auf Ressourcen gestatten bzw. verweigern, so muss es die Sicherheitskomponenten bereitstellen, die benötigt werden, damit Ressourcen nur durch diejenigen Benutzer, Anwendungen etc. aufgerufen werden, die dazu eine Berechtigung haben. Damit unbefugte Zugriffe auf eine Ressource unterbunden werden können, muss diese Ressource durch ein sicheres System verwaltet werden, das auf keiner Ebene durch Personen manipuliert werden kann, die über keinerlei Berechtigung zur Verzeichnismanipulation verfügen. Daraus ergibt sich, dass die Kommunikation zwischen Client und Verzeichnis und der Zugriff auf das Verzeichnis sicher sein müssen und dass Richtlinien konfiguriert werden müssen, die es Unbefugten, die sich als Befugte ausgeben, möglichst schwer machen, auf eine Ressource zuzugreifen.

Flexibilität bei Veränderungen im Unternehmen

Unternehmen sind heutzutage häufiger als je zuvor Gegenstand von Umstrukturierungen, Verkleinerungen oder Fusionen. Für diese Veränderungen gibt es eine Reihe von Gründen, die sich oft aus externen Umständen ergeben. Es ist meist nicht so, dass die Organisation Geld verliert und Angestellte entlassen muss, sondern die Handlungsweise des Unternehmens muss an Veränderungen auf dem technologischen oder einem anderen Sektor angepasst und insofern hier und da reorganisiert werden. Ferner sind Unternehmen in den letzten Jahren häufig durch Fusionen oder Übernahmen gewachsen. Nicht unbeträchtliches Kapital ist in dieser Zeit in den Erwerb von Ressourcen, neuen Ideen, Marktanteilen oder Handelsnamen geflossen, die sich in der Produkt- oder Dienstleistungspalette einer Organisation gut ausnehmen.

Wie auch immer der Fall gelagert sein mag, das Verzeichnis einer Organisation muss in der Lage sein, mit der Organisation selbst zu wachsen oder zu schrumpfen. Es muss ausreichend flexibel sein, um die Veränderungen eines modernen Unternehmens mitzumachen. Der X.500-Standard als solcher hat sich als brauchbar für solche Veränderungen erwiesen, allerdings ist es wichtig, dass auch das für Ihre Organisation analysierte X.500-Verzeichnis ausreichend flexibel auf Änderungen reagieren kann.

4.1.2 Anforderungen der Firmenleitung

Die Verbindung aus den Anforderungen des Unternehmens und der Unternehmensleitung mit den Vorteilen für die Organisation erleichtert das Abwägen für oder wider Active Directory. Die Unternehmensführung erwartet sich von einem Dienst wie Active Directory ein verfügbares und leicht zu nutzendes Verzeichnis. Ein gutes Beispiel hierfür ist das Telefon. Der Chef will den Hörer abnehmen und ein Freizeichen hören – ihn interessiert die für diesen Dienst notwendige Infrastruktur nicht, der Dienst soll rund um die Uhr verfügbar sein, das ist alles. Das Freizeichen soll jedes Mal gleich klingen, egal welches Telefon benutzt wird, und der Dienst soll auch außerhalb des Büros bereitstehen.

Die Anforderungen der Unternehmensleitung sind meist weniger speziell als andere Unternehmensanforderungen. Sie sind in der Regel schlicht und einfach die folgenden: Produktivitätssteigerung, Betriebskostenreduzierung (TCO-Reduzierung), erhöhte Wettbewerbsfähigkeit und ständige Verfügbarkeit des Freizeichens.

Produktivitätssteigerung

Die Erhöhung der Benutzerproduktivität verringert die Menge an Zeit, die ein Benutzer für die Ausführung seiner Aufgaben benötigt und erhöht damit die Menge von erfüllten Aufgaben pro Woche. Wenn eine Technologie verwendet werden kann, um die Benutzer produktiver arbeiten zu lassen, indem Arbeitsvorgänge rationalisiert werden, dann ist die Investition in diese Technologie eine gute Idee.

Es ist eine schwierige Aufgabe, auf Produktivitätsspannen hinzuweisen und dann zu behaupten, dass der Einsatz der neuen Technologie diese um 25 Prozent steigern würde. Einige Organisationen nehmen sich eine Menge Zeit dafür, die Tätigkeiten ihrer Benutzer an den Workstations umfassend zu dokumentieren. Sie installieren Software, die feststellt, wie viel Zeit mit einer Anwendung zugebracht wird, wie stark die Tastaturaktivitäten bei der Bedienung der Anwendung sind, welche Internetseiten besucht werden usw. Auf dieser Grundlage bestimmen Sie, wie lange ein Benutzer an der Erfüllung gewisser Aufgaben arbeitet. Aber welche Methode zur Produktivitätsmessung auch immer verwendet wird, wenn eine Technologie die Zeit verringert, die ein Benutzer zum Erfüllen von Aufgaben oder zum Erlernen von Techniken benötigt, und gleichzeitig die Verfügbarkeitsdauer eines Dienstes erhöht, dann stellt diese Technologie eine gute Investition dar.

TCO-Reduzierung

Die TCO (Total Cost of Ownership, betriebswirtschaftliche Kosten für Anschaffung, Wartung und Verwaltung) genau zu bestimmen ist wie eine Erleuchtung. Was TCO eigentlich genau bedeutet, hängt davon ab, wen Sie fragen und die Definition wiederum von der Philosophie der Umgebung. Die Leute bei Microsoft sind Experten, wenn es um die TCO-reduzierende Wirkung ihrer Produkte in einer Microsoft-Umgebung geht, aber die wenigsten Organisationen verwenden ausschließlich Microsoft-Produkte. TCO setzt sich aus vielen Faktoren zusammen, z.B. Kosten für Hard- und Software, Wartungs- und Verwaltungskosten. Die fruchtbarste Methode bei der TCO-Reduzierung liegt in einer Systemimplementierung, die Wartungs- und Verwaltungskosten, die in Zusammenhang mit Workstations entstehen, logisch zu reduzieren.

Wettbewerbsvorteile

Durch TCO-Reduzierung lässt sich theoretisch ein Wettbewerbsvorteil gegenüber Konkurrenzfirmen der Organisation erzielen. Gehen wir einmal davon aus, dass zwei Organisationen identische Qualitätsprodukte oder Dienstleistungen anbieten und alle Voraussetzungen gleich sind, so könnten die Benutzer einer Organisation bei TCO-Reduzierung diese Produkte oder Dienste in kürzerer Zeit (und mit geringeren Kosten) produzieren als das Konkurrenzunternehmen. Dadurch würden anfallende Kosten verringert und die Ertragsfähigkeit erhöht, d.h. für bestimmte Bereiche ergäbe sich ein Wettbewerbsvorteil. Die ersparten Kosten könnten dann beispielsweise auf andere Bereiche wie Forschung und Entwicklung umgelegt werden. Werden keinerlei zusätzliche Mittel benötigt, so erhöht sich die Ertragsfähigkeit, wodurch die Organisation profitabler arbeitet. Als dritte Alternative böte sich auch an, Kosten und Ertragsfähigkeit beizubehalten und den Preis für Produkt bzw. Dienstleistung zu senken. Jede dieser Möglichkeiten stellt einen Wettbewerbsvorteil dar. Durch TCO-Reduzierung, Effizienzsteigerung bei den Benutzern und Verringerung der Verwaltungskosten kann sich der finanzielle Rahmen einer Organisation so ändern, dass ein solcher Vorteil entsteht.

4.1.3 EDV-Anforderungen

Die Anforderungen der EDV unterstützen zumeist die Anforderungen des Unternehmens und der Unternehmensleitung. Die EDV erlöst uns vom Albtraum der Datenverwaltung und gibt uns Werkzeuge und Funktionalitäten zur Implementierung eines EDV-Modells an die Hand, das ideal auf unsere Organisation zugeschnitten ist. Dadurch wird die Effizienz in der Firma gesteigert.

Windows 2000 und Active Directory sind ein Riesenschritt auf dem Weg zur Realisierung dieser Wunschvorstellung. Die Feststellung des idealen EDV-Modells und die Umsetzung der Funktionalitäten von Active Directory mit diesem Modell im Blick ist der Punkt, bei dem es im Strukturierungsprozess ernst wird. Einige allgemein gültige EDV-Anforderungen, die das ideale EDV-Modell bestimmen, wie z.B. die Kontrolle über die Umgebung und die Bereitstellung effizienter, fehlertoleranter Dienste für den Client, werden im folgenden Abschnitt beschrieben.

Kontrolle über die Umgebung

Als Client/Server-Umgebungen in allen Organisationen aus dem Boden schossen, wurde der Server in den EDV-Raum gestellt und dort von der EDV-Abteilung gesteuert. Sicherheitsrichtlinien waren schnell aufgestellt und Dienste nur für vordefinierte Benutzer und Clients zugänglich. Die Clients hingegen blieben unter der Kontrolle der Endbenutzer. Die Benutzer glauben, dass der Computer auf ihrem Schreibtisch *ihr* Portal ins Netzwerk ist, d.h. er muss so konfiguriert und angepasst werden, dass er ihren persönlichen Geschmack trifft. Dessen ungeachtet erwartet der Endbenutzer eine zügige Antwort vom Support, falls irgend etwas ausfällt, und zwar auch dann, wenn das ein Ergebnis seiner Anpassungen ist. Mehr noch, in einigen Organisationen wird diese Philosophie sogar noch akzeptiert! Aber das hat seinen Preis: Eine Client-Konfiguration abseits des Standards erhöht die Kosten für Wartung, Softwareentwicklung, Inventarverwaltung und Softwarelizenzierung und reduziert oft auch die Produktivität der Benutzer.

Indem sie auch die Kontrolle über den Arbeitsplatz übernimmt, wird die Client/Server-Umgebung ein einziges verteiltes System mit Standardrichtlinien und einheitlichen Sicherheitsvorgaben. Der Client ist kein Außenseiter mehr, der hin und wieder mal »reinschaut«, er wird vielmehr eine kontrollierte Schnittstelle für Dienste, die den Endbenutzern bereitgestellt werden; das wiederum erhöht die Effizienz der Benutzer. Wie gestattet man einem Benutzer nun, im Internet zu suchen (z.B., um seine Effizienz zu erhöhen)? Nun, man könnte argumentieren, dass das Internet selbst eine Quelle von Diensten ist, die es dem Benutzer gestattet, Aufgaben persönlicher wie auch beruflicher Natur effizienter auszuführen. Nehmen wir einmal an, unser Benutzer plant einen Urlaub. Was, meinen Sie, geht schneller: Der Erwerb eines Flugtickets und die Buchung von Hotelzimmer und Mietwagen über das Internet? Oder soll der Benutzer doch lieber das Büro verlassen, alles im Reisebüro erledigen, dann zurückkommen und die Arbeit wieder aufnehmen?

Aus diesem Grund ist es eine Unternehmensanforderung, die Oberfläche des Clients so einzurichten, dass die Wartung reduziert und der Benutzer auf diese Weise produktiver und sicherer arbeitet.

Bereitstellung von Diensten für den Client

Bei verwalteten Clients wird die automatisierte Verteilung von Anwendungen für Sie einfacher, da Sie wissen, was Sie bei jedem Computer im Hause erwartet. Die Erstellung von Paketen zur Softwareverteilung an Clients, deren Hard- und Softwarekonfigurationen bekannt sind, verspricht für die EDV-Abteilung größere Erfolgschancen, als wenn bei allen Clients verfügbarer Festplattenspeicher, Betriebssystem und Konfiguration variieren. Sollten Probleme auftauchen, so erhöhen die Fähigkeit von Anwendungen zur eigenständigen Wiederherstellung und die Möglichkeit der Supportabteilung zu sehen, was am betroffenen Rechner genau passiert, die Verfügbarkeit und mindern die Wartungskosten. Die Unternehmensanforderung ist hier die Bereitstellung einer effizienten Softwareverteilung und intelligenter Software, die Fehler erkennt und daraufhin die entsprechenden Schritte einleitet, um das Problem zu lösen. Auf eine solche Funktionalität ist ein zuverlässiger und sicherer Verzeichnisdienst angewiesen.

Fehlertoleranz

Wenn ein Server ausfällt, dann sind immer mehrerer Benutzer betroffen. Arbeitet hingegen ein Client nicht wie gewohnt, so ist nur der Benutzer am Client-Rechner betroffen. Aus diesem Grunde ist es bei serverbasierten Systemen gängige Praxis, bei Hardware oder Software Redundanzebenen zu implementieren, die eine Sicherung gegen den Dienstausfall auf einem Server darstellen. Hierbei handelt es sich um ein sehr umfangreiches und komplexes Thema; je näher das System an eine Verfügbarkeit von 100 Prozent gelangt, desto stärker erhöhen sich die Kosten – und zwar exponentiell.

Active Directory als aufgabenorientiertes System, auf das zahlreiche Anwendungen und Dienste für den eigenen Betrieb zugreifen, benötigt gewisse Fehlertoleranzebenen. Die Unternehmensanforderung liegt darin, dass, wenn ein Verzeichnisdienst oder einer der Zusatzdienste wie DNS ausfällt, Benutzer und Anwendungen immer noch auf Verzeichnisdienste zugreifen können müssen.

4.1.4 Verwaltungsanforderungen

Windows NT ist ein erfolgreiches Server-Betriebssystem. Als solches wurde es im Hinblick auf Kundenwünsche so gut wie möglich weiterentwickelt, auch wenn es ein paar grundlegende Einschränkungen hatte. Die Einführung der Multidomänenmodelle erlaubte bis zu einem gewissen Grad Skalierbarkeit, aber auch dann gab es noch Einschränkungen, die verhinderten, dass Windows NT auf eine Art und Weise in Unternehmen implementiert wurde, die dem idealen Client/Server-Modell der jeweiligen Organisation entsprochen hätte. Windows NT diktierte der Organisation das Verwaltungsmodell. Es gab nicht viel Möglichkeiten für ein Unternehmen, Windows NT auf verschiedene Arten zu verwalten, und deswegen mussten viele Organisationen hinsichtlich des passenden Verwaltungsmodells einen Kompromiss finden. Sie übernahmen also meist die Domänentopologie von Windows NT, die am besten passte.

Ein neuer Anfang mit einem neuen Server-Betriebssystem und einem neuen Verzeichnis erlaubt es Organisationen jetzt, ihr aktuelles Verwaltungsmodell neu zu bewerten und dann ein Modell zu wählen, welches für die Organisationsstruktur wirklich sinnvoll ist.

Die Unternehmensanforderung wird hier durch eine Neubewertung des Verwaltungsmodells durch die Organisation bestimmt. Das gewählte Verzeichnis muss diesem Modell in möglichst großem Umfang entsprechen. Egal, ob ein zentrales oder verteiltes Modell (oder irgendeines dazwischen – das wäre die Regel) gewählt wird, der Verzeichnisdienst sollte Ihr Verwaltungsmodell widerspiegeln.

Automatisierte Administration

Die automatisierte Administration ist eine Möglichkeit, die Verzeichnisadministration effizienter zu gestalten. Es gibt ein paar unterschiedliche Ansätze, die ausprobiert werden können, wenn es darum geht, die EDV-Abteilung von Verwaltungsaufgaben zu entlasten. Einer dieser Ansätze ist die Delegierung der Verwaltung von Verzeichnisdaten an die Abteilung, die die Daten besitzt. In der Personalabteilung würden demzufolge die Benutzerdaten landen, während Support und Sicherheitsabteilung die Sicherheitsdaten besäßen. Um das Risiko zu mindern, dass Personen, die nicht zur EDV-Abteilung gehören, Verzeichnisdaten ändern, könnten die Administratoren jener Gruppen Scripts verwenden, um sicherzustellen, dass im Active Directory gespeicherte Daten bestimmten Benennungs- und anderen Organisationsstandards entsprechen müssen.

Scripts lassen sich auch dazu verwenden, außerhalb der Geschäftszeiten durch Stapelverarbeitung umfassende Änderungen am Verzeichnis vorzunehmen. Beispielsweise können, wenn neue Benutzer in das Verzeichnis aufgenommen bzw. Benutzer aus diesem entfernt wurden, diese Änderungen durch das Active Directory im Laufe der Nacht, wenn die Netzwerkauslastung gering ist, zwischen den DCs repliziert werden.

Die Fähigkeit zur Administrationsautomatisierung sollte ein Merkmal jedes Verzeichnisdienstes sein, der in einer Organisation installiert wird. Vielleicht benötigt das Modell diese Fähigkeit nicht sofort, besonders wenn sie nicht Teil des vorhergehenden Verwaltungsmodells war, aber da Scripts in Organisationen immer häufiger verwendet werden, sind auch Verwaltungsaufgaben potentielle Kandidaten für die Bearbeitung mit automatisierten Scripts. Außerdem ist es von Vorteil, wenn man einem Script Verwaltungsautorität verleiht, ohne den Benutzer zum Administrator zu machen.

Delegation der Verwaltung

Um die Verwaltung zu dezentralisieren, ohne verschiedene Sicherheitskontexte in mehreren Domänen erstellen zu müssen, ist eine Delegierbarkeit der Verwaltung notwendig. Unter der Verwaltungsdelegierung versteht man die Möglichkeit, Gruppen festgelegter Benutzer spezielle Berechtigungen für Objektgruppen zu erteilen, die sich bis hinab auf die Ebene der Rechte und der Objektattribute erstrecken können. Aus diesem Grund ist die delegierte Verwaltung eine Voraussetzung für die Dezentralisierung der Verwaltung.

4.1.5 Sicherheitsanforderungen

Sicherheit ist immer eine Anforderung. Die Verzeichnissicherheit lässt sich in die folgenden Kategorien aufspalten:

- Sicherung der repräsentierten Ressourcen
- Sicherung der Verzeichnisdatenbank
- Sicherung der Kommunikation zwischen Verzeichnis-Client und Verzeichnisdienst
- Sicherung der Ressourcen
- Sicherung der eigenen Datenbank durch das Verzeichnis
- Sicherung der Kommunikation zwischen Verzeichnis und Verzeichnis-Client

Für alle diese Kategorien wird ein Minimum an Sicherheit benötigt. Im Idealfall würde die Sicherheit auf Industriestandards basieren, was die Interaktion zwischen Verzeichnissen und den Zugriff durch verschiedene standardisierte Clients ermöglichen würde.

Ein anderer Sicherheitsaspekt ist die Möglichkeit der Verstärkung oder Abschwächung von Sicherheitsrichtlinien basierend auf der Sicherheitsphilosophie der Organisation. Einige Organisationen leben von den von ihnen gesammelten Informationen, und die Sicherheit ist ein wesentlicher Aspekt der Computerumgebungen solcher Organisationen. Andere (wie beispielsweise Hochschulen) legten niemals großen Wert auf die Sicherheit und werden das wohl auch nie tun. Wie auch immer die Anforderungen in Ihrer Organisation aussehen mögen – sei es, dass die Authentifizierung über Scheckkarten oder anonym erfolgt –, wichtig ist, dass das Verzeichnis die von Ihnen benötigte Sicherheitsebene bereitstellt.

4.1.6 Desktop-Management

Desktop-Management wurde früher als integraler Bestandteil der Kostenreduzierung für die Verwaltung von Arbeitsplätzen betrachtet. Um die finanziellen Vorteile des Desktop-Managements zu begreifen, sollte der Arbeitsplatz teilweise gesperrt werden; hiermit wird es Benutzern unmöglich gemacht, Software auf ihrem Computer hinzuzufügen oder Prozesse zu unterbrechen. Dadurch wird der Unternehmensrechner von einem Unterhaltungsgegenstand zu einer Ressource für den Benutzer, und Wartungskosten werden vermindert. Auch der Einsatz von Software wird durch die Sperre des Arbeitsplatz-PCs vereinfacht. Die meisten Softwarebereitstellungssysteme wie beispielsweise Microsofts System Management Servers (SMS) arbeiten zuverlässiger, wenn die Umgebung, in der eine Software eingesetzt werden soll, bekannt ist. Durch die Sperre des Arbeitsplatz-PCs werden viele Variablen und Unbekannte, die eine Bereitstellung der Software verhindern können, im Vorhinein beseitigt.

Hieraus ergibt sich die Unternehmensanforderung, dass Desktop-Management eine Option sein sollte, die das Verzeichnis als Quelle für Sicherheitsinformationen verwendet. Je nachdem, welcher Benutzer oder Administrator den Client-Rechner benutzt bzw. welcher Rechner eigentlich benutzt wird, sollten unterschiedliche Richtlinien angewandt werden, die festlegen, welche Änderungen überhaupt vorgenommen werden können.

4.1.7 Endbenutzeranforderungen

Bei den meisten Verzeichnisdiensten, insbesondere beim Windows-NT-Verzeichnis, lag nur eine geringe Interaktion zwischen dem Verzeichnis und dem Endbenutzer vor. Deswegen waren die meisten Funktionen und Anforderungen des Windows-NT-Verzeichnisses administrativer oder sicherheitstechnischer Natur. Der Benutzer selbst und auch sein Benutzerverhalten hinsichtlich des Verzeichnisses wurden selten miteinbezogen, da der einzige Berührungspunkt mit dem Verzeichnis der Anmeldevorgang war. Fortschrittlichere Verzeichnisdienste wie beispielsweise solche, die auf dem X.500-Standard basieren, haben eine andere Philosophie, die über die reine Anmeldung des Benutzers hinausgeht; das Verzeichnis wird hier vielmehr als Informationsquelle für die Endbenutzer verwendet. Der Aufbau des Verzeichnisses bestimmt seinen Nutzen für den Endbenutzer.

Der Endbenutzer fordert ein Verzeichnis als leicht zugängliche Informationsquelle. Es sollte eine einheitliche, bekannte Schnittstelle zum Verzeichnis vorhanden sein, die für den Benutzer immer verfügbar sein soll, ob er nun mit dem Netzwerk verbunden ist oder offline arbeitet.

4.2 Umsetzung der Anforderungen mit den Möglichkeiten von Active Directory

Nachdem nun die Anforderungen definiert sind, ist es nötig, diese Anforderungen in einen Bezug zur gebotenen Funktionalität zu setzen und dabei jeder Anforderung die notwendige Priorität zuzuweisen. Diese Priorität wird dann benötigt, wenn mehrere Unternehmensanforderungen im Aufbau als besonderer Aspekt des Active Directory berücksichtigt werden sollen. Das beste Beispiel ist hier die Struktur der Organisationseinheit (OU) in einer Domäne. Anforderungen von Verwaltung, Endbenutzern und Gruppenrichtlinien müssen sämtlich bei der Strukturierung der OUs beachtet werden. Die Prioritätenliste hilft dabei festzustellen, welche Anforderung während der Strukturierung Vorrang genießt, falls mehrere Anforderungen einander widersprechen.

Table 4.1 fasst die Unternehmensanforderungen zusammen, die bisher in diesem Kapitel erwähnt wurden.

Kategorie	Anforderung(en)
Unternehmensvorgänge	Infrastruktur zur Einzelplatzadministration für Unternehmensanwendungen Integration mit zentralen BackOffice-Ressourcen Sicherheit und Zugriffssteuerung flexible Anpassbarkeit an Veränderungen
Anforderungen der Firmenleitung	erhöhte Benutzerproduktivität TCO-Reduzierung Wettbewerbsvorteil
EDV-Anforderungen	Umgebungskontrolle Bereitstellung von Diensten für einen Client Fehlertoleranz Verzeichnisintegration
Verwaltungsanforderungen	Administrationsautomatisierung Administrationsdelegierung Sicherheit auf der Attributebene
Sicherheitsanforderungen	einmalige Anmeldung zuverlässiger Passwortschutz sichere Datenbank sichere Client/Server-Kommunikation

Tab. 4.1: Unternehmensanforderungen

Kategorie	Anforderung(en)
Desktop-Management	Anwendungskontrolle Sperrung des Arbeitsplatzes Inventarverwaltung
Endbenutzeranforderungen	leichter Zugriff bekannte Bedienoberfläche

Tab. 4.1: Unternehmensanforderungen (Forts.)

4.2.1 Unternehmensanforderungen

Unternehmensanforderungen – sie bilden das größte Feld in der obigen Liste – werden durch verschiedene Merkmale und Funktionen in Active Directory unterstützt. Unternehmensanforderungen sind in einer soliden EDV-Umgebung auch EDV-Anforderungen, aber sie sind immer noch Unternehmensanforderungen. Punkte wie die vereinfachte Administration, die Integration von Anwendungen, Sicherheit, Flexibilität und Verfügbarkeit stehen alle ganz oben auf der Liste der Unternehmensanforderungen und müssen vorhanden sein, bevor in eine Anwendung oder ein Betriebssystem investiert wird, insbesondere in eines, das so weitreichende Auswirkungen hat wie Active Directory.

Einzelplatzadministration

Windows 2000 und Active Directory erlauben die Einzelplatzadministration. Da Active Directory eine Multimaster-Datenbank ist, werden Änderungen zwischen allen DCs in einer Domäne repliziert. Daher werden auch alle Änderungen, die von einem Administrator oder Benutzer an einem DC in der Domäne vorgenommen werden, auf alle anderen DCs in dieser Domäne repliziert. Die Multimaster-Beziehung ist nicht auf Domänendaten wie Benutzer oder Passwörter beschränkt, sondern es werden die Partitionen der Active-Directory-Konfiguration, des GC und der Schemadatenbank zwischen den DCs repliziert. Doch obwohl die Domänendatenbank-Partition zwischen allen DCs in der Domäne und der GC zwischen allen GC-Servern des Waldes repliziert werden, werden die Konfigurations- und Schemadatenbankpartitionen zwischen allen DCs im Wald repliziert. Das erlaubt ein zentrales Administrationsmodell, in dem Verwaltungsaufgaben an vordefinierte Administrationsgruppen delegiert werden können, die jeweils spezielle Administrationsrechte haben. In früheren Versionen von Windows NT war die Administration nicht so flexibel; das Domänenmodell musste die Verwaltungsstruktur der Organisation nachahmen. Bei Windows 2000 wird das Domänenmodell nicht übermäßig durch das gewünschte Verwaltungsmodell beeinflusst, da die administrativen Verantwortlichkeiten innerhalb einer Domäne an Gruppen und OUs delegiert werden können.

Infrastruktur für Unternehmensanwendungen

Active Directory ist eine verteilte Datenbank, die als Verzeichnis dient, und stellt als solche eine Verzeichnisinfrastruktur für Unternehmensanwendungen bereit. Verschiedene Anwendungen wie z.B. Microsoft Exchange verwenden Active Directory als alleiniges Verzeichnis. Auch andere Unternehmensanwendungen können von diesem vereinheitlichten Verzeichnis profitieren; es dient ihnen nicht nur als Quelle für Verzeichnisinformationen, sondern auch als Repository für anwendungsspezifische Verzeichnisinformationen. Microsoft hat einen Entwicklungsleitfaden veröffentlicht, der die Informationstypen skizziert, die im Active Directory gespeichert werden können und sollten. Firmen können diesen Leitfaden zur Entwicklung von Anwendungen verwenden, die von dieser Investition profitieren.

Ein anderes Beispiel für eine Anwendung, die unbedingt mit Active Directory integriert werden sollte, ist die übliche Personalverwaltung. Eine Schnittstelle zwischen der Personaldatenbank einer Firma und Active Directory könnte Verwaltungsaufgaben wie die Aktualisierung der Benutzerlisten von der EDV- in die Personalabteilung verschieben, wo sie auch hingehören; Personalbeauftragte oder Verwaltungsanwendungen könnten dann die Objekte, für die sie Berechtigungen haben, administrieren. Da beim Personal großer Unternehmen immer eine gewisse Fluktuation herrscht, könnte Active Directory alle vorkommenden Veränderungen automatisch umsetzen und regeln, wer auf welche Ressourcen zugreifen darf – je nach Typ des betroffenen Mitarbeiters.

Integration mit BackOffice

Es ist logisch, dass Microsoft BackOffice-Anwendungen sich in ein Modell integrieren, das Active Directory verwendet. Microsoft Exchange, SMS, Site Server, Proxy Server und SNA Server sind Beispiele für Anwendungen, die das Sicherheitssubsystem von Active Directory als bevorzugte Sicherheitsschnittstelle verwenden. Die Ressourcen und Dienste, die diese Anwendungen bereitstellen, werden durch die Active-Directory-Sicherheitssysteme und die Sicherheitsprincipals (Benutzer und Computer) überprüft. Die Rechte, die ein Sicherheitsprincipal hat, erlauben oder verweigern den Zugriff auf BackOffice-Dienste. Active Directory stellt bei Bedarf auch Dienste für BackOffice-Anwendungen bereit.

Noch einmal: Microsoft Exchange verwendet das Active Directory als Verzeichnis und unterstützt deswegen nicht mehr sein eigenes Verzeichnis aus früheren Versionen. Benutzer greifen auf das Active Directory zu, um E-Mail-Empfänger aufzulösen wie beispielsweise Kontakte (benutzerdefinierte Empfänger) und Empfängergruppen (Verteilerlisten). Exchange wird aus diesem Grunde zum Nachrichtenspeicher, der über verschiedene Protokolle Zugriff auf Nachrichtendienste für Active-Directory-Benutzer ermöglicht.

Verzeichnisintegration

Die Verzeichnisintegration wird durch die mit Windows 2000 mitgelieferten Tools und Drittanbieterprodukte ermöglicht. Diese Tools unterstützen die Koexistenz von Anwendungen mit Active Directory. So synchronisiert z.B. der Active-Directory-Connector das Active Directory mit dem Verzeichnis von Exchange 5.5. Andere Werkzeuge wie MS DirSync (Directory Synchronization, Verzeichnissynchronisierung) gestatten die Synchronisierung des Active Directory mit den Novell Directory Services (NDS, Version 4.1x oder höher). Diese Werkzeuge erleichtern es Active Directory, einzige Verzeichnisinformationsquelle für Administratoren zu werden.

Zentralisierte Ressourcen

Da Active Directory die Benutzer zentral in einem einzigen verteilten Verzeichnis ablegt, werden auch Ressourcen zentralisiert. Es gibt verschiedene Objektklassen, die im Active Directory gehalten werden können, z.B. Computer, Drucker und DCs, und Benutzer wie auch Administratoren können diese Ressourcen über das Active Directory lokalisieren und darauf zugreifen. Sobald die Ressourcen in das Active Directory integriert sind, können sie von dort aus auch verwaltet werden. Beispielsweise lassen sich Richtlinien auf der Domänen-, OU- oder Standortebene festlegen, die bestimmen, was an einem Computer oder mit einer Ressource getan werden kann. Je nach örtlicher Lage des Computers in der Domäne lassen sich verschiedene Richtlinien anwenden. Nehmen wir einmal an, es gäbe eine Gruppe von Workstations, die sich in einem ungesicherten Bereich Ihrer Organisation befinden und für den anonymen Zugriff auf öffentliche Ressourcen verwendet werden. Für diese Workstation lassen sich Richtlinien bestimmen, die die Art und Weise ihrer Verwendung einschränken, z.B. durch Sperrung des Diskettenlaufwerks oder Nichtzulassen von Softwareinstallationen.

Sicherheit und Zugriffssteuerung

Active Directory ist das Sicherheitssubsystem von Windows 2000. Es definiert nicht nur die Benutzer und Ressourcen in einer Organisation, sondern legt auch fest, was Benutzer und Ressourcen in einer Organisation tun können. ACLs (Access Control List, Zugriffssteuerungsliste) bestimmen, ob der Zugriff auf Ressourcen durch Benutzer gestattet oder verweigert wird. Beim Zugriff auf das Active Directory wird Kerberos zur Authentifizierung zwischen Client und Server benutzt. Es ist wichtig für das Unternehmen, dass der Zugriff von Benutzern auf Ressourcen streng kontrolliert wird; diese Kontrolle kann wahlweise auf Berechtigungen, die der Benutzer als Mitglied einer Gruppe erwirbt, oder auf expliziten Berechtigungen eines Benutzers basieren. Auch der Authentifizierungsprozess ist durch Kerberos gesichert, wodurch gewährleistet ist, dass ein auf eine Ressource zugreifender Benutzer der ist, für den er sich ausgibt, und dass der Computer, auf den er zugreift, auch der beabsichtigte Computer ist. Kapitel 15 (»Entwerfen einer Sicherheitsstrategie für das Netzwerk«) beinhaltet eine vollständige Erklärung von Kerberos und erläutert seine Verwendung.

Flexible Anpassbarkeit an Veränderungen

Wenn Active Directory korrekt aufgebaut wurde, passt es sich sehr flexibel an Veränderungen im Unternehmen an. Innerhalb eines Verzeichnisses werden mehrere Organisationen mit eindeutigen Identitäten (DNS-Namespaces) unterstützt.

Objekte innerhalb einer Domäne lassen sich auch via Mausklick verschieben. Zwischen Domänen können Objekte (im einheitlichen Modus) mit Hilfe von Tools verschoben werden, die Windows 2000 beiliegen. Da Benutzer innerhalb einer Firma zwischen Abteilungen, Gruppen oder Standorten wechseln können, lässt sich ihre Position auch im Active Directory verschieben. Das ist in modernen Unternehmensumgebungen wesentlich – das Verzeichnis muss sich mit einer Organisation verändern können. Die Struktur des Active Directory hängt auch von der Menge der Veränderungen ab, die in einer Organisation stattfinden. Wenn ein Unternehmen beispielsweise durch Fusionen und Übernahmen wächst, sollte das Active Directory so strukturiert sein, dass es erweiterbar ist und verteilte Administration gestattet.

4.2.2 Anforderungen der Unternehmensleitung

Anforderungen der Unternehmensleitung sind meist allgemeiner Natur, ebenso wie die Aspekte von Active Directory, die diese Anforderungen erfüllen. Die Feststellung dieser Anforderungen legitimiert Windows 2000 mit Active Directory als zukunftsorientiertes Betriebssystem, das die Qualität eines Unternehmens und seiner Leistungen drastisch verbessern kann.

Erhöhung der Benutzerproduktivität

Auch zahlreiche Aspekte von Windows 2000, die nichts mit Active Directory zu tun haben, unterstützen die Erhöhung der Benutzereffektivität und -produktivität. Ein paar Beispiele hierfür sind Microsoft Installer, IntelliMirror, Plug&Play, Distributed File System und das Clustering, das eine hohe Verfügbarkeit gewährleistet. Insbesondere Active Directory jedoch hilft bei der Erhöhung der Benutzereffektivität, denn es ist die alleinige Quelle für Verzeichnisinformationen, die im Unternehmen verteilt sind, und wird von vielen Anwendungen genutzt. Da für die Benutzer, wo auch immer sie sich befinden, nur eine einzige Verzeichnisinformationsquelle verfügbar ist, wird das Active Directory zum vertrauten und vielfältigen Verzeichnis für alle Teilbereiche des Unternehmens.

TCO-Reduzierung

Die Reduzierung der betriebswirtschaftlichen Kosten bedingt eine Reduzierung der Kosten für Workstations und Software sowie der Kosten für Verwaltung und Wartung, die für jede dieser Workstations aufgewendet werden müssen. Diese Kosten werden aber nicht durch ein einfaches Upgrade einer vorhandenen Windows-NT-auf eine Active-Directory-Domänenstruktur verringert. Wird Active Directory jedoch so implementiert, dass die Dienstverfügbarkeit erhöht wird, so wird der

Wartungsaufwand gemindert, und die daraus folgende Rationalisierung und seltenere Wartung von Computern verringert sehr wohl die Ressourcenmenge, die für die Unterstützung einer Computerumgebung benötigt wird.

Die Implementierung von Active Directory bietet Endbenutzern Dienste, die anwendungsübergreifend nutzbar sind. Dadurch wird die Produktivität der Benutzer erhöht, denn weil sie weniger Zeit mit den Verzeichnissen einzelner Anwendungen verbringen, haben Sie mehr Zeit für wichtige Aufgaben. Insofern kann man sagen, dass Active Directory den Verwaltungsaufwand reduziert und die Benutzereffizienz erhöht, und deswegen werden auch die TCO verringert.

Wettbewerbsvorteil

Eine Reduzierung der Betriebskosten und die Erhöhung der Benutzerproduktivität verringern die Gesamtaufwendungen in der Organisation und erhöhen dadurch die Wettbewerbsfähigkeit. Active Directory als Dienst ist einfach zu nutzen, weist eine hohe Verfügbarkeit auf und stellt Funktionalitäten bereit, die zu einer Verminderung der Wartungskosten führen. Dadurch wird die Leistung der einzelnen Anwender erhöht und die Wartungskosten werden gesenkt.

Wartungskosten werden durch die Verwendung von Windows 2000, der Gruppenrichtlinienobjekte (GPOs = Group Policy Objects) unter Active Directory und sogar SMS (zur Bereitstellung von Anwendungen für bestimmte Gruppen innerhalb der Gesellschaft) vermindert. Nun muss kein Techniker mehr von Workstation zu Workstation gehen und Microsoft Office manuell aktualisieren, sondern die Anwendung wird veröffentlicht bzw. automatisch eingesetzt. Die Sperrung von Workstations mit Hilfe von Richtlinien bewirkt, dass Benutzer ihre Programme nicht mehr beschädigen können, wodurch der Support entlastet wird – auch hier werden also Wartungskosten gespart.

Die Verwaltungskosten werden durch Entwicklung und Implementierung eines Verwaltungsmodells gesenkt, das auf die Anforderungen der Organisation zugeschnitten ist. Die Delegierung von Administrationsrechten an Gruppen, die sie benötigen, kann die Verwaltungskosten ebenfalls senken, da einige Verwaltungsfunktionen dezentral an die entsprechenden Gruppen in der Organisation weitergegeben werden.

4.2.3 EDV-Anforderungen

Die Anforderungen des Unternehmens, seiner Kunden und der Mitarbeiter gehen in den Anforderungen der EDV-Abteilung auf, denn diese Abteilung ist die Organisation, welche Technologien, die Funktionalitäten für die Firma bereitstellen, planen, einsetzen und warten. Active Directory erfüllt eine Reihe von unternehmensspezifischen EDV-Anforderungen.

Umgebungskontrolle

Durch die Domänen- und OU-Struktur erlaubt Active Directory den Einsatz von Gruppenrichtlinien, die im gesamten Verzeichnis gültig sind. Es ist eine OU-Struktur auszuarbeiten, die dem Verwaltungsmodell der Organisation entspricht *und* die Anwendung von Gruppenrichtlinien auf eine Weise erlaubt, dass für Benutzer in bestimmten OUs die Richtlinien dieser OU und *aller ihr übergeordneten OUs* gelten. Durch das Vererbungsprinzip haben Gruppenrichtlinien von der Domänen- über die Standort- bis hinab zur OU-Struktur Gültigkeit und sind kumulativ.

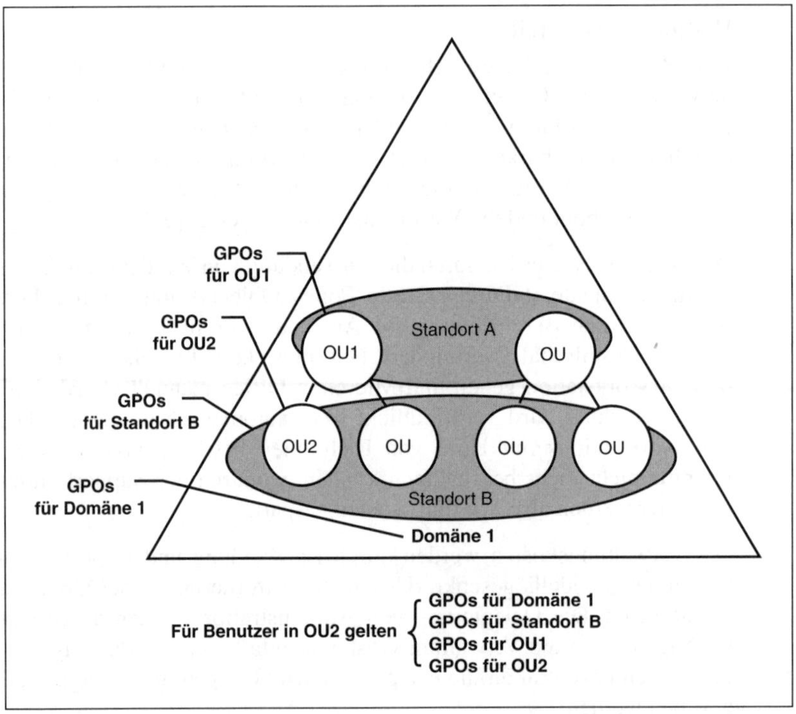

Abb. 4.1: Gruppenrichtlinien sind kumulativ.

In Abbildung 4.1 lassen sich Richtlinien auf der Standort-, Domänen- und OU-Ebene anwenden. Ist ein Benutzer in OU2 vorhanden, so gelten für ihn die Gruppenrichtlinien der Domäne 1, des Standorts B und der OUs 1 *und* 2. Richtlinien, die für Standort B gelten, beziehen sich auf die Benutzer und Computer an diesem Standort. Diese Art der Domänen-, Standort- und OU-Struktur geben der EDV-Abteilung volle Kontrolle über die Umgebung.

Bereitstellung von Diensten für einen Client

Die Funktionalität der Softwareverteilung, die durch Windows 2000 ermöglicht wird, hängt direkt vom Active Directory ab. Active Directory stellt einen Sicherheitskontext bereit, der bei der Feststellung darüber notwendig ist, ob ein Benutzer oder eine Workstation bei einer Softwareverteilung berücksichtigt wird. Software kann für einen solchen Benutzer veröffentlicht werden, so dass er sie bei Bedarf installieren kann, oder sie kann obligatorisch sein, d.h. sie wird beim Hochfahren in jedem Fall installiert. Dieser Punkt legt anhand der Angaben im Active Directory fest, welche Anwendungen einem Benutzer zur Verfügung stehen.

Fehlertoleranz

Active Directory ist aufgrund der verteilten Datenbanken ein fehlertoleranter Dienst. Fällt ein DC aus, so versuchen die Clients, einen anderen DC zu kontaktieren, der die Verzeichnisdienste bereitstellt. Aus diesem Grund sind die Verzeichnisdienste für den Client verfügbar, solange es mehr als einen DC im Netzwerk gibt. Nun gibt es auch weitere Überlegungen z.B. hinsichtlich der Platzierung von DCs und anderer Dienste, auf die Active-Directory-Clients zugreifen, wie etwa DNS oder der GC. Wurde die Architektur des Active Directory entsprechend geplant, dann verfügt jeder dieser Dienste über eine integrierte Redundanz, wodurch es einem DC ermöglicht wird, Clients im Falle eines weiteren ausgefallenen DCs oder eines anderen Active-Directory-Dienstes weiterhin zu bedienen.

4.2.4 Verwaltungsanforderungen

Verwaltungsanforderungen werden für jede Organisation separat durch ein Verwaltungsmodell definiert, das als Teil der Active-Directory-Architektur entwickelt wird, die jede Organisation einsetzt. Das Verwaltungsmodell kann zentralisiert oder verteilt angelegt sein, je nach Organisation und ihrer physikalischen und internen Struktur. Active Directory kann die Anforderungen sowohl des zentralen als auch des verteilten Modells mit Hilfe der Domänen- und OU-Struktur erfüllen, indem basierend auf dem jeweiligen Modell Administrationsberechtigungen delegiert werden.

Administrationsautomatisierung

Um die Administration zu rationalisieren, verfügt Windows 2000 über ein Scriptmodul, das die Automatisierung von Verwaltungsaufgaben im Active Directory gestattet. Da Verwaltungskompetenzen unternehmensweit delegiert werden können, sind verschiedene Support- oder Verwaltungsgruppen für spezielle Verwaltungsaufgaben verantwortlich. Es ist möglich, mit Hilfe von ADSI Scripts zu entwickeln, die diese Gruppen bei ihren Verwaltungsaufgaben anleiten. Man könnte beispielsweise ein Script verfassen, das durch ein Personalverwaltungssystem gespeist würde; das Personalverwaltungssystem könnte seinerseits Daten hochladen, die ein Script später für Änderungen am Active Directory verwenden könnte. Das wäre ein Schritt hin zur automatischen Erstellung und Löschung von Benutzerkonten im Active Directory. Active Directory beinhaltet bereits in der Grundversion alles, was eine Organisation zur Verwaltung ihrer Umgebung benötigt; die Scripting-Fähigkeiten von Active Directory jedoch erweitern die administrativen Möglichkeiten um ein Vielfaches. Eine differenziertere Beschreibung der Scripting-Fähigkeiten von Active Directory finden Sie in Kapitel 19 (»Scripting mit dem Active Directory«).

Administrationsdelegierung

Die Delegierung von Verwaltungskompetenzen gestattet die Realisierung eines (zumindest teilweise) verteilten Administrationsmodells. Die Implementierung des Modells besteht in der Definition von Verwaltungsgruppen und der Delegierung von Kompetenzen an diese Gruppen.

Wie auch bei Gruppenrichtlinien werden Berechtigungen in der OU-Hierarchie vererbt. Wenn Sie einem Objekt Berechtigungen erteilen, erstrecken sich diese Berechtigungen auch auf alle Unterobjekte dieses Objekts.

Die Verwaltungsfunktion kann durch Erteilung von Berechtigungen in einer bestimmten OU oder durch Erteilung von Berechtigungen zur Änderung von Objektberechtigungen auf der Attributebene delegiert werden. Durch Delegierung von Berechtigungen auf der OU-Ebene und Erteilung der Erlaubnis für die entsprechenden Benutzer oder Administratoren, diese OU zu verwalten, lassen sich Verwaltungskompetenzen verteilen.

Sicherheit auf der Attributebene

Im Active Directory ist die Administration nicht auf die Objektebene beschränkt, sondern lässt sich sogar auf der Attributebene ausführen. Administratoren können beispielsweise das Recht haben, nur Passwörter, jedoch keinerlei andere Attribute eines Benutzerobjekts zu ändern.

4.2.5 Sicherheitsanforderungen

Sicherheit wird beim Active Directory ganz groß geschrieben, denn Active Directory ist das Sicherheitssubsystem für Windows 2000. Aufgrund dieser Tatsache ist es wesentlich, dass jeder Aspekt von Active Directory – von der Datenbank bis zur Client-Kommunikation – sicher ist.

Einmalige Anmeldung

Da Active Directory ein alleiniges verteiltes Verzeichnis ist, aus dem Anwendungen Benutzerinformationen entnehmen können, kann eine einmalige Anmeldung realisiert werden. Nachdem ein Benutzer durch Active Directory authentifiziert wurde, kann er auf Ressourcen zugreifen, für die er (ererbte oder explizite) Berechtigungen besitzt. Auch Dienste, die von in das Active Directory integrierten Anwendungen bereitgestellt werden, kann er in Anspruch nehmen, ohne sich erneut anmelden zu müssen. Es muss also nur eine Sicherheitsrichtlinie beachtet, nur ein Passwort durch den Benutzer und nur ein Konto durch den Benutzeradministrator verwaltet werden.

Strikte Passwortpolitik

Weil Active Directory für sich in Anspruch nimmt, alleinige Quelle für Verzeichnisinformationen zu sein und den Zugriff auf Ressourcen zu gestatten oder zu verweigern, ist eine strikte Passwortpolitik notwendig. Dieses Vorgehen wird durch Active Directory unterstützt.

Datenbanksicherheit

Wenn die Active-Directory-Datenbank auf einer NTFS-Partition liegt, wird sie verschlüsselt und gesichert. Sie kann nicht auf einen anderen Windows-2000-Server mit anderem Administratorpasswort kopiert werden, da der dortige Administrator dann die Kontrolle über das Verzeichnis hätte.

Sichere Client/Server-Kommunikation

Kerberos ist eine sichere Methode zur Authentifizierung einer Dienstanforderung. Über Kerberos beantragt ein Benutzer oder Prozess ein verschlüsseltes Ticket bei einem Authentifizierungsprozess, mit dem nachfolgend bei einem Server ein bestimmter Dienst angefordert werden kann. Das Benutzerpasswort wird dabei nicht im Netzwerk übertragen, d.h. Passwortübertragung und weiterer Datenaustausch zwischen Client und Server sind sicher.

4.2.6 Desktop-Management

Desktop-Management, d.h. Anwendungskontrolle und -wartung sowie Rechnersperren reduzieren die Softwarewartung und erhöhen die Produktivität von Benutzern. Dadurch werden die Betriebskosten gesenkt und die Benutzereffizienz erhöht.

Anwendungskontrolle

Aufgrund der Struktur von Active Directory lassen sich Gruppenrichtlinienobjekte erzeugen, die bestimmen, auf welche Anwendungen ein Benutzer zugreifen kann. Auch an dieser Stelle ermöglicht eine zielgerichtete Planung des Active Directory, die Gruppen die von ihnen benötigten Anwendungen bereitstellt (jedoch keine weiteren), die Realisierung einer funktionsfähigen Struktur. Mehr noch, je nach Standort kann Benutzern untersagt werden, im Active Directory eigene Anwendungen zu installieren. Das führt zu einer erhöhten Benutzerleistung und verminderten Wartungskosten für Arbeitsplätze.

Windows 2000 und Active Directory können auch genutzt werden, um sicherzustellen, dass Benutzer mit lauffähigen Anwendungen arbeiten können. Löschen oder beschädigen ein Benutzer oder eine Anwendung eine Datei, die für die Lauffähigkeit einer Anwendung notwendig ist, so kann die gelöschte bzw. beschädigte Datei an diesem Arbeitsplatz wiederhergestellt werden. Der Support wird entlastet, Wartungskosten werden gesenkt und die Benutzereffizienz erhöht.

Sperrung des Desktops

Die Sperrung des Desktops am Arbeitsplatz-PC wird durch Gruppenrichtlinienobjekte erreicht und kann sich signifikant auf die Betriebskosten auswirken. Durch Gruppenrichtlinienobjekte lassen sich Arbeitsplatzrechner sperren, d.h. Benutzer können nur Änderungen vornehmen, für die sie eine Berechtigung haben. Die Erstellung einer Active-Directory-Struktur, die die Gruppierung von Ressourcen im Active Directory auf eine Art und Weise erlaubt, dass Gruppenrichtlinien logisch angewandt werden können, ermöglicht die Sperrung von Rechnern, wann und wo immer dies angebracht erscheint.

Inventarverwaltung

Wenn Rechner gesperrt werden, so dass Benutzer nur noch auf jene Anwendungen zugreifen können, die ihnen zugewiesen sind, wird die akkurate Verwaltung des Anwendungsinventars erheblich erleichtert. Dadurch könnte beispielsweise die Zahl der benötigten Softwarelizenzen auf eine Untermenge von Benutzern reduziert werden, die dann nach Bedarf zwischen den Computern wechseln und überall »ihre« Anwendungen nutzen könnten.

4.2.7 Endbenutzeranforderungen

Zwar werden alle Überlegungen über das Active Directory und über die Domänen- und OU-Struktur hauptsächlich von Verwaltungsanforderungen bestimmt, aber die Miteinbeziehung des Endbenutzers ist ebenso wichtig. Er kann das Active Directory nämlich nicht nur abfragen, sondern auch durchsuchen. Wenn er beispielsweise nach einem Drucker an einem bestimmten Standort oder nach Benutzergruppen in einer Abteilung sucht, kann sich die Durchsicht des Active Directory als beste Möglichkeit zur Lokalisierung dieser Ressourcen erweisen. Wird ein Active Directory ohne Berücksichtigung der Tatsache geplant, wie es von Benutzern durchsucht wird, so relativiert sich der Nutzen für den Endbenutzer beträchtlich.

4.3 Fazit

Es ist von wesentlicher Bedeutung, die Fähigkeiten von Windows 2000 und Active Directory zu verstehen. Dieses Verständnis vereinfacht die Umsetzung der Unternehmensanforderungen einer Organisation mit den Funktionalitäten von Windows 2000 und Active Directory. Anhand einer Liste mit Unternehmensanforderungen und den Funktionalitäten von Windows 2000 und Active Directory, die diese Anforderungen erfüllen, können Entscheidungsträger in einer Organisation die Ausgaben rechtfertigen, die durch die Migration auf Windows 2000 entstehen, und den Nutzen bewerten, den diese für die Organisation bringt.

Kapitel 5

Der Projektrahmen

Wie bei allen großen Vorhaben – ob es nun das erste Sechs-Gänge-Menü ist oder der geplatzte Kühler im Stau bei 33 Grad Außentemperatur – muss auch dieses Projekt erst einmal eingegrenzt werden. Der Prozess der Eingrenzung erleichtert das Setzen von Prioritäten für Komponenten und hilft bei der Definition alternativer Ansätze – vielleicht bietet es sich an, das Menü doch lieber von einem Partyservice bringen zu lassen, wenn man erst einmal sieht, wie viel Arbeit das wirklich ist. Ferner erlaubt die Eingrenzung des Projekts die Feststellung von Umfang und Tiefe des Projektrahmens und nachfolgend der Möglichkeiten, die zum Erreichen des Ziels vorhanden sind. Am Ende dieses Prozesses steht die Bestimmung der besten Alternative, um das Ziel zu erreichen und das Projekt abzuschließen. Wie bei anderen Vorhaben auch bedarf die effektive Strukturierung des Active Directory einer Eingrenzung, bei der das Projekt aufs Wesentliche beschränkt wird und die Herausforderungen definiert werden, die das Projekt stellt.

Dieses Kapitel gibt einen Überblick darüber, wie die Aspekte bei der Eingrenzung eines Active-Directory-Projekts identifiziert werden. Vergleichbar mit einer Reiseroute behandelt das Kapitel zunächst eine Reihe von Komponenten, die die Struktur und Implementierung des Active Directory beeinflussen können. Als Basis vieler Unternehmensdienste und -anwendungen wirkt sich der Rahmen des Active Directory auch dahingehend aus, ob und wie diese Technologie sich im Unternehmen durchsetzen kann.

Wird der Projektrahmen eingegrenzt, so kann der Einfluss des Active Directory auf Ihre Organisation transparent wirken. Als für die Implementierung Verantwortlicher können Sie bestimmen, dass es besser ist, dem Benutzer eine einfache Einführung in die neue Technologie zu bieten, statt sie ihm einfach vorzusetzen, wodurch Probleme verursacht und der Wechsel zu Active Directory grundsätzlich in Frage gestellt werden könnte. Neue Technologien haben in der Regel Stabilitätsprobleme und ermöglichen nur in begrenztem Umfang Integration mit anderen Technologien. Es mag im Falle von Active Directory hilfreich sein, die erwähnte Einführung auf die neuen Möglichkeiten zu reduzieren, da dies die Aktualität des Produkts herausstellen würde. Nebenbei sind im Moment erst wenige Anwendungen erhältlich, die von der neuen Technologie profitieren.

Wenn Sie zu den ersten gehört haben, die Novell Directory Services (NDS) eingesetzt haben, dann wissen Sie vielleicht um die Schwierigkeiten bei der Erstinstallation. Die Handhabung wurde zusätzlich durch die geringe Unterstützung seitens kommerzieller Anwendungen und Tools erschwert. Die meisten Administratoren, die die Implementierung einer durchdachten NetWare 4.X-Installation vorgenommen haben, werden Ihnen die Tools nennen können, die damals gefehlt haben.

Nach diesen Ausführungen bleibt die Kernfrage zur Feststellung des Zwecks: *In welchem Umfang sollen die Versprechungen, die Active Directory bietet, umgesetzt werden?* Wenn die Antwort *Vollständig* lautet, ist das Risiko größer; doch auch der Erfolg könnte größer sein, denn der Nutzen könnte Ihrer Organisation einen entscheidenden Wettbewerbsvorteil verleihen. Sie müssen es abschätzen können.

Ich erinnere mich an einen Professor für Unternehmensstrategie, der mal einen Beraterjob bei einem kleinen Düngemittelhersteller erwähnte. Der Besitzer wollte eine Strategie zur Unternehmensoptimierung entwickeln, etwas, das ihm einen strategischen Vorteil verschaffte. Nach sorgfältiger Analyse ergab sich die Schlussfolgerung, dass die Einstellung von Personal, welches in der Lage war, den Dünger schneller in Säcke abzufüllen, wohl die besten Ergebnisse zur Folge hätte. Das Wichtigste ist die sorgfältige Auswahl der zu implementierenden Funktionen. Lassen Sie sich nicht von all den »coolen« Features beeindrucken, die diese Technologie bereitstellt; die können Sie immer noch in einem Testfeld ausprobieren, wo sie den Verlauf Ihrer Karriere nicht nachhaltig beeinflussen können.

Wenn Sie also Ihre Strategie festgelegt haben, sollten Sie einen Blick auf die Vielzahl von Faktoren werfen, die den Einfluss des Projektzwecks bestimmen. Dazu gehören beispielsweise

- eine Analyse der gegenwärtig in Ihrer Organisation verwendeten Anwendungen,
- eine Analyse der Verwaltungsstruktur,
- eine Analyse der Rechnerumgebung.

5.1 Analyse der gegenwärtig genutzten Anwendungen

Wenn Sie Active Directory in Ihrer Organisation implementieren wollen, müssen Sie unbedingt beachten, wie Ihre Anwendungen das Active Directory nutzen. Dabei müssen Sie auch die Nutzung der Anwendungen selbst in Betracht ziehen. Dieser Abschnitt soll Ihnen helfen, eine vernünftige Methode zur Bewertung der Anwendungen zu entwickeln und am Ende nicht nur den Rahmen des Projekts abzustecken, sondern auch eine Einsicht in die Wirklichkeit dessen zu finden, was unter Berücksichtigung der Projektparameter Zeit und Risiko geleistet werden kann.

5.1.1 Unternehmensweit eingesetzte Anwendungen

Einer der größten Vorteile von Active Directory ist die Integrierbarkeit mit Anwendungen, die in der ganzen Organisation eingesetzt werden. Ein Verzeichnisdienst ist eine Unternehmensressource; deswegen ist es auch nicht überraschend, dass unternehmensweit eingesetzte Anwendungen von einer unternehmensweit verwendeten Informationsquelle profitieren. Ich weiß nicht, wie oft ich die Telefonliste der Gruppe, in der ich arbeitete, als Ausgangspunkt für die Informationssuche verwendet habe; egal, ob die Frage lautete, wer welche Schulung belegt hat oder wer einen Salat für den Betriebsausflug macht. Wenn Sie eine Vergnügungsfahrt mit dem Auto machen, brauchen Sie eine Landkarte und dort werden Sie in der Regel eine Route entlang der interessantesten Sehenswürdigkeiten planen. Sie sollten sich also bei der Bestimmung des Projektrahmens für das Active Directory auf jene Ziele (Anwendungen) konzentrieren, die die Realisierung Ihrer Absichten am stärksten beeinflussen.

Die Anwendungen, die das Active Directory sofort verwenden, sind diejenigen, die das Unternehmen als Ganzes sehen. Personalverwaltungssysteme sind Anwendungen, die normalerweise alle Benutzer in der Organisation im Blick haben. Man könnte sich einen Bedarf dafür so vorstellen, dass eine Benutzergruppe je nach Arbeitszeit oder auch Beschäftigungsdauer Informationen automatisch zugestellt bekommen soll. Man könnte beispielsweise für alle Angestellten ein Attribut erstellen, das ein Einstiegsdatum enthält; eine simple Abfrage könnte dann eine Liste aller Mitarbeiter zurückgeben, die vor dem 1. Juli 1982 in die Firma eintraten. Ein anderer möglicher Gebrauch wäre die Authentifizierung von Benutzern gegenüber dem Active Directory. Je nachdem, wer der Benutzer ist, könnte er auf eigene persönliche Informationen zu Sparzulagen o.Ä. zugreifen. Das Ergebnis wäre ein besserer Service und weniger Arbeit für die Personalabteilung.

Diese Beispiele zeigen Vorteile und mögliche Szenarios, aber während der Definition des Projektrahmens muss, wer ein Active Directory plant, auch jene Anwendungen identifizieren, die während der *Phase-1-Implementierung* betroffen werden. Die Phase-1-Implementierung enthält all jene Merkmale, die während der allerersten Implementierung berücksichtigt werden sollen. Wird ein neues Produkt implementiert, so werden nur selten sämtliche Optionen gleich am Anfang installiert. Die Implementierung ist vielmehr in Phasen unterteilt, während derer die Produktionsfunktionalität des Produkts nach und nach erhöht wird.

Als erstes müssen Sie feststellen, welche Ihrer Anwendungen unternehmensweit genutzt werden. In einer kleinen Organisation mag das ein paar Minuten in Anspruch nehmen, in einer großen Firma hingegen kann das ein Jahr dauern. Aber wie groß die Organisation auch ist, an ein paar Anwendungen denkt man unwillkürlich immer, nämlich an jene, die dafür sorgen, dass das Unternehmen läuft. Hierbei handelt es sich normalerweise um Personal- und Buchhaltungsanwendungen. Im produzierenden Gewerbe könnten dies Systeme zur Produktionssteuerung sein, im Einzelhandel dagegen Kassen- und Inventarsysteme. Anhand dieser Anwendungsliste sollten Sie nun untersuchen, wie komplex die Anwendungen sind; handelt es sich beispielsweise um ein Softwarepaket eines Drittanbieters, um eine angepasste Anwendung usw.?

Im Falle von Drittanbieterprodukten sollten Sie feststellen, wie die Integration mit Active Directory und seine Verwendung durch das Produkt aussehen könnten. Nach Beurteilung dieser Fakten können Sie einschätzen, ob das neue Produkt bzw. eine Installation weiterer Optionen für Ihr Unternehmen passend ist. Während dieser Arbeit sollten Sie ein Gefühl dafür entwickeln, wie viel Aufwand eine solche Aktion erfordert. Dabei könnte die Formulierung einiger Fragen wie z.B. der folgenden sinnvoll sein:

- Wie komplex ist die Anwendung? Wie komplex ist die Verwendung des Active Directory?

- Wird die Anwendung das Active Directory nutzen, um festzustellen, ob Ressourcen verfügbar sind, oder wird sie Verzeichniseinträge modifizieren?

Eine komplexere Angelegenheit ist die Modifikation des Verzeichnisses, denn eine solche bedeutet auch die Modifikation des Verzeichnisschemas, da neue Klassen oder Attribute erstellt werden.

Damit die ermittelten Ergebnisse organisiert werden können, wird eine einfache Tabelle aufgestellt, die die Aktivitäten bei der Implementierung des Active Directory eingrenzt. Im Laufe dieses Kapitels werden mehr und mehr Parameter hinzugefügt, die letztendlich zu einer realistischen Einschätzung führen. Unsere Cleverware GmbH dient als Beispiel in der Tabelle 5.1, die zur Entwicklung eines Ausgangsrahmens von fünf Anwendungen verwendet wird.

Die erste dieser Anwendungen ist eine Personalverwaltung, die die regionale Kommunikation zwischen den Anwendern verfolgt. Die Regionalinformation über einen Mitarbeiter ist in der Anwendung gespeichert, ließe sich allerdings bei der Verwendung von Active Directory im Verzeichnis finden und nutzen.

Die zweite Anwendung ist eine herkömmliche Anwendung, die aufgrund von Wartung und Erweiterungen schon eine Reihe von Änderungen durchlaufen hat. Das Ergebnis ist ein komplexer Code, der auf Veränderungen sensibel reagieren könnte. Insofern ist die Modifikation riskant und der Aufwand für Veränderungen kann nicht bestimmt werden.

Die dritte Anwendung ist eine Buchhaltungsanwendung, die außerhalb der Organisation als Softwarepaket entwickelt wurde. Es handelt sich dabei um eine vergleichsweise neue Anwendung innerhalb der Organisation, die momentan mit einem eigenen Verzeichnis arbeitet, das Lohndaten aller aktuellen und ehemaligen Mitarbeiter enthält. Da das Produkt noch recht neu ist, kann die Integration mit Active Directory nicht mehr rechtzeitig für die Phase-1-Implementierung erfolgen.

Die vierte Anwendung ist eine komplexe Finanz- und Betriebsverwaltung, die Informationen über Projektplanungen, die von Projektleitern oder -mitarbeitern stammen, mit Standardkosten für die Projektplanung und Kosten-Nutzen-Analysen in Verbindung setzt. Die Integration dieser Anwendung mit Active Directory erfordert Modifikationen in einem überschaubaren Umfang. Wichtig ist die Miteinbeziehung in die Phase-1-Implementierung.

Die fünfte Anwendung ist ein Excel-Arbeitsblatt, verbunden mit einem Prozess. Diese Anwendung bietet eine Übersicht über die verschiedenen Klassen von Benutzern und Administratoren. Die im Arbeitsblatt vorhandenen Informationen werden zur Vergabe von Rechten im gesamten Netzwerk verwendet. Wenn sich die Funktionen der beteiligten Personen ändern, wird das Arbeitsblatt aktualisiert, dann werden die Änderungen an den Netzwerkressourcen vorgenommen. Dieser Prozess ist fehleranfällig und verfügt über keine Protokollierungsmöglichkeit. Da die verwendete Technologiekomponente recht simpel ist, ließen sich Teile der Anwendung durch Active-Directory-Funktionen ersetzen.

Nach der Analyse der unternehmensweit genutzten Anwendungen weiß man bei Cleverware jetzt, welche Anwendungen an Phase 1 der Active-Directory-Implementierung teilnehmen werden. Dadurch ist in zweierlei Hinsicht eine solide Grundlage für die zukünftige Etablierung geschaffen: Erstens werden die momentan genutzten Anwendungen sehr wahrscheinlich von den zusätzlichen Informationen im Active Directory profitieren, zweitens können sie auch als Beispiel dafür dienen, wie neue oder vorhandene Anwendungen die Vorteile von Active Directory für sich nutzen können.

5.1.2 Anwendungen für Arbeitsgruppen

Anwendungen für Arbeitsgruppen betreffen jeweils nur eine bestimmte Arbeitsgruppe, sowohl aus der Sicht des Benutzers wie auch von den Einflussmöglichkeiten her. Der kleine Unterschied zu den vorangegangenen Anwendungen liegt darin, dass eine recht kleine Benutzergemeinde mit einer Anwendung arbeitet, die Konsequenzen für die gesamte Belegschaft des Unternehmens hat.

Wir setzen einmal voraus, dass Cleverware viele Anwendungen auf der Arbeitsgruppenebene einsetzt. Das können Access-Datenbanken, Excel-Arbeitsblätter oder angepasste Lösungen sein. Wenn Sie prüfen, welchen Aufwand die Umstellung dieser Anwendungen auf Active Directory machen würde, sollten Sie feststellen, welche Gruppen ausreichend flexibel sind und einen gewissen Enthusiasmus an den Tag legen, wenn es um den Wechsel geht. Das könnte zwar schwierig sein, aber wenn eine Gruppe interessiert ist, dann ist das bereits die halbe Miete bei der Überwindung aller Widerstände, die die Umstellung hervorrufen mag. Bedenken Sie, dass ein angenehmes Gefühl beim Autofahren in erster Linie nicht vom Straßenzustand abhängt, sondern von einem gut gefederten Sitz. Ein kooperatives und enthusiastisches Team federt besser.

Cleverware hat nun zwei Anwendungen in die engere Wahl genommen. Die erste wird in der Werbeabteilung zur Verwaltung von Ressourcen verwendet, die für Veranstaltungen genutzt werden. Die momentan eingesetzte Anwendung wird von einer kleinen Gruppe von Veranstaltungskoordinatoren verwendet, um die Verfügbarkeit von Ressourcen zu prüfen und diese mit einem Team von Veranstaltungsmoderatoren abzugleichen. Der Zweck besteht darin zu gewährleisten, dass alle Ressourcen verfügbar sind; ist dies nicht der Fall, müssen Geräte von externen Anbietern gemietet werden.

Die zweite Anwendung betrifft die Vertriebsabteilung. Hier werden Lieferantenaufträge für eine bestimmte Produktreihe bearbeitet, die nur am Standort Köln hergestellt wird. Zwei Mitarbeiter aus der Versandabteilung und drei Ressourcenplaner aus der Herstellungsabteilung verwenden diese Anwendung. Im Moment schieben sie stapelweise Papiere durch die Gegend, deren Inhalt in eine einfache Microsoft Access-Datenbank eingegeben wird – einschließlich aller Kundennamen und -adressen. Diese Datenbank repliziert ihre Informationen in den Abrechnungsanwendungen, die in der Finanzbuchhaltung verwendet werden.

Diese beiden Anwendungen sind Kandidaten für die Integration mit Active Directory. Sie werden von kleinen Gruppen benutzt und beeinflussen intern nur eine geringe Anzahl von Kontakten. Beide Gruppen haben ein Interesse an der Vereinfachung der Arbeitsabläufe und sind begeistert von der Aussicht, die Bearbeitung ihrer bereits vollen Terminkalender mit Hilfe einer einfacheren Oberfläche und exakterer Berichte erleichtern zu können. Werden die beiden Anwendungen mit Active Directory verbunden, so wird die Wartung der Verzeichnisinformationen an eine andere Organisation delegiert, statt für jede Benutzergruppe repliziert werden zu müssen. Außerdem werden die Angaben zuverlässiger, da Adressänderungen direkt von der Kundenverwaltung ins Active Directory weitergegeben werden. In diesem Beispiel reduziert die Verwendung von Active Directory die betriebswirtschaftlichen Kosten drastisch.

Ein erster Versuch, ein paar Verbesserungen auf der Grundlage von Active Directory zu beurteilen, kann bereits in Phase 1 gemacht werden. Cleverware hat bis jetzt vier Anwendungen für Phase 1 ausgewählt, nämlich drei unternehmensweit eingesetzte und eine Arbeitsgruppenanwendung. Da man davon ausgehen kann, dass mindestens eine, möglicherweise sogar zwei Anwendungen den Sprung bis zum festgesetzten Termin nicht schaffen werden, wird man mit mindestens zwei Anwendungen Erfolg haben. Das ist wichtig. Auch bei kleineren Rückschlägen ist die Erfolgsmöglichkeit gegeben. Sollte hingegen keine Anwendung bei der Implementierung von Active Directory bereitstehen, dann wird es auch nicht vollständig etabliert werden können. Andererseits wäre es zu ehrgeizig, allzu viele Anwendungen am Anfang einbinden zu wollen.

5.1.3 Eigenständige Anwendungen

Eigenständige Anwendungen werden nur von einem einzigen Benutzer verwendet. Produkte solcher Anwendungen werden meist von einer anderen Anwendung oder einem Benutzer weiterverarbeitet. Dabei kann der Benutzer sogar der Anwendungsentwickler sein. In der Anfangsphase sollte man zunächst prüfen, ob es überhaupt eine Anwendung gibt, die durch einen einzigen Benutzer vollständig gesteuert wird, d.h. Eingaben in eine solche Anwendung und die resultierenden Ergebnisse stehen unter voller Kontrolle des Anwendungsbenutzers.

Cleverware hat eine Anwendung, die als Katalog für die interne Bibliothek dient und ausschließlich vom Bibliothekar genutzt wird. Er prüft mit ihr, welche Bücher momentan an wen verliehen sind. Die Anwendung verfügt zur Zeit bis auf den Namen des Entleihers, den der Bibliothekar mit Hilfe einer Telefonliste kontrolliert, über keinerlei Kontaktinformationen. Durch eine Integration mit dem Active Directory ließen sich aus diesem Informationen über die Personen abfragen, die Bücher entliehen haben. Verschiedene andere Erweiterungen sind denkbar. So könnte z.B. einem Entleiher, bei dem der Rückgabetermin näher rückt, im Rahmen einer Mailing-Liste eine Erinnerungsmitteilung gesendet werden. Ferner würde die Anwendung auch bemerken, dass Benutzer aus dem System entfernt wurden, und könnte dann der Personalverwaltung eine Mitteilung über entliehene Bücher zukommen lassen.

Nachdem Sie alle Anwendungen identifiziert haben, die mit dem Active Directory integriert werden können, sollten Sie einen Fahrplan für Ihre Active-Directory-Implementierung entwickeln. Dies ist wichtig, da während der Bestimmung des Projektrahmens Abhängigkeiten Ihres Projekts und die Wirkung auf die gesamte Organisation offengelegt werden müssen.

Bei Cleverware wurden mittlerweile ein paar Anwendungen identifiziert, von denen einige Bestandteil von Phase 1 sind, andere wiederum nicht. Die Tabellen 5.1 und 5.2 dokumentieren die Fähigkeit jeder Anwendung zur Modifikation in Phase 1.

In jeder Kategorie – unternehmensweit oder von einer Arbeitsgruppe genutzte sowie eigenständige Anwendungen – ist bei Cleverware ein Exemplar vorhanden. Je nach Größe der Organisation und nach Wartungsbestimmungen für Anwendungen kann es sein, dass die Einbeziehung einer Anwendung aus jeder Kategorie nicht praktikabel ist, auch wenn das eine exzellente Basis für zukünftige Fälle von Anwendungsintegration wäre. Während der ersten Implementierungsphase müssen Sie eine Entscheidung treffen: Muss das zusätzliche Risiko der gleichzeitigen Active-Directory-Implementierung und Anwendungsintegration eingegangen werden? In einigen Fällen könnten die Anwendungen benötigt werden, damit die Migration weiterhin unterstützt wird. Dies ist ein Szenario, in dem der einzige Grund für die Migration zu Active Directory die Etablierung von Verzeichnisinformationen ist.

In jedem Fall begrenzen die Anwendungen, die Sie an dieser Stelle mit einbeziehen, den benötigten Aufwand und erlauben eine Bewertung der mit dem Projekt verbundenen Risiken. Eine Tabelle in der Art wie Tabelle 5.2 hilft bei der Quantifizierung des Projektrahmens.

5.2 Verwaltungsstruktur

Die Verwaltungsstruktur einer Organisation wirkt sich darauf aus, wie die Active-Directory-Implementierung vonstatten geht. Eine Vielzahl von Verwaltungsstrukturen kann bereits vorhanden sein, bevor Active Directory implementiert wird. Der Projektrahmen wird durch die vorhandene Verwaltungsstruktur und das anvisierte Administrativmodell festgelegt. Die meisten Administrativmodelle lassen sich einer von zwei Kategorien zuordnen:

- Zentrale Administration
- Dezentrale Administration

Außerdem gibt es noch die Möglichkeit eines Hybridmodells, bei dem die Verwaltung teilweise zentral stattfindet, während andere Teile durch Administratoren in entfernten Büros oder ausgelagerten Abteilungen verwaltet werden. Active Directory erlaubt außerdem Endbenutzern die Wahrnehmung administrativer Aufgaben.

Das von Ihnen gewählte Administrationsmodell und dessen geplante Implementierung wirken sich auf den Projektrahmen aus.

5.2.1 Komponenten eines Verwaltungsmodells

Bei der Entwicklung von Verwaltungsmodellen werden verschiedene Komponenten verwendet, die Sie zunächst gut kennen lernen müssen, damit Sie feststellen können, welchen Einfluss das Verwaltungsmodell auf den Rahmen hat. Zu den Komponenten gehören

- die Struktur, die als Basis für die Entwicklung des Modells dient,
- die Funktionen in der Verwaltung,
- Verwaltungswerkzeuge,
- der Prozess, der zur Realisierung der Funktionen und zur Nutzung der Werkzeuge benötigt wird.

5.2.2 Entwicklungsprozess für ein Verwaltungsmodell

In den Kapiteln 6 bis 15 werden strukturelle Eigenschaften behandelt, aber die wichtigsten Strukturkomponenten, die den Gesamtrahmen des Projekts definieren, werden dadurch bestimmt, wie viel Zustimmung Sie bei der Entwicklung der Struktur erfahren. Ein zentral gesteuerter Strukturierungsprozess kann zu schnelleren Ergebnissen führen. Wenn hingegen in Ihrem Unternehmen eine breite Zustimmung aus allen möglichen Organisationsteilen und/oder Regionen benötigt wird, kann der Prozess sich über Monate hinziehen, besonders dann, wenn dies zusätzlich zu den weiteren alltäglichen Aufgaben hinzukommt.

Die Betrachtung zweier entgegengesetzter Szenarien kann dabei hilfreich sein zu veranschaulichen, wie der Strukturierungsprozess den Rahmen in hohem Maße beeinflusst. Im ersten Szenario haben Sie fast uneingeschränkte Kontrolle. Sie haben den Segen der Firmenleitung für die Umstellung des Verzeichnisses erhalten und die Entscheidungen Ihres Teams sind ultimativ. Sie verfügen über alle notwendigen Ressourcen, insofern steht die Finanzierung von Tools, Software, Hardware und Mitarbeitern nicht in Frage. In diesem Szenario ist es sehr leicht, eine Struktur zu entwickeln, egal ob diese nun dezentral oder zentral angelegt ist. Sie können ein kleines Team bestimmen, das sich mit der Strukturierung beschäftigt. Zustimmung ist nur innerhalb dieses kleinen Teams notwendig und in der Regel schnell gefunden.

In einer größeren Organisation jedoch, in der der Aufwand gerechtfertigt werden muss und das Verwaltungsmodell nicht von Anfang an klar umrissen ist, wird der

Strukturierungsprozess etwas länger dauern. Sind mehrere Gruppen mit unterschiedlichen Interessen betroffen, so kann es sich monatelang hinziehen, bis die Zustimmung aller eingeholt ist. Der Entwicklungsprozess für eine Struktur, die die von jedem Organisationsteil oder auf den Funktionsebenen benötigten Verwaltungskompetenzen bereitstellt und trotzdem die potentiellen Vorteile für die Verwaltung realisiert, die Active Directory verspricht, kann eine echte Herausforderung sein. Die Notwendigkeit zahlreicher Prüfungen, einer detaillierten und expliziten Strukturdokumentation und der fortwährenden Neubewertung der Struktur kann den Strukturierungsprozess zu einem Vorgang machen, dessen Ende nicht abzusehen ist.

Eine Möglichkeit, diese Bedrohung zu minimieren, ist, zunächst den Prozess für die Erstellung einer Architektur vorzulegen. Dadurch kann festgestellt werden, wie Entscheidungen zu treffen, Probleme zu lösen und der Zeitplan für die Strukturierung festzulegen ist und wie die Aufgaben auf die Beteiligten zu verteilen sind. Wenn Sie den Prozess vorgestellt haben, sollten Sie sich von jedem Mitglied des Teams bestätigen lassen, dass es die Ergebnisse des Prozesses mitträgt. Wenn nämlich das Architekturteam einen Fahrplan für die Strukturentwicklung erhält und sich gleichzeitig verpflichtet, mit den Ergebnissen zu leben, dann wird das Team konzentriert und zielgerichtet arbeiten.

Wie auch immer das Szenario in Ihrer Organisation aussieht, es gibt keine Alternative zu einer klaren und detaillierten Strukturdokumentation. Auch wenn die Dokumentierung im zweiten Fall sehr anstrengend sein kann, so wird diese Anstrengung sich doch während der Implementierung auszahlen. Und wenn umgekehrt die Zustimmung zu schnell vorhanden ist und deswegen bei der Dokumentierung nachlässig vorgegangen wird, werden später Probleme auftreten, weil eine klare Dokumentation und ein Verständnis für die Auswirkungen der Strukturierung fehlen. Verschlimmert wird diese Lage noch durch die Tatsache, dass Active Directory für die allermeisten, die in diesen Prozess verwickelt sind, eine völlig neue Sache ist.

In welchem Szenario sich die Situationen und Herausforderungen Ihrer Organisation auch widerspiegeln, es ist wesentlich, dass Ihre Dokumentation eine durchdachte und unangreifbare Begründung für die Architektur enthält, die am Ende des Prozesses stehen wird.

5.2.3 Verwaltungsfunktionen

Bestandteil des Strukturierungsprozesses ist die Verteilung der Verwaltungsfunktionen in Ihrer Organisation. In einem streng zentralisierten Modell werden alle Tätigkeiten – von der Schemamodifikation über Wartung, Backups, Datenwiederherstellung und Änderungen von Berechtigungen bis hin zur Datenmanipulation – von einer einzigen zentralen Gruppe vorgenommen. In größeren Organisationen werden diese Tätigkeiten auf eine Reihe von Administratoren verteilt. Die zentrale Gruppe verwaltet die Infrastruktur des Active Directory einschließlich des Schemas, der Anfertigung von Backups und der Datenwiederherstellung sowie die Verteilung von Administrationsrechten. Die fernen Standorte oder Abteilungen sind hingegen dann für die Verwaltung von Aufgaben verantwortlich, wenn eine unmittelbare Nähe zum Endbenutzer wichtig ist. Der ferne Administrator befasst sich mit Angelegenheiten wie dem Hinzufügen, Entfernen, Verschieben und Bearbeiten von Benutzerobjekten, die zum entsprechenden Standort gehören. Er kann auch den Zugriff auf bestimmte Ressourcen in einer OU regeln.

Auch die Endbenutzerverwaltung ist mit Active Directory in einem solchen Szenario möglich. Ein Benutzer kann Informationen aktualisieren, die sich auf seine persönlichen Daten (Adresse, Telefonnummer) beziehen. Dadurch könnte der Wartungsaufwand wesentlich reduziert werden und Änderungen würden umgehend umgesetzt.

Die Frage, für welches Verwaltungsmodell Sie sich entscheiden, wirkt sich auf den Projektrahmen aus. Wenn Sie ein zentralisiertes Modell wählen, werden Schwierigkeiten wie beispielsweise die Aufstellung mehrerer Administrationsgruppen oder Diskussionen darüber vermieden, wer welche Rechte und Pflichten hat; dieses Modell ist leichter und mit weniger Aufwand zu implementieren. Bei einem dezentralen Modell hingegen müssen Sie zusätzliche Rechte-Ebenen definieren und mit einem Probelauf gewährleisten, dass das Modell korrekt implementiert ist. Die Dokumentierung der notwendigen Leistungen und der Probelauf vergrößern den Rahmen für das Projekt.

5.2.4 Verwaltungswerkzeuge

Die von Ihnen gewählten Werkzeuge haben ebenfalls Auswirkungen auf den Projektrahmen. Die Verwendung von *Microsoft Management Console* (MMC) ermöglicht die Erstellung angepasster Konsolen für spezielle Funktionen in Ihrem Netzwerk. Wenn Sie mehrere Kompetenzen verteilen wollen, müssen Sie jeweils Spezialwerkzeuge dafür erstellen. Das können Sie mit MMC tun. Indem Sie nämlich bestimmte Module oder Snap-Ins aus den verfügbaren MMC-Modulen auswählen, können Sie Tools erstellen, bei denen Verwaltungskompetenzen jeweils nur in eingeschränktem Maße verfügbar sind.

Jedes dieser Spezialwerkzeuge muss erstellt und getestet werden. Auch wenn es sich hierbei nicht um typische Entwicklungswerkzeuge handelt, dauert das seine Zeit und wirkt sich so auf den Projektrahmen aus.

Je nach Bedarf an umfassenden administrativen Änderungen müssen Sie außerdem unter Verwendung von *Windows Scripting Host* (WSH), *Active-Directory-Services-Interface* (ADSI) und C++ einige scriptbasierte Werkzeuge erstellen. WSH ermöglicht das Ausführen von in VB-Script oder Javascript erstellten Batch-Dateien und den Zugriff auf Active-Directory-Objekte wie Benutzer, Verteilerlisten und Computer.

Außerdem unterstützt Microsoft den LDAP- (Lightweight Directory Access Protocol) und den LDIF-Standard (Lightweight Data Interchange Format). LDIF ist ein Ansatz für einen Internetstandard für ein Dateiformat, das zum Ausführen von

Batch-Dateien für Verzeichnisse verwendet werden soll, die dem LDAP-Standard entsprechen. Es kann für den Datenexport und -import verwendet werden. Wenn umfangreiche Änderungen vorgenommen werden sollen – wie beispielsweise das Erstellen, Löschen oder Modifizieren von Benutzern –, dann kann dieses Tool zur Arbeitserleichterung hilfreich sein. Windows 2000 liegt ein Tool namens LDIFDE bei, das auf dem LDIF-Standard basierende Batch-Prozesse unterstützt.

Weiterhin sind auch Werkzeuge von Drittanbietern erhältlich, die die Migration auf Active Directory erleichtern. Sie ermöglichen die Integration nicht zu vereinbarender Verzeichnisse mit Active Directory und können während der Migrations- und einer möglichen Koexistenzphase sehr hilfreich sein. Auf der Website von Microsoft finden Sie eine ständig wachsende Liste von Werkzeuganbietern für Windows-2000-Active-Directory, die die Migration auf Windows 2000 und die Verschiebung von Objekten zwischen Wäldern und Bäumen erleichtern.

Da eine so große Anzahl an Tools erhältlich ist, hängt der Gesamtaufwand für das Projekt davon ab, welche Werkzeuge Sie wählen und wie komplex diese relativ zum Wissensstand der Mitarbeiter sind, die an der Umgebungsentwicklung beteiligt sind. Statt nun einfach alle verfügbaren Werkzeuge zusammenzutragen, sollten Sie sich die Zeit nehmen und die für die Migration und die Phase 1 benötigten Funktionalitäten analysieren und auf dieser Grundlage die Tools eingrenzen, die beschafft werden müssen. Je einfacher die Ausgangsbasis ist, desto weniger Durcheinander wird entstehen. Im Laufe der Zeit, wenn Ihre Organisation mit Windows 2000 und Active Directory vertrauter wird, können Sie dann immer noch variieren.

5.2.5 Eingrenzen der Auswirkungen des Verwaltungsprozesses

Unter dem Verwaltungsprozess versteht man den Vorgang, bei dem Struktur, Funktionen und Werkzeuge in einer übersichtlichen Umgebung zu einem Ganzen verschmolzen werden. Wenn Sie viele Verwaltungsebenen haben und die Administration in der Umgebung verteilt angeordnet ist, müssen Verwaltungsprozesse separiert werden, um riskante Zusammenstöße während der Migrations-, Koexistenz- und Einführungsphase von Active Directory zu vermeiden. Wenn Sie den Rahmen abstecken, müssen Sie den Aufwand für die Erprobung von Rechten mit einbeziehen.

Sowohl die Schulung des Active-Directory-Teams in der neuen Technologie wie auch der Vorgang selbst benötigen zwar Zeit, stellen aber eine gute Grundlage für den Wechsel zu Active Directory dar. Ihre Entscheidungen über Kompetenzen und Prozessdefinition mögen den Aufwand vergrößern, aber das wird sich später in Form einer sauberen Migration auszahlen und Verwirrung bei der Nutzung von Active Directory in der Umgebung vermeiden.

5.2.6 Einsatz

Es gibt zwei grundlegende Ansätze für den Einsatz von Active Directory, die den Projektrahmen beeinflussen können. Die erste Möglichkeit ist eine standortbezogene Migration, d.h. jeder Standort geht bei der Migration im Rahmen der festgelegten Standards autonom vor. Das ist erfolgversprechend, solange alle Teilorganisationen die Umstellung wirklich wollen und entsprechend verfahren. Es muss ein Zeitplan für die Organisationsbereiche erstellt werden, der der Zentralorganisation ausreichend Zeit für die Einrichtung der Datenbank lässt.

Die Alternative besteht darin, den gesamten Aufwand zu bündeln und Teams aufzustellen, die die Migration sukzessiv nach Arbeitsgruppe, Standort oder geografischer Position ausführen. Dieser Ansatz ist gründlich und erlaubt eine recht genaue Feststellung, wann der Prozess abgeschlossen sein wird.

5.3 Überlegungen zur Umgebung

In diesem Abschnitt werden die verbleibenden Hauptkomponenten für die Umstellung auf Active Directory beschrieben. Sie sollten als Checkliste für die Ermittlung des Projektrahmens verwendet werden.

5.3.1 Sicherheitsumgebung

Die von Ihnen gewählte Sicherheitsumgebung wirkt sich auf den Rahmen des Projekts aus. Sicherheit ist ein wichtiges Thema und wird in Kapitel 15 (»Entwerfen einer Sicherheitsstrategie für das Netzwerk«) erschöpfend behandelt. Bei der Implementierung von Windows 2000 und Active Directory können Sie zwischen drei Integrationsansätzen wählen. Diese Wahl beeinflusst wiederum den Projektrahmen.

Der erste Sicherheitsansatz ist die Verwendung der direkten Sicherheitsimplementierung, die mit Windows 2000 und Active Directory ausgeliefert wird. Sie gliedert sich homogen in Windows 2000 und Active Directory ein. In diesem Fall werden Authentifizierung und Ressourcenzugriff über Kerberos geregelt, das im Hintergrund läuft.

Der zweite Ansatz der Sicherheitsintegration ist die Verwendung von Active Directory als Grundlage für die einmalige Anmeldung. Dieser Ansatz verlangt möglicherweise die Integration mit einer Reihe von Betriebssystemen. Je mehr Betriebssysteme vorhanden sind, desto größer wird der Aufwand für das Projekt. Sollen Unix oder Novell mit Active Directory als zentralem Repository integriert werden, so erhöht sich der Aufwand drastisch, denn statt einer homogenen Implementierung ist nun der Abgleich mit mehreren Betriebssystemen notwendig. Dieser wiederum erfordert jedoch Wissen über das Sicherheitsmodell fremder Umgebungen und darüber, wie Anwendungen in den verschiedenen Betriebssystemen arbeiten.

Verschiedene Arten der möglichen Nutzung von Active Directory durch Anwendungen wurden bereits weiter oben beschrieben. In diesem Fall gehört zur Anwendungsintegration auch die Modifikation von Anwendungen im Hinblick auf einen sicheren Zugriff, ohne dass eine separate Authentifizierung in der Anwendung selbst notwendig wäre.

Der dritte Ansatz liegt in der Nutzung des Active Directory in einem Sicherheitsschema für Partner, die auf interne Ressourcen zugreifen wollen. Wenn Sie die Partnerauthentifizierung wählen, müssen verschiedene Szenarien durchgespielt werden. Die einfachste Möglichkeit ist die Erstellung einer Partner-OU und das nachfolgende Hinzufügen von Benutzerobjekten für jeden Partner. Eine Alternative wäre die Erstellung eines separaten »Partnerbaums«, der die Isolierung gewährleisten würde. Wenn Ihr Partner Microsoft verwendet, können Sie auch eine Vertrauensstellung zwischen einer Windows-NT-4.0-Umgebung Ihres Partners und Ihrer neuen Active-Directory-Umgebung in Betracht ziehen. Das erscheint allerdings etwas schwerfällig, denn es erfordert eine Zusammenarbeit Ihrer Administrationsgruppe mit der des Partners.

Ein komplexerer Ansatz würde die Erstellung von Zertifizierungsstellen (Certificate Authority, CA) und die Verteilung und Verwaltung von Zertifikationen für all Ihre Partner beinhalten. Bei diesem Ansatz wäre es auch möglich, Zertifikate auf Benutzer umzulegen, die zuvor in einer separaten OU erstellt worden wären. Je nach Größe Ihrer Partnergemeinschaft kann sich der Projektaufwand aufgrund der Erstellung, Erprobung und Verwaltung dieses Umgebungstyps bedeutend erhöhen.

Wenn Sie bedenken, dass Sie auch die Möglichkeit haben, eine Kombination der genannten Ansätze zu implementieren, dann werden Sie merken, dass jeder von Ihnen gewählte Sicherheitsansatz in sich bereits ein Projekt darstellt. Andererseits könnte er im Falle der Integration von Partnern und der Erteilung notwendiger Zugriffsberechtigungen derart nutzbringend sein, dass er allein die Umstellung auf Active Directory schon rechtfertigte.

5.3.2 RAS-Dienste

Windows 2000 und Active Directory bieten Lösungen für einen Datenfernzugriff (RAS). Der Projektrahmen wird davon beeinflusst, inwieweit Sie die verschiedenen Technologien implementieren. Die meisten Organisationen benutzen VPN (Virtual Private Network, virtuelles privates Netzwerk), um den Fernzugriff auf Unternehmensressourcen sicher zu gestalten. Microsoft bietet eine Vielzahl von Lösungen an.

Sie können den PPTP-Standard (Point to Point Tunneling Protocol) verwenden, der eine breite Unterstützung genießt und die Kontrolle durch ein NAT-Gerät (Network Address Translation) ermöglicht. Das Protokoll hat den Vorteil, dass es keine Zertifizierungsstelle benötigt und die Sicherheit auf der Grundlage von Benutzernamen und Passwort erlaubt; bei der Entwicklung war Schlichtheit das

Hauptkriterium. Ferner können Sie das L2TP/PPP-Protokoll (Layer 2 Tunneling Protocol) benutzen. Es integriert das PPP-Protokoll in L2TP und bietet eine ähnliche Funktionalität wie PPTP. Mit L2TP/IPSec erhöhen Sie die Sicherheit, allerdings werden NAT-Geräte nicht unterstützt. Sie könnten aber L2TP/IPSec beispielsweise für eine direkte Standortverbindung über das Internet nutzen.

Egal, welche Lösung Sie wählen – PPTP, L2TP oder L2TP/IPSec –, Sie müssen zunächst ein Testfeld entwickeln und dort ein Pilotprojekt durchführen, bevor Sie den Dienst einsetzen. Zur Zufriedenheit trägt das nicht bei. Deswegen sollten Sie die derzeit verwendeten RAS-Möglichkeiten prüfen und eine klare Botschaft über den Einfluss auf Ihre Gemeinschaft formulieren. Bei der Arbeit an RAS-Diensten sollten Sie genügend Zeit einkalkulieren, damit sie auch erfolgreich werden.

5.3.3 Workstations

Wenn Ihre Workstations Active Directory unterstützen sollen, müssen Sie sie in der Regel auf Windows-2000-Professional-Desktop umstellen, um alle Vorteile zu nutzen. Das wäre der ideale Ansatz – und dazu noch einer, den jeder Microsoft-Aktionär wohl favorisieren würde, aber es gibt auch Alternativen. Eine Migration würde bedeuten, dass jede einzelne Workstation aufgesucht werden müsste. Ferner würde die Umstellung auf Windows 2000 auch ein Upgrade auf Office 2000 und die Aktualisierung weiterer Anwendungen bedingen. Ein Riesenvorhaben, wenn man Schulungen (für Endbenutzer, Support und Techniker), Planung und physische Leistung miteinbezieht. Sie sollten deswegen die Dauer dieses Vorhabens berücksichtigen. Die Umstellung auf Windows 2000 und die aktuellen Versionen aller Anwendungen stellen das beste Argument für Active Directory dar, aber sie ist auch eine bedeutende Investition.

5.3.4 Das Testfeld

Das Testfeld, das Sie erstellen müssen, ist das Labor, in dem Sie Ihre Vorgehensweise erproben. Es sollte eine Vielzahl von Aspekten enthalten, die typisch für Ihre reale Umgebung sind. Angefangen bei den Datenbeständen sollten Ihre Dienste auch Teile Ihrer derzeitigen Umgebung repräsentieren können. Wenn Sie z.B. von einer NT 4.0-Umgebung migrieren wollen, sollten Sie eine NT 4.0 Server-Umgebung in Ihr Testfeld implementieren.

Ihr Ziel sollte sein, dass Ihr Testfeld Ihr tatsächliches Netzwerk weitestgehend widerspiegelt. Dazu gehören beispielsweise auch Domänen und Servertypen.

In Ihrem Testfeld sollten alle Rechnertypen verwendet werden, die auch in Ihrer realen Umgebung genutzt werden, damit während der Implementierung eine realistische Leistung und Funktionalität gewährleistet ist.

In Abbildung 5.1 sehen Sie das einfache Testfeld von Cleverware. Die Abbildung zeigt den Ausgangspunkt mit einem primären Domänencontroller (PDC) unter NT 4.0. Das Testfeld setzt keine Überlegungen hinsichtlich des WANs um, sondern stellt eine einfache Arbeitsumgebung für die Erprobung der Migration, die Ausführung von Client/Server-Tests und die Funktionalitätsbewertung dar. Die Leistung auf der Server-Ebene kann in dieser Umgebung überprüft werden. Sie sollten Ihr Testfeld unbedingt von der Produktionsumgebung isolieren. Wenn Sie alle genannten Umstände bedenken, benötigt der Aufbau dieser Infrastruktur Zeit und Ressourcen.

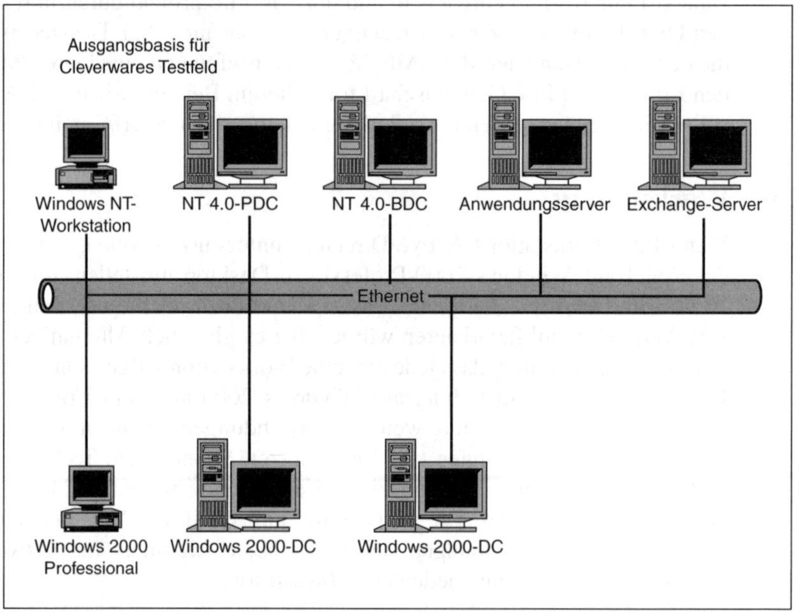

Abb. 5.1: Das Testfeld von Cleverware

Abbildung der realen Umgebung im Labor

Bei einer Migration von einer Windows-NT-Server-Umgebung ist die Simulation aller Benutzer im Testfeld möglich. Sie erreichen dies, indem Sie zunächst einen Testserver als Backup-Domänencontroller (BDC) in der Produktionsumgebung definieren. Entfernen Sie den Testserver nun aus der Produktionsumgebung und melden Sie ihn als PDC in der Testumgebung an. Sie verfügen nun über ein Replikat der Produktionsumgebung. Denken Sie daran, dass Sie Ihr Testfeld nicht mit der Produktionsumgebung verbinden können, solange der PDC aktiv ist.

Ein weiterer Vorteil des Testfeldes ist der Schutz für das Active-Directory-Schema. Da am Schema vorgenommene Änderungen permanent sind, müssen Sie, wenn eine Anwendung während der Erprobung Änderungen am Schema vornimmt, die zu Problemen führen, Active Directory neu installieren. Sie können sich vorstellen, dass das in der Produktionsumgebung nicht erwünscht wäre.

5.4 Belegschaft

Das wesentlichste Element bei Ihrer Umstellung auf Active Directory als integraler Teil Ihrer Organisation sind und bleiben die Mitarbeiter der Organisation. Das Team muss sich dieser Herausforderung stellen, da von ihr Erfolg oder Misserfolg abhängt. Sorgfältige Planung ist wichtig, aber schon oft sind gute Pläne vom Mangel an Enthusiasmus durchkreuzt worden, und oft hatten schlechte Pläne Erfolg, weil das Team Willen und Entschlossenheit zeigte. Die richtige Einschätzung der Fähigkeiten Ihres Teams ist entscheidend bei der Bestimmung des Projektrahmens.

Wenn Sie den Einfluss des Teams auf den Projektrahmen und den notwendigen Aufwand bestimmen wollen, sollten Sie die folgende Liste mit Schlüsselaspekten beachten:

- Wie lang arbeitet das Team schon zusammen? Teams, die schon ein paar Jahre lang zusammenarbeiten, kennen ihre Stärken und Schwächen.
- Hat Ihr Team bereits einmal eine Migration oder Integration durchgeführt, die das Unternehmen ähnlich beeinflusst hat? Ein Beispiel dafür wäre die Migration auf Microsoft Exchange. Die Ähnlichkeit besteht darin, dass Exchange jeden Benutzer betrifft, eine Datenbankkomponente aufweist und in den meisten Organisationen unentbehrlich ist.
- Begreift Ihr Team die Migration als Chance und ist entsprechend enthusiastisch? Die Migration auf Active Directory ist ein Riesenaufwand, aber das Team sollte sie als Möglichkeit auffassen, etwas neues zu lernen.
- Entwickeln Sie einen Schulungsplan für Ihr Team, denn dadurch erhöhen Sie die Sicherheit und lassen es an der Projektplanung teilnehmen.

5.5 Fazit

Die Eingrenzung des Projektrahmens ist ein wesentlicher Schritt, um die Erwartungen für die Active-Directory-Implementierung realistisch zu gestalten. Wenn Sie den Rahmen und den damit verbundenen Aufwand möglichst genau feststellen, können Sie den Schirmherren der Aktion den tatsächlichen Aufwand und die für Phase 1 zu erwartenden Ergebnisse realistisch benennen.

Der Rahmen ist außerdem die Basis für die Entwicklung eines ersten »Fahrplans« für das Projekt. Bei der Eingrenzung des Rahmens ist eine Reihe von Komponenten zu beachten und jede davon ist wichtig; die wichtigste ist und bleibt aber Ihr Team.

Binden Sie Ihr Team so früh wie möglich mit ein, um die grundsätzliche Zustimmung für das Vorhaben zu fördern. Dadurch kommen Widerstände später gar nicht erst auf.

Teil II

Planung

Kapitel 6

Planung von Koexistenzstrategien

Einer der wichtigsten Aspekte bei der Planung des Einsatzes von Windows 2000 und Active Directory ist die Entwicklung einer Strategie für die Koexistenz mit dem vorhandenen Netzwerkbetriebssystem und der gegenwärtigen Infrastruktur. Es spielt keine Rolle, wie schnell Sie die Integration und Migration Ihrer vorhandenen herkömmlichen Umgebung planen, eine Zeit lang werden die Systeme koexistieren müssen. In vielen Fällen kann das Monate, manchmal sogar Jahre dauern.

Was genau bedeutet Koexistenz eigentlich? Per definitionem beschreibt *Koexistenz* das Vorhandensein zweier Systeme am selben Ort, die miteinander kooperieren müssen. In Bezug auf Active Directory ist hier von der Koexistenz mit einem herkömmlichen NOS die Rede, z.B. NetWare, Windows NT oder UNIX. Für die Kooperation mit all diesen Umgebungen sind Tools verfügbar. Der Schlüssel zum Erfolg liegt deswegen

- in der Entwicklung einer verständlichen Koexistenzstrategie,
- in der Ermittlung der Einschränkungen, denen die während der Koexistenzphase verwendeten Tools unterliegen.

Aufgrund dieser Beschränkungen muss im Vorhinein bei der Erstellung von Scripts und sekundären Anwendungen eine Menge Arbeit geleistet werden, damit die für die Koexistenz notwendigen Funktionalitäten bereitstehen.

In diesem Kapitel geht es um die Koexistenz von Active Directory mit Windows NT und NetWare. Auch die Koexistenz mit UNIX wird beschrieben, dies allerdings weniger ausführlich, denn zum ersten sind für die Integration mit UNIX weniger Tools vorhanden und zum zweiten ist eine vollständige Migration von UNIX auf Windows 2000 ein eher unwahrscheinlicher Fall. Auch wenn Microsoft immer wieder behauptet, dass ihre Systeme UNIX als erste Wahl bei Betriebssystemen für Unternehmensanwendungen vollständig ersetzen können – dieser Fall ist für die nahe Zukunft sehr unwahrscheinlich. Aus diesem Grunde werden Organisationen, die eine umfassende UNIX-Infrastruktur aufgebaut haben, mit dieser nicht auf eine Windows-2000-Umgebung migrieren. In diesem Zusammenhang muss allerdings festgehalten werden, dass, weil Windows 2000 und Active Directory auf Standards wie LDAP oder SMTP basieren, die Kooperation mit UNIX-basierten Systemen durchaus realisiert werden kann.

Bevor wir einige der technischen Einzelheiten der Koexistenzstrategie behandeln, sollen Methodik und Ablauf der Koexistenzstrategieplanung erläutert werden.

6.1 Methodik und Ablauf

Die Entwicklung eines verlässlichen Ablaufs und einer Methodik für die Integrierung zweier Rechnerumgebungen kann eine genauso große Herausforderung sein wie die Lösung der technischen Probleme, die während der Integration auftauchen.

Die beste Möglichkeit der Planung einer Koexistenzstrategie ist eine Standardmethodik für die Projektimplementierung. Viele Organisationen verfügen bereits über eine solche Standardvorgehensweise, die sie bei der Implementierung neuer Projekte anwenden. Auch wenn es viele Methoden gibt, die meisten bestehen aus den gleichen grundlegenden Schritten. Im Kontext der Koexistenzplanung sind dies die folgenden:

- Feststellung der Betroffenen
- Aufstellung eines Projektteams mit Betroffenen und Personen, die den Plan implementieren werden
- Dokumentierung der vorhandenen Verzeichnisumgebung
- Abbilden der vorhandenen Verzeichnisdaten im zukünftigen Verzeichnisschema
- Planung einer die Koexistenz unterstützenden Infrastruktur
- Abschätzen der Risiken, die mit der Koexistenzimplementierung verbunden sein könnten und während der Planungsphase offenbar wurden

Es ist wichtig festzuhalten, dass, auch wenn die Planungen für die Koexistenz als alleinstehendes Projekt geplant werden können, sie besser im Kontext des gesamten Active-Directory-Planungs und -Einsatzprojektes durchgeführt werden sollten. Die Projektergebnisse, insbesondere die Feststellung der Verzeichnisdaten und die Umsetzung dieser Daten im Active Directory, werden durch das gesamte Active-Directory-Planungsteam genutzt. Außerdem werden viele Mitglieder des Teams für die Koexistenzplanung gleichzeitig auch Mitglieder des Active-Directory-Planungsteams sein.

Es ist von höchster Wichtigkeit, dass jedes Planungsprojekt – auch dieses Projekt zur Entwicklung einer Koexistenzstrategie – im Kontext der informationstechnologischen Haltbarkeit zu betrachten ist. Werden die Planungen isoliert ausgeführt, so birgt jeder Plan das Risiko, zum Zeitpunkt der Umsetzung bereits nicht mehr aktuell zu sein und möglicherweise den IT-Anforderungen der Organisation zu widersprechen.

6.1.1 Feststellung der Betroffenen

Der Prozess der Feststellung aller Personen, die von Ihrem Koexistenzprojekt betroffen sind, kann sehr aufwendig sein. Er ist jedoch ein wichtiger Schritt auf dem Weg zur Koexistenz. Wie bereits angemerkt, lassen sich viele Probleme, die während der Projektimplementierung auftreten können, bereits früh durch die Feststellung aller Personen, die durch das Problem betroffen sind, und durch die Kooperation mit diesen Personen mildern. Wird die Koexistenz eines herkömmlichen Verzeichnisses mit Active Directory geplant, so gibt es mehrere unterschiedliche Typen von Betroffenen.

Die am meisten betroffene Person ist offenkundig diejenige, die ein Objekt im Verzeichnis besitzt. Sie hat in der Regel alle Rechte zur Erstellung und Aktualisierung des Objekts. Es ist mehr als wahrscheinlich, dass diese Person ein Mitarbeiter in der EDV- oder IT-Abteilung ist. Mögliche Ausnahmen wären beispielsweise Verzeichnisobjekte, die einer Person in der Buchhaltungs- oder Personalabteilung gehören.

Der zweite Typ ist entweder eine Person, die mit dem Objekt zu tun hat, oder es sind mehrere Personen oder Gruppen, die das Objekt verwenden. Im Falle eines Benutzerobjekts im Verzeichnis beispielsweise ist der Benutzer selbst der Betroffene. Es wäre nicht praktikabel, jeden Benutzer in den Prozess der Koexistenzplanung einzubeziehen; aus diesem Grund wird man einen einzelnen Benutzer bestimmen, der die Benutzerinteressen bestmöglich zu vertreten hat. Ein anderes Beispiel wäre ein Verzeichnisobjekt, das durch eine Automationsanwendung für Kundendienstmitarbeiter (wie beispielsweise von Siebel) genutzt wird. Die Kundendienstmitarbeiter sind zwar nicht die tatsächlichen Besitzer des Objekts, aber trotzdem wäre es sinnvoll, wenn ein Mitglied des Planungsteams sich für die Belange dieser Mitarbeiter einsetzen würde.

Der dritte Typ des Betroffenen sind all diejenigen, die ein direktes Interesse daran haben, dass das Koexistenzprojekt einwandfrei geplant und umgesetzt wird. Dazu gehören sicherlich der Projektleiter, der Leiter der EDV-Abteilung und der Unternehmensleiter.

6.1.2 Aufstellung eines Projektteams

Nachdem nun alle Betroffenen identifiziert sind, kann ein Projektteam für die Koexistenzplanung aufgestellt werden, das sinnvollerweise durch einen Projektleiter angeführt werden sollte. Bei kleineren Organisationen mit nur begrenzten Verzeichnisanforderungen könnte der Projektleiter des Active-Directory-Teams gleichzeitig auch der Leiter des Projektteams zur Koexistenzplanung sein. In größeren Organisationen wird die Koexistenz wohl eher als Unterprojekt betrachtet werden, das von einem separaten Projektmanager geleitet wird, der nicht Leiter des Active-Directory-Teams ist.

Auch ein Mitglied der Unternehmensleitung sollte dem Team beitreten. Das könnte ein leitender Angestellter sein, der die Fortschritte des Teams regelmäßig prüft oder sogar aktiv am Geschehen teilnimmt. Welche Variante hier auch gewählt wird, seine Aufgabe ist es, dem Projekt möglichst alle Steine aus dem Weg zu räumen und es zu einem erfolgreichen Ende zu bringen. Außerdem sollte er die Fortschritte beobachten und dem Vorstand regelmäßig darüber Bericht erstatten. Funktionierende Kommunikation ist einer der Eckpfeiler für den Erfolg eines Projekts.

Dem Projektteam sollten auch Vertreter aller betroffenen Gruppen angehören, die zuvor genannt worden sind. Das heißt natürlich nicht, dass alle Betroffenen im Team anwesend sein sollen. Es wäre z.B. möglich, eine Einzelperson, etwa einen Angehörigen der EDV-Abteilung, zum Vertreter verschiedener Betroffener zu ernennen.

Verzeichnisexperten, die mit den internen Vorgängen von Active Directory und der herkömmlichen Verzeichnisumgebung vertraut sind und über fundiertes Wissen über MS DirSync-Serveranwendungen (Microsoft Directory Synchronization) verfügen, sollten ebenfalls im Team vertreten sein.

Schließlich müssen auch Vertreter aller Supportgruppen im Team vorhanden sein und zwar der für Endbenutzer zuständigen wie auch derjenigen, die in der zentralen EDV-Abteilung sitzen. Die Implementierung eines Koexistenzprojekts hat schließlich auch erhebliche Auswirkungen darauf, wie der Support in der vorhandenen Umgebung geleistet werden kann.

Je nach Größe der Organisation, die eine Implementierung von Active Directory plant, können einige Mitglieder des Teams mehrere Funktionen gleichzeitig wahrnehmen. So könnte z.B. der Vertreter der Unternehmensleitung parallel auch eine der Unternehmenseinheiten repräsentieren.

6.1.3 Dokumentierung der vorhandenen Umgebung

Der Vorgang der Dokumentierung Ihrer vorhandenen Umgebung sollte mit der Feststellung der Verzeichnishierarchie beginnen. Die Hierarchie muss in jedem Fall identifiziert werden, bevor die eigentlichen Daten dokumentiert werden, damit die Beziehung zwischen Objekten ermittelt und nachvollzogen werden kann.

Wenn die Verzeichnishierarchie dokumentiert ist, müssen im nächsten Schritt alle Daten in der herkömmlichen Umgebung identifiziert werden, die zum Active Directory synchronisiert werden müssen. Zu diesem Zweck erstellt man am besten eine Tabelle, die alle Objekte im herkömmlichen Verzeichnis auflistet und zeigt, ob und welche Objekteigenschaften synchronisiert werden müssen. Als Beispiel könnte Tabelle 6.1 dienen.

Objektname	Eigenschaften, die synchronisiert werden müssen	Periodisches oder einmaliges Objekt	Besitzer
Benutzer	alle	periodisch	Netzwerk-administrator
Gemeinsame Dateinutzung	Nutzername	einmalig	Arbeitsgruppen-administrator

Tab. 6.1: Identifikationstabelle mit Beispieldaten

Wenn Sie alle Daten im herkömmlichen Verzeichnis ermittelt haben, die synchronisiert werden müssen, müssen Sie die Besitzer der einzelnen Objekte kontaktieren und mit ihnen eine umfassende Koexistenzstrategie ausarbeiten. Die meisten größeren Probleme hinsichtlich Koexistenz und Migration entstehen, weil das Team, das die Planungen für Koexistenz und Migration durchführt, nicht alle Personen und Organisationen ermittelt, die durch den Vorgang betroffen sind, und mit diesen daran arbeitet, alle denkbaren Hindernisse und Probleme, die im Verlaufe des Prozesses auftreten können, aus dem Weg zu räumen.

6.1.4 Abbilden der Daten im Verzeichnisschema

Hat das Team alle Daten ermittelt, die bei der Verzeichnissynchronisierung berücksichtigt werden müssen, dann ist es Zeit, die vorhandenen Daten in dem Verzeichnisschema abzubilden, das in Active Directory implementiert ist. Das bedeutet hauptsächlich die Ermittlung jener Container unter Active Directory und Novell Directory Services (NDS), die synchronisiert werden müssen. Da die Synchronisation auf der Basis von Containern stattfindet, ist es nicht notwendig, bestimmte Objekte eines Verzeichnisses auf bestimmte Objekte im anderen Verzeichnis umzusetzen. Mit anderen Worten, die Granularitätsebene, die bei der Verzeichnissynchronisierung notwendig ist, ist sehr niedrig. Dieser Vorgang variiert je nach Anzahl der Drittanbieterverzeichnisse, die zu Active Directory synchronisiert werden müssen.

6.1.5 Planung der Infrastruktur

Die Planung der Infrastruktur zur Integration zweier Verzeichnisumgebungen ist ein wesentlicher Faktor für den Erfolg der Implementierung Ihres Koexistenzplans. Wenn Sie die Infrastruktur planen, ist wichtig, den Standort des Servers mit dem herkömmlichen Verzeichnis zu berücksichtigen, mit dem das Active Directory koexistieren soll. Server sollten so aufgestellt werden, dass unnötiger Datenverkehr im Netzwerk unterbunden ist, wenn die Synchronisierung zwischen den beiden Verzeichnisumgebungen beginnt. Während der Strukturierung des Active Directory werden viele Daten über das Netzwerk, die Clients und die Server gesammelt. Die meisten dieser Daten müssen beim Koexistenzprojekt berücksichtigt werden und sollten verwendet werden, wenn dies angemessen ist.

6.2 Verleger-/Abonnentenverzeichnis

Die Koexistenz zwischen zwei Verzeichnisdiensten wird normalerweise so konfiguriert, dass eines der Verzeichnisse als *Verleger* und das andere als *Abonnent* konfiguriert wird, d.h. das erste Verzeichnis fungiert als Datenbesitzer, das zweite wird jeweils aktualisiert. Im Falle der Verzeichnissynchronisierung zwischen Active Directory und NDS wird höchstwahrscheinlich NDS die Rolle des Abonnenten und Active Directory die des Verlegers übernehmen, da Active Directory langfristig das Migrationsziel und demzufolge von Anfang an Besitzer von Daten und Synchronisierungsvorgang sein wird. Die Beziehung zwischen den beiden Verzeichnissen wird in Abbildung 6.1 gezeigt.

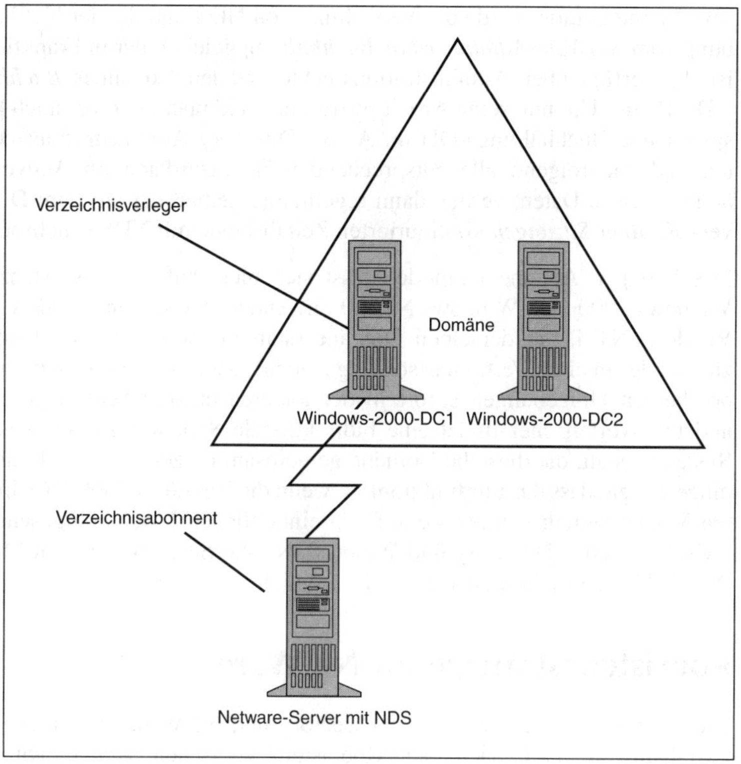

Abb. 6.1: In der Regel handelt es sich bei der Konfiguration für Microsofts DirSync-Service um eine unidirektionale Konfiguration zwischen Active Directory und NDS.

Die Einrichtung einer unidirektionalen Synchronisation zwischen Active Directory und NDS veranlasst viele Organisationen dazu, ihre Strategie zur Verzeichnisadministration zu überdenken. Das betrifft insbesondere solche Organisationen, die von NDS zu Active Directory migrieren. Plant eine Organisation eine begrenzte Koexistenz, so wird die Administration von NDS über Active Directory nicht so mühselig sein, da die NDS-Umgebung innerhalb recht kurzer Zeit stillgelegt werden wird. Soll die Koexistenzphase von Active Directory und NDS jedoch länger dauern, so kann es notwendig sein, ein neues Verzeichnisadministrationsmodell zu implementieren.

Im Falle unserer Beispielorganisation Cleverware befindet sich etwa eine NetWare-Umgebung in Frankfurt (es handelt sich dabei um eine Buchhaltungsanwendung, die für mindestens zwölf Monate nicht auf Windows 2000 umgestellt werden wird). Die Buchhaltungsabteilung will nun einerseits alle Benutzerdaten unter NDS beibehalten und weiterhin in der NetWare-Umgebung arbeiten, andererseits sollen auch alle Benutzerdaten im Active Directory veröffentlicht werden.

Vor der Integration wurde die Verwaltung von NDS und die der NetWare-Umgebung vom *NetWare-Administrator Buchhaltung* geleitet, der in Frankfurt ansässig ist. Er verfügt über Administrationsrechte für den Container *Buchhaltung* im NDS-Baum. Um nun seine Arbeit fortführen zu können, muss er auch für die entsprechende Buchhaltungs-OU im Active Directory Administrationsrechte erhalten und nachfolgend alle entsprechenden Benutzerdaten im Active Directory ändern. Diese Daten werden dann regelmäßig gemäß der auf dem DirSync-Server-DC unter *Sitzungen* konfigurierten Zeitabstände mit NDS synchronisiert.

Das Verleger-/Abonnentenmodell lässt sich nicht auf die Koexistenz zwischen Windows 2000 und Windows NT 4.0 anwenden. Existieren Windows 2000 und Windows NT 4.0 in derselben Domäne (statt in zwei separaten Domänen, die zueinander in einer Vertrauensstellung stehen), dann werden Änderungen in einer der beiden Umgebungen sofort in der anderen entsprechend angeglichen. Mit anderen Worten, hier findet eine bidirektionale Synchronisation zwischen zwei Systemen statt, die dieselbe Domäne gemeinsam nutzen. Es sei allerdings darauf hingewiesen, dass das nur funktioniert, wenn die Windows-2000-DCs im gemischten Modus laufen; werden sie auf den einheitlichen Modus umgeschaltet, so ist zwischen Active Directory und Windows NT 4.0 Security Account Management (SAM) keine Synchronisierung mehr möglich.

6.3 Koexistenzstrategie für NetWare

Die Koexistenz zwischen Active Directory und NetWare ist wahrscheinlich der zweithäufigste Fall nach der Koexistenz zwischen Active Directory und Windows NT 4.0. Viele Organisationen verwenden Windows-NT-Anwendungsserver, arbeiten jedoch für Netzwerkumgebung, Dateien und Drucker weiterhin mit NetWare, da sie ein hierarchisch strukturiertes Verzeichnis benötigten. Jetzt aber ist Windows 2000 eine ernst zu nehmende Option und viele Organisationen werden es neben NDS implementieren. In zahlreichen Fällen wäre es unangemessen, eine schnelle Migration auf Windows 2000 und Active Directory vorzunehmen; statt dessen werden die Netzwerkadministratoren wohl den Aufbau einer Active-Directory-Umgebung anvisieren, mit der ihre Windows-NT-Server koexistieren können, und gleichzeitig untersuchen, ob Active Directory die Organisationsbedürfnisse erfüllt und robust genug für den rauen Alltag im Unternehmen ist. In diesem Abschnitt werden einige der Aspekte behandelt, die von Netzwerkadministratoren berücksichtigt werden müssen, wenn sie eine Koexistenz zwischen Active Directory und NDS planen.

Mit dem Erscheinen von Microsoft DirSync ist die bidirektionale Synchronisation zwischen Active Directory und NDS, Version 4.1x oder höher, möglich geworden. Windows-2000-DirSync-Server ist ein Windows-Dienst, der auf einem DC läuft. DirSync Server wird mit Hilfe des MMC-Snap-Ins *DirSync* verwaltet, das entweder auf dem gleichen DC wie DirSync oder auf einem Rechner mit Windows-2000-Server oder Windows-2000-Professional-Desktop liegt. Ist das MMC-Snap-In nicht auf dem gleichen Computer vorhanden wie DirSync Server, so müssen der DC und der Computer, auf dem das Snap-In läuft, über eine RPC-Schnittstelle (Remote Procedure Call, Fernaufruf für Prozeduren) miteinander wie in Abbildung 6.2 verbunden sein.

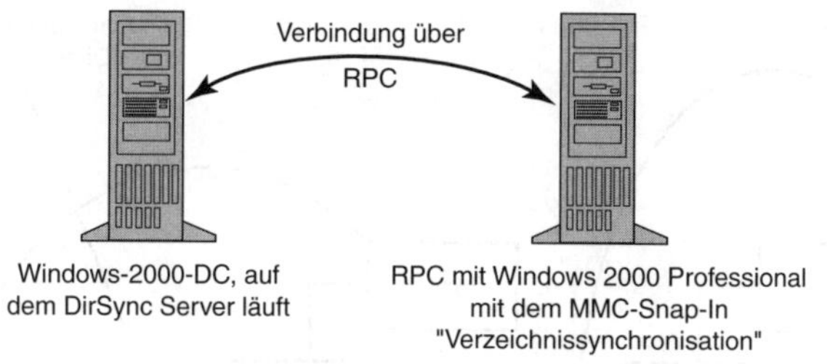

Abb. 6.2: Liegt das DirSync-MMC-Snap-In auf einem anderen Rechner als DirSync Server, so müssen diese beiden Rechner über eine RPC-Schnittstelle miteinander verbunden sein.

Sie müssen nicht nur die Konfiguration des DirSync-Dienstes auf Ihrem DC und allen betroffenen Workstations planen, sondern auch die Verbindungen in der NDS-Umgebung. Zum Anschluss der NDS-Umgebung müssen Sie den Novell-Client für Windows 2000 auf dem DC installieren, auf dem DirSync Server läuft. Wenn Sie den Novell-Client ablaufen lassen, können Sie jedoch noch keine Passwörter zwischen den beiden Umgebungen synchronisieren: für diesen Fall müssen Sie einen Drittanbieter-Client verwenden, der kompatibel zum NCP-Standard (NetWare Core Protocol) ist.

Ein gravierender Nachteil bei der Implementierung einer Verzeichnissynchronisation zwischen Active Directory und NDS ist die Tatsache, dass DirSync Server keine Verbindung zur NetWare-Umgebung über TCP/IP (Transmission Control Protocol/Internet Protocol) unterstützt. Der NetWare-Server muss unter IPX/SPX laufen und SAP-Daten senden. Es gibt zahlreiche Organisationen, die ihre NetWare-Umgebungen auf Version 5.0 aktualisiert haben, um insbesondere IPX und damit auch den SAP-Datenverkehr im Netzwerk zu eliminieren. Aus diesem Grunde werden einige Organisationen wahrscheinlich dafür votieren, die Integration von Active Directory und NDS zu verschieben, bis DirSync Server TCP/IP-Verbindungen zwischen zwei Umgebungen unterstützt.

Wenn Sie alle Verzeichnisdaten ermittelt haben, die während der Koexistenzperiode synchronisiert werden müssen, steht als nächster Schritt die Abbildung der Daten eines Verzeichnisschemas in einem anderen an (siehe auch Abbildung 6.3). Im Falle der Koexistenz zwischen Active Directory und NDS ist der Abbildungsprozess vergleichsweise einfach, da nur die Abbildung ganzer Container und Subcontainer zwischen Verzeichnissen möglich ist, nicht jedoch die Abbildung einzelner Objekte. Konkret bedeutet das, dass ein einzelner NDS-Container (wie beispielsweise *Benutzer*) als Container im Active Directory abgebildet wird; der gesamte Inhalt des Containers *Benutzer* wird also zum Active Directory synchronisiert.

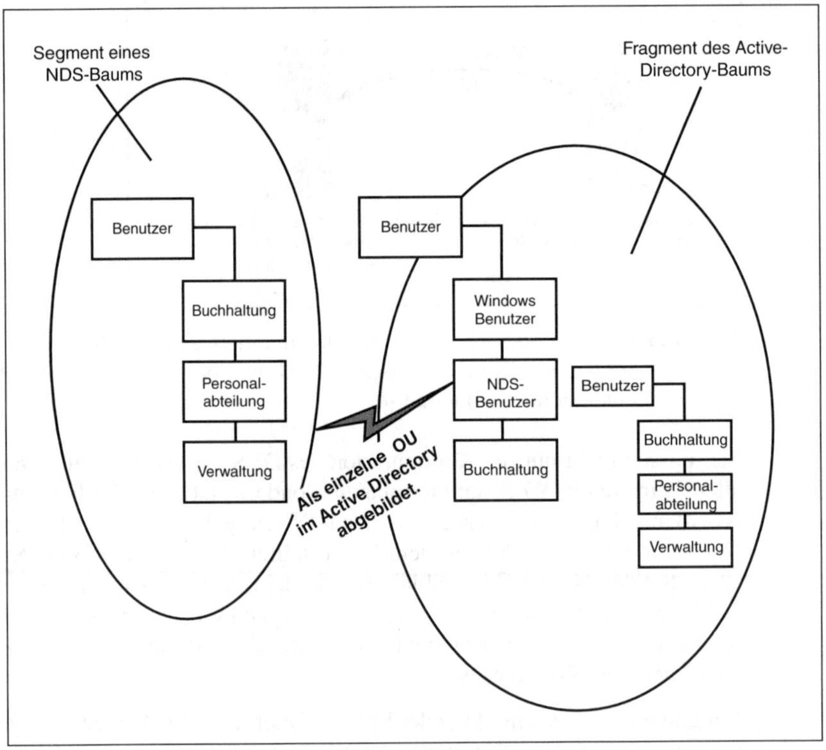

Abb. 6.3: Bei der Planung der Koexistenz von Active Directory und NDS müssen die Objektcontainer ermittelt werden, die zu synchronisierende Objekte enthalten.

6.4 Koexistenzstrategie für Windows NT 4.0

Die Koexistenz von Active Directory und Windows NT 4.0 ist nicht nur das häufigste Koexistenzszenario, sondern auch das mit der kürzesten Planungszeit. Wenn eine Organisation mit Windows NT 4.0 arbeitet und feststellt, dass Windows 2000 und Active Directory ernst zu nehmende Technologien sind, dann wird es kaum einen Grund geben, bei Windows NT 4.0 zu bleiben.

Die Struktur der Koexistenz von Windows NT 4.0 und Active Directory hängt vom Typ der Domänenumgebung, die in der Windows-NT-4.0-Umgebung vorhanden ist, und von der Migrationsstrategie ab, die für die Umstellung auf Windows 2000 gewählt wurde. Es gibt zwei Hauptvarianten für die Migration von Windows NT 4.0 auf Windows 2000:

- **Domänenaktualisierung:** Das ist mehr oder weniger eine direkte Migration auf Windows 2000.
- **Domänenumstrukturierung:** Bei dieser Vorgehensweise wird die gesamte Domänenstruktur modifiziert.

6.4.1 Domänenaktualisierung

Eine Domänenaktualisierung von Windows NT 4.0 auf Windows 2000 ist der Vorgang, mit dem Koexistenz und Migration am schnellsten zu erreichen sind. Die in der Windows-NT-4.0-Umgebung vorhandene Domänenstruktur wird während der Migration auf Windows 2000 beibehalten (siehe auch Abbildung 6.4).

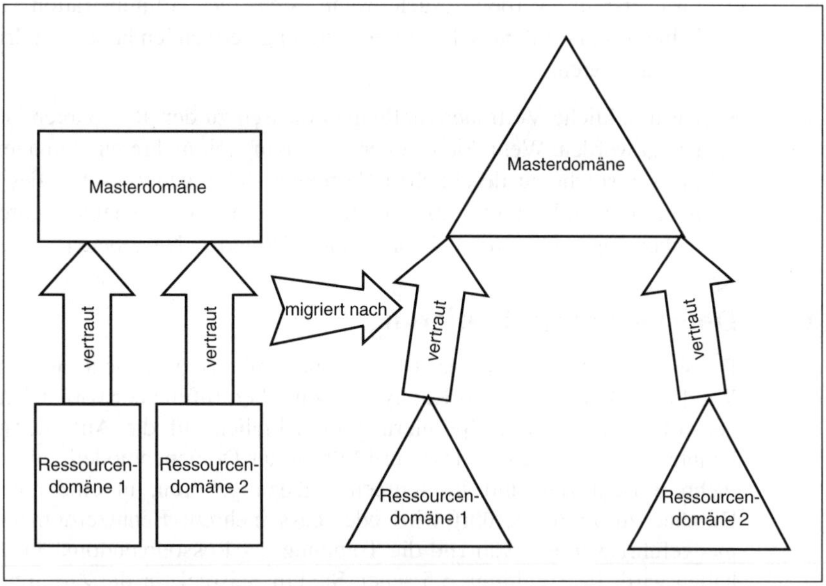

Abb. 6.4: Bei einer Domänenaktualisierung von Windows NT auf Windows 2000 wird die Domänenstruktur beibehalten.

Dieser Weg zu Koexistenz und Migration funktioniert am besten, wenn die unter Windows NT 4.0 vorhandene Domänenstruktur recht einfach ist und nur aus einer einzigen Domäne, die alle Benutzer- und Gerätekonten enthält, oder aus je einer Benutzer- und einer Ressourcendomäne besteht.

Windows 2000 und Active Directory wurden so konzipiert, dass Umgebungen im gemischten Modus unterstützt werden, d.h. wenn der primäre Domänencontroller (PDC) einer Windows-NT-4.0-Domäne auf Windows 2000 aktualisiert wird, können sich alle Windows-9x- und Windows-NT-4.0-Clients immer noch so verhalten, als ob sie sich gegenüber einem Windows-NT-DC authentifizieren. In diesem

Fall können allerdings die neuen Möglichkeiten von Active Directory (wie beispielsweise die Ermittlung von Druckerstandorten oder Benutzerinformationen im Verzeichnis) nicht genutzt werden.

Aufgrund dieser unter Windows 2000 und Active Directory vorhandenen Unterstützung für den gemischten Modus ist die Koexistenz in einer simplen Domänenstruktur relativ direkt zu erzielen. Man muss sich nur mit recht wenigen Aspekten auseinandersetzen:

- Administrative Änderungen sollten nur auf einem Windows-2000-DC vorgenommen werden, empfehlenswert ist die Ausführung der *gesamten* Administration einer gemischten Umgebung auf einem Windows-2000-DC. Dadurch ist gewährleistet, dass alle neuen Objekte im Kontext des Active-Directory-Schemas erstellt werden. Auch wenn sich die Administrations-Tools von Windows NT 4.0 zur Objektmodifizierung verwenden lassen, ist dringend davon abzuraten.
- Ausdrückliche Vertrauensstellungen müssen zu den Ressourcendomänen angelegt werden. Wenn Sie in einer Umgebung mit mehreren Domänen arbeiten, müssen solche ausdrücklichen Vertrauensstellungen zwischen der Masterdomäne, die auf Windows 2000 umgestellt wurde, und allen untergeordneten Domänen angelegt werden, die noch unter Windows NT arbeiten.

6.4.2 Domänenumstrukturierung

Für Windows NT 4.0: Bei der Domänenumstrukturierung dient die Migration auf Windows 2000 als eine Art Katalysator zur Überprüfung der vorhandenen Domänenstruktur und deren Optimierung im Hinblick auf die Anforderungen. Das könnte z.B. so aussehen, dass ein Multimaster-Domänenmodell, zu dem jeweils mehrere Benutzer- und Ressourcendomänen gehören, in eine einzige große Domäne zusammengeführt wird oder dass mehrere Benutzerdomänen zusammengeführt werden, während die Trennung der Ressourcendomänen aufrechterhalten wird. In Abbildung 6.5 sehen Sie ein Beispiel für die Zusammenführung der Domänen.

In jedem Fall müssen bei der Domänenumstrukturierung bestimmte Aspekte hinsichtlich der Koexistenz berücksichtigt werden. Dazu gehören die folgenden:

- **Ausdrückliche Vertrauensstellungen:** Wie auch im Falle der einfachen Domänenmigration benötigen alle Domänen, die noch nicht auf Windows 2000 umgestellt sind, eine explizite Vertrauensstellung mit der oder den Masterdomäne(n). Diese Vertrauensstellungen müssen aufrechterhalten werden, bis die Ressourcendomänen auf Windows 2000 migriert sind.
- **Dienstkonten:** Dienstkonten beispielsweise für Exchange Server und SQL Server benötigen domänenübergreifende Zugriffsrechte. Wenn Dienstkonten in einer Benutzerkontendomäne unterhalten werden, die bereits migriert ist,

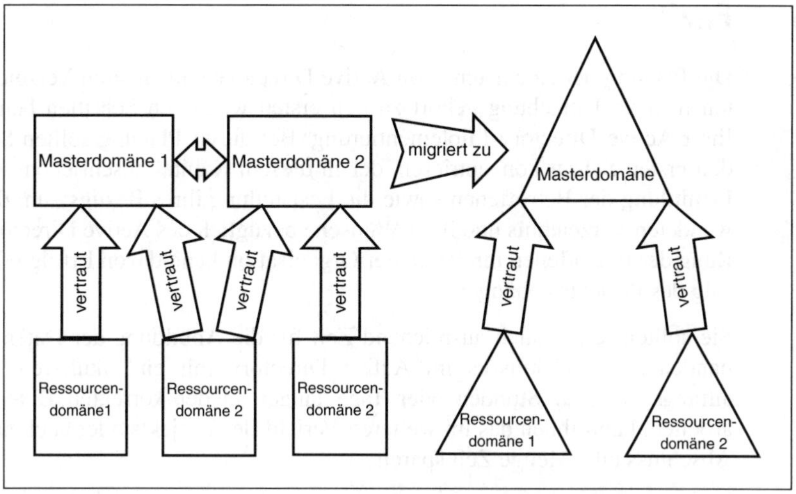

Abb. 6.5: Bei der Domänenumstrukturierung dient die Migration auf Windows 2000 als Möglichkeit zur Neubewertung der vorhandenen Domänenstruktur und ggf. zur Zusammenführung von Domänen.

während die Serverkonten in einer noch nicht umgestellten Ressourcendomäne liegen, dann muss zwischen den Domänen eine explizite Vertrauensstellung vorliegen, so dass die Serverkonten sich als Dienst in der Ressourcendomäne anmelden können.

6.5 Koexistenzstrategie für UNIX

Die Koexistenz mit UNIX wird wohl kein sehr wichtiger Aspekt bei der Umstellung auf Windows 2000 sein. Trotzdem ist es wichtig, ein paar Sachverhalte zu erläutern, die bei der Implementierung von Windows 2000 und Active Directory in einer Netzwerkumgebung mit UNIX-Workstations oder -Servern auftreten können.

Mit Hilfe von Microsoft Services for UNIX ist es möglich, Active Directory mit Verzeichnissen zu integrieren, die auf dem Network Information Service (NIS) basieren. *Services for UNIX* ermöglicht eine unidirektionale Synchronisation zwischen Active Directory und NIS, d.h. unter Active Directory erstellte Passwörter überschreiben Passwörter im NIS-Verzeichnis. Synchronisiert werden nur Konten, die Bestandteil der Windows-2000-Gruppe *PasswordPropAllow* sind. Diese Gruppe sollte als lokale Gruppe auf dem Windows-2000-DC eingerichtet werden, auf dem *Services for UNIX* läuft. Services for UNIX unterstützt bei Nutzung der Anwendung *yppasswd* auch Passwortänderungen für individuelle Benutzer von NIS-Clients.

6.6 Fazit

Die Planung der Koexistenz von Active Directory und anderen Verzeichnisdiensten in Ihrer Umgebung gehört zu den ersten wichtigen Schritten beim Entwurf Ihrer Active-Directory-Implementierung. Bei dieser Planung sollten Sie sich auf den ersten Schritt konzentrieren, der in diesem Kapitel beschrieben wurde – die Ermittlung der Betroffenen sowie die Feststellung ihres Bezugs zum derzeit verwendeten Verzeichnis und ihrer Wünsche bezüglich des Active Directory. Je nach Rang der Betroffenen innerhalb der Organisation kann davon Erfolg oder Misserfolg des Projekts abhängen.

Sie sollten ferner auch ausreichend Zeit für die Abbildung der Daten Ihres vorhandenen Verzeichnisses im Active Directory mit einkalkulieren. Wenn Sie anfangs ein paar Stunden oder Tage länger an der korrekten Datenabbildung arbeiten, kann Ihnen das im weiteren Verlauf des Projekts oder auch nach dessen Abschluss eine Menge Zeit sparen.

Im nächsten Kapitel werden die Faktoren behandelt, die beim Entwurf des Active-Directory-Namespace beachtet werden müssen. Sie werden die Daten Ihrer vorhandenen Verzeichnisstruktur abbilden und in diese Hierarchie transferieren.

Kapitel 7

Aufbau der Domänenstruktur unter Windows 2000

Ein Auto hat vier Räder, einen Motor, einen Tank, Lenkrad, Schaltung und alle anderen Bestandteile, die ein Auto zum Auto machen. In diesem Sinne könnte man Active Directory auch als Antriebswelle von Windows 2000 bezeichnen, denn es verbindet quasi die krafterzeugenden mit den kraftumsetzenden Komponenten. Wie gut Ihr Auto läuft und wie oft Sie damit zur Inspektion müssen, hängt nicht unwesentlich von der Qualität der Antriebswelle ab. Niemand will ein Auto mit nur zwei Gängen oder eines, das beim ersten steilen Anstieg den Geist aufgibt.

Active Directory ist eine Domänenstruktur, die auf ein oder mehr Namespace innerhalb eines Active-Directory-Waldes beruht. Davon, wie Sie diese Domänenstruktur und die darin liegenden Organisationseinheiten (OUs) definieren, hängt ab, inwieweit Ihr Windows 2000 und die Active-Directory-Implementierung die Bedürfnisse Ihres Unternehmens gleich zu Beginn eines Projekts erfüllen.

7.1 Bestimmung des Active-Directory-Rahmens

Einer der wichtigsten Schritte bei jedem Projekt ist die Definition eines Projektrahmens, denn dieser hilft bei der Definition zweier weiterer Parameter: Wann ist das Projekt beendet und ist das Projekt erfolgreich?

Der Projektrahmen sollte stets statisch sein. Natürlich sind Technologien und Erfordernisse Änderungen unterworfen, die eine Anpassung des Projektrahmens unumgänglich machen, aber um zielgerichtet und im Bereich des vorgegebenen Budgets arbeiten zu können, sollte sich der Projektrahmen niemals drastisch ändern, sofern sich nicht auch der Gesamtfokus des Projekts ändert.

Aus diesem Grunde ist die Bestimmung des Active-Directory-Rahmens eines Windows-2000-Projekts von hoher Bedeutung. Und nicht nur das, der Rahmen muss auch so gewählt werden, dass das Projekt gute Erfolgschancen hat. Je nach Größe des Unternehmens kann es eine Zeit lang dauern, bis Active Directory unternehmensweit eingesetzt wird. In kleineren oder mittelgroßen Organisationen kann der Einsatz des Active Directory aber vielleicht schon in einem Schritt abgeschlossen werden. Welchen Ansatz Sie wählen, sollte sich aus den Faktoren Zeit, Budget und Ressourcen ergeben.

7.1.1 Bestimmung des Active-Directory-Ausgangsbereichs

Manche Organisationen wählen vielleicht einen Projektbereich, der nicht das ganze Unternehmen umfasst. Es ist jedoch wichtig, bei der Definition des Bereichs das gesamte Unternehmen im Auge zu haben, denn der Tag wird kommen, an dem Ihr Active Directory die gesamte Organisation umfasst.

Beachten Sie bei der Bestimmung des Ausgangsbereichs für Ihr Active-Directory-Projekt die folgenden Punkte:

- Wenn möglich, planen Sie einen Aufbau, der bereits die gesamte Organisation berücksichtigt.
- Verwenden Sie Strategien des Projektmanagements, um die Arbeit mit Ressourcen innerhalb der gewünschten Frist zu planen. Stehen nicht ausreichend Ressourcen bereit, dann ändern Sie die Frist, erhöhen Sie die Anzahl der Ressourcen oder verkleinern Sie den Projektrahmen.
- Sorgen Sie dafür, dass die Mitglieder Ihres Teams ihren Einfluss in jedem Zweig Ihrer Organisation, der Bestandteil des Projektbereichs ist, voll ausspielen. Wenn möglich, suchen Sie in allen Organisationsbereichen nach Mitarbeitern, die Sie und die Interessen Ihres Projekts bestmöglich unterstützen.

Zur Veranschaulichung wollen wir einmal unsere fiktive Gesellschaft Cleverware betrachten. Bei Cleverware hat man beschlossen, eine Migration von Windows NT 4.0 auf Windows 2000 durchzuführen, und hofft, dass diese bis zum Jahresende abgeschlossen ist. Zu diesem Zweck wurde ein Projektteam mit zwölf Mitgliedern aufgestellt, von denen jedes einen Teilbereich des Unternehmens bzw. eine Abteilung innerhalb der EDV repräsentiert. Cleverware hat ferner einige Auftragnehmer ausgewählt, die bei der Umstellung mitwirken sollen.

Die Organisationsstruktur von Cleverware ist in Abbildung 7.1 dargestellt:

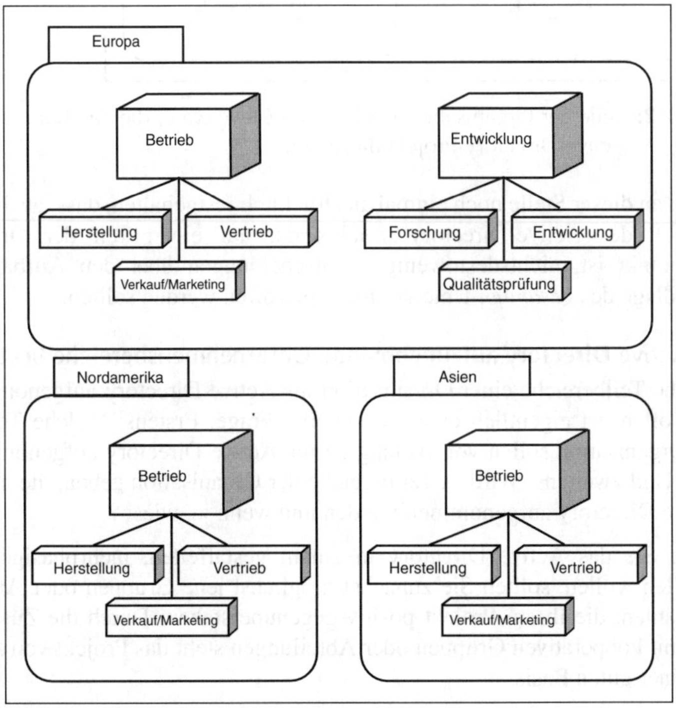

Abb. 7.1: Die Organisationsstruktur von Cleverware

Ausgehend von dieser Organisationsstruktur, der Anzahl der bei Cleverware vorhandenen Ressourcen und der gewählten Frist hat das Unternehmen entschieden, sich während der Einführung von Windows 2000 und Active Directory auf die nachfolgend abgebildeten Organisationsbereiche zu konzentrieren (siehe Abbildung 7.2).

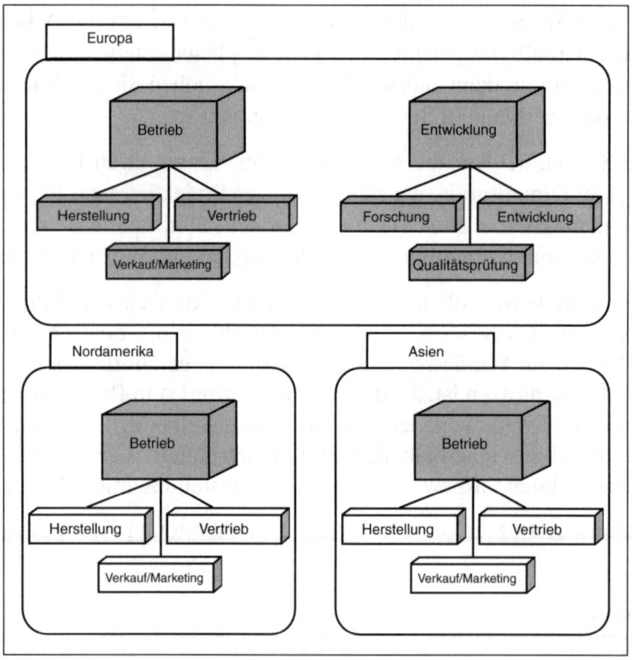

Abb. 7.2: Teile der Organisationsstruktur von Cleverware, die den Rahmen für das Active-Directory-Projekt darstellen

Es sei an dieser Stelle noch einmal ausdrücklich festgehalten, dass, auch wenn der Bereich des Active-Directory-Projekts nur auf einen Teil der Organisation beschränkt ist, nichtsdestoweniger Entscheidungen über den Aufbau auf der Grundlage des *gesamten* Unternehmens getroffen werden sollten.

Ins Active Directory aufzunehmende Unternehmensbereiche bestimmen

Welche Teilbereiche einer Organisation ins Active Directory aufgenommen werden sollen, ist eigentlich eine zweigeteilte Frage. Erstens: Welche Teilbereiche der Organisation sollen von Anfang an ins Active Directory aufgenommen werden? Und zweitens: Wird es Teilbereiche der Organisation geben, die niemals ins Active Directory aufgenommen werden und wenn ja, wieso?

Wenn Sie das Active Directory in einem gestaffelten, mehrphasigen Prozess erstellen wollen, sollten Sie zunächst möglichst jene Gruppen oder Abteilungen auswählen, die Ihrem Projekt positiv gegenüberstehen: Durch die Zusammenarbeit mit kooperativen Gruppen oder Abteilungen steht das Projekt von Anfang an auf einer guten Basis.

Leider hat man nicht immer das Glück, den Anfang mit kooperativen Gruppen oder Abteilungen machen zu können. In diesem Fall kann man einen anderen Weg wählen, nämlich die Auswahl einer Windows-NT-Domäne mit einer geringen Anzahl von Benutzer- und Computerobjekten.

Sind in Ihrer Organisation Teilbereiche vorhanden, die Sie nicht in Ihr Active Directory integrieren wollen, so sollte es dafür gute Gründe geben. Versuchen Sie, möglichst alle Organisationsbestandteile in Namespace Ihres Active Directory aufzunehmen.

Verwaltungsfunktionen delegieren

Einer der Gründe, die für die Implementierung von Windows 2000 und Active Directory sprechen, ist die Möglichkeit, Verwaltungsaufgaben über das Verzeichnis zu delegieren. Ein Teil der Bereichsdefinition in Ihrem Active Directory und deswegen auch des Namespace ist es, festzustellen, welche Verwaltungsaufgaben an welche Gruppen delegiert sind. Den Umfang der Delegierung zu ermitteln ist bereits ein Riesenschritt auf dem Weg zur Beurteilung, wie komplex die Active-Directory-Domäne und die Struktur der Organisationseinheiten sein werden.

Ein gutes Beispiel für die Delegierung administrativer Aufgaben ist der Support. Wenn ein Benutzer sich telefonisch an den Support wendet, wird er mit einer automatischen Menüsteuerung verbunden, über die er sich genau zu dem Supportbereich navigieren kann, den er benötigt. Ebenso können auch spezielle Berechtigungen an Gruppen delegiert werden, die den Support mit folgenden Aufgabenbereichen ausführen:

- **Ändern oder Zurücksetzen von Kennworten:** Diese Gruppe des Supports erhält die Berechtigung zur Änderung von Kennworten, jedoch nicht zur Änderung anderer Benutzerattribute.
- **Erstellen oder Entfernen von Netzwerkkonten:** Diese Supportgruppe kann Benutzer erstellen und löschen, nicht jedoch Attribute bereits bestehender Benutzerobjekte verändern.
- **Ermöglichen von RAS-Zugriffen:** Diese Supportgruppe kann einen Benutzer bei der Konfiguration von RAS-Diensten und bei der Aktivierung des Active-Directory-Kontos für einen RAS-Zugriff anleiten.
- **Ändern des Benutzernamens:** Man könnte einen Verwaltungsassistenten pro Gruppe zur Änderung von Benutzernamen berechtigen.
- **Ändern von Verzeichnisinformationen:** Bestimmte Benutzer könnten die Berechtigung zur Verwaltung ihrer eigenen Objektdaten im Active Directory erhalten.

In vielen Organisationen gibt es eine Personalabteilung, die einen Großteil der Netzwerkkontenverwaltung abwickeln könnte. Die Personalabteilung kümmert sich beispielsweise bereits um die Verwaltung von Personalakten, Lohnlisten oder auch Gratifikationen. Warum also nicht auch um die Netzwerkkonten der Angestellten? Wird z.B. ein neuer Benutzer zu einem solchen Personalkontensystem hinzugefügt, so kann ein automatisierter Prozess oder ein Script starten, welches ein Active-Directory-Konto in einer für den neuen Benutzer passenden Organisationseinheit und Domäne sowie eine Exchange-Mailbox auf dem entsprechenden Exchange-Server erstellen würde. Dies wäre eine riesige Erleichterung für die EDV-Abteilungen von den alltäglichen Verwaltungsaufgaben und würde Ressourcen freimachen, die statt zur Wartung zur Verbesserung der EDV-Infrastruktur verwendet werden könnten.

Vom Active Directory abhängende Anwendungen bestimmen

Die Funktionalität vieler hängt vom aktuellen Verzeichnis ab. Es ist wichtig, dass Sie die Anforderungen von verzeichnisabhängigen Anwendungen in Ihrer Umgebung kennen.

Ferner ist es ebenso wichtig, dass aktuelle Anwendungen mit ihren eigenen Verzeichnissen auch nach der Umstellung auf Active Directory noch die gleiche Funktionalität aufweisen. Nehmen wir einmal an, eine Organisation verwendet Microsoft Exchange unter Windows NT 4.0. Microsoft Exchange (5.5 und früher) verfügt über einen eigenen Verzeichnisdienst, auf den Benutzer für Verzeichnisinformationen zugreifen können. Wenn die nächste Version von Exchange (die kein eigenes Verzeichnis mehr haben, sondern Active Directory verwenden wird) veröffentlicht wird, ist es wichtig, dass die Benutzer zwischen Active Directory und alten Exchange-eigenen Verzeichnissen keinen Unterschied spüren dürfen – »Look and Feel« müssen gleich sein. Das könnte schwieriger sein, als es klingt. Bei Exchange verfügt jeder Exchange-Server über eine vollständige Kopie des Exchange-Verzeichnisses. Bei Active Directory verfügt jeder Active-Directory-Domänencontroller (DC) nur über Informationen zu jenen Objekten, die in seiner Domäne liegen. Der globale Katalogserver (Global Catalog, GC) ist der einzige Server, der zumindest teilweise Informationen über jedes Objekt im Active Directory enthält. Aus diesem Grunde könnte ein Benutzer, der detaillierte Informationen von einem Exchange-Verzeichnis anfordert, andere Ergebnisse erhalten, als wenn er die gleichen Daten aus dem Active Directory anfordert, insbesondere wenn es sich um Daten aus einer anderen Domäne handelt.

Einer der Hauptgründe für den Einsatz von Windows 2000 ist die Fähigkeit des Active Directory zur Interaktion mit Anwendungen. Active Directory stellt eine solide Basis von Unternehmensdaten bereit, aus der sich dann viele Anwendungen bedienen können. Deswegen ist es wichtig, den Namespace so aufzubauen, dass die Anwendungen von dieser Eigenschaft des Active Directory optimal profitieren können.

Anwendungen, die Verzeichnisdaten im Active Directory speichern, können auch das Schema des Active Directory modifizieren. Wird eine Anwendung installiert und nimmt Änderungen am Schema vor, so beschreiben diese Definitionen die von der Anwendung verwendeten Objektklassen. Diese Informationen können dann von anderen Anwendungen weiterverwendet werden.

7.1.2 Bestimmung des zukünftigen Active-Directory-Bereichs

Während in kleinen und sogar in mittelgroßen Organisationen der Bereich des Windows-2000-Einsatzes die gesamte Organisation umfassen dürfte, wird die Einführung des Betriebssystems in größeren Unternehmen eher schrittweise verlaufen, und das kann sich über Monate oder sogar Jahre erstrecken. Welches Szenario auch immer auf Ihre Organisation zutrifft, bedenken Sie, dass, auch wenn die Umstellung auf Windows 2000 sich anfangs nur auf Teilbereiche des Unternehmens erstreckt, der Aufbau des Active Directory bereits im Hinblick auf die gesamte Organisation erfolgen sollte – man weiß ja nie, was die Zukunft bringt.

Alle letztlich in das Active Directory zu integrierenden Organisationsbereiche bestimmen

Vielleicht will Ihre Organisation bei Einführung von Windows 2000 zunächst nur die Stützpunkte in Europa berücksichtigen. Sie haben die Initiative übernommen und planen nun Namespace und Active Directory so, dass am Ende die Anforderungen des gesamten Unternehmens erfüllt werden. Nun mag es sein, dass Sie die Bedürfnisse der Vertretungen in Amerika und Asien nicht kennen, doch Sie haben den Aufbau derart flexibel gestaltet, dass, welche Ansprüche von diesen auch immer gestellt werden, Sie diese erfüllen können. Was Sie allerdings nicht wissen, ist, dass die Netzwerkwartungsgruppe Netzwerkrouter implementiert, die Active-Directory-Enabled sind. Diese Router gestatten eine Dienstqualität (*Quality of Service*, QoS), die auf Benutzer und Gruppen des Active Directory basiert. Außerdem können die Router Netzwerkzugriffe für einzelne Benutzer auf bestimmte Bereiche beschränken. Allein die Tatsache, dass Sie von diesen neuen Anforderungen nichts wissen, stellt schon einen Flexibilitätstest für Namespace und Verzeichnis dar. Wir haben bereits gesehen, dass die Organisation nicht einfach vertikal strukturiert ist (unterteilt z.B. in Geschäftsführung, Abteilungen, Regionen und Gruppen, die in Betracht gezogen werden müssen), sondern dass es auch horizontale Einteilungen gibt, wie etwa Netzwerkwartung, Datenpflege und Telekommunikation; auch diese müssen schließlich in Ihr Active Directory integriert werden. Aus diesem Grunde sehen Sie sich die ganze Organisation aus einer Höhe von 10.000 Metern an und versuchen zu ergründen, wie sich horizontale und vertikale Strukturen zukünftig ausdehnen werden.

Zu delegierende Administrativfunktionen ermitteln

Ein anderer wichtiger Grund für Unternehmen, auf Windows 2000 und Active Directory umzusteigen, ist die Möglichkeit, das Ressourcenmanagement aus der EDV dahin zu verlagern, wo es hingehört: in die jeweiligen Abteilungen. Beispielsweise führen viele Organisationen oft Neustrukturierungen durch; andere verschieben häufig Personen und Ressourcen von einem Büro oder Gebäude ins andere. Wieder andere tun beides, sie reorganisieren und verschieben ständig. Und mitten in diesem Chaos sitzt die EDV und hat alle Mühe, mit der Eingabe neuer Büronummern, Druckerstandorte und sogar Telefonnummern nachzukommen. Die meisten EDV-Abteilungen hören dann irgendwann einfach auf, diese

Verzeichnisinformationen zu verwalten, wenn Sie feststellen, dass sie niemals auf den aktuellen Stand kommen. Würde hingegen die Verwaltung dieser Daten an die Gruppen oder Abteilungen delegiert, die tatsächlich umziehen, dann könnte es im Rahmen des Umzugs Aufgabe eines Gruppen- bzw. Abteilungsadministrators sein, die Verzeichnisinformation zu aktualisieren. Durch die Delegierung von Administrationsrechten für bestimmte Objektattribute an Abteilungsadministratoren müssen die EDV-Abteilungen keine Ressourcen mehr für die Verwaltung dieser sich ständig ändernden Daten aufwenden.

Letztlich von Active Directory abhängende Anwendungen bestimmen

Die Bestimmung der Anwendungen, die letztlich von Active Directory abhängen werden, ist eine sehr wertvolle Übung. Die Gründe dafür sind zweierlei: Einerseits arbeiten Sie aktiv an der Gestaltung von Namespace und Active Directory (indem Sie an der Auswahl der entsprechenden Anwendungen mitwirken) und zweitens sorgen Sie dafür, andere von den Vorteilen beim Umstieg auf Windows 2000 zu überzeugen und diesen so zu legitimieren. In Kapitel 18 (»Windows 2000 und Exchange 5.5«) werden Betrachtungen hinsichtlich der Active-Directory-Struktur angestellt, die sich aus der Abhängigkeit von Exchange 2000 ergibt, denn Exchange ist eine verzeichnisabhängige Anwendung. Wenn man sich klarmacht, dass sowohl aktuelle als auch zukünftige Anwendungen durch das Active Directory unterstützt werden, dann lassen sich solche Anwendungen leichter implementieren, woraus sich eine Rechtfertigung zur Verwendung von Active Directory ergibt.

7.2 Bewertung der Umgebung

Nachdem Sie nun den Rahmen für Ihr Active Directory abgesteckt und alle Teilbereiche Ihrer Organisation in Betracht gezogen haben, die davon betroffen werden, soll als nächster Schritt die Computerumgebung Ihrer Organisation einer näheren Betrachtung unterzogen werden. Machen Sie sich Gedanken über diejenigen Teilbereiche der EDV, die der Aufbau des Active Directory beeinflusst bzw. die ihrerseits diesen Aufbau beeinflussen können.

7.2.1 Das Netzwerk

Active Directory ist ein verteilter Dienst, d.h. nur wenige Funktionen werden durch einen einzigen Domänencontroller bereitgestellt; die meisten Active-Directory-Dienste werden vielmehr durch die meisten, wenn nicht alle Domänencontroller verfügbar gemacht. Es liegt im Wesen einer solchen Dienstestruktur, dass Clients mit den Domänencontrollern kommunizieren müssen, um auf Active-Directory-Dienste zuzugreifen; die Domänencontroller müssen ihrerseits mit anderen Domänencontrollern kommunizieren, wenn Änderungen an der Datenbank des Active Directory oder an der Umgebung vorgenommen werden. Aus diesem Grunde ist das Netzwerk ein mitentscheidender Faktor für ein funktionierendes Active Directory. Wenn die Verbindung eines Clients zu einem Domänencontroller, einem DNS-Server oder einem GC-Server gestört wird, können Active-Directory-Dienste ausfallen. Wenn Domänencontroller keine Domänendaten untereinander replizieren können, dann werden Domänendienste unberechenbar. Damit Active Directory in beiden Fällen die volle und auch erwartete Funktionalität bietet, muss das Netzwerk, das Active Directory zu Grunde liegt, so erstellt sein, dass der Aufbau Ihres Active Directory nicht durch die Netzwerkbegrenzungen eingeschränkt wird.

Der Netzwerkadministrator des Active-Directory-Teams sollte WAN- und LAN-Topologien auf Anfrage bereitstellen können. Die WAN-Topologie sollte in die verfügbare Bandbreite und den Durchsatz zwischen den einzelnen physikalischen Standorten übertragen werden.

Cleverware beispielsweise verwendet ein Frame-Relay-Netzwerk, um alle Standorte in Nordamerika miteinander zu verbinden (siehe Abbildung 7.3).

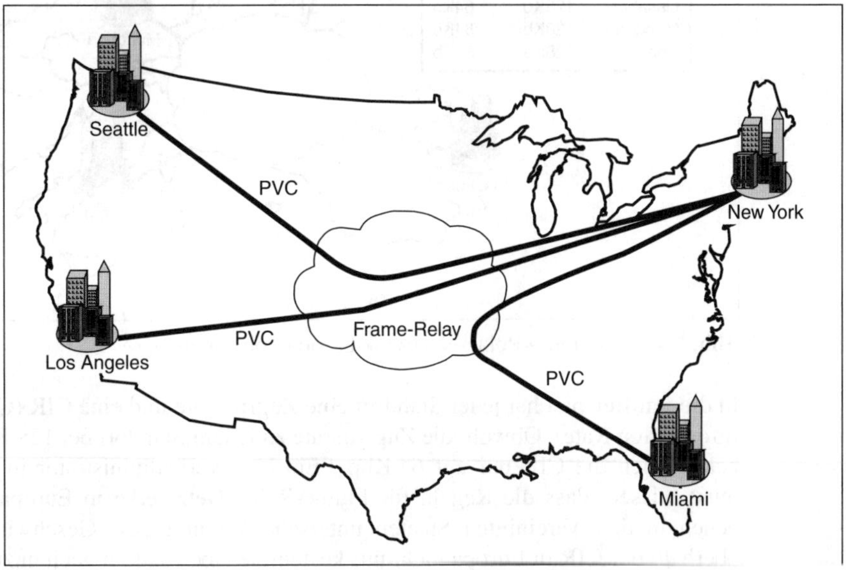

Abb. 7.3: Das Frame-Relay-Netzwerk Nordamerika von Cleverware

Sie können in diesem Beispiel sehen, dass jeder Standort in Nordamerika mit dem Frame-Relay-Netzwerk verbunden ist und dass PVCs (Permanent Virtual Circuits) zwischen jedem Standort und New York definiert sind. Das bedeutet, dass, wenn ein Angestellter in Miami einem Benutzer in Los Angeles eine Nachricht sendet, die Daten zunächst über das Frame-Relay-Netzwerk nach New York geschickt werden und dann via Frame-Relay-Netzwerk nach Los Angeles gelangen. Das ist nicht unbedingt ein schlechter Aufbau, sollte aber bei der Planung des Active Directory erkennbar sein, denn Clients kommunizieren mit Domänencontrollern, die ihrerseits wieder mit anderen Domänencontrollern kommunizieren. Die Art und Weise dieser Kommunikation zwischen den Hosts hängt vom Aufbau des Active Directory ab. Und wenn Sie sich klarmachen, wie die Daten zwischen den einzelnen Hosts fließen, dann können Sie Ihr Active Directory wirklich optimal gestalten.

Wie in Abbildung 7.4 dargestellt, hat die europäische Abteilung von Cleverware das europäische Netzwerk ausgelagert.

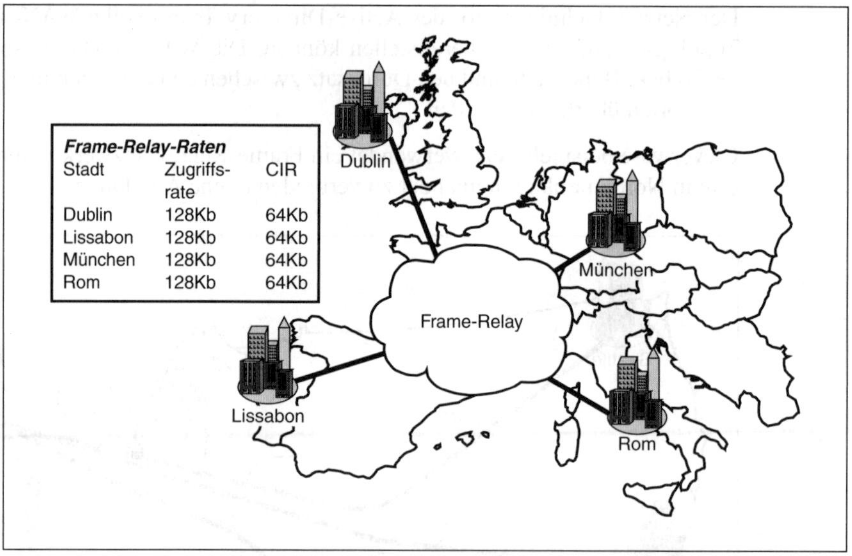

Abb. 7.4: Das Frame-Relay-Netzwerk Europa von Cleverware

In diesem Beispiel hat jeder Standort eine Zugriffsrate und eine CIR (Committed Information Rate). Obwohl die Zugriffsrate zu jedem Standort bei 128 Kbps liegt, beläuft sich die CIR nur auf 64 Kbps. Ein Netzwerkadministrator in den USA muss wissen, dass die Regeln für Frame-Relay-Netzwerke in Europa sich von denen in den Vereinigten Staaten unterscheiden und dass Geschwindigkeiten oberhalb der CIR in Europa nicht nur kostenintensiv, sondern auch unzuverlässig sind, denn immer wieder gehen bei einer zu hohen Rate Datenpakete durch Aussetzer des Carriers verloren. In einem solchen Fall sendet der Router die Pakete erneut, wodurch sich das Problem noch verschlimmert. Wenn man sich über solche Sachverhalte im Klaren ist, kann man das Active Directory für Europa entsprechend planen. Mehr noch, das Active-Directory-Team könnte dieses Wissen verwenden, um seinen Einfluss für eine höhere CIR in Europa geltend zu machen.

Deswegen sollten Sie bei der Bewertung Ihres Netzwerks Folgendes im Kopf haben:

- Übersicht über die WAN-Topologie einschließlich der logischen Schaltungen, Zugriffsraten und ggf. CIRs

- Liste der physikalischen Standorte, der Anzahl der Benutzer und Workstations sowie die Benutzungscharakteristika für LAN und WAN
- verfügbare Bandbreite zwischen den physikalischen Standorten während und außerhalb der Geschäftszeiten
- Internetverfügbarkeit einschließlich Informationen über Firewalls, DNS-Berechtigungen und Nutzungsstatistiken
- zukünftige WAN-/LAN-Erweiterungen wie beispielsweise ATM (Asynchronous Transfer Mode)
- Strategie für die Verbindung mit entfernten Benutzern
- allgemeine Kommunikationswege wie beispielsweise gewöhnliche Mitteilungswege oder Arbeitsgruppen an mehreren physikalischen Standorten
- Directory-Enabled-Geräte wie Router, Switches, PBXs, Voice-Gateways oder Internet-Phone

Mit diesen Informationen lässt sich bestimmen, wann und wie ein Active Directory abgeschlossen wird, wo Domänencontroller und andere Active-Directory-Dienste relativ zu den Clients abgelegt werden, ob es Bereiche innerhalb des WAN gibt, die die Bandbreite erhöhen können und wie viele Domänen wahrscheinlich benötigt werden.

7.2.2 Workstations

Die Bewertung von Workstations ist Teil der Migration auf Windows 2000, und zwar speziell dann, wenn Windows 2000 als Benutzeroberfläche verwendet werden soll. Ferner ist es für die Planung des Active Directory wichtig zu wissen, wie viele Workstations an welchen Standorten existieren, welche Anwendungen darauf laufen, wie hoch deren Lebenserwartung ist und wie die Workstations physikalisch aufgebaut sind (Arbeitsspeicher, Hersteller und Geschwindigkeit der CPU, verfügbare Festplattenkapazität, Betriebssystem).

Anhand dieser Informationen kann man einschätzen, wie viele Domänendienste benötigt werden und wo diese zu platzieren sind. Ferner lässt sich hierüber auch bestimmen, wie gut Gruppenrichtlinienobjekte auf individuellen Workstations verwendet werden können.

7.2.3 Benutzer

Eine der schwierigsten Aufgaben ist die Bewertung Ihrer Benutzer. Bei vielen Projekten, die Dienste implementieren, die dann von Benutzern verwendet werden sollen, wird die Frage »Welche Art von Benutzern habe ich eigentlich« vermieden, da deren Beantwortung nicht ganz einfach ist. Um diese Aufgabe zu erleichtern, ist es notwendig, die Organisation als Ganzes zu betrachten. Handelt es sich um ein hochtechnisiertes Unternehmen oder eher um eine Outsourcing-Firma? Allein schon diese beiden Typen haben vollkommen unterschiedliche Benutzerprofile und damit unterschiedliche Ansprüche und Erwartungen.

Wenn es nicht so einfach ist, Ihre Organisation in nur wenige Benutzertypen zu unterteilen, dann versuchen Sie sie in Abteilungen zu gliedern. Gibt es eine Forschungs- und Entwicklungsabteilung mit vielen Ingenieuren? Gibt es eine Verkaufsabteilung? Auch jede einzelne dieser Abteilungen hat unterschiedliche Erwartungen und stellt verschiedene Anforderungen. Das heißt nicht, dass die Verkaufsabteilung automatisch geringere Erwartungen hat als die Forschungs-/Entwicklungsabteilung. Im Gegenteil, die Benutzer in der Auftragsabwicklung, wo die Rechner den ganzen Tag lang laufen, mögen durchaus härtere Anforderungen stellen als die Forschungsabteilung.

Bewerten Sie also Ihre Organisation und unterteilen Sie die Benutzer in drei Klassen: Viel-, Durchschnitts- und Wenignutzer. Nach der Festlegung dieser Kategorien ordnen Sie die Benutzer jedes Standorts gruppenweise diesen drei Klassen zu. Mit dieser Information ist es dann leichter, die Menge der Domänenressourcen zu bestimmen, die an jedem Standort benötigt wird.

7.2.4 Das allgemeine Klima

Die letzte Analyse findet auf einer eher pragmatischen Ebene statt. Wie sieht die allgemeine Einstellung gegenüber Windows 2000 und Active Directory aus? Active Directory soll ja nun den Platz anderer herkömmlicher Systeme wie beispielsweise UNIX einnehmen. Als Windows NT sich in vielen Organisationen von einem einfachen Dateiserver für Arbeitsgruppen zu dem entwickelte, was es heute ist – nämlich eine Sammlung vollwertiger Unternehmensdienste –, versuchten die Befürworter anderer Betriebssysteme Grenzen zu ziehen, etwa nach dem Motto: »Vielleicht kann man ja als Arbeitsgruppe wirklich etwas mit den Dateidiensten von Windows NT anfangen. Aber bitteschön, lassen wir doch für den unternehmensweiten Einsatz die Finger davon!« In vielen Organisationen war die erste Schlacht mit Hilfe von Microsoft Exchange geschlagen, dem ersten Client/Server-System, das mit hoher Funktionalität und niedrigen Kosten den Schlüssel zur unternehmensweiten Nutzung fand. Dadurch wurden die Anhänger herkömmlicher Systeme in die Ecke gedrängt, was ihre Entschlossenheit aber noch verstärkte. Exchange hatten sie nicht kommen sehen, aber auf Active Directory sind sie vorbereitet. Die ersten Grabenkämpfe werden wohl um die Frage stattfinden, welches System für DNS-Server verwendet werden soll. Aber das ist nur der Anfang.

Sie sollten sich auf jeden Fall einen Überblick darüber verschaffen, wie die Stimmung gegenüber Windows 2000 und Active Directory in Ihrer Organisation ist. Rüsten Sie sich, bevor Sie in die Schlacht ziehen, mit Wissen über Koexistenzthemen, z.B. inwiefern Active Directory von DNS abhängig ist und warum die eine Implementierung besser ist als eine andere. Wenn nötig, müssen Sie auch mal beschwichtigen; wählen Sie weise, welche Schlachten Sie schlagen wollen.

7.3 Bewertung der Verwaltungsstruktur

Microsoft hat die stark verbesserten Administrationsmöglichkeiten von Windows 2000 und Active Directory als Aufhänger für die Werbekampagne verwendet. Zu Recht, denn Active Directory bietet weitaus umfangreichere Verwaltungsfunktionalitäten als Windows NT 4.0. Oder, wie einer der Koautoren dieses Buches es formulieren würde: »Das Pendel ist von einem Minimum administrativer Flexibilität unter Windows NT 4.0 zu maximaler Flexibilität unter Active Directory umgeschwungen.«

Deswegen können Organisationen nun ihre Verwaltungsstruktur neu bewerten und eine Active-Directory-Struktur implementieren, die auf Geschäftsvorgängen und nicht auf technischen Beschränkungen beruht.

7.3.1 Die momentane Verwaltungssituation

Der erste Schritt bei der Bewertung Ihrer Verwaltungsstruktur ist herauszufinden, wie die Verwaltung momentan realisiert wird. Wie ist Ihre EDV-Gruppe strukturiert? Ermitteln Sie, welche Verwaltungsaufgaben durch wen ausgeführt werden. Beispiele für solche Aufgaben sind die folgenden:

- Benutzer erstellen und löschen
- Computerkonten erstellen
- Passwörter ändern und zurücksetzen
- Benutzerinformationen ändern
- Mailboxen erstellen
- IP-Adressen verwalten
- Benutzerrichtlinien verwalten
- Einsatz von Anwendungen verwalten
- Supportdienste verwalten
- Inventarkontrolle verwalten

7.3.2 Vorhandene Administrationsgruppen

Finden Sie auf der Grundlage der obigen Liste heraus, wie Ihre Administratoren sich gruppieren lassen. Sie haben beispielsweise in Ihrer Organisation eine Topologie mit Multimasterdomänen unter Windows NT 4.0 und jede Domäne hat einen oder mehrere eigene Administratoren. Diese wieder können innerhalb ihrer Domänen für alle oben genannten Aufgaben verantwortlich sein. Administrationsgruppen wie z.B. die NT-Operatorgruppe können in der jeweiligen Domäne bestimmte Aufgaben ausführen. Wie die Administratoren gruppiert sind – ob nach Domäne, Kompetenzen oder beidem – muss während der Planung eines Verwaltungsmodells dokumentiert und berücksichtigt werden.

7.3.3 Vorhandene Berechtigungen von Administrationsgruppen

Nachdem Sie die Administrationsgruppen dokumentiert haben, müssen Sie nun feststellen, welche Berechtigungen diese für welche Ressourcen und zu welchem Zweck haben. All diese Daten sollten in eine Administrationsgruppentabelle eingetragen werden, die die Gruppen und ihre Kompetenzen zeigt – die derzeitige Verwaltungsstruktur Ihrer Organisation.

7.3.4 Dokumentierung der Verwaltungsstruktur

Nun muss die Information über die Verwaltungsstruktur mit den vorhandenen Aufzeichnungen über das geplante Verwaltungsmodell verglichen werden, damit gewährleistet ist, dass keine offensichtlichen Unterschiede zwischen diesen vorliegen. Existiert kein Verwaltungsmodell, so skizzieren Sie auf der Grundlage der Daten kurz, was derzeit vorhanden ist. Dieses Dokument könnte Teil der Active-Directory-Architektur werden.

7.4 Bewertung der Anwendungsstruktur

Wenn die Erleichterung administrativer Belastungen nicht die treibende Kraft für die Implementierung von Active Directory ist, vielleicht sind es dann die neuen Funktionalitäten der Directory-Enabled-Anwendungen oder die Kontrolle über Anwendungen mit Hilfe von Richtlinien.

Sicherlich wird Active Directory Systemvoraussetzung für die nächste Generation der BackOffice-Produkte sein. Auch andere Hardware- und Softwarehersteller werden Funktionen in ihre Produkte integrieren, die von einem Verzeichnis wie Active Directory abhängen.

7.4.1 Directory-Enabled-Anwendungen

Der leichteste Weg zur Ermittlung von Anwendungen, die von Active Directory abhängen, ist die Bestimmung derjenigen Anwendungen, die mit dem LDAP-Standard arbeiten können. Anwendungen nutzen ein Verzeichnis auf vielfältige Weise und eine der offenkundigsten ist die Nutzung als Quelle für Benutzer- und Ressourcendaten. Es gibt zahllose Möglichkeiten, wie Anwendungen von Verzeichnisinformationen profitieren, z.B. durch VoIP (Voice Over IP, Netzwerktelefon). Man könnte beispielsweise eine Anwendung schreiben, die das Active Directory verwendet, um Firmenmitarbeitern die Echtzeitkommunikation über VoIP zu ermöglichen. Nehmen wir einmal an, Werner möchte sich mit Klaus unterhalten. Er klickt also mit der rechten Maustaste auf Klaus' Benutzerobjekte und wählt die Option *Kommunikation*. Die VoIP-Anwendung prüft nun zunächst, ob Klaus am Netzwerk angemeldet ist. Falls nicht, wird das Fenster *Neue Nachricht* angezeigt und Werner kann Klaus ein E-Mail schreiben. Ist Klaus hingegen angemeldet, stellt die VoIP-Anwendung fest, an welchem Computer er sich angemeldet hat und über welche Kommunikationsperipherie dieser Computer verfügt. Haben sowohl Werners als auch Klaus' Computer Audio/Video-Fähigkeiten, so wird Werner zur Auswahl einer Kommunikationsmethode aufgefordert. Ist Klaus' Computer nur audiofähig, so wird eine VoIP-Sitzung aufgebaut und Werner kann dann mit Klaus reden. Wenn Klaus' Computer auch keine Audiowiedergabe und -aufzeichnung unterstützt oder an eine langsame Netzwerkverbindung angeschlossen ist, kann Werner statt dessen wiederum ein E-Mail an Klaus schicken.

Anwendungen können auch Daten im Active Directory speichern, allerdings ist es nicht für die typische Datenspeicherung ausgelegt. Daten, die von Anwendungen im Verzeichnis abgelegt werden, sollten tatsächlich für das Active Directory bestimmt sein und einen entsprechenden Bezug aufweisen. Die Auswirkungen, die eine Anwendung auf das Active Directory haben kann, können grundlegender Natur sein. Modifikationen am Schema und der Typ der gespeicherten Daten sollten einer Änderungskontrolle unterliegen und bereits im Testfeld erprobt worden sein. Microsofts Entwicklungskompendium für Active Directory ist eine gute Quelle für Informationen darüber, wie welche Informationen im Verzeichnis gespeichert werden sollten.

7.4.2 Kontrolle der Anwendungen über Gruppenrichtlinienobjekte

Eine Methode, die Betriebskosten für Workstationsoftware zu reduzieren, ist die Sperrung der Bedienoberfläche und die konkrete Zuweisung von Anwendungen an Benutzer abhängig davon, wo sie sich in der Domänen- bzw. OU-Struktur befinden. Obwohl dies mancherlei Firmenphilosophie widerspricht, sollte diese Methode zumindest geprüft werden, um ihre Auswirkungen zu bestimmen. Es gibt zwar viele Organisationen, in denen die Delegierung von Verwaltungsaufgaben die Grundlage für die OU-Struktur ist, bei zahlreichen anderen Unternehmen hingegen liegen die Beweggründe anders: Hier sollen Anwendungen nur den Benutzern zugänglich sein, die sie auch wirklich benötigen. Wie wir bereits in Kapitel 4 (»Anforderungen definieren und erfüllen«) gesehen haben, wird die von der EDV-Abteilung auszuführende Rechnerwartung durch die Zuweisung von Anwendungen an Benutzer in Abhängigkeit von ihrer Position in der OU-Hierarchie und durch die Bindung der Benutzer an genau diese Anwendungen wesentlich erleichtert. Dadurch werden Support- und Wartungskosten sowie eventuell auch Lizenzierungskosten vermindert und die Benutzerproduktivität wird erhöht.

Nehmen wir einmal an, Cleverware hat drei Abteilungen, die jeweils spezielle Anwendungen benutzen (siehe Tabelle 7.1); ferner werden unternehmensweit Microsoft Office und Microsoft Project eingesetzt.

Abteilung	Anwendungen
Technik	AutoC, Active Directory, Visio
Ausstehende Forderungen	VisiCalc, ARsoft+
Zahlungsverpflichtungen	VisiCalc, APsoft+

Tab. 7.1: Beispiel für Abteilungen und notwendige Anwendungen

Mit der Liste der Gruppen und Anwendungen (deren Erstellung weiter oben beschrieben wurde) können Sie nun eine OU-Struktur erstellen, die das Vererbungsprinzip zur Durchsetzung von Gruppenrichtlinien im gesamten OU-Baum verwendet.

OU-Strukturen im Active Directory können auch für andere Zwecke als die Anwendung von Gruppenrichtlinien verwendet werden, z.B. für die Delegierung von Verwaltungsangelegenheiten. Sie müssen Ihre Active-Directory-Struktur aus der geschäftlichen Perspektive heraus betrachten und sich vergewissern, dass sie die Bedürfnisse der Organisation erfüllt.

7.4.3 Dokumentierung der Anwendungsstruktur

Wenn Sie die Benutzer gruppiert und die von ihnen verwendeten und benötigten Anwendungen ermittelt haben, sollten Sie eine Inventur durchführen. Die meisten Organisationen verfügen über ein Softwareinventar. Anhand dieses Verzeichnisses können Sie feststellen, wie Anwendungen unter der Verwendung der OU-Struktur des Active Directory veröffentlicht oder zugewiesen werden können.

7.5 Bewertung der Organisationsstruktur

Ein weiterer denkbarer Ansatz für die Strukturierung Ihrer Active-Directory-Domänen und OUs ist die Organisationsstruktur. Diese Struktur genießt wahrscheinlich keine bevorzugte Berücksichtigung bei der Erstellung Ihrer OU-Struktur; ihr einziger Vorteil besteht darin, dass die Benutzer ein Verzeichnis erhalten, das so organisiert ist, wie sie es gewohnt sind. Da Benutzer das Active Directory auch durchsuchen können (jawohl, man kann das Active Directory auch über die »Netzwerkumgebung« durchsuchen), ist es in OUs unterteilt, die Abteilungen, Standorte oder beides repräsentieren. Dadurch kann ein Benutzer, der vorübergehend am Standort Köln eingesetzt wird, einen Drucker oder einen Konferenzraum nach vertrauten Gesichtspunkten ausfindig machen.

Aus diesem Grunde schlagen wir vor, dass, auch wenn sich Ihre Domänen- oder OU-Struktur nicht ausschließlich aus Gründen der einfacheren Verzeichnissuche an der Struktur Ihrer Organisation orientieren sollte, diese Organisationsstruktur doch einen gewissen Einfluss auf die OU-Struktur haben sollte.

7.6 Abwägen der Anforderungen

Nachdem die Bewertungsphase Ihres Active-Directory-Projekts nun abgeschlossen ist, sollten Sie einen fundierten Überblick über Ihre momentane Computerumgebung haben. Die Informationen sollten in einer Reihe von Dokumenten aufgeführt sein:

- **Umgebungsbewertung:** Dieses Dokument beinhaltet drei wichtige Bereiche, die für die Strukturierung und die Implementierung von Active Directory unentbehrlich sind, nämlich Netzwerk, Workstations und Benutzer. Insbesondere das Netzwerk wird oft durch Unternehmens- und Benutzeranforderungen überfordert, da es die Active-Directory-Domänentopologie technisch einschränkt. Wenn die Infrastruktur einer Organisation einschließlich der verwendeten Hard- und Software offen vor Ihnen liegt, verfügen Sie über wichtige Informationen, die zum Aufbau Ihrer Active-Directory-Architektur notwendig sind.
- **Verwaltungsbewertung:** Dieses Dokument zeigt, wie die Umgebung momentan verwaltet wird. Die Gruppierung von Administratoren nach ihren Aufgaben ermöglicht Ihnen einen Überblick über die Verwaltungsstruktur, wie sie sich jetzt darstellt. In vielen Organisationen liegt das Hauptaugenmerk bei der Strukturierung des Active Directory auf den Anforderungen der Organisationsverwaltung.
- **Anwendungsbewertung:** Dieses Dokument enthält das Inventar an Anwendungen, die momentan verwendet werden, und benennt ihre Benutzer. Active Directory erlaubt durch eine Beschränkung der Anwendungen, auf die ein Benutzer zugreifen kann, eine effektivere Verwaltung der Workstations. Ferner können Sie die Veröffentlichung von Anwendungen auf bestimmte Benutzergruppen beschränken, die sich aus OUs, Standorten oder Domänen ergeben.
- **Bewertung der Verzeichnisintegration:** Dieses Dokument bestimmt die Rolle, die Active Directory in der Gesamtstrategie der Verzeichnisdienste der Organisation spielen soll. In einer Organisation sind normalerweise mehrere Verzeichnisse vorhanden. Der Projektrahmen lässt sich anhand der Rollendefinition von Active Directory und der Feststellung bestimmen, wie es mit anderen Verzeichnissen integriert werden muss.
- **Bewertung der Organisationsstruktur:** Mit diesem Dokument stellt sich das Projektteam der gesamten Organisation vor und präsentiert den Kontext für die weitreichenden Verzweigungen, die die Active-Directory-Struktur beinhaltet. Die Bewertung der Organisationsstruktur kann auch für einen Vergleich zwischen der OU-Struktur, die auf den Verwaltungs- oder Anwendungsanforderungen des Unternehmens aufbaut, und der tatsächlichen Organisationsstruktur benutzt werden.

7.6.1 Dokumentierung der Organisationsstruktur

Dieses Dokument sollte auf jeden Fall – wahlweise in gedruckter oder elektronischer Form – vorliegen. Die Dokumentierung der aktuellen Organisationsstruktur mit einer dem Projekt angemessenen Differenzierung stellt bei der Planung des Active Directory eine große Hilfe dar.

7.7 Definition geeigneter Active-Directory-Namespace

Nachdem nun eine ganze Menge an Informationen über Ihre Organisation zusammen gekommen ist, steht als nächstes die Verwendung dieser Informationen an. Nach einem kurzen Abriss über Active-Directory-Domänen und -Bäume sollen einige Aspekte betrachtet werden, die für den Aufbau einer vernünftigen Domänentopologie entscheidend sind.

7.7.1 Ein paar Grundlagen zum Active Directory

Active Directory ist ein verteiltes System, das aus einem Verzeichnisdienst und einer Verzeichnisdatenbank besteht, die ein Schema, Protokollierung und alle anderen für eine Datenbank wesentlichen Komponenten beinhaltet. Unter einem Verzeichnisdienst versteht man den oder die Prozesse, die die in der Verzeichnisdatenbank gespeicherten Daten nutzen.

Active Directory bietet Verzeichnisdienste, die auf Unternehmen zugeschnitten sind, d.h. Active-Directory-Dienste müssen erweiterte Funktionen und Verfügbarkeit aufweisen, wie etwa

- **Skalierbarkeit:** Active-Directory-Domänen sind logische, um einen Satz von Objekten herum aufgebaute Sicherheitsgrenzen. Eine Domäne kann eine variierende Anzahl von Objekten enthalten, von wenigen Hundert bis hin zu mehreren Millionen. Domänen lassen sich bei Bedarf hinzufügen oder löschen.
- **Erweiterbarkeit:** Wie bereits erwähnt, basiert die Active-Directory-Datenbank auf einem Schema. Das Schema ist die Definition aller Objekte, die im Active Directory angelegt werden können, und der Objektattribute. Es kann modifiziert werden, d.h. neue Objekte können angelegt oder die Attribute vorhandener Objekte geändert werden. Außerdem lassen sich neue Objektklassen zum Schema hinzufügen, um Directory-Enabled-Anwendungen zu unterstützen.
- **Internetstandards:** Microsoft entfernt sich zunehmend von eigenen Protokollen und Methoden und unterstützt nun auch RFC-Algorithmen, die Benennungen mit zusätzlichen wählbaren Funktionen erweitern (was zum Wohle aller ist). In Kürze werden Namensauflösung sowie Verzeichniszugriff und Sicherheitsprotokolle grundlegende Internetstandards sein.

- **Einzelplatzadministration:** Administratoren können beliebige Sektionen des Verzeichnisses von einem einzigen Standort aus verwalten (vorausgesetzt natürlich, sie verfügen über die notwendigen Berechtigungen).
- **Fehlertoleranz:** Jeder DC in der Domäne fasst eine vollständige Kopie des Domänenverzeichnisses, d.h. Active Directory ist ein Multimasterverzeichnis. Ferner verfügt jeder DC über eine beschreibbare Kopie der Domänenpartition; wenn also ein DC ausfällt, können die übrigen DCs weiterhin Anforderungen von Active-Directory-Diensten bearbeiten.
- **Sicherheit:** Die ACLs (Access Control List, Zugriffssteuerungsliste) überprüfen, ob für einen Zugriff auf Verzeichnisdaten eine Berechtigung vorliegt.
- **Kommunikationsfähigkeit:** Da Active Directory auf einem X.500-Verzeichnis basiert und Internetstandardprotokolle verwendet, kann es mit anderen X.500-basierten Verzeichnisdiensten kommunizieren.

Benennung und Namensauflösung

Jedes Objekt, das Informationen oder Ressourcen im Active Directory repräsentiert, muss einen innerhalb des Active Directory eindeutigen Namen tragen. Ferner muss Active Directory auch mehrere verbreitete Benennungskonventionen unterstützen, die von Clients verwendet werden können. Der Name ist ein definierter Name (Distinguished Name, DN) nach X.500-Standard, der den Standort des Objekts im Verzeichnis beschreibt. Der relativ definierte Name (Relative Distinguished Name, RDN) ist der Bestandteil des DNs, der das Objekt eindeutig identifizierbar macht. Nehmen wir einmal an, in Ihrem Unternehmen gäbe es zwei Mitarbeiter mit dem identischen Namen Hans-Joachim Scholz. Befinden sich diese beiden in unterschiedlichen OUs oder haben unterschiedliche RDNs, so verfügen sie auch über verschiedene DNs, denn eine OU macht einen DN eindeutig. Liegen beide in derselben OU, so brauchen sie verschiedene RDNs (wie etwa »scholz« und »scholz1«), damit die DNs eindeutig sind.

- **Namensauflösung** bezeichnet den Vorgang, bei dem der DN in ein Objekt oder eine den DN repräsentierende Information umgewandelt wird.
- Unter **Active Directory** versteht man eine Sammlung von Objekten. Die Objekte und ihre Definitionen sind nachfolgend aufgeführt.
  - **Objektklassen** sind Typen von Objekten, die sich im Verzeichnis anlegen lassen. Objektklassen haben zugehörige Attribute, die die Objektklasse definieren. Beispiele für solche Attribute können der Vor- und Nachname sein, die in der Objektklasse *Benutzer* auftreten.
  - **Objekte** sind Instanzen von Objektklassen, die Sie anlegen. Wenn Sie beispielsweise ein Benutzerobjekt anlegen, basiert dies auf der entsprechenden Klasse.

- **Attribute** sind die Merkmale oder Felder, die eine Objektklasse beschreiben. Die Attribute von Objekten sowie deren mögliche Werte werden in der Objektklasse festgeschrieben. Attribute können obligatorisch sein, müssen es aber nicht; bei der Anlegung eines Benutzerobjekts kann beispielsweise die Angabe für die Attribute *Vorname*, *Nachname* und *Benutzername* vorgeschrieben sein.
- Das **Schema** beinhaltet alle Objektklassen und Attribute im Active Directory. Das Wörterbuch definiert, was in der Active-Directory-Datenbank vorhanden ist.

Die logische Struktur des Active Directory

Objekte werden im Active Directory in Containern organisiert. Ein Container ist dabei selbst ein Verzeichnisobjekt, das andere Objekte beinhaltet. Im Active Directory werden zur Organisation von Objekten die folgenden Containertypen verwendet:

- **Organisationseinheiten (OUs)** beinhalten Objekte zum Zwecke der Organisation. Objekte innerhalb einer OU können gemeinsam behandelt werden, wenn Gruppenrichtlinienobjekte einer OU zugewiesen werden.
- **Container** unterscheiden sich dahingehend von OUs, dass, auch wenn sie im Active Directory erstellt werden, ihnen keine Gruppenrichtlinienobjekte zugewiesen werden können. Der Container *Benutzer* ist ein Beispiel hierfür.
- **Domänen** sind Container, die einen Sicherheitskontext definieren, d.h. Active Directory behandelt alle Objekte in einer Domäne nach den gleichen Regeln.
- **Bäume** sind eine Zusammenstellung von einer oder mehreren Domänen, die einen Namespace gemeinsam nutzen. Obwohl alle Domänen einander vertrauen, wird die Beziehung innerhalb eines Baumes durch den Namespace definiert, der zur Unterstützung der Domänenstruktur benötigt wird. Die Stammdomäne von *cleverware.de* kann beispielsweise zwei Unterdomänen namens *backoffice.cleverware.de* und *office.cleverware.de* enthalten. Die Beziehung zwischen der Stammdomäne und den beiden untergeordneten Domänen bestimmt die Form des Baums.
- Ein **Wald** ist eine Zusammenstellung eines oder mehrerer Bäume. Bäume innerhalb eines Waldes nutzen ein Active Directory, nicht jedoch unbedingt einen Namespace gemeinsam. Aus diesem Grunde ist es möglich, zwei Organisationen wie *cleverware.de* und *cleverkauf.de* in einem Active Directory zu halten; sie verwenden dieselben Partitionen für Konfiguration, GC und Schema, aber sie haben unterschiedliche Namespace.
- Der **Globale Katalog (Global Catalog, GC)** ist eine zentrale Informationsquelle mit allen Verzeichnisobjekten. Auf einem GC werden nicht alle Attribute jedes Objekts gespeichert, sondern nur eine Auswahl, die aber eine

Durchsuchung des gesamten Active Directory realistisch ermöglicht. Der Grund dafür ist die Tatsache, dass Objekte sich nur zu anderen DCs innerhalb einer Domäne replizieren. Das bedeutet, dass ein Benutzer, der nach einem Objekt in einer anderen Domäne suchen wird, dieses Objekt von seinem DC aus nicht finden können wird. In einem solchen Fall würde der Benutzer dann den GC-Server abfragen, dort den DN des gesuchten Objekts finden und es dann im Active Directory lokalisieren.

- **Vertrauensstellungen** sind logische Verknüpfungen, die zwei oder mehr Domänen zu einer Administrationseinheit zusammenfügen. Dadurch können Berechtigungen domänenübergreifend erteilt werden, da eine Domäne der anderen dahingehend »vertraut«, dass diese ihre Benutzer authentifiziert hat und diese Benutzer auch die Personen sind, die sie zu sein behaupten.
- Der **Namespace** ist der DNS-Namespace, der Domänen repräsentiert. Active Directory ist abhängig von DNS-Servern und dem DNS-Namespace. Aus diesem Grunde ist es wichtig, die Domänentopologie so aufzubauen, dass DNS-Dienste möglichst einfach realisiert werden können und für die Clients zuverlässig verfügbar sind.

Die physikalische Struktur

Als ob die logischen Komponenten nicht schon schwierig genug unter einen Hut zu bekommen wären – die physikalischen machen die Mischung noch bunter:

- **Standorte** sind Gruppen von Computern (oder Subnetzwerken), die Verbindungen mit hoher Übertragungsgeschwindigkeit und Bandbreite gemeinsam nutzen. Ein Subnetz kann sich immer nur über einen Standort erstrecken. Standorte enthalten ausschließlich Ressourcenobjekte wie z.B. Computer. Die Definition eines Standorts wird als Standortobjekt im Active Directory abgelegt. Mehrere Standortobjekte bilden eine Standorttopologie, die sich von der logischen Topologie des Netzwerks unterscheidet. Das bedeutet, dass sich einerseits eine Domäne über einen Standort erstrecken kann, dass andererseits aber auch ein Standort mehrere Domänen beinhalten kann. Aus diesem Grund werden Domänen und Namespace von Standorten ignoriert. Standorte definieren, wie und möglicherweise auch wann eine Replikation zwischen den DCs ausgeführt wird und welchen DC der Computer eines Benutzers zur Authentifizierung kontaktiert. Ein Standort kann auch einer Gruppenrichtlinie unterliegen. Ein Client wird abhängig vom Subnetz, dem er zugeordnet ist, als Bestandteil eines Standorts betrachtet und sollte immer zuerst DCs an seinem Standort kontaktieren.
- **Domänencontroller (DCs)** sind Server, die Active-Directory-Dienste für Clients und Benutzer bereitstellen. Auf dem DC sind vollständige Kopien der Objekte in der Domäne, des Active-Directory-Schemas und der Konfiguration als so genannte Partitionen oder Namenskontexte gespeichert. Vergessen Sie

nicht, dass der DC Informationen zur Domänenpartition nur für die Domäne speichern kann, zu der er gehört, Schema- und Konfigurationspartitionen werden hingegen für das gesamte Active Directory gespeichert. Jeder DC kann Daten im Active Directory speichern. Das Active Directory verwendet ein Multimaster-Replikationsmodell, in dem jeder DC gleichberechtigt ist. Ferner gibt es DCs innerhalb eines Waldes, die eine zusätzliche Funktion im Active Directory wahrnehmen. Eine solche Funktion könnte beispielsweise ein FSMO (Flexible Single Master of Operations) sein, als der ein DC in der Domäne oder dem Wald definiert werden kann. Die PDC-Emulation ist ein Beispiel für einen FSMO. In jeder Domäne kann im gemischten Modus nur eine PDC-Emulation laufen; standardmäßig ist für diese Funktion jeweils der erste DC in einer Domäne voreingestellt.

- Der **Globale Katalog (Global Catalog, GC)** ist ein DC, auf dem neben den bekannten Daten auch ein Teilreplikat aller anderen Domänen im Wald gespeichert ist, d.h. ein GC-Server enthält alle Objekte und deren Attribute der Domäne, der er zugeordnet ist, *und* Informationen über alle Objekte der anderen Domänen im Wald, wenn auch nicht mit allen Attributen. Auf diese Weise kann er Basisinformationen über Benutzer und Computer in anderen Domänen liefern. Der GC wird nur auf solchen DCs repliziert, die als GC-Server ausgewiesen sind.

7.7.2 Die Arbeitsweise des Active Directory

Nachdem wir nun die grundlegenden Komponenten des Active Directory benannt und definiert haben, wollen wir zeigen, wie es funktioniert. Die Beziehungen zwischen den DCs zu verstehen, ist ein wesentlicher Faktor bei der Planung der Active-Directory-Topologie.

Informationen werden auf DCs repliziert

Wenn am Active Directory Änderungen vorgenommen werden, müssen diese Änderungen auf alle anderen DCs in der Domäne repliziert werden. Wenn eine neue DC in die Domäne aufgenommen wird, müssen die Active-Directory-Partitionen auf diesen neuen Server repliziert werden. Das scheint viel Replikationsarbeit zu bedeuten, die bei jeder Änderung am Active Directory durchgeführt werden muss, aber der Nutzen für Fehlertoleranz und Benutzerleistung rechtfertigt auf jeden Fall den zusätzlichen Datenverkehr. Bedenken Sie auch, dass die Domänenpartition ja nur zwischen DCs derselben Domäne repliziert wird und für die Replikation eine standortbasierte Zeitplanung vorgenommen werden kann.

GC-Server in der physikalischen Struktur

Wie bereits erwähnt, ist der GC eine Partition, die nur zwischen solchen DCs repliziert wird, die als GC-Server konfiguriert sind. Die Standortentscheidung für die GC-Server in Ihrer Organisation ist für die Struktur des Active Directory wichtig, denn Clients benötigen eine Verbindung zu einem GC-Server, wenn sie sich anmelden wollen. Die universelle Gruppenmitgliedschaft wird auf dem GC gespeichert und da universelle Gruppen den Zugriff auf Ressourcen verweigern können, muss die Mitgliedschaft eines Benutzers bei einer universellen Gruppe ermittelt werden, damit das Zugriffs-Token erstellt werden kann. Außerdem ermöglicht der GC-Server den Clients ja auch das Betrachten von Objekten außerhalb ihrer Domäne.

Partitionen

Partitionen sind physikalische Massenspeicher, auf denen jeweils ein spezifischer Datentyp für das Active Directory abgelegt wird. Für jedes Active Directory sind eine Schemapartition, eine Konfigurationspartition und eine Domänenpartition vorhanden. Die Domänenpartitionen segmentieren die Verzeichnisinformationen jeder Domäne und die Objekte in jeder Domänenpartition werden durch ihren DN identifiziert. Der GC verfügt über Informationen über alle Objekte im Wald, nicht jedoch alle Objektattribute; allerdings kennt er den DN jedes Objekts und hat damit genug Informationen, um ein Replikat der Partition ausfindig zu machen, in der das Objekt liegt.

Der Namenskontext

Der Namenskontext – nicht zu verwechseln mit dem Namespace – repräsentiert einen angrenzenden Verzeichnisunterbaum und ist eine Replikationseinheit. Eine Partition ist ein Namenskontext und wird deswegen auch repliziert. Im Active Directory hält ein einzelner Server immer wenigsten drei Namenskontexte:

- **Konfiguration:** Dieser Namenskontext enthält physikalische Angaben zu Standorten, Diensten und Partitionen. Diese müssen auf jedem DC in der Organisation identisch sein.
- **Domäne:** Dieser Namenskontext ist die standardmäßig gewählte Replikationseinheit und enthält die Verzeichnisdaten der Domäne.
- **Schema:** Dieser Namenskontext enthält die Schemadaten des gesamten Active Directory.

Bei der Replikation zwischen DCs wird jeder dieser Namenskontexte zwischen den entsprechenden DCs repliziert.

Replikation von Namenskontexten

Namenskontexte werden zwischen DCs repliziert, so dass jeder DC über aktuelle Verzeichnisinformationen für seine Clients verfügt. Man sollte allerdings bedenken, dass nicht alle Namenskontexte zwischen alle DCs replizieren; der Domänen-Namenskontext repliziert nur zwischen DCs innerhalb einer Domäne und der GC wird nur zwischen GC-Servern repliziert.

Standortinterne Replikation

Die Replikation von Namenskontexten innerhalb eines Standorts wird als RPC-Replikation (Remote Procedure Call, Prozedurfernaufruf) realisiert. Alle DCs an einem Standort werden ebenfalls über RPCs repliziert; diese Replikation kann nicht im Voraus geplant werden. Die RPCs, die während der Replikation verwendet werden, verlangen eine gewisse Kapazität an Netzwerkbandbreite, d.h. die DCs an einem Standort müssen über eine gute Netzwerkanbindung verfügen. Wird die Bandbreite zwischen den DCs eingeschränkt, dann können die RPCs ausfallen und dadurch Replikationsausfälle verursachen. Deswegen ist es wichtig, eine Standortarchitektur zu definieren, in der DCs in einem Netzwerk mit ausreichender Bandbreite gruppiert werden.

Replikation zwischen Standorten

Ist eine Domänenstruktur in Standorte unterteilt, dann müssen diese Standorte über Connector-Anwendungen für Standortverknüpfungen miteinander verbunden werden. Für diesen Zweck lassen sich Verbindungen über SMTP und RPC realisieren.

RPC-Standortverküpfungen (bzw. IP-Standortverküpfungen) leiden unter denselben Einschränkungen wie die RPCs bei der standortinternen Replikation, d.h. RPCs arbeiten bei instabilen Verbindungen nicht zuverlässig. Aus diesem Grunde sollten Standorte mit beschränkten oder instabilen Netzwerkverbindungen Connector-Anwendungen für die Standortverknüpfung vorziehen, die mit dem SMTP-Protokoll arbeiten. Connector-Anwendungen arbeiten außerdem mit Datenkompression, wodurch die Replikation zwischen Standorten effizienter wird. Ein Faktor, der gegen die Verwendung einer solchen Connector-Anwendung spricht, ist die Tatsache, dass der Domänen-Namenskontext mit Hilfe des SMTP-Protokolls nicht zwischen Standorten repliziert werden kann. Deswegen müssen Standorte und Domänen so definiert werden, dass alle DCs an einem Standort mit einer ausreichenden verfügbaren Bandbreite arbeiten können. Eine Domäne kann zwecks Client-Verbindungen immer noch in mehrere Standorte aufgespalten werden, aber diese Standorte müssen über RPC-Verbindungen miteinander verbunden sein. Das bedeutet, dass Domänengrenzen in Relation zur zwischen den Standorten verfügbaren Bandbreite bewertet werden müssen.

Das SMTP-Protokoll, ein asynchron arbeitendes Streaming-Verfahren zur Datenübertragung, läuft stabiler und zuverlässiger in Netzwerken mit unbeständigen Netzwerkverbindungen.

Sicherheit

Active Directory ist ein sicheres Verzeichnis. Vier Sicherheitsmerkmale formen eine sichere Anwendung, die als Sicherheitssubsystem für das Betriebssystem Windows 2000 dient.

- Die **ACL** bestimmt die Art des Zugriffs, der einem authentifizierten Benutzer oder einer Benutzergruppe auf ein Objekt erlaubt wird.
- Die **Delegierung** erlaubt die Verlegung von Verwaltungskompetenzen an Administrationsgruppen, beispielsweise zur Verwaltung eines bestimmten Containers oder Unterbaums.

- **Zugriffsrechte** auf Container, Objekte oder Objektklassen lassen sich authentifizierten Benutzern oder Benutzergruppen erteilen oder verweigern
- **Vertrauensstellungen** gestatten es Benutzern in einer Domäne, auf Ressourcen und Informationen im gesamten Wald zuzugreifen. Transitive Vertrauensstellungen werden standardmäßig zwischen einer neuen Domäne und der Stammdomäne hergestellt, wobei die Position der Domäne im Domänenbaum keine Rolle spielt. Unter einer transitiven Vertrauensstellung versteht man eine Situation, in der die neue Domäne allen anderen Domänen vertraut, denen auch die Stammdomäne vertraut. Explizite Vertrauensstellungen lassen sich anlegen, um die LDAP-Weiterleitungen zwischen zwei Domänen zu verbessern, die sich in unterschiedlichen Domänenbäumen befinden.

GC-Dienste

Der GC ist ein Dienst, der es Clients ermöglicht, effizient nach Objekten außerhalb der eigenen Domäne zu suchen. Er enthält einen Teil jeder Domänenpartition – genug, damit der Client Domänenobjekte ausfindig machen kann, die in der eigenen Domäne nicht gefunden wurden. Das bedeutet, dass, wenn sich die auf dem GC gespeicherten Daten ändern, diese Änderungen auf alle GC-Server im Active Directory repliziert werden müssen. GC-Server sind DCs, auf denen nicht nur die Domänen-, Schema- und Konfigurationspartitionen gespeichert sind, sondern auch die GC-Partition selbst.

Wie bereits erwähnt, muss jeder Client Zugriff zu einem GC-Server haben, damit das Zugriffs-Token angelegt werden kann. Das bedeutet, dass die Anordnung der GC-Server in der Organisation von hoher Wichtigkeit ist. Empfehlenswert ist mindestens ein GC-Server an jedem Standort. Standorte, die in zwei oder mehr physikalische Standorte unterteilt sind, sollten an jedem physikalischen Standort einen GC-Server aufweisen, damit die Clients auch dann darauf zugreifen können, wenn die WAN-Verbindung zwischen den physikalischen Standorten ausfällt.

Und warum macht man nicht alle DCs zu GC-Servern? Wenn alle DCs GC-Server wären, würde der Umfang der GC-Serverreplikation drastisch erhöht, und für alle DCs würden zusätzliche Ressourcen benötigt. Um die Anzahl der Ressourcen und Replikationen für DCs gering zu halten, sollten die GC-Server strategisch so in der gesamten Organisation angeordnet werden, dass alle Clients und Server im LAN auf einen GC-Server zugreifen können.

7.7.3 Anzahl der Wälder

Wenn möglich, sollten Sie nur einen Wald anlegen. Mehrere Wälder können die Anforderungen einer einzigen Organisation auch nicht besser erfüllen. Sie schränken die Funktionalität von Active Directory auf der Unternehmensebene ein und erschweren so die Verwaltung.

Mehrere Wälder entstehen normalerweise, wenn zwei Unternehmen fusionieren oder ein Joint Venture verabreden. Die Anlage mehrere Wälder kann notwendig sein, wenn die beiden Organisationen einander nicht trauen oder sich nicht über Richtlinien zur Kontrolle von Änderungen einigen können. In einem Wald gibt es je eine Gruppe für die Unternehmensadministration und die Schema-Administration. Die beiden beteiligten Organisationen müssen sich auf eine zentrale Benutzergruppe einigen, die Mitglieder dieser Gruppen sind. Können sie dies nicht, so ist die Existenz mehrerer Wälder gerechtfertigt.

Die einfachste Methode, waldübergreifende Zugriffe zu gestatten, ist die Anlage expliziter unidirektionaler Vertrauensstellungen zwischen den Domänen, die einander vertrauen müssen. Explizite Vertrauensstellungen sind nicht transitiv. Aus diesem Grund kann die Anlage expliziter Vertrauensstellungen in einem Wald mit mehreren Bäumen oder Domänen komplex sein, weswegen Sie sie durch Beschränkung der einander trauenden Domänen möglichst einfach halten sollten.

7.7.4 Anzahl der Bäume

Zwar ist die Anlage mehrerer Wälder in einer Organisation normalerweise nicht empfehlenswert, die Anlage mehrerer Bäume hingegen ist es sehr wohl. Bäume ermöglichen eine weitere Unterteilung von Domänen, die Ressourcen gemeinsam nutzen müssen. Außerdem erlauben sie die Koexistenz mehrerer Namespace in einem Verzeichnis.

Wenn mehrere Bäume in einem Wald vorhanden sind, hat jeder Baum seinen eigenen Stammdomänennamen.

In Abbildung 7.5 wird gezeigt, dass jede Organisation ihre eigene Identität aufrechterhalten und trotzdem von einem im Gesamtunternehmen vereinigten Verzeichnisdienst profitieren kann.

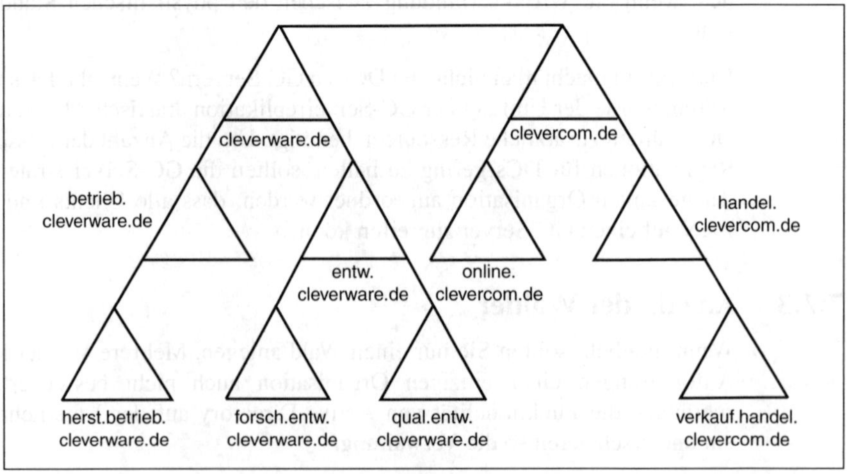

Abb. 7.5: Mehrere Bäume im gleichen Active-Directory-Wald

Reduziert das Vorhandensein mehrerer Bäume den Replikationsverkehr? Nein, denn die Schema-, GC- und Konfigurationspartitionen werden auf alle DCs im Wald repliziert. Die Domänenpartitionen werden nur in der jeweiligen Domäne repliziert.

Benötigen mehrere Bäume explizite Vertrauensstellungen? Nein, eine logische transitive Vertrauensstellung besteht zwischen den Stammdomänen, d.h. jede Domäne im Wald vertraut den anderen Domänen.

Falls Sie keinen bestimmten Bedarf an mehreren Namespace in Ihrer Organisation haben, sollten Sie nur einen Baum nutzen.

Wenn Sie die Anlage mehrerer Bäume in Ihrem Wald planen, ermitteln Sie die Organisationsteile, die den einzelnen Namespace zuzuordnen sind, und weisen Sie jeden Organisationsteil genau einem Namespace zu. Ist die Organisation in separate Namespace aufgeteilt, ist der nächste Schritt die Planung der Domänenstruktur für jeden Baum.

7.7.5 Definition der Domänenhierarchie

In einem Baum repräsentieren Domänen Abgrenzungen hinsichtlich der Verwaltung, der Replikation, der Sicherheit und des Namespace. Domänen sind auch eine Möglichkeit, Objekte zu organisieren und Gruppenrichtlinien anzuwenden. Aber auch OUs sind Mittel zur Objektorganisation und Gruppenrichtlinienanwendung. Wann also sollte man Domänen und wann OUs nutzen? Nun, es gibt mehrere spezielle Gründe zur Anlage mehrerer Domänen. Dazu gehören die folgenden:

- **Das Verwaltungsmodell:** Dieses Modell könnte eine administrative Grenze zwischen verschiedenen Organisationsteilen erforderlich machen. In jeder Organisation kann es Abteilungen geben, die eine individuelle Kontrolle über die Sicherheit der Organisation benötigen. Anders als zwei Organisationen, die einander nicht vertrauen, handelt es sich bei diesen Abteilungen um Teile einer Gesamtorganisation, die Richtlinien über die Steuerung von Änderungen beschließen und eine Administrationsgruppe einsetzen kann, die über unternehmensweite Berechtigungen verfügt. Sind mehrere Domänen in einer Organisation vorhanden, so lassen sich Trennlinien zwischen Gruppen und Benutzern und deren Berechtigungen ziehen. Ist das Verwaltungsmodell außerdem dezentral auf der Ebene der Abteilungen oder physikalischen Standorte angelegt, so lässt sich dieses Modell mit Hilfe mehrerer Domänen auch umsetzen.
- **Das internationale Modell:** In der Regel beeinflusst dieses Modell das Verwaltungsmodell. Traditionell werden internationale Organisationen von einer Administrationsgruppe verwaltet, die von der Verwaltung der nationalen Organisation getrennt ist. Dieses Organisationsmodell kann getrennte Domänen erfordern. Auch andere Aspekte internationaler Tätigkeiten – wie beispielsweise unterschiedliche Sprachen oder Währungen – können die Einrichtung mehrerer Domänen notwendig machen.

- **Netzwerkbeschränkungen:** Auch Netzwerkbeschränkungen kann man mit Hilfe mehrerer Domänen in den Griff bekommen. Handeln Sie nicht voreilig – die beste Möglichkeit, Probleme mit einer eingeschränkten Netzwerkbandbreite zu lösen, ist immer noch die Vergrößerung der Bandbreite. Die zweitbeste Lösung ist die Nutzung von Active-Directory-Standorten. Es ist egal, ob Sie einen oder mehrere Standorte haben, die Domänenpartition wird immer zwischen allen DCs in der Domäne repliziert. Der Entwurf einer Active-Directory-Domänentopologie, die sich nach der verfügbaren Netzwerkbandbreite richtet, kann das Kosten-Nutzen-Verhältnis für Active Directory nachteilig beeinflussen, da die Struktur dann nicht von Unternehmensanforderungen, sondern von Netzwerkbedingungen bestimmt wird. Ist allerdings die Netzwerkbandbreite zwischen den physikalischen Standorten begrenzt, so kann eine Replikation der Domänenpartitionen zwischen diesen physikalischen Standorten durch Domänengrenzen unterbunden werden. Beachten Sie allerdings, dass Konfiguration, Schema und GC auch über vorhandene Domänen- und Standortgrenzen hinweg auf alle DCs im Wald repliziert werden.
- **Unabhängige OU-Strukturen:** Diese lassen sich in jeder Domäne erstellen. Wenn Organisationsteile unterschiedliche OU-Strukturen benötigen, können Domänen als Mittel zur Organisation zu Hilfe genommen werden.
- **Sicherheitsrichtlinien:** Unterschiedliche Sicherheitsrichtlinien in verschiedenen Teilen der Organisation können die Einrichtung mehrerer Domänen notwendig machen. Separate Passwortrichtlinien und Gruppendefinitionen sind Beispiele für Sicherheitsrichtlinien, bei denen mehrere Domänen eingerichtet werden müssen.

7.7.6 Die erste Domäne

Die erste Domäne im Active Directory ist etwas Besonderes, denn der Active-Directory-Wald wird mit der ersten Domäne angelegt. Die Domäne enthält zwei Administrationsgruppen, die den gesamten Wald verwalten, nämlich die Unternehmensadministration und die Schema-Administration. Die erste Domäne (oder Stammdomäne) muss immer vorhanden sein, denn diese beiden Gruppen können in einer anderen Domäne nicht neu angelegt werden. Aus diesem Grund ist es wichtig, die Domäne mit Umsicht auszuwählen.

Beinhaltet Ihr Active Directory nur ein paar Domänen in einem einzelnen Namespace, dann ist die erste Domäne als dauerhafte Domäne zu betrachten. Verfügt Ihr Active Directory jedoch über mehrere Namespace, dann sollten Sie sich vergewissern, dass diese erste Domäne, die die beiden unentbehrlichen Gruppen enthält, dauerhaft existiert und dass in dieser Domäne die Verwaltung der beiden Gruppen möglich ist. Das bedeutet, dass, wenn mehrere Teilbereiche mit jeweils eigenem Namespace in einer Organisation vorhanden sind, einer dieser Bereiche diese unternehmensweit agierenden Gruppen aufnehmen muss.

In Fällen, in denen Organisationen mehr als einen Namespace im Active Directory halten, kann es empfehlenswert sein, eine leere Stammdomäne anzulegen. Wie aus Abbildung 7.6 ersichtlich ist, wäre die Stammdomäne nicht Bestandteil des Namespace eines Teilbereichs; Mitgliedschaft und Verwaltung der Stammdomäne werden vielmehr auf der Unternehmensebene besorgt, und die Replikation dieser Domäne auf DCs im gesamten Unternehmen wäre dann möglich, da die Anzahl der Objekte begrenzt wäre.

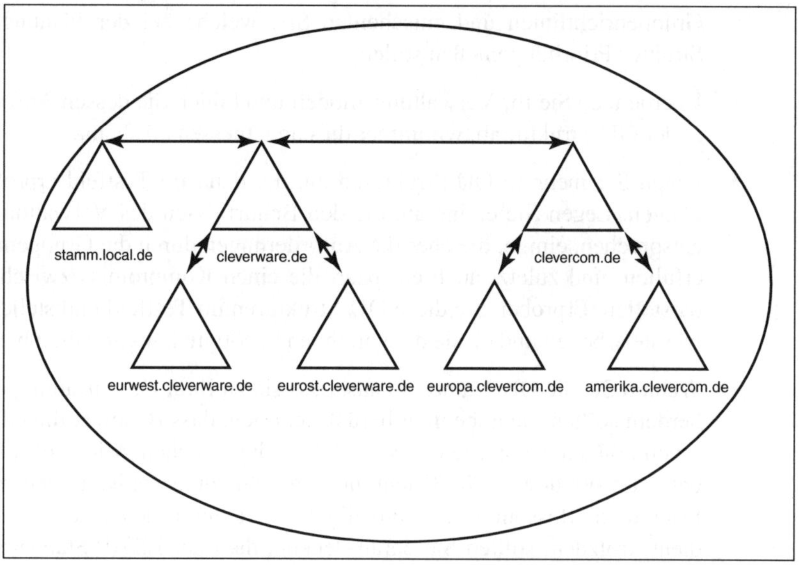

Abb. 7.6: Eine leere Stammdomäne in einem Active-Directory-Wald mit mehreren Bäumen

7.7.7 Definition der OU-Hierarchie

Viele werden die OU-Struktur als Berührungspunkt zwischen Technologie und Realität empfinden. OUs sind Objektcontainer, die Active-Directory-Objekte beinhalten. Auf der Grundlage von OUs können Verwaltungsaufgaben an verschiedene Administrationsgruppen delegiert werden. Außerdem lassen sich Gruppenrichtlinien auf OUs anwenden.

Das bedeutet nichts anderes, als dass ein Kompromiss zwischen den Verwaltungsanforderungen und den durch Gruppenrichtlinien gestellten Anforderungen gefunden werden muss. Wenn die Delegierung der Administration von Computern, Benutzern, Druckern, Gruppen und anderen Ressourcen eine Bedingung von überragender Bedeutung darstellt, dann sollte sich Ihre OU-Struktur eher an den Verwaltungsanforderungen orientieren. Sind hingegen die Delegationsanforderungen für Gruppenrichtlinien von höchster Wichtigkeit, dann sollten Sie Ihre OU-Struktur darauf ausrichten.

Wie bereits erwähnt, kann jede Domäne eine eigene OU-Struktur aufweisen. Das muss jedoch nicht heißen, dass sich diese Strukturen unterscheiden müssen. Um die Verwaltung zu erleichtern, kann es empfehlenswert sein, identische OU-Strukturen zu erstellen, allerdings sind je nach Anforderungen innerhalb der Organisation auch leichte Abweichungen voneinander möglich.

Hier ein paar Tipps zum Entwerfen der OU-Struktur:

- Machen Sie eine Gegenüberstellung der Anforderungen von Verwaltung und Gruppenrichtlinien und entscheiden Sie, welche bei der Planung der OU-Struktur Priorität genießen sollen.
- Überdenken Sie Ihr Verwaltungsmodell und bilden Sie dessen Anforderungen in der OU-Struktur ab, wo immer dies angemessen erscheint.
- Legen Sie mehrere OU-Strukturen an, die dann im Testfeld erprobt werden können. Legen Sie einige an, die den Bedürfnissen des Verwaltungsmodells entsprechen, einige, die eher die Anforderungen durch die Gruppenrichtlinien erfüllen, und zuletzt auch ein paar, die einen Kompromiss zwischen beiden darstellen. Erproben Sie diese OU-Strukturen im Testfeld und stellen Sie fest, wie sie arbeiten und ob sie die von Ihnen benötigte Funktionalität bereitstellen.
- Wählen Sie die OU-Namen so aus, dass sie zu Ihrer Organisation passen. Außerdem sollten Sie unbedingt berücksichtigen, dass Benutzer die OU-Struktur sehen können, wenn Sie das Verzeichnis durchsuchen. Microsoft glaubt, dass der beim Windows-2000-Client integrierte Suchmechanismus eher zum Lokalisieren von Ressourcen als zum allgemeinen Durchsuchen des Verzeichnisses dient; trotzdem sollten Sie daran denken, dass der LDAP-Standard nicht die einzige Möglichkeit für den Verzeichniszugriff darstellt.

OUs können verschachtelt angelegt werden, d.h. eine innerhalb einer OU angelegte OU erhält standardmäßig die Eigenschaften der übergeordneten OU. Es ist empfehlenswert, die Anzahl der OU-Ebenen zu beschränken. Bei vielen OU-Ebenen ist der Verwaltungsaufwand höher und Benutzer wie Administratoren könnten dadurch eher verwirrt werden. Ein weiterer Grund ist die Systemleistung: Wenn ein Benutzer sich am Netzwerk anmeldet, werden die für ihn gültigen Richtlinien durch Abfrage der OU-Hierarchie erstellt. Deswegen können die Anzahl der OU-Ebenen und die Anzahl der für den Benutzer gültigen Richtlinien sich negativ auf die Leistung auswirken.

OUs auf der ersten Ebene

Es mag sein, dass Sie nur mit einer OU-Ebene arbeiten, da die Verwaltung auf diese Weise sehr einfach ist. Wenn Sie allerdings OUs verschachteln wollen, wählen Sie für Ihre OUs auf der ersten Ebene Namen, die allgemeiner und statischer Natur sind. Dadurch wird bei einer Reorganisation Ihres Unternehmens der Bedarf an Umbenennungen minimiert.

OUs auf unteren Ebenen

Die übrigen OU-Ebenen sollten klar erkennbaren Zwecken dienen und gezielt angelegt worden sein. Einige Fragen, die man sich bezüglich der Erstellung mehrerer OU-Ebenen stellen sollte, sind die folgenden:

- Wie wird Verwaltungskompetenz delegiert – basierend auf Abteilungen, Verwaltungsfunktion oder Verwaltungstyp?
- Sind in der übergeordneten OU Objekte vorhanden, die in untergeordnete OUs aufgeteilt werden können? Wenn Sie beispielsweise eine OU für Ihre Techniker anlegen, gibt es dann verschiedene Typen von Technikern, die sich weiter in OUs aufspalten lassen? Nehmen wir an, es gäbe EDV-Techniker, Maschinentechniker und Wartungstechniker. Wenn jede dieser Gruppen eigene Gruppenrichtlinien benötigte oder durch eine andere Administrationsgruppe verwaltet würde, dann könnte es durchaus sinnvoll sein, die Techniker-OU in weitere untergeordnete OUs aufzuteilen, die je einen Technikertypus repräsentierten.
- Denken Sie daran, dass Gruppenrichtlinien auch auf Domänen angewandt werden können. Wenn Sie ein GPO haben, das auf alle Benutzer einer Domäne angewandt werden soll, dann sollten Sie das GPO statt auf die einzelnen OUs besser auf die ganze Domäne anwenden.
- Denken Sie daran, dass Gruppenrichtlinien auch auf Standorte angewandt werden können. Wenn Sie jeden physikalischen Standort auch als Active-Directory-Standort definiert haben und eine Gruppenrichtlinie anwenden wollen, die je nach physikalischem Standort variiert, dann sollten Sie die Gruppenrichtlinien statt auf die einzelnen OUs besser auf den ganzen Standort anwenden.
- Denken Sie daran, dass OUs standardmäßig die Gruppenrichtlinien der ihnen übergeordneten OUs erhalten. Das bedeutet, dass bei einer OU-Hierarchie, die den Anforderungen von Gruppenrichtlinien entsprechen soll, die allgemeingültigen Gruppenrichtlinien am oberen Ende der Hierarchie auftauchen sollten. Auf diese Weise würden Gruppenrichtlinien, die für alle Techniker gelten würden, auf die Techniker-OU angewandt werden, während die Gruppenrichtlinien für die Maschinentechniker nur für die OU der Maschinentechniker Gültigkeit hätten. Deswegen würden auf alle Maschinentechniker beim Anmeldevorgang an das Netzwerk die für alle Techniker *und* die für alle Maschinentechniker gültigen Gruppenrichtlinien angewandt.

7.7.8 Modell 1: Verwaltungsdelegierung

Das folgende Beispiel für eine OU-Hierarchie trägt in erster Linie den Erfordernissen einer Verwaltungsdelegierung Rechnung und hat zwei OU-Ebenen. Die erste Ebene kategorisiert die Ressourcen in den Organisationen. Wenn neue Ressourcen zum Verzeichnis hinzugefügt werden, können neue OUs auf dieser obersten Ebene ergänzt werden. Die zweite OU-Ebene basiert auf dem geografischen Standort (siehe auch Abbildung 7.7).

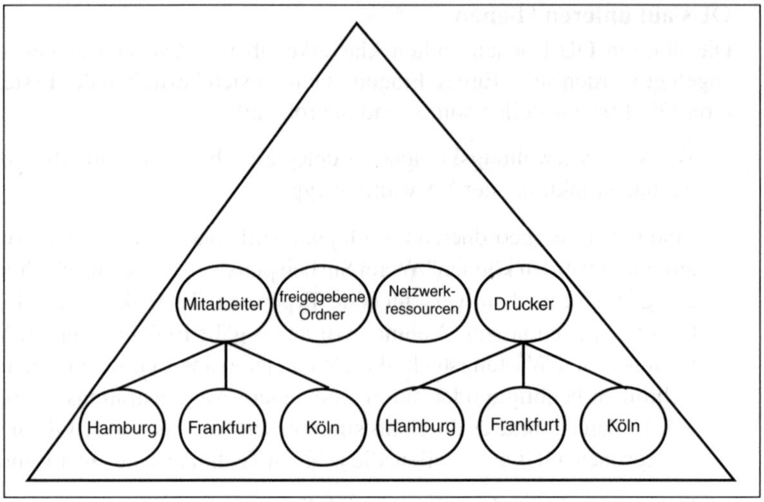

Abb. 7.7: OU-Struktur nach Ressourcen und Standorten

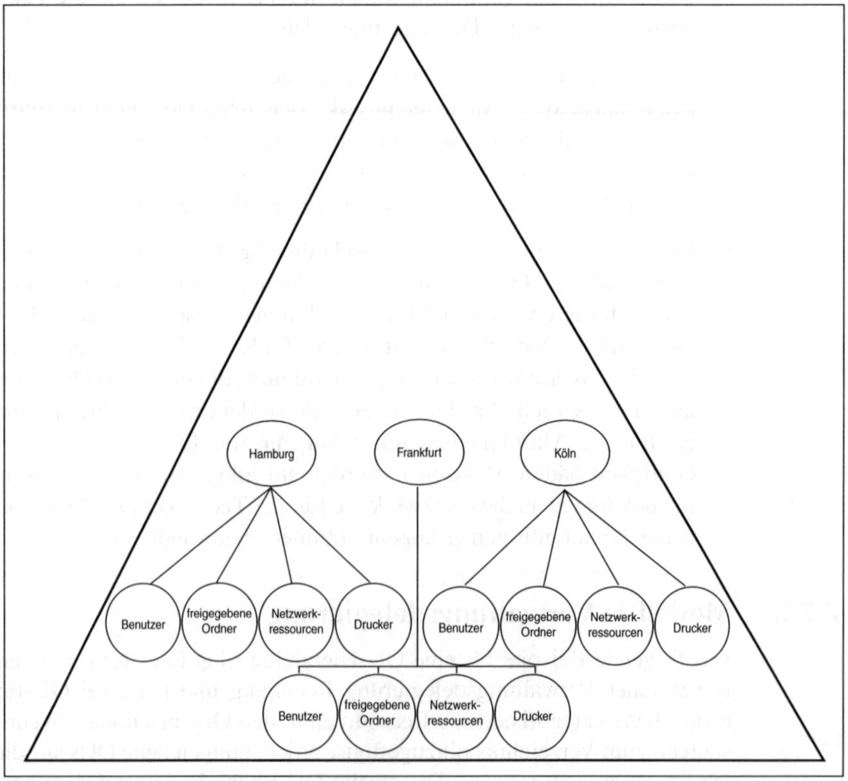

Abb. 7.8: Eine OU-Struktur mit drei Ebenen

Mit dieser OU-Struktur lassen sich von der zentralen EDV-Gruppe Berechtigungen für die OUs der oberen Ebene vergeben, während die lokalen EDV-Gruppen eingeschränkte Berechtigungen für ihre jeweiligen lokalen Objekte erhalten. Da die Berechtigungen in der OU-Hierarchie vererbt werden, werden auch die Berechtigungen der zentralen EDV-Gruppe auf der obersten Ebene an die OUs der einzelnen Standorte weitergegeben (siehe auch Abbildung 7.8).

Es wäre auch möglich, diese beiden OU-Ebenen miteinander zu vertauschen. Die OU-Struktur in Abbildung 7.8 ist weniger zentralisiert als die in Abbildung 7.7. Mit dieser OU-Struktur hat jede lokale EDV-Gruppe Berechtigungen im Rahmen der eigenen OU. Es wäre dann möglich, speziellen OUs auf einer dritten Ebene Verwaltungsberechtigungen innerhalb der jeweiligen EDV-Gruppe zu erteilen. Beispielsweise könnte die EDV-Gruppe in Kiel eine Gruppe von Administratoren aufstellen, die lediglich Passwörter für Benutzer in der Benutzer-OU zurücksetzen dürften.

7.7.9 Modell 2: Gruppenrichtlinien

Das Beispiel für eine OU-Hierarchie, die sich in erster Linie an den Anwendungsanforderungen für die Gruppenrichtlinien orientiert, verfügt ebenfalls über zwei Ebenen und ist in Abbildung 7.9 dargestellt. Die erste Ebene teilt die Objekte nach Abteilungen ein, die zweite nach den Funktionen der Objekte innerhalb der einzelnen Abteilungen.

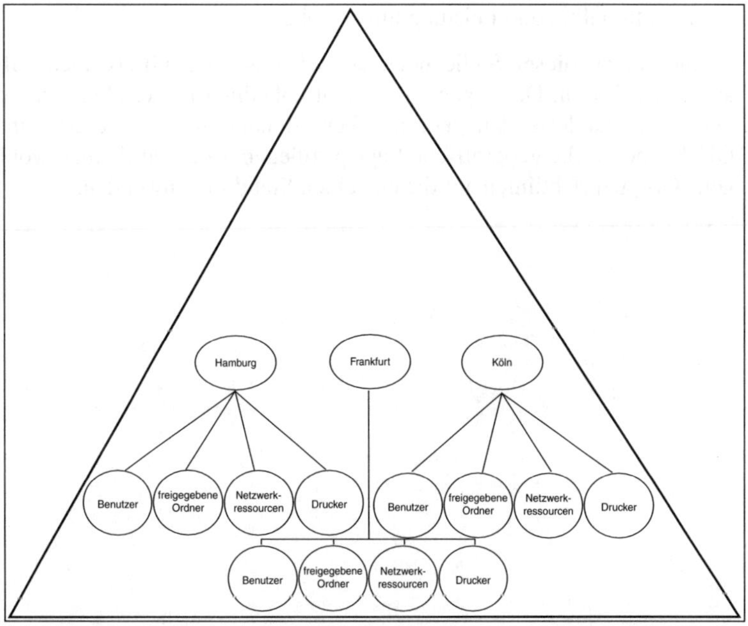

Abb. 7.9: OU-Struktur nach GPO-Anforderungen

Bei dieser Struktur können auf die Objekte in den einzelnen Abteilungen GPOs angewandt werden, die Anwendungen bereitstellen oder abteilungsspezifische Richtlinien durchsetzen. Ferner lassen sich Richtlinien auf der zweiten Ebene auch nach der tatsächlichen Funktion eines Benutzers (Mitarbeiters) anwenden. Allen Benutzern könnte ein zentraler Satz von Anwendungen zur Verfügung stehen, die sie benutzen dürfen. Diese Gruppenrichtlinie würde auf der Domänenebene aufgestellt werden. Da weitere Anwendungen benötigt werden, könnten Berechtigungen für diese zu den Gruppenrichtlinien der einzelnen OUs hinzugefügt werden. Techniker müssen mit Anwendungen arbeiten, die nicht zu den zentralen Anwendungen gehören. Diese Anwendungen würden dann zu einer Gruppenrichtlinie in der Techniker-OU hinzugefügt werden. Maschinentechniker wiederum könnten Anwendungen benötigen, die dann Bestandteil einer Maschinentechniker-OU sein müssten. Durch Sperren der Workstations und Bereitstellen von Anwendungen für genau die Benutzer, die sie benötigen, werden in der Organisation Wartungskosten reduziert und die Benutzereffizienz erhöht.

Dieses Modell ließe sich auch, wie in Abbildung 7.10 dargestellt, mit einer geografischen OU-Ebene versehen.

Dadurch würde ein dezentralisiertes Verwaltungsmodell unterstützt werden und trotzdem könnten Gruppenrichtlinien auf der Abteilungsebene angewandt werden. Dieses Modell mag den von Ihnen geplanten Rahmen des OU-Modells sprengen, aber wie jeden anderen Strukturentwurf auch sollten Sie es im Testfeld auf Funktionalität und Leistung hin erproben.

Betont sei an dieser Stelle noch einmal, dass sich GPOs auch auf Standorte anwenden lassen. Deswegen ist es nicht unbedingt notwendig, wenn die Active-Directory-Standorte den geografischen Standorten entsprechen, eine spezielle OU-Ebene für die geografische Lage anzulegen. Eher würde man wohl lagebezogene Gruppenrichtlinien auf die einzelnen Standorte anwenden.

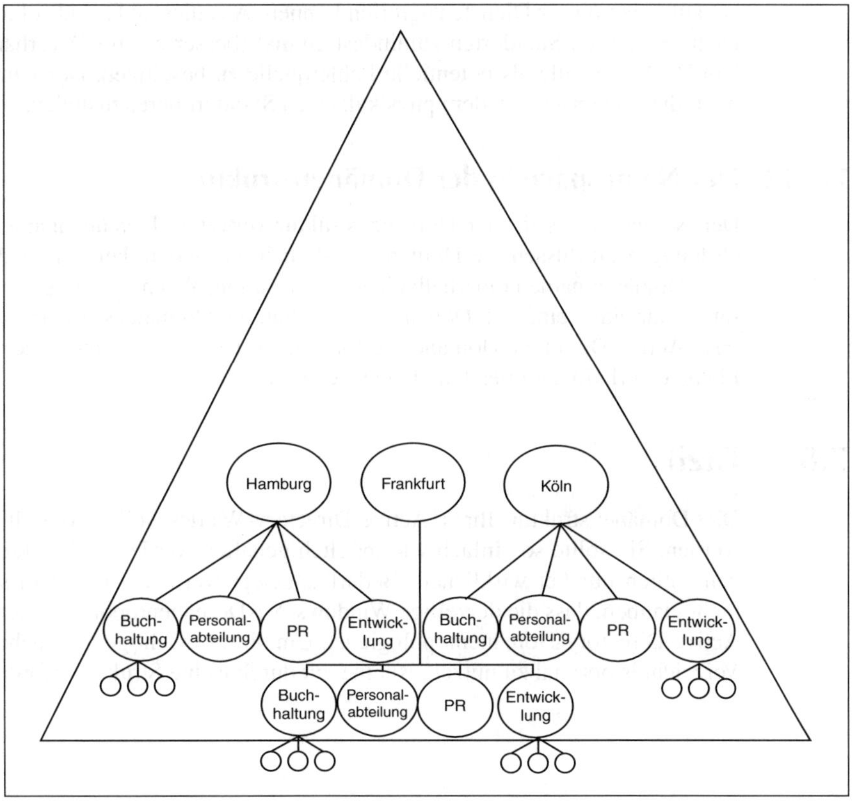

Abb. 7.10: OU-Struktur nach geografischer Lage

7.7.10 Wie physikalische Standorte und das Netzwerk die Domänenstruktur beeinflussen

Wenn Sie Ihr Domänen- und OU-Modell entwerfen, müssen Sie auch Standorte definieren. Die optimale Vorgehensweise bei der Entwicklung einer Standortstruktur wird in Kapitel 10 (»Die physikalische Topologie: Standorte und Replikation«) beschrieben; diese Struktur ist ein wichtiger Bestandteil der Domänenstruktur. Standorte bilden die physikalische Repräsentation der Domänenstruktur. Sie verringern bei der Domänenreplikation den Datenverkehr zwischen den bevorzugten DCs für Clients am selben Standort. Die Standortstruktur sollte die Domänen- und OU-Hierarchie nicht beeinflussen, sondern die Domänenhierarchie berücksichtigen.

7.7.11 Definition von DCs und GC-Servern

Ein weiterer wesentlicher Aspekt der Standortstruktur ist die Positionierung von DCs, GC-Servern und DNS-Servern. Um sich anmelden zu können, muss ein Client auf jeden dieser Dienste zugreifen können. Aus diesem Grund sollte jeder der Dienste an allen Standorten zumindest einmal (besser zweimal) vorhanden sein. Um WAN-Ausfälle als potentielle Fehlerquelle zu beseitigen, ist es empfehlenswert, diese Dienste an jedem physikalischen Standort bereitzustellen.

7.7.12 Der Namespace in der Domänenstruktur

Der Namespace ist in der Domänenstruktur vertreten. Domänennamen oberster Ordnung beeinflussen die Domänenstruktur insbesondere bei Verwendung mehrerer Domänennamen innerhalb einer Organisation. Wenn allerdings eine Organisation nur einen einzigen Domänennamen hat, die Domänenstruktur jedoch mehrere Active-Directory-Domänen erfordert, werden die Namespace auf einer Ebene unterhalb der obersten Domäne erstellt.

7.8 Fazit

Die Domänenstruktur Ihres Active-Directory-Waldes sollte sorgfältig geplant werden. Sie sollte so einfach wie möglich gehalten werden und mehrere Domänen sollten nur bei wirklichem Bedarf angelegt werden. Außerdem sollten Sie nicht glauben, dass die derzeitige Windows-NT-Domänentopologie auch die beste Active-Directory-Domänentopologie ist. Um dieses mächtige unternehmensweite Verzeichnis optimal zu nutzen, ist eine gut durchdachte Struktur erforderlich.

Kapitel 8

Das DNS-Namespace entwickeln

Active Directory ist immer nur so zuverlässig und effizient wie der DNS-Dienst. Heutzutage bildet DNS die Grundlage für die Namensauflösung im Internet und in vielen Unternehmensressourcen. Webbrowser nutzen DNS, um Domänennamen nach dem TCP/IP-Protokoll vollständig in IP-Adressen umsetzen zu können. Mailsysteme lösen mit Hilfe von DNS E-Mail-Adressen in bestimmte Hostnamen und IP-Adressen auf. Auf der ganzen Welt sind Internet- und Unternehmensanwendungen von korrekt konfigurierten DNS-Einträgen abhängig. Jetzt kommt Microsofts Active Directory.

DNS ist der Herr der Namen. Da das DNS-System einer der Dienste ist, die im Internet Frieden und Ordnung erhalten, hat man bei Microsoft beschlossen, die Namensauflösung mit DNS zu realisieren. Also verwendet das Active Directory DNS, um Ressourcen finden zu können,.

Es gibt einige Gründe, die dafür sprechen, das sehr zuverlässige DNS für Active Directory zu verwenden. Der erste und augenfälligste ist der Bedarf an einem Dienst, dessen Skalierbarkeit anerkannt ist. Zwar würde Microsofts WINS-Dienst (Windows Internet Naming Service, Windows Internetnamensdienst) nicht nur hinsichtlich der Auflösung von NetBIOS-Namen, sondern auch von Hostnamen für viele moderne Aufgaben ausreichen, aber er ist in größeren Umgebungen schwierig zu verwalten. DNS hingegen hat seine Skalierbarkeit durch seine Verbreitung im Internet und auch in vielen Unternehmen hinreichend bewiesen.

Ein zweiter Grund, der für DNS spricht, ist die Fähigkeit zur Integration mit anderen vorhandenen Namespace, d.h. mit vorhandenen DNS-Umgebungen. Statt einen neuen und verbesserten Namensservice zu entwickeln, hat Microsoft den Internetstandard vorgezogen und erweitert seine Funktionalität über Standardanwendungen. Die Nutzung einer vorhandenen DNS-Infrastruktur erleichtert die Rechtfertigung der Umstellung, denn die Kosten werden drastisch reduziert.

Schließlich hat sich DNS bereits einen festen Platz in der Computergemeinde erkämpft. Zwar scheint es in seinen frühen Ausprägungen etwas veraltet zu sein, aber Ihre Mitarbeiter kennen das System und wissen, wie es angelegt, modifiziert und verwaltet wird.

8.1 Windows 2000: DNS mit und ohne Active Directory

Unter Windows lässt sich DNS als traditioneller DNS-Server verwenden. Sie können ähnliche Konfigurationsdateien verwenden und sich direkt mit DNS-Servern unter Windows NT 4.0 oder anderen Systemen verbinden, die nicht von Microsoft stammen. Die Verwendung von Windows 2000 DNS ermöglicht die Integration mit einer vorhandenen DNS-Implementierung wahlweise als sekundärer oder primärer DNS-Server. Fügt man Windows 2000 DNS in eine vorhandene DNS-Umgebung ein, so wird es in der Regel als sekundärer Server fungieren, der die normale vollständige Zonendateiübertragung nutzen wird.

Sie können die DNS-Datenbanken auch in das Active Directory integrieren. Wenn Sie sich für Windows 2000 DNS und die Integration ins Active Directory entscheiden, können Sie vom Replizierungsschema und dem Multimaster-Ansatz von Active Directory profitieren. Windows 2000 DNS unterstützt RFC1995, über das Zonen inkrementell übertragen (oder repliziert) werden können. Werden die DNS-Zonen ins Active Directory integriert, dann partizipieren sie vollständig an der Multimaster-Datenbank. Dadurch wird eine bekannte Fehlerquelle der traditionellen DNS-Strategie umgangen: der primäre DNS-Server. Wenn dieser ausfällt, gibt es keinen weiteren Server, der die sekundären Server aktualisieren könnte. Durch die Implementierung von Microsoft und die Integration mit Active Directory wird jeder Server zum primären Master.

Es gibt bei der Multimaster-Replizierung ein potentielles Risiko. Bei mehreren Mastern besteht bei der DDNS-Aktualisierung (Dynamic DNS, dynamisches DNS) auf verschiedenen DNS-Servern die Gefahr, dass die Abfrage zweier verschiedener DNS-Server unterschiedliche Ergebnisse bringen kann. Das kann z.B. passieren, wenn ein Server, der bei DNS registriert ist, verschoben wurde. Das System registriert sich bei einem DNS-Server, aber die übrigen Server liefern so lange falsche Ergebnisse zurück, bis die neue Adresse veröffentlicht wurde.

DNS und das DHCP-Protokoll

Das DHCP-Protokoll arbeitet eng mit Microsoft Windows 2000 und dem Active Directory zusammen. Es weist beliebigen DHCP-Clients – auch Windows-2000-Clients – dynamisch Adressen zu. Ist eine Adresse zugewiesen, dann können der DHCP-Client und/oder der DHCP-Server, unterstützt durch das dynamische Update (nach RFC2136), den DNS-Ressourceneintrag und den PTR-Ressourceneintrag in Ihrer DNS-Zone mit einem Alias (A) aktualisieren. Dadurch wird eine akkurate DDNS-Umgebung ohne menschlichen Eingriff realisiert. Wenn ein Client-Rechner startet, fordert er eine IP-Adresse und die entsprechenden TCP/IP-Konfigurationsparameter vom lokalen DHCP-Server an. Server und Clients lassen sich so konfigurieren, dass sie in eines von drei möglichen Szenarien passen:

1. Der Client aktualisiert die A- und die PTR-Einträge.
2. Der DHCP-Server aktualisiert die A- und die PTR-Einträge.
3. Der DHCP-Server aktualisiert den A-Eintrag, der Client den PTR-Eintrag.

Standardmäßig aktualisiert der DHCP-Server den PTR-Eintrag, der Client (Host) den A-Eintrag.

Die Möglichkeit der Festlegung, ob Server oder Client das DNS-System aktualisieren, ist wichtig für Koexistenzphasen. Wenn Sie kompatible Clients wie Windows 95 unterstützen, muss der DHCP-Server die Einträge aktualisieren, da der Client diese Funktion nicht ausführen kann. Läuft Ihr DHCP-Server unter Windows NT 4.0 und haben Sie Ihre Clients auf Windows 2000 umgestellt, dann müssen die Clients beide Aktualisierungen vornehmen, da der DHCP unter Windows NT 4.0 eine DNS-Aktualisierung nicht unterstützt.

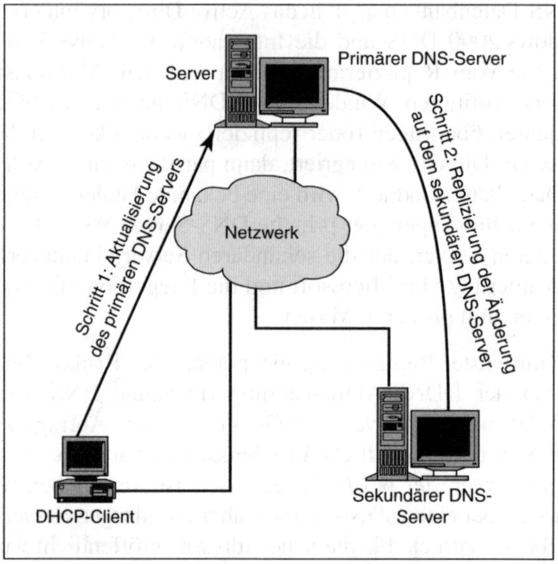

Abb. 8.1: Typischer DNS-Datenverkehr

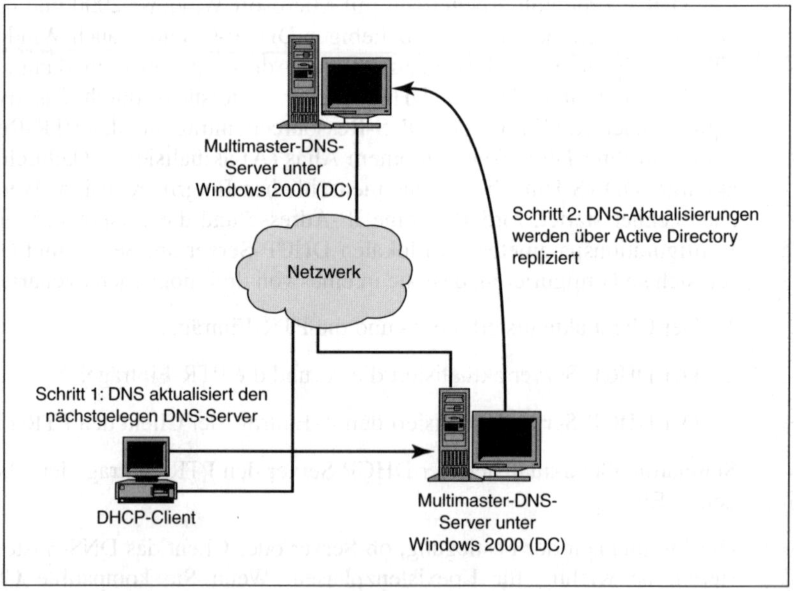

Abb. 8.2: DNS-Datenverkehr mit Microsoft DNS

Microsofts DNS-Implementierung verfügt außerdem über eine besondere Eigenschaft, die verfügbar ist, wenn DNS Active Directory als Replizierungsagent nutzt. In diesem Szenario ist jede Instanz ein primärer Master, der aktualisiert werden kann. Änderungen am DNS werden dann über Active Directory repliziert. Abbildung 8.1 zeigt ein typisches Szenario, in dem der primäre DNS-Masterserver direkt aktualisiert werden muss. Dadurch kann ein Flaschenhals entstehen, wenn viele Systeme gleichzeitig online gehen. Mit der in Abbildung 8.2 gezeigten Microsoft DNS-Reihenfolge werden die Änderungen direkt am lokalen DNS-Server vorgenommen und dann via Active Directory repliziert.

8.2 DNS-Standards, die Active Directory unterstützen

Active Directory kann auch ohne die Implementierung von Windows-2000-DNS arbeiten. Die einzige Bedingung ist die Unterstützung von SRVs (Service Record, Diensteintrag), die durch die Implementierung von BIND 4.9.6 realisiert werden kann. Zweckmäßig wäre auch eine Unterstützung der dynamischen Aktualisierung, die durch BIND 8.X., BIND 8.2.1 oder höher verwirklicht werden kann – und dies werden die bevorzugten DNS-Implementierungen sein.

8.3 Microsoft DNS

Microsoft DNS für Windows 2000 umfasst eine Menge neuer Merkmale. Microsoft hat in enger Zusammenarbeit mit Unternehmen und Standardisierungsorganisationen ein Produkt entwickelt, das für DNS-Benutzer und insbesondere für solche, die auch Active Directory verwenden, eine echte Bereicherung darstellt.

Microsoft DNS hat zahlreiche Funktionen integriert, die über DNS für Windows NT 4.0 hinausgehen, z.B.

- inkrementelle Zonenübertragung (RFC1995),
- dynamische Aktualisierung auf DNS (RFC2136),
- Draft-Standard (Festlegung des Dienstestandortes, RFC2052),
- die Möglichkeit, Active Directory als Replizierungsmedium zu nutzen und eine Multimaster-DNS-Implementierung zu unterstützen. Alle diese Merkmale werden in den nächsten Abschnitten beschrieben.

8.3.1 Inkrementelle Zonenübertragung

Die inkrementelle Zonenübertragung gestattet der Organisation eine bessere Nutzung der verfügbaren Netzwerkbandbreite. Statt alle Zonendateien zu senden, werden nur die inkrementellen Änderungen übertragen, wodurch die Auswirkungen von DNS auf den Datenverkehr im Netzwerk gemindert werden. Diese Funktion ist besonders wichtig, wenn man den Datenverkehr in Betracht zieht, der durch die nächste neue Funktion – die dynamische DNS-Aktualisierung – ausgelöst wird. Ohne inkrementelle Zonenübertragung würde bei jeder Anmeldung eines Clients am Netzwerk und der DNS-Registrierung die gesamte Zonendatei zwischen den DNS-Servern gesendet, was gravierende Auswirkungen auf die verfügbare Bandbreite hätte.

Microsofts Verwendung des Unterstrichs

Ein weiterer faszinierender Aspekt von Microsoft DNS ist die Verwendung des Unterstrichs in den voreingestellten Subdomänennamen. Durch ihn versucht Microsoft die Eindeutigkeit der Namen zu gewährleisten. Es gibt einen RFC-Draft, der die Verwendung aller Zeichen – auch des Unterstrichs – in Domänennamen gestattet. Microsoft hat dies mit den aktuellen Versionen aller führenden UNIX-Betriebssysteme erprobt, wobei keinerlei Probleme auftraten. Ferner implementieren BIND-DNS-Server den Parameter *check-names ignore* in der Datei *named.conf*, wodurch die Verwendung des Unterstrichs ermöglicht wird.

8.3.2 Dynamische DNS-Aktualisierung

Die Unterstützung dynamischer DNS-Aktualisierungen wird über Windows 2000 DNS realisiert und läuft mit DHCP. Der Client und/oder Server aktualisiert die relevanten Ressourceneinträge im DNS basierend auf der TCP/IP-Adresse, die durch den DHCP-Server zugewiesen wurde.

Durch diese Funktion werden Verwaltungskosten reduziert und eine größere Genauigkeit der DNS-Tabellen erzielt.

Aufgrund der Nutzung der dynamischen DNS-Aktualisierung durch die Systeme besteht die Möglichkeit des Vorhandenseins veralteter Einträge in der DNS-Umgebung. Das kann beispielsweise passieren, wenn ein Client, der einen Eintrag beim DNS-Server registriert hat, vor dem Erlöschen des Lease aus dem Netzwerk entfernt wird.

8.3.3 Unterstützung des Draft-Standards

Die Aufgabe von SRVs ist ganz einfach die, unter DNS die IP-Adressen von Computern zu identifizieren, die einen Dienst bereitstellen können. Genauer gesagt, der SRV bestimmt die IP-Adresse und den Port. Diese Angaben werden von Clients genutzt, um Server aufzufinden, die ihre Dienstanforderungen bearbeiten können. Versucht ein Benutzer beispielsweise, sich an einer Domäne anzumelden, so fordert der Computer des Benutzers beim DNS eine Liste von Servern an, die den Benutzer authentifizieren können. Das Authentifizierungsprotokoll Kerberos verwendet den Port 88. Über die SRVs werden dem Client die IP-Adresse und der Port 88 zurückgegeben, damit er festlegen kann, welches System und welchen Port er zur Authentifizierung benutzen kann.

8.3.4 Active Directory als Replizierungsmedium

Active Directory ist das Replizierungsmedium für DNS. Statt die behäbige Vollzonenübertragung und primäre und sekundäre Rollen für DNS-Server zu verwenden, repliziert Active Directory Änderungen an mehrere DCs, die jeweils als Master agieren. Diese Master fungieren als primärer DNS-Master und Änderungen werden an den Mastern vorgenommen und dann zu allen anderen Mastern repliziert.

Der Vorteil liegt in der Beseitigung einer Fehlerquelle. Bei älteren DNS-Systemen agiert der primäre Server einer Zone als beschreibbarer Master. Tritt ein Fehler auf, so erhalten die sekundären Master nach Verstreichen des Aktualisierungszeitraums, der im SOA (Start of Authority, Autoritätsursprung) angegeben wurde, keinerlei Aktualisierungen mehr.

8.4 Die DNS-Implementierung bei Cleverware

Jetzt wissen Sie, dass es sich bei DNS um ein Namensauflösungssystem für Active Directory handelt; der nächste Schritt ist nun festzustellen, wie DNS angelegt, modifiziert und verwaltet werden kann, damit es Active Directory unterstützt. Wenn wir annehmen, dass es Ihr Ziel ist, ein System zu entwickeln, welches das Active Directory bestmöglich unterstützt, dann müssen Sie zuerst den Typ der Umgebung ermitteln, in der Ihre Active-Directory-Implementierung stattfinden soll.

In einer Organisation lassen sich drei Hauptszenarien vorstellen. Das erste Szenario sieht so aus, dass eine vorhandene DNS-Implementierung vorhanden ist und diese auch die einzige DNS-Implementierung bleiben soll – für die meisten Systeme in nächster Zeit wohl das wahrscheinlichste Szenario. Die zweite Möglichkeit ist die einer vorhandenen DNS-Implementierung, die mit Microsoft DNS integriert werden soll. Die dritte Möglichkeit ist die, dass überhaupt keine DNS-Implementierung vorhanden ist und Sie sich für Microsoft DDNS entschieden haben.

8.5 Cleverware nutzt die vorhandene DNS-Implementierung

Bei Cleverware hat man sich zur Verwendung einer vorhandenen DNS-Installation für die Integration mit Active Directory entschieden. Bei der vorhandenen Version handelt es sich um eine Installation auf der Basis von UNIX, die von einer Gruppe von UNIX-Administratoren auch favorisiert wird. Diese Gruppe hat die DNS-Version ursprünglich installiert, verfügt über umfassendes Wissen über DNS und hat die DNS-Version liebevoll gepflegt.

Sie kennen die Hauptanforderung für Active Directory bereits (die Unterstützung der typischen DNS-Funktionalität). Die Hauptanforderung an DNS ist die Unterstützung von SRV-Ressourcen.

In jüngeren DNS-Versionen gibt es eine Eigenschaft, die man sich lange gewünscht hat: die inkrementelle Zonenübertragung. Microsoft DNS verfügt über diese Eigenschaft. Inkrementelle Zonenübertragungen ermöglichen eine effizientere Nutzung der Netzwerkbandbreite. Statt, wann immer eine Änderung vorgenommen wird, die gesamte Zonendatei zu allen sekundären Servern im ganzen Netzwerk zu übertragen, werden nur die geänderten Einträge zwischen den DNS-Servern ausgetauscht. Dadurch wird der Datenverkehr im Netzwerk verringert.

8.5.1 Strukturbetrachtungen

Bei der DNS-Implementierung für Active Directory sind verschiedene strukturelle Betrachtungen anzustellen. Sie sollten in diesem Zusammenhang die folgende Liste beachten:

1. Falls Sie über eine Internetverbindung verfügen, sollte der DNS-Stamm im gesamten Internet eindeutig sein. Falls möglich, lassen Sie sich einen solchen eindeutigen Namen registrieren. Aber auch dann, wenn Sie Active Directory nur intern verwenden, sollten Sie Ihren externen DNS-Namen benutzen und ihn in eine *.local*-Adresse konvertieren. Im Falle von *cleverware.de* sollten Sie eine interne Domäne namens *cleverware.local* anlegen.

2. Ihr Namespace sollte wahlweise zusammenhängend oder getrennt sein. Wenn er nicht zusammenhängend ist, ist die Implementierung eines Waldes mit mehreren Bäumen notwendig, in dem jedem Baum ein für das Internet registrierter Name zugewiesen wird.

3. Die Stammdomäne kann nicht geändert oder umbenannt werden, ohne dass Active Directory neu installiert wird.

8.5.2 Langfristige Ziele

Bei Cleverware favorisiert man die langfristige Umstellung auf eine einheitliche DNS-Technologie. Das ist zwar noch nicht unbedingt endgültig beschlossen, aber man nimmt im Planungsteam an, dass der Einsatz einer einzelnen Technologie die Kosten für Verwaltung, Support und Schulungen auf Dauer reduzieren wird. Außerdem besteht die Hoffnung, die Verwaltung von DNS und Active Directory miteinander verbinden zu können.

Nehmen wir einmal an, Sie wären Mitglied dieses Planungsteams und haben sich nun für die Fokussierung auf die DNS-Verwaltung entschieden. Allerdings wollen Sie gewährleisten, dass Ihre DNS-Struktur Sie nicht daran hindert, Microsoft DNS als primären Server einzusetzen. Ihnen ist klar, dass zunächst eine Koexistenz mit der derzeitigen Umgebung zu realisieren ist; die Migration soll in zwei Phasen stattfinden.

In der ersten Phase werden Sie die Implementierung von Active Directory beginnen, während für die meisten Benutzer die vorhandene DNS-Implementierung noch aktiv ist. Die Phase betrifft als Pilotprojekt nur eine eingeschränkte Anzahl von Benutzern und Administratoren (Pilotgruppe). In der zweiten Phase wird die derzeitige DNS-Implementierung dann durch Microsoft DNS verdrängt.

Ein zweiter Gesichtspunkt ist die Integration mit Cleverwares Internetpräsenz. Auch hier gibt es zwei Möglichkeiten.

Sie könnten einerseits einen einzelnen DNS-Namespace sowohl für Ihre interne als auch für die externe Namensauflösung verwenden. Der andere Ansatz besteht in der Anlegung einer externen Präsenz wie *cleverware.de* und einer internen Präsenz wie *cleverware.local*. Dadurch ist der externe Zugriff auf Cleverwares interne Ressourcen über Firewall oder Proxyserver unterbunden.

Sie entscheiden sich aus zwei Gründen für einen einheitlichen Namespace. Erstens hat Ihre vorhandene Implementierung einen solchen einheitlichen Namespace und hat sich als ausreichend sicher erwiesen. Zweitens verfügen Sie über als »Bollwerkrechner« bezeichnete Hostrechner, die externe Verbindungen auf andere interne Hostrechner umleiten, welche dann den angeforderten Dienst bereitstellen. Die Bollwerkrechner befinden sich in einem isolierten LAN, das als Teil Ihrer Implementierung an Ihren vorhandenen Firewallrouter angeschlossen ist. Obwohl dieser Aufbau etwas mehr Konfigurationsarbeit an Firewallroutern und Serversoftware erfordert hat, sind Sie überzeugt, dass er den benötigten Sicherheitsumfang gewährleistet. Grundlage dieses Ansatzes ist der Aufbau einer Konfiguration, die statisch sein soll, damit Ihre Sicherheitsanforderungen dauerhaft erfüllt werden.

Ihre derzeitige Implementierung beinhaltet zwei primäre DNS-Konfigurationen, nämlich eine für die externe Namensauflösung und eine für die interne Auflösung. Der interne DNS-Server erlaubt die Namensauflösung für alle internen und externen Ressourcen (siehe Abbildung 8.3).

Ein Teil des Netzwerks ist mit dem Internet verbunden. Dieser Teil macht aber nur Mail- und Webserver von außen zugänglich. Ein einzelner externer DNS-Server verfügt über Redundanzunterstützung durch einen Server bei Ihrem ISP (Internet Service Provider, Internetdienstanbieter). Der interne DNS-Server ermöglicht die Auflösung aller Namensauflösungsanfragen für interne Ressourcen und leitet Anforderungen für externe Ressourcen weiter. Diese beiden Server stellen die zwei Netzwerkteile dar. In diesem Beispiel sind drei nach außen offene Server vorhanden, von denen jeder genau eine Anwendung unterstützt. Die drei Server sind für Mail-, DNS- und Internetdienste ausgelegt.

In diesem Ansatz lassen sich Ressourcen in einem separaten Subnetz oder einem isolierten LAN, das auch als DMZ (Demilitarized Zone, entmilitarisierte Zone) bezeichnet wird, lokalisieren. Die DMZ verringert das Risiko einer Bresche im Sicherheitsnetz.

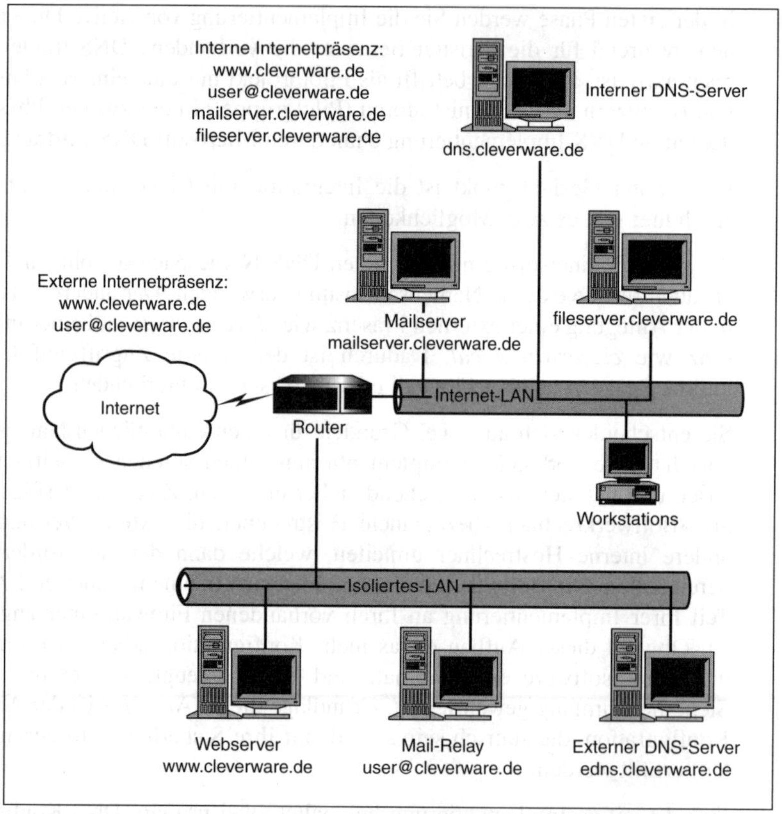

Abb. 8.3: Cleverwares Firewall-Implementierung

Bei Cleverware sind zwei DNS-Konfigurationen vorhanden. Die externe DNS-Konfiguration ist vergleichsweise einfach: Sie enthält die Informationen für die Adressauflösung von Webdiensten und Mailserver. Der interne DNS-Server hingegen stellt Dienste für den internen Gebrauch bereit (z.B. *fileserver.cleverware.de*) und gestattet auch die Namensauflösung für Mail- und Webserver. Diese Einträge sind nur für interne und direkte Mitteilungen gedacht und unterscheiden sich von denen, die an den externen DNS-Server ausgegeben werden. Schließlich ermöglicht der interne DNS-Server auch die Weiterleitung an Adressen, die nicht intern angelegt sind. Ein Beispiel für diese Funktionalität wäre ein Benutzer, der eine Auflösung von *www.microsoft.com* benötigt; die Adresse wird dann durch den Namensserver des ISP aufgelöst.

Die Konfiguration für Cleverwares externen DNS-Server sieht wie folgt aus:

```
;
;   File:      db.cleverware
;
cleverware.de.   IN SOA server1.cleverware.de. postmaster.cleverware.de. (
```

```
                                1999020777   ; serial  [yyyyMMddNN]
                                21600    ; refresh [6h]
                                3600  ; retry   [1h]
                                691200   ; expire  [8d]
                                86400)  ; minimum [1d]

;
;  Nameservers
cleverware.de             IN NS   server1.cleverware.de.
cleverware.de                 IN NS   server.someISPout-there.com

localhost.cleverware.de   IN A  127.0.0.1
mailpo.cleverware.de      IN A  149.55.44.32
ftp.cleverware.de         IN A  149.55.44.32
www.cleverware.de         IN A  149.55.44.41
mailpo2.cleverware.de     IN A  149.65.44.32

cleverware.de.            IN MX 0  mailpo.cleverware.de.
cleverware.de.            IN MX 10 mailpo2.cleverware.de.
```

Die interne DNS-Tabelle für die interne Namensauflösung sieht so aus:

```
;
;   File:    db.cleverwareinternal
;
cleverware.de.   IN SOA server1.cleverware.de. postmaster.cleverwa-
re.de. (
                                1999020777   ; serial  [yyyyMMddNN]
                                21600    ; refresh [6h]
                                3600   ; retry   [1h]
                                691200   ; expire  [8d]
                                86400)  ; minimum [1d]

cleverware.de             IN NS   server1.cleverware.de.
cleverware.de                 IN NS   server.someISPout-there.com

localhost.cleverware.de               IN A  127.0.0.1
server1.cleverware.de                 IN A  149.55.44.31
mailpo.cleverware.de      IN A  149.55.44.32
ftp.cleverware.de         IN A  149.55.44.32
www.cleverware.de         IN A  149.55.44.41
mailpo2.cleverware.de     IN A  149.65.44.32

server2.cleverware.de     IN A  149.55.44.52
server3.cleverware.de     IN A  149.55.44.53
server4.cleverware.de     IN A  149.55.44.54
server5.cleverware.de     IN A  149.55.44.55
server6.cleverware.de     IN A  149.55.44.56
```

```
server7.cleverware.de     IN A  149.55.44.57
server8.cleverware.de     IN A  149.55.44.58
server9.cleverware.de     IN A  149.55.44.59
server10.cleverware.de    IN A  149.55.44.510

cleverware.de.               IN MX 0  mailpo.cleverware.de.
cleverware.de.               IN MX 10 mailpo2.cleverware.de.
kerberos.tcp.cleverware.de  600    SRV    0 100 88  server2.cleverware.de
ldap.tcp.cleverware.de      600    SRV    0 100 389 server2.cleverware.de
```

Bitte beachten Sie, dass die interne Konfiguration Informationen über zusätzliche Server (Server 2 bis 10) enthält. Die SRVs werden auch als Zeiger für Server genutzt, die Kerberos- und LDAP-Dienste bereitstellen. Diese Dateien sollen keinen vollständigen Satz von DNS-Konfigurationsdateien darstellen, sondern einen Eindruck vermitteln, von welcher Grundlage die DNS-Konfiguration von Cleverware ausgeht.

Phase 1

In Phase 1 gibt es eine Pilotgruppe und eine segmentierte Netzwerkinfrastruktur, so dass DHCP-Dienste über Microsoft DHCP realisiert werden. Nun soll Windows 2000 mit Active Directory hinzugefügt werden. Active Directory soll auf dieser DNS-Struktur basieren, und deswegen muss die Struktur so angepasst werden, dass Active-Directory-Servern die Auflösung über DNS ermöglicht wird. Dadurch stellt sich eine wichtige Frage: Wie soll der Name der Stammdomäne in Ihrem Active-Directory-Baum aussehen? Der Name *cleverware.de* kann nicht benutzt werden, da das vorhandene DNS-System als SOA für *cleverware.de* fungiert.

Falls Sie sich dafür entscheiden, unter *cleverware.de* eine Subdomäne anzulegen (wie etwa *deutschland.cleverware.de*), dann müssen Sie die DNS-Struktur entsprechend modifizieren, und wichtiger noch, Sie können *cleverware.de* nicht als Stammdomäne verwenden.

Eine weitere Option wäre die Neubenennung Ihrer Identität mit der abschließenden Umstellung auf Active Directory und Windows 2000 DNS. Dadurch könnten Sie einen neuen Baum mit neuem Domänennamen erstellen. Statt *cleverware.de* könnten Sie dann den neuen Baum *cleverware.local* anlegen. Ihre externe Identität kann in diesem Fall *cleverware.de* bleiben.

Die zweite implizierte Frage ist, ob Sie einen Wald oder besser einen Baum anlegen. Für Cleverware heißt die Antwort Wald, da auf diese Weise ein nicht zusammenhängender Namespace genutzt werden kann. Die beste Möglichkeit ist es, mit *cleverware.local* anzufangen und dann Subdomänen oder weitere Bäume nach Bedarf hinzuzufügen.

Phase 2

Während der Phase 1 haben Sie gezeigt, dass Microsoft DNS als DNS-Server gut funktioniert. Es arbeitet hervorragend als primärer Server und ermöglicht Interaktion mit dem vorhandenen DNS. Sie haben im Laufe des Produktionsbetriebs ferner die Vorteile von DHCP und DDNS anhand der neuen Domäne demonstriert, die Sie für eine Pilotgruppe in Ihrer Organisation angelegt haben.

Jetzt ist es Zeit, Ihre Umgebung strikt auf Microsoft DNS umzustellen. Das kann auf zwei Arten stattfinden. Die erste ist die vollständige Beseitigung der vorhandenen DNS-Struktur und die Migration auf Windows 2000 DNS. Dies kann z.B. durch die Erstellung eines neuen Baumes für den Namespace *cleverware.de* realisiert werden. Die zweite Möglichkeit wäre, den internen Namespace auf Windows 2000 DNS basieren zu lassen, während der externe Namespace mit UNIX-basierter DNS-Struktur weiterhin für die Domäne *cleverware.de* verantwortlich wäre. Das ist ein möglicher Kompromiss, auch wenn er einige Vorteile der Einzelplatzadministration relativiert.

8.6 Fazit

DNS ist der Namensserver für Active Directory. Durch die Integration von DNS mit Active Directory bietet uns Microsoft eine Lösung an, die viele der Nachteile herkömmlicher DNS-Produkte ausmerzt. Zu den Vorteilen gehören die dynamische Aktualisierung über DNS-Clients, die inkrementelle Zonenaktualisierung und die Bereitstellung eines fehlertoleranten Zonenmasters.

Auch und gerade in Verbindung mit Active Directory hat Microsoft DNS Vorteile. Die inkrementelle Zonenübertragung verbessert die Netzwerkleistung. Der Multimaster-DNS-Server bietet höhere Verfügbarkeit, da der primäre DNS-Server als Fehlerquelle ausscheidet. Ferner erhöht er die Leistung, indem er die DNS-Aktualisierung für eine bestimmte Zone an mehreren Standorten ermöglicht.

DNS ist ein wichtiger Dienst, der die Implementierung des Active-Directory-Systems unterstützt. Die Möglichkeit der Verwendung von Produkten, die nicht von Microsoft stammen, ist zwar gegeben, aber die beste Lösung sind und bleiben Microsoft-Produkte – aus Gründen der Integration, der Leistung und der Zuverlässigkeit. In den meisten Organisationen wird man mit den Verfechtern traditioneller UNIX-basierter Umgebungen ringen müssen, aber der Wechsel zu Microsoft DNS ist die Mühe in jedem Fall wert.

Kapitel 9

Gruppenrichtlinien

Active Directory ist eine Verteilungskomponente für Gruppenrichtlinien. Gruppenrichtlinien erlauben dem Systemadministrator und dem Systemarchitekten die Verwaltung der Arbeitsplatzumgebung. Immer häufiger sind neue, aber doch standardisierte Arbeitsplatzumgebungen gefordert worden; nun können Organisationen ein System anlegen, das eine gesteuerte Arbeitsplatzanpassung und ein Maß an Redundanz ermöglicht, was die häufige Neukonfiguration von Arbeitsplatz-PCs unnötig macht. Wenn eine saubere Planung durchgeführt wird und ein realistischer Ausblick in die Zukunft des Unternehmenswachstums vorhanden ist, können Architekten und Administratoren eine Umgebung entwickeln, die Ansprüche einer Vielzahl von Benutzern berücksichtigt und dennoch administrative Kontrolle zulässt und durch den Administrator auch verwaltet werden kann. Die Werkzeuge, die eine Organisation am meisten beeinflussen können, sind Gruppenrichtlinien. Einige der Fragen, die sich in Bezug auf Gruppenrichtlinien stellen, werden in diesem Kapitel beantwortet. Dazu gehören die folgenden:

- Wie können Gruppenrichtlinien über die OU-Struktur implementiert werden?
- Wie kann die Implementierung von Gruppenrichtlinien die Betriebskosten senken?

9.1 Systemrichtlinien unter Windows NT 4.0

Unter Windows NT 4.0 können Administratoren bei sorgfältiger Planung und Ausführung ein wenig Kontrolle über den Arbeitsplatz-PC erlangen. Allerdings beschränkt sich diese meistens auf die Begrenzung der Möglichkeiten von Windows NT 4.0. Zu den derzeitigen Fähigkeiten der Systemrichtlinien-Implementierung unter Windows NT gehört die Möglichkeit, die auf dem Arbeitsplatz-PC angezeigten Objekte und die Anwendungen zu steuern, die dem Benutzer zur Verfügung stehen. Ferner können Administratoren auch die Erstellung einer benutzerspezifischen Arbeitsplatzkonfiguration durch den Benutzer ermöglichen.

Mit Windows NT und Service Pack 4.0 oder höher können Administratoren die Größe des Benutzerprofils steuern. Diese Möglichkeit macht die Verwaltung – auch für den Endbenutzer – noch komplexer. Wird die Größe des Benutzerprofils begrenzt, dann kann der Benutzer sich nicht vom Netzwerk abmelden, bis er sein Profil wieder auf die festgelegte Größe reduziert hat – eine für einen Benutzer verzwickte und frustrierende Aufgabe.

Wenn das Benutzerprofil zu groß wird, erscheint in der Taskleiste ein Fehlersymbol. Klickt der Benutzer dieses Symbol an, dann erscheint eine Liste mit Dateien, die im Profil gespeichert ist. Er kann nun Dateien aus dieser Liste löschen, um die Profilgröße zu reduzieren und sich dann ordnungsgemäß abzumelden. Der Administrator kann Profile vordefinieren, indem er ein Profil entwickelt, das dann bei der Anmeldung des Benutzers an der Domäne implementiert wird. Diese Art der Implementierung wird in Umgebungen eingesetzt, die ein konsistentes Aussehen oder strenge Kontrolle des Arbeitsplatz-PCs benötigen, um unautorisierte Nutzung des Systems auszuschließen.

Servergespeicherte Profile sind eine weitere Implementierung von durch Windows NT 4.0 bereitgestellte Funktionen. Sie ermöglichen dem Benutzer die Verwendung eines persönlichen Desktops unabhängig von der benutzten Workstation. Lässt beispielsweise ein Benutzer seine bearbeiteten Dokumente beim Abmelden auf dem Desktop zurück, so wird die Konfiguration einschließlich dieser Dokumente im Netzwerk gespeichert. Das ist insbesondere dann wertvoll, wenn der Benutzer an mehreren Workstations in der Organisation arbeitet oder wenn ein Arbeitsplatz-PC gravierende Fehlfunktionen aufweist.

Eine typische Anwendung von servergespeicherten Profilen ist die erhöhte Verfügbarkeit. Mit einem solchen Profil lässt sich, falls ein Arbeitsplatz-PC ausfallen sollte, ein Benutzerprofil wiederherstellen. Mit servergespeicherten Profilen kann man auch das grundlegende Aussehen des personalisierten Desktops bestimmen, d.h. wenn ein Benutzer sich am Netzwerk anmeldet, werden die Profildaten auf das System übertragen, an dem er arbeitet. Beispiele für den Einsatz in Unternehmen wären eine Beaufsichtigung servergespeicherter Profile oder ganz einfach Personen, die häufig den Standort wechseln oder ihre Rechner mit anderen gemeinsam nutzen.

Ein weiteres Beispiel für den Einsatz servergespeicherter Profile wäre der Computerraum einer Universität. Da den Benutzern kein Rechner auf Dauer zur Verfügung steht, müssen sie mit dem arbeiten, was der Computer hergibt.

Gruppenrichtlinien spielen unter Windows NT 4.0 in Verbindung mit Profilen auch dahingehend eine Rolle, dass sie bestimmen, welche Funktionen einer Arbeitsplatzumgebung aktiviert bzw. deaktiviert sind. Durch Verwendung des Systemrichtlinien-Editors kann ein Administrator genau festlegen, auf welche Anwendungen und Dateien ein Benutzer zugreifen kann. Beispielsweise könnte der Administrator für bestimmte Benutzer den Befehl *Ausführen...* aus dem Startmenü sperren, um so den Einsatz unautorisierter Anwendungen zu verhindern.

Systemrichtlinien und Profile unter Windows NT 4.0 erlauben die Kontrolle der Arbeitsplatzumgebung. Es gibt Werkzeuge, die bei der Beaufsichtigung der Rechnerumgebung hilfreich sind, aber trotzdem ist unter den Administratoren der Ruf nach zusätzlichen Funktionalitäten immer lauter geworden, denn man wollte den Arbeitsplatz-PC nicht einfach mit Hilfe von Richtlinien und Profilen rücksichtslos sperren, sondern ihn verwalten.

Die Gruppenrichtlinien unter Windows 2000 weisen eine ähnliche Funktionalität auf wie unter Windows NT 4.0. Zusätzlich erlauben sie es dem Benutzer, Richtlinien weitergehend als nur auf der Domänenebene anzuwenden. Bei Active Directory kann der Administrator Gruppenrichtlinien auf Standorte, Domänen und OUs anwenden. OUs können mehrere Ebenen aufweisen, für die die Anwendung von Gruppenrichtlinien individuell eingestellt werden kann.

9.2 Gruppenrichtlinien

Die einzelnen Elemente der Gruppenrichtlinien setzen sich aus verschiedenen Komponenten zusammen. Dieser Abschnitt erläutert im Sinne eines grundlegenden Verständnisses von Gruppenrichtlinien die wesentlichen Komponenten und zeigt, wie diese interagieren.

9.2.1 Der Gruppenrichtlinien-Editor

Der Gruppenrichtlinien-Editor ist ein MMC-Snap-In, mit dem Sie Komponenten des GPOs (Group Policy Object, Gruppenrichtlinienobjekt) hinzufügen, modifizieren und löschen können. Abbildung 9.1 zeigt das GPO, das in diesem Kapitel beschrieben wird.

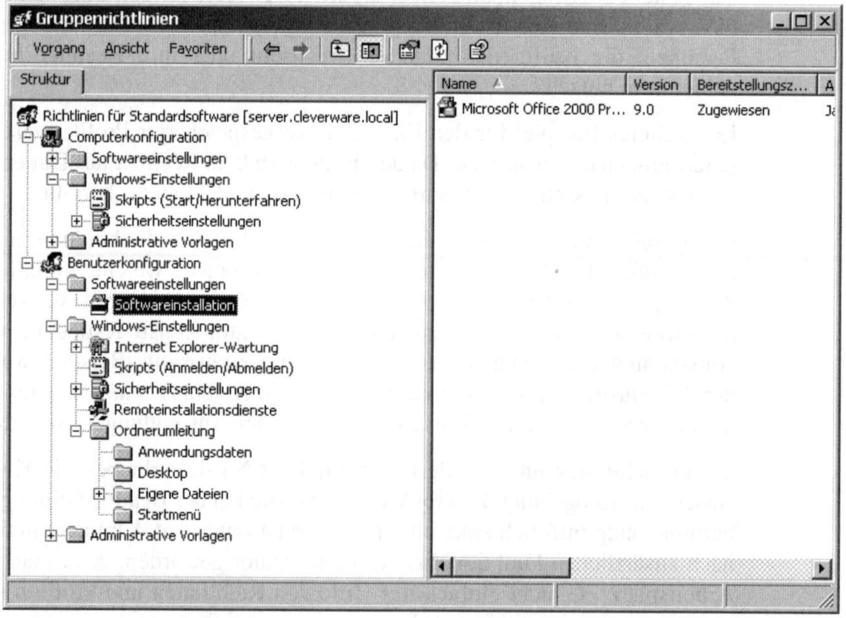

Abb. 9.1: MMC-Ansicht eines Beispiel-GPOs

Der Gruppenrichtlinien-Editor wird gestartet, indem Sie mit der rechten Maustaste auf einen Active-Directory-Container klicken, dann *Eigenschaften* und dort das Register *Gruppenrichtlinien* selektieren und schließlich mit der rechten Maustaste auf ein GPO klicken. Sie können alternativ auch MMC starten, das Snap-In *Gruppenrichtlinieneditor* hinzufügen und dann das gewünschte GPO zur Bearbeitung selektieren.

9.2.2 GPO

Ein GPO ist eine Zusammenstellung von Einstellungen, die auf einen Computer in Abhängigkeit vom Computer selbst bzw. seinem Benutzer angewandt wird. Das klingt verwirrend – betrachten Sie zur Illustration noch einmal Abbildung 9.1, in der ein GPO namens *Standardsoftware* aus der Sicht des Gruppenrichtlinien-Editors dargestellt ist.

Das Standardsoftware-GPO bietet verschiedene Einstellmöglichkeiten. Da ist zunächst einmal die Computerkonfiguration, für die es Einstellmöglichkeiten für Software und Fenster sowie Administrationsvorlagen gibt. Die Software-Einstellungen legen fest, wie die Software auf allen Computern konfiguriert wird, die dieses GPO verwenden. Dies steht im Gegensatz zu den Software-Einstellungen in der Benutzerkonfiguration, die für alle Benutzer gilt, die diesem GPO zugewiesen sind. Nun könnte man fragen, wann welche Einstellungen zum Tragen kommen. Die Computereinstellungen gelten, wenn das GPO auf eine spezielle Gruppe angewandt wird, die eine bestimmte Anwendung benötigt. In diesem Fall benötigt die Buchhaltungsabteilung Zugriff auf eine Abrechnungsanwendung, die nur auf ganz bestimmten Rechnern gestartet werden kann, die sich im dritten Stockwerk befinden – dort ist die Buchhaltung. In diesem Szenario würde ein Benutzer aus dieser Abteilung, der in ein anderes Stockwerk ginge und sich dort mit seinen Daten an einer Workstation anmelden würde, die Anwendung nicht starten können, da die Software-Einstellungen die Anwendung nur an den genannten Rechnern im dritten Stock gestatten.

Im Szenario der benutzerbezogenen Software-Einstellungen könnte der Benutzer die Anwendung unabhängig vom verwendeten Rechner benutzen. Umgekehrt könnte ein Benutzer, der nicht in der Buchhaltung arbeitet, die Anwendung auch dann nicht starten, wenn er einen der Computer im dritten Stock verwenden würde.

Abbildung 9.1 zeigt auch ein paar weitere konfigurierbare Objekte, die Teil eines GPO sind. Dazu gehören die Fenstereinstellungen, die Teil des Computers sind. Eine der Einstellungen, die zur besseren Kontrolle des Arbeitsplatz-PCs und der Interaktion eines Benutzers mit der Arbeitsplatzkonfiguration verwendet werden kann, ist *Computer Configuration|Windows Settings|Scripts*. Hiermit lassen sich mit Hilfe des WSH (Windows Scripting Host) angepasste Scripts zur Konfiguration von Objekten oder zur Bereinigung einer Workstation erstellen. Sie können auch festlegen, ob die Scripts beim Start oder beim Herunterfahren des Rechners ablaufen sollen.

Beachten Sie auch, dass auf der Registerkarte *User Configuration|Software Settings|Software Installation* Microsoft Office 2000 Premium zur Installation angeboten wird. Dieses GPO ermöglicht eine dynamische Installation von Office 2000 für alle Benutzer, für die das Standardsoftware-GPO in der Hierarchie des Containers konfiguriert ist, in dem ihr Benutzerobjekt vorhanden ist.

Der Administrator kann auf der Basis von GPOs auch über die Zuweisung oder Veröffentlichung von Software entscheiden. Wird einem Computer Software zugewiesen, so wird sie auf diesen Rechner übertragen und erlaubt dem Benutzer auch deren Verwendung. Die Veröffentlichung von Software hingegen lässt dem Benutzer die Möglichkeit, diese bei Bedarf auf seinem Computer zu installieren. In aller Regel wird Software, die von den meisten Benutzern verwendet wird (wie z.B. Microsoft Office) allen Arbeitsplatz-PCs, die meistens statisch sind, zugewiesen. Veröffentlicht werden könnte hingegen eine Anwendung, die ausschließlich durch den Leiter der Finanzbuchhaltung zu Kalkulations- und Planungszwecken verwendet wird. Der Unterschied zwischen der Veröffentlichung und der Zuweisung von Software ist zwar subtil, liegt aber hauptsächlich in der typischen Anwendung. Zugewiesene Software wird normalerweise durch Anklicken eines Symbols im Startmenü installiert, während dies bei veröffentlichter Software nicht der Fall ist; hier muss der Benutzer zur Installation den Dialog *Hinzufügen/ Entfernen...* in der Systemsteuerung verwenden.

Das GPO ist diejenige Komponente, die Einstellungen für einen bestimmten Zweck zusammenfasst. Wie bei vielen anderen Funktionen von Windows 2000 und Active Directory auch empfiehlt sich die anfängliche Einrichtung von nur wenigen GPOs (statt zahlreicher granularer GPOs) als guter Ansatzpunkt. Ein Migrationsansatz ist die Übertragung paralleler Funktionalität aus ihrer Windows-NT-4.0-Umgebung an das Active Directory. Statt also von Anfang an einen ganz neuen Ansatz einzuführen, sollten Sie besser die Funktionalität des vorhandenen Windows NT in einen einfachen Gruppenrichtlinienansatz umsetzen.

9.2.3 GPC und GPT

Nach seiner Implementierung besteht das GPO aus zwei Teilen, nämlich dem GPC (Group Policy Container, Gruppenrichtlinien-Container) und der GPT (Group Policy Template, Gruppenrichtlinien-Vorlage). Der GPC enthält Informationen über das GPO wie beispielsweise GPO-Status, GPO-Version und die im GPO enthaltenen Komponenten; das verläuft analog zu den GPO-Verzeichnisinformationen. (Und wo sind diese Daten gespeichert? Richtig, im Active Directory.) Die GPT enthält die Einstellungsdaten des GPO wie z.B. Scriptdateien, Sicherheitseinstellungen und Informationen zur Anwendungsinstallation (vgl. Abbildung 9.1).

Die GPT-Daten befinden sich auf dem Systemdatenträger. Standardmäßig werden sie im Verzeichnis *c:\winnt\SYSVOL\sysvol\w2k.com\Policies\{29xxxx..xxx}*, abgelegt, wobei *w2k.com* der Domänenname für das Verzeichnis und *{29xxxx..xxx}* der GUID (Globally Unique Identifier, global eindeutige ID) des GPO ist. Im Verzeichnis *\user\scripts* finden Sie ein Unterverzeichnis namens *Logon*. Hier sind die An- und Abmeldescripts des GPO gespeichert.

9.2.4 Bearbeitung von Gruppenrichtlinien

Gruppenrichtlinien lassen sich auf verschiedenen Ebenen anwenden, nämlich auf der Standort-, Domänen- und OU-Ebene. Die Reihenfolge der Richtlinienanwendung auf einen Rechner oder Benutzer beginnt beim Standort und verläuft dann über die Domäne bis zur OU (SDOU-Struktur). Sind mehrere OU-Ebenen vorhanden, so erfolgt die Richtlinienanwendung von der obersten Ebene nach unten.

In Abbildung 9.2 ist eine beispielhafte SDOU-Struktur dargestellt. Bei den Benutzern der OU *Dover* fänden zunächst die Standortrichtlinien Anwendung, dann die Richtlinien auf der Domänenebene und schließlich die OU-Gruppenrichtlinien. Die OU-Richtlinien wiederum werden beginnend mit der OU *Europa* über die OU *England* bis zur *Dover*-OU hinab angewendet. Gäbe es nun auf jeder Ebene Benutzergruppenrichtlinien, so würden fünf Richtliniensätze auf die Benutzer angewandt, nämlich in der Reihenfolge Standort, Domäne, Europa, England, Dover.

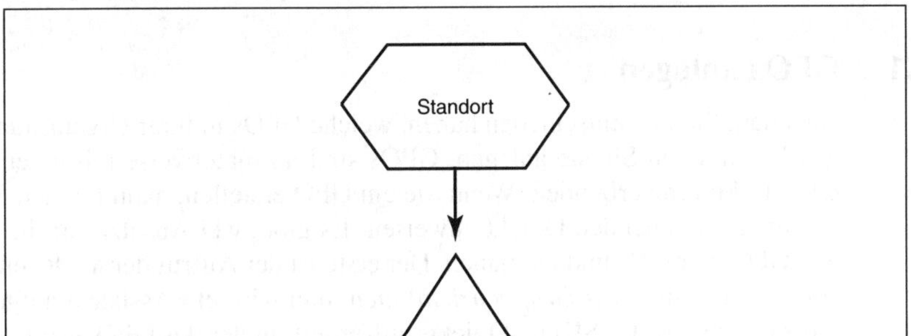

Abb. 9.2: Beispiel für eine SDOU-Struktur

9.3 Gruppenrichtlinien administrieren

Die Administration von Gruppenrichtlinien ist unter Umständen eine sehr komplexe Aufgabe. Entwirft man jedoch eine sorgfältige Struktur und geht anfangs eher einfach vor, dann ermöglicht die Verwendung von Active Directory und Gruppenrichtlinien zur Administration Ihrer Unternehmensumgebung eine verwaltbare Umgebung. Die Anlegung einer OU-Struktur mit vielen Ebenen und einer Vielzahl von GPOs kann leicht eine komplexe Anmelde- und Startstruktur zur Folge haben, die den Verwaltungsaufwand erhöht und die Problemlösung praktisch unmöglich macht. Das im Folgenden abgebildete und noch zu beschreibende Beispiel impliziert einen rasanten Anstieg der Komplexität. Obwohl im Beispiel für jede zu erläuternde Funktion zu Demonstrationszwecken ein GPO angelegt wurde, kann man sich eine Anzahl von GPOs für verschiedene Profilbenutzer durchaus vorstellen. Eine gut durchdachte Struktur ist bei der Entwicklung einer funktionalen Umgebung wesentlich. Nach unserer Erfahrung beginnt man am besten mit einem einfachen Ansatz für Gruppenrichtlinien.

9.3.1 GPOs anlegen

Nachdem Sie nun entschieden haben, welche GPOs in Ihrer Organisation benötigt werden, müssen Sie sie anlegen. GPOs sind normalerweise mit untergeordneten OU-Strukturen verbunden. Wenn Sie ein GPO erstellen, dann müssen Sie es auch einem entsprechenden Objekt zuweisen. Es gibt zwei Ansätze für die Erstellung von GPOs für OUs und Domänen. Der erste ist der Aufruf der MMC und das Hinzufügen des Snap-Ins *Gruppenrichtlinien*; nun wird ein Assistent aufgerufen, der Sie zur Eingabe des SDOU-Objekts auffordert, in der das GPO anzulegen ist. Die zweite Möglichkeit ist der Aufruf des Administrationswerkzeugs *Active-Directory-Benutzer und -Computer*. Mit diesem Werkzeug durchforsten Sie die OU-Struktur nach dem Objekt, zu dem das GPO angelegt werden soll. Wenn Sie ein Objekt (z.B. eine OU) mit der rechten Maustaste anklicken, erhalten Sie im Kontextmenü eine Liste der ausführbaren Aufgaben. Wenn Sie *Eigenschaften* selektieren, werden alle Eigenschaften des OU-Objekts angezeigt. Die Registerkarte *Gruppenrichtlinien* wird angezeigt und stellt alle Funktionen für die Administration eines einzelnen GPOs bereit. Sie können ein neues GPO anlegen, ein vorhandenes GPO editieren oder die Eigenschaften eines gewählten GPOs betrachten, löschen oder modifizieren.

Für ein GPO am Standort verwenden Sie das Snap-In *Active-Directory-Standorte und -Dienste*. Wählen Sie mit diesem Werkzeug zunächst den Standort aus, für den Sie ein GPO anlegen wollen, klicken Sie ihn mit der rechten Maustaste an und wählen Sie *Eigenschaften*. Die Seite *Eigenschaften* wird mit verschiedenen Registerkarten angezeigt. Wählen Sie das Register *Gruppenrichtlinien*. Hier können Sie GPOs für den Standort anlegen, editieren und entfernen.

Klicken Sie zu Anfang auf die Schaltfläche *Neu*, um ein GPO anzulegen. Wenn Sie das Objekt benannt haben, können Sie es nach Anklicken der Schaltfläche *Bearbeiten* editieren. Diese Schaltfläche startet ein anderes MMC-Werkzeug, das Voreinstellungen für ein GPO enthält; diese können nach Belieben modifiziert werden.

Nach dieser Erstellung eines GPOs mit den für Ihren Computer und/oder Benutzer erforderlichen Einstellungen muss nun festgelegt werden, auf wen oder was das GPO angewandt wird. Standardmäßig werden die Richtlinien auf alle Benutzer und Computer angewandt, die in der OU existieren, in der das GPO abgelegt ist. Ein GPO, das auf eine OU angewandt wird, gilt für die Objekte in dieser OU (die entsprechenden Einstellungen in der ACL vorausgesetzt) und für alle Objekte in OUs, die dieser OU untergeordnet sind.

9.3.2 Die GPO-Anwendung steuern

Nun haben Sie ein GPO angelegt. Dieses GPO beeinflusst Computer- und Benutzereinstellungen. Nachdem Sie etwas Erfahrung mit der Verwendung des GPOs gesammelt haben, stellen Sie fest, dass eine bestimmte OU verschiedene benutzerbasierte GPOs benötigt. Jedes dieser benutzerbasierten GPOs berechtigt zum Abonnement einer anderen Zusammenstellung von Anwendungen auf der Workstation.

Um zu steuern, welches GPO auf einen Benutzer oder eine Gruppe angewandt wird, wählen Sie das GPO aus und klicken dann auf die Schaltfläche *Eigenschaften*. Auf dem Register *Sicherheit* können Sie eine Liste von Benutzern und Gruppen konfigurieren. Für jeden Benutzer und jede Gruppe, die Sie hinzugefügt haben, können Sie Berechtigungen ausstellen. Die Berechtigungen, die festlegen, ob und wie ein GPO für eine Serie von Benutzern angewandt wird, sind *Gruppenrichtlinien anwenden* und *Lesen*. Wenn für *Gruppenrichtlinien anwenden* und *Lesen* jeweils *Zulassen* selektiert wird, werden die Berechtigungen angewandt. Ein Beispiel ist in Abbildung 9.3 dargestellt; in diesem Fall wird das GPO auf alle Benutzer in der Gruppe *Autorisierte Benutzer* angewandt.

Es gibt andere mögliche Szenarien für die Verwendung dieser Einstellungen. Ist (unabhängig davon, ob die betroffenen Benutzer Mitglieder anderer Sicherheitsgruppen sind) für *Gruppenrichtlinien anwenden* und *Lesen* jeweils *Ablehnen* markiert, so wird das GPO nicht angewandt. Sind die Berechtigungen *Gruppenrichtlinien anwenden* und *Lesen* nicht gesetzt, dann hat das keine Auswirkungen auf die Benutzer in der Sicherheitsgruppe. Das GPO wird weder angewandt noch explizit abgelehnt.

Beachten Sie auch in Abbildung 9.3, dass die Berechtigungen etwa für das Lesen, Schreiben, das Anlegen alle untergeordneten Objekte und den Vollzugriff verwenden werden, um zu kontrollieren, wer für die GPO selbst Administrationsrechte hat.

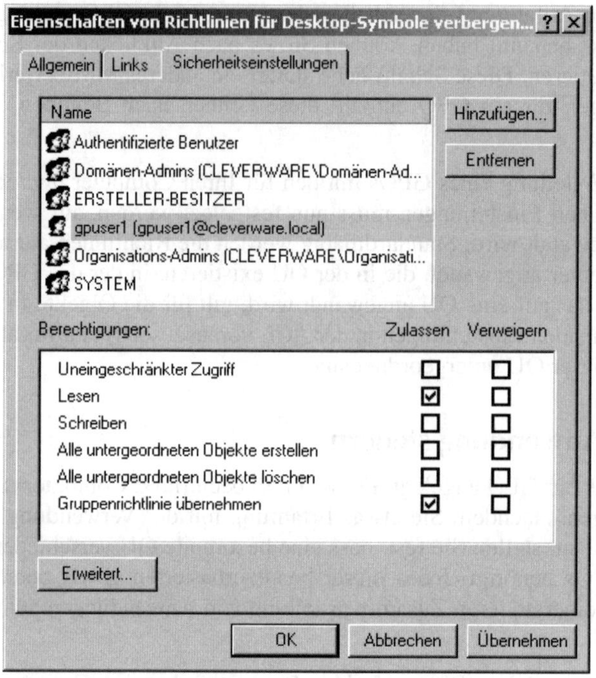

Abb. 9.3: Die Registerkarte Gruppenrichtlinien-Sicherheit

9.3.3 GPOs: Reihenfolge der Anwendung

In einem Container können mehrere GPOs vorhanden sein. Sie werden gemäß der Reihenfolge implementiert, in der sie auf der Registerkarte *Gruppenrichtlinien* des Containers von unten nach oben (d.h. von niedrigster bis zu höchster Priorität) aufgeführt sind. Das in der Liste ganz unten aufgeführte GPO wird also zuerst angewandt. Der Sinn dieses Vorgehens liegt darin, dass, wenn jedes GPO eine Richtlinie in Kraft setzen kann, diese jedoch durch das in der Liste zuoberst aufgeführte GPO wieder deaktiviert werden kann, das letzte GPO die Anwendung von Gruppenrichtlinien immer noch unterbinden kann. Eine solche Liste finden Sie in Abbildung 9.4.

9.3.4 Spezialfälle

An diesem Punkt der Anwendung von Gruppenrichtlinien sind bereits die meisten möglichen Fälle abgedeckt. Sie verfügen über Gruppenrichtlinien, die sich in Ihrem Active Directory auf vielen Ebenen anwenden lassen. Außerdem können Sie die Anwendung von Gruppenrichtlinien auch beschränken und es gibt einen direkten Ansatz für die Reihenfolge der Richtlinienanwendung.

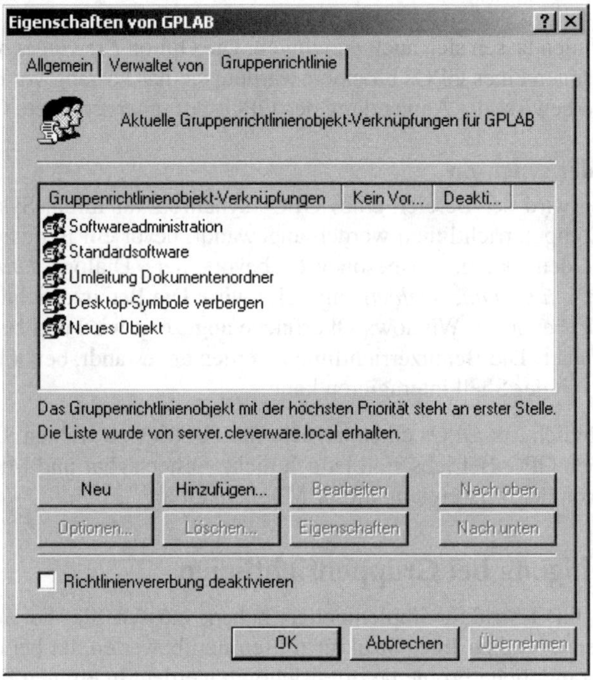

Abb. 9.4: Die Registerkarte Gruppenrichtlinien für die OU GPLAB1

Es gibt jedoch, wie immer beim Active Directory, auch in diesem Fall eine Reihe von Optionen und Funktionen, die Microsoft bereitstellt. Diese stellen Möglichkeiten dar, kontrollierte Ausnahmen von den Standardregeln zur GPO-Anwendung festzulegen.

Kein Vorrang

Für ein GPO lässt sich eine *Kein Vorrang*-Schaltfläche selektieren. Mit dieser Funktion kann der Administrator verhindern, dass Einstellungen eines GPOs durch andere GPOs überschrieben werden.

Blockieren

Mit der Funktion *Blockieren* wird die Vererbung von Einstellungen übergeordneter OUs unterbunden. Als Beispiel kann eine regionale Benutzer-OU dienen, der eine neue Anwendung so lange nicht zugänglich sein soll, bis eine ausreichende Schulung der Benutzer stattgefunden hat. Nun wird die Vergabe der Software jedoch durch eine übergeordnete OU geregelt, die die Anwendung bereits freigegeben hat; mit der Funktion *Blockieren* kann der Administrator die Freigabe für die untergeordnete OU jedoch verhindern.

Erzwingen

Gruppenrichtlinien lassen sich auch erzwingen. Die Option *Erzwingen* verhindert, dass die Richtlinien eines GPOs blockiert werden; sie hat Vorrang vor der Option *Blockieren* und bewirkt die Anwendung des GPOs auf untergeordnete OUs.

Asynchron oder synchron

Standardmäßig wird der Bereich eines GPOs synchron auf Ihrem System angewandt. Alle Computerrichtlinien werden angewandt, bevor ein Benutzer sich am System anmelden kann, insbesondere bevor der Dialog *Drücken Sie Strg+Alt+Entf, um sich anzumelden* angezeigt wird. Die Benutzerrichtlinien werden angewandt, bevor die Windows-Oberfläche angezeigt wird und bedient werden kann. Genauer: Die Benutzerrichtlinien werden angewandt, bevor der Benutzer überhaupt mit der Shell interagieren kann.

Es ist auch möglich, für GPOs einen asynchronen Betrieb zu wählen. Die Folgen des asynchronen GPO-Betriebs sind jedoch nicht vorhersagbar und Microsoft rät ausdrücklich von der Verwendung dieser Möglichkeit ab.

9.3.5 Fehlerbeseitigung bei Gruppenrichtlinien

Wenn Sie die GPO-Struktur implementiert haben, müssen Sie die Konformität Ihrer Implementierung zu Ihrer Struktur prüfen und bewerten, da bei einem solchen Vorgehen mögliche Probleme offensichtlich werden. In einigen Fällen kann das sogar die Struktur betreffen, aber einmal vorausgesetzt, dass Ihre Struktur korrekt ist, benötigen Sie einige Strategien zur Fehlerbeseitigung bei GPOs, damit Ihre Implementierung ordnungsgemäß arbeitet.

Bevor diese Strategien beschrieben werden, sollten Sie zunächst ein Ressourcenwerkzeug namens *GPResult.exe* benutzen. GPResult liefert Ihnen eine Liste der GPOs, die auf Ihren Computer angewandt wurden. Das Programm wird über die Eingabeaufforderung aufgerufen und bietet Ihnen vier Optionen:

- /V für eine ausführliche Anzeige
- /S für eine extrem ausführliche Anzeige
- /C zeigt nur die Computereinstellungen an
- /U zeigt nur die Benutzereinstellungen an

Das folgende Beispielresultat für GPResult wurde auf einem Windows-2000-System erstellt, wobei keinerlei Optionen ausgewählt waren. Sie finden darin die Informationen, die Sie benötigen, um exakt festzustellen, was in Ihrer Umgebung passiert. Dazu gehören Typ und Version des Betriebssystems, die Ergebnisse von Benutzergruppenrichtlinien, Domäne und Domänentyp, Standortname, Mitgliedschaften bei Sicherheitsgruppen sowie Benutzer- und Computer-GPOs. In diesem Fall wurden zwei Benutzer-GPOs angewandt, nämlich GPOUSF und GPOU1.

```
Microsoft (R) Windows (R) 2000 Operating System Group Policy Result tool
Copyright (C) Microsoft Corp. 1981-1999


Created on Thursday, November 11, 1999 at 10:58:04 PM


Operating System Information:

Operating System Type:Domain Controller
Operating System Version:5.0.2128
Terminal Server Mode:None

###############################################################

 User Group Policy results for:

 CN=Gregor Merz,OU=Abteilung NRW,DC=cleverware,DC=de

 Domain Name:   CLEVERWARE
 Domain Type:   Windows 2000
 Site Name:Default-First-Site-Name

 Roaming profile:(None)
 Local profile:C:\Dokumente und Einstllungen\merz

 The user is a member of the following security groups:

   CLEVERWARE\Domain Users
   \Everyone
   BUILTIN\Users
   BUILTIN\Administrators
   CLEVERWARE\Domain Admins
   CLEVERWARE\Duesseldorf Users
   \LOCAL
   NT AUTHORITY\INTERACTIVE
   NT AUTHORITY\Authenticated Users


###############################################################

Last time Group Policy was applied: Thursday, November 11, 1999 at
10:54:30 PM


===============================================================
```

```
The user received "Registry" settings from these GPOs:

   GPOUSF
   GPOU1


#################################################################

 Computer Group Policy results for:

 CN=CLEVERWARE-XH3MRH,OU=Abteilung NRW,DC=cleverware,DC=de

 Domain Name:   CLEVERWARE
 Domain Type:   Windows 2000
 Site Name:     Default-First-Site-Name

#################################################################

Last time Group Policy was applied: Thursday, November 11, 1999 at
10:53:53 PM


================================================================


The computer received "Registry" settings from these GPOs:

   Local Group Policy
   Default Domain Policy


================================================================
The computer received "Security" settings from these GPOs:

   Default Domain Policy
   Default Domain Controllers Policy


================================================================
The computer received "EFS recovery" settings from these GPOs:

   Local Group Policy
   Default Domain Policy
```

Es gibt Strategien zur Fehlerbeseitigung bei Ihren Richtlinien. Sie können zunächst einmal die GPO-Struktur durch Deaktivierung der einzelnen GPOs aufdröseln. Als Administrator können Sie ein GPO deaktivieren, d.h. aus der Abarbeitung herausnehmen und das Ergebnis dann bewerten. Dieser Ansatz ist bei Vorhandensein vieler GPOs sehr zeitaufwendig, deswegen hilft auch hier eine einfache Struktur. Außerdem muss Ihr System bei jeder Richtlinienänderung neu gestartet werden.

Die zweite Strategie ist die Protokollierung der Richtlinienereignisse. Dadurch kann Ihr Ereignisprotokoll allerdings sehr groß werden, deswegen sollten Sie die Aktivierung eines Gruppenrichtlinienereignisses sorgfältig planen und einen Satz von Richtlinien anlegen, der nur eine ausgewählte Gruppe betrifft. Wenn Sie damit anfangen, Produktions-GPOs zu protokollieren und sich dann Tausende von Benutzern ständig an- und abmelden, kann sich die Überprüfung des Protokolls etwas zeitaufwendiger gestalten.

9.4 Verbesserung der GPO-Leistung

Um die Leistung zu verbessern, können Sie festlegen, ob der Betrieb auf der Computer- oder der Benutzerkonfiguration basiert. Dadurch wird verhindert, dass das System das gesamte GPO abarbeitet, wodurch eine Leistungsoptimierung erzielt wird. Wenn Sie beispielsweise eine neue Anwendung GPO-gesteuert einsetzen, dann würden Sie nur die Benutzereigenschaften des GPOs abfragen. In diesem Fall sollten Sie die Computerkonfiguration blockieren, damit diese nicht überflüssigerweise abgearbeitet wird.

9.5 Gruppenrichtlinien verwenden

Gruppenrichtlinien ermöglichen die Steuerung einer Vielzahl von Desktop-Variationen. Außerdem ist über Gruppenrichtlinien ein selektiver und dynamischer Einsatz von Anwendungen möglich. Im Folgenden finden Sie einen Überblick darüber, was man mit Gruppenrichtlinien alles machen kann.

Nachdem Sie sich mit den Gruppenrichtlinienkomponenten und der Anlegung eines GPOs vertraut gemacht haben, stellt sich als nächstes die Frage, wie man Gruppenrichtlinien überhaupt verwenden kann.

Eine sehr direkte Betrachtungsweise der Gruppenrichtlinienimplementierung ist ein Blick auf die verschiedenen Desktop-Typen, die Sie unterstützen wollen. Das ist ein erster einfacher Schritt. Basierend auf Ihrer Organisation und der Anzahl der Mitarbeiter müssen Sie die Anzahl unterstützter Desktop-Konfigurationen und die OU-Struktur bestimmen, die am besten zur Realisierung dieses Vorhabens geeignet scheint.

Sie müssen also den Nutzen mehrerer möglicher Desktop-Typen in ein Verhältnis zu deren Einfluss auf die Komplexität der Verwaltungsumgebung setzen. Wenn Sie nur mit einzelnen OUs ohne untergeordnete OUs arbeiten und wenn jede Abteilung Ihrer Organisation einen individuellen Standard für ihre Arbeitsplatz-PCs haben will, dann können Sie sich vorstellen, dass die GPO-Entwicklung in großen Organisationen zu einem Albtraum ausarten kann. Die Auswirkungen auf Leistung, Verwaltung und Problembehebung sind zu kostenintensiv, als dass die individuellen Standards noch zu rechtfertigen wären. Als Active-Directory-Entwickler und -Administrator müssen Sie Kompromisse eingehen und Anforderungen zu einem einzelnen GPO zusammenfassen. Beispielsweise könnten die Benutzer in der Buchhaltung ähnliche Anforderungen stellen wie die Mitarbeiter im Verkauf. Beide benötigen Zugriff auf Rechenwerkzeuge und Tools für die Arbeit an Datenbanken. Diese Anforderungen ließen sich vielleicht in einem GPO verbinden.

Eine andere Möglichkeit ist die Erstellung je einer OU für jeden einzelnen Desktop-Standard. Daraus würde eine OU-Struktur resultieren, die breit und flach ist. Eine flache OU-Struktur ermöglicht dezentralisierte Administration, und die Verarbeitungszeit für GPOs ist kürzer als bei einer tiefen OU-Struktur, bei der viele GPOs abgearbeitet werden müssen.

Ein dritter Ansatz wäre die »Schichtung« der GPOs. Das funktioniert wie folgt: Gruppenrichtlinien lassen sich, wie bereits beschrieben, auf SDOU-Strukturen anwenden. Das Interessante daran ist, dass sich GPOs auf Benutzer und Computer abhängig davon anwenden lassen, wo sich diese in der OU-Struktur befinden. Die GPOs werden in der Reihenfolge von oben nach unten angewandt und sind kumulativ. Betrachten wir einmal das Beispiel in Abbildung 9.5: Der Standort A hat zwei Benutzer- und zwei Computer-GPOs, die Domäne Windows 2000 hat zwei Benutzer- und ein Computer-GPO und die OU1 je ein Benutzer- und ein Computer-GPO. Meldet sich der Benutzer Gregor nun an, dann werden alle GPOs auf seinen Computer und seine Benutzeridentität angewandt. Abhängig davon, ob Gregors Konto nun in der Domäne Windows 2000, der OU1 oder am Standort A liegt, findet jeweils ein anderer GPO-Satz auf seine Arbeitsumgebung Anwendung.

Nun sollen einmal ein paar Szenarien erstellt werden, um zu zeigen, wie die GPOs angewandt werden. Liegt Gregors Konto in der Domäne Windows 2000, dann wird die Workstation, mit der er sich anmeldet, durch *GPOcmp1* bis *GPOcmp4* bewertet. Die Benutzer-GPOs (*GPOuser1* bis *GPOuser4*) werden dann beim Anmelden des Benutzers angewandt. Außerdem sollte der Administrator die Anwendungsreihenfolge (*GPOcmp1*, *GPOcmp2*, *GPOcmp3*, *GPOcmp4*, *GPOuser1*, *GPOuser2*, *GPOuser3*, *GPOuser4*) festhalten. Dieses Beispiel beschreibt die einfachste Anwendung von Gruppenrichtlinien und zeigt, wie die Hierarchie im Active Directory die Anwendung von GPOs beeinflusst.

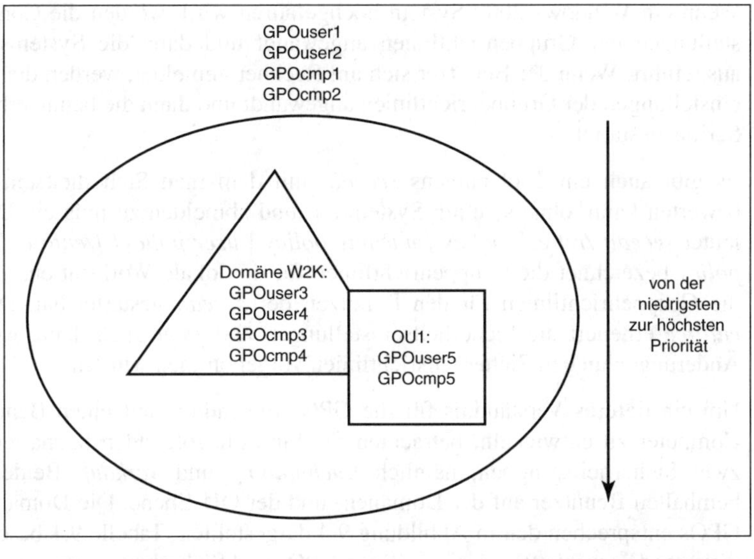

Abb. 9.5: Beispiel für Gruppenrichtlinien in einer SDOU-Struktur

Mit Active Directory kann der Administrator Richtlinien einer bestimmten OU oder Domäne blockieren. Hier könnte er beispielsweise festlegen, dass GPOuser3 in OU1 blockiert wird. Verbindet sich ein Benutzer im Container OU1 mit dem Verzeichnis, so wird GPOuser3 nicht angewandt. Ein GPO mit Erzwingung wird auf alle Objekte in diesem und allen untergeordneten Containern angewandt (zur Erinnerung: Erzwingen hat Vorrang vor Blockieren).

Die nächste GPO-Steuerebene ist die Verwendung von Sicherheitsgruppen. Der Administrator jedes GPOs kann dessen Anwendung auf eine bestimmte Benutzergruppe verhindern. Standardmäßig ist der ACE (Access Control Entity, Zugriffssteuerungsbereich) *Gruppenrichtlinien anwenden* aktiv, d.h. GPOs werden innerhalb der Hierarchie auf Benutzer und Gruppen angewandt. Dieses Verhalten kann explizit durch Deaktivierung der ACE *Gruppenrichtlinien anwenden* umgangen werden (siehe auch Abbildung 9.3).

9.5.1 Anwendung von GPOs

Es ist wesentlich, die Anwendung von GPOs und Benutzereinstellungen an Ihrem Computer zu verstehen, wenn Sie eine Anzahl von GPOs zur Desktop-Verwaltung konfigurieren. Wenn Sie die Anwendung von GPOs beim Hochfahren des Rechners und beim Anmelden an Ihrer Domäne durchschauen, sind Sie besser darauf vorbereitet, eine zuverlässige Struktur zu entwickeln, die auch wie beabsichtigt arbeitet. Falls Ihre Struktur nicht wie erwartet funktioniert, lassen die Reihenfolge der GPO-Anwendungen und die dazwischen liegenden Ereignisse Rückschlüsse auf die Problemursachen zu und tragen so zu deren Lösung bei.

Wenn ein Windows-2000-System hochgefahren wird, werden die Computereinstellungen der Gruppenrichtlinien angewandt und dann die Systemstartscripts ausgeführt. Wenn der Benutzer sich am Rechner anmeldet, werden die Benutzereinstellungen der Gruppenrichtlinien angewandt und dann die benutzerbezogenen Scripts gestartet.

Es gibt auch ein Tool namens *secedit*, mit dem man Sicherheitseinstellungen bewerten kann, ohne sich am System an- und abmelden zu müssen. Die Syntax lautet *secedit /refresh policy {machine policy | user policy} [/enforce]. machine policy* bezeichnet die Gruppenrichtlinien für die lokale Workstation, *user policy* die Gruppenrichtlinien für den Benutzer, der *secedit* gestartet hat. Die Option *enforce* erneuert die Sicherheitseinstellungen und zwar auch dann, wenn keine Änderungen an den Sicherheitsrichtlinien vorgenommen wurden.

Um ein tieferes Verständnis für die GPO-Anwendung auf einen Benutzer oder Computer zu entwickeln, betrachten Sie bitte die folgenden Szenarien. Es gibt zwei Sicherheitsgruppen, nämlich *Buchhaltung* und *Verkauf.* Beide Gruppen beinhalten Benutzer auf der Domänen- und der OU-Ebene. Die Domäne und die GPOs entsprechen den in Abbildung 9.4 dargestellten. Tabelle 9.1 beschreibt die weiteren Eigenschaften der jeweiligen GPOs und Sicherheitsgruppen.

GPO	**Erzwingen**	**Blockieren**	**Gruppenrichtlinien anwenden**	**Gruppenrichtlinien**
GPOcmp1				Aktiviert das Datenträgerkontingent
GPOcmp2				Aktiviert ein Datenträgerkontingent von 100 MB; Hinweis bei 75 MB
GPOuser1	Ja			Aktiviert *IE 5.0-Symbol auf dem Desktop verbergen*
GPOuser2		Buchhaltung		Aktiviert *Symbol »Eigene Dateien« auf dem Desktop verbergen*
GPOcmp3				Aktiviert ein Datenträgerkontingent von 75 MB; Hinweis bei 50 MB
GPOcmp4			nicht zulässig für Buchhaltung	Aktiviert ein Datenträgerkontingent von 75 MB; Hinweis bei 25 MB
GPOuser3			nicht zulässig für Buchhaltung	Deaktiviert *IE 5.0-Symbol auf dem Desktop verbergen*

Tab. 9.1: Eigenschaften von GPOs und Sicherheitsgruppen

GPO	Erzwingen	Blockieren	Gruppenrichtlinien anwenden	Gruppenrichtlinien
GPOuser4				Aktiviert die Verwendung spezieller Bildschirmschoner
GPOcmp5		Verkauf		Aktiviert ein Datenträgerkontingent von 50 MB; Hinweis bei 25 MB
GPOuser5			nicht zulässig für Verkauf	Entfernt alle Desktop-Symbole

Tab. 9.1: Eigenschaften von GPOs und Sicherheitsgruppen (Forts.)

Unter Verwendung von Abbildung 9.4 und Tabelle 9.1 werden wir die Auswirkungen der GPOs auf Benutzer demonstrieren, die sich am Active Directory anmelden. Als Beispiel dient ein Benutzer auf der Domänenebene, der in der Finanzbuchhaltung beschäftigt ist.

1. GPOcmp1 aktiviert das Festplattenkontingent.
2. GPOcmp2 weist ein Kontingent von 75 MB zu.
3. GPOcmp3 weist einen Hinweisschwellwert von 50 MB zu.
4. GPOcmp4 wird nicht angewandt, da der Benutzer Mitglied der Gruppe *Buchhaltung* ist, für die die ACE *Gruppenrichtlinie anwenden* nicht zulässig ist.
5. Die Richtlinien GPOuser1, GPOuser2, GPOuser3 und GPOuser4 werden angewandt.
6. GPOuser1 versteckt das IE 5.0-Symbol.
7. GPOuser2 wird nicht angewandt, da der Benutzer Mitglied der Gruppe *Buchhaltung* ist.
8. GPOuser3 wird nicht angewandt, da der Benutzer Mitglied der Gruppe *Buchhaltung* ist.
9. GPOuser4 policy wird angewandt, d.h. der Bildschirmschoner wird aktiviert. Deswegen wird das IE 5.0-Symbol verborgen und der Bildschirmschoner wird eingerichtet.

Beachten Sie, dass dies ein Beispiel ist; im wirklichen Leben würde das GPO eine Menge weiterer Konfigurationsoptionen enthalten und die Auswirkungen von Einschränkungen, Unzulässigkeiten oder Erzwingungen können je nach Benutzer oder Gruppe sehr drastisch sein.

Die Anwendung oder Nichtanwendung von GPOs beeinflusst eine Reihe von Optionen. Wenn Sie damit anfangen, GPOs aufeinander zu schichten, und wenn jede dieser GPOs über mehrere Eigenschaften mit einer Reihe verschiedener Konfigurationseinstellungen verfügt, dann kann sich die Voraussage des Ergebnisses schwierig gestalten.

9.5.2 Gruppenrichtlinienverwaltung delegieren

Die Gruppenrichtlinienverwaltung kann nach Gruppen geordnet delegiert werden. Beispielsweise können Unternehmensadministratoren alle untergeordneten Objekte lesen, speichern und anlegen und untergeordnete Objekte eines bestimmten GPOs auch löschen. Sie können nun eine Administrationsgruppe aufstellen und den Mitgliedern GPO-Administrationsrechte verleihen. Die Liste der Berechtigungen ist lang und granularer Natur. Die Administratoren können wiederum Personen auswählen und diesen Berechtigungen zur Ausübung individueller GPO-Aufgaben erteilen.

Ein Szenario für die sinnvolle Delegierung der Gruppenrichtlinienverwaltung wäre eines, in dem eine bestimmte Gruppe von Benutzern einen Satz GPOs verwendet. Die Buchhaltungsabteilung könnte z.B. ein oder mehrere GPOs benötigen, solange eine bestimmte neue Anwendung sich noch im Betastadium befindet. Statt nun einen zentralen Administrator damit zu beauftragen, die Verwaltung solange umzustellen, bis die benötigten neuen Standards entwickelt sind, wäre es besser, die Verwaltung einer Person zu überlassen, die ohnehin mit der Anwendungsinstallation beschäftigt ist.

Die Verwaltung von Gruppenrichtlinien kann an Einzelpersonen und Gruppen delegiert werden. Es sind sechs Parameter als Teil der Gruppenrichtlinie zu setzen, die jeweils individuell eingestellt werden können, nämlich

- Vollzugriff,
- Lesen,
- Speichern,
- Erstellen aller untergeordneten Objekte,
- Löschen aller untergeordneten Objekte,
- Anwenden der Gruppenrichtlinie.

Mit Vollzugriff kann der Benutzer bzw. die Gruppe alle Einstellungen des GPOs ändern. Der Besitzer des Objekts sollte diese Möglichkeiten haben. *Lesen* und *Schreiben* dienen der Anwendung von Änderungen. Die Option *Anwenden* muss mit der Option *Lesen* gekoppelt sein, damit sie ausführbar ist. *Erstellen/Löschen aller untergeordneten Objekte* erteilt die Berechtigung zum Anlegen oder Entfernen von einem Objekt untergeordneten Objekten. Über *Gruppenrichtlinie anwenden* wird festgelegt, dass Richtlinien auf die im Fenster *Sicherheitsgruppen* erkannten Benutzer angewandt werden.

Diese Berechtigungen werden bei der Anlegung von GPOs der standardmäßigen Sicherheitsgruppe erteilt. Die Administrationsgruppen für die Domäne und das Unternehmen erhalten die Berechtigungen *Lesen*, *Schreiben* und *Erstellen/ Löschen aller untergeordneten Objekte*. Auf authentifizierte Benutzer wird das GPO standardmäßig angewandt. Sie erhalten die Berechtigungen *Lesen* und *Gruppenrichtlinie anwenden*.

Wenn Sie ein neues GPO einrichten wollen, müssen Sie Zugriff auf das MMC-Snap-In *Active-Directory-Benutzer und -Computer* haben. Von dort aus benötigen Sie ferner administrativen Zugriff auf die OU und das Objekt. Auf die OU hat praktisch jeder Zugriff, denn standardmäßig erhalten alle Mitglieder der Domäne Lese- und Anwendungsberechtigungen. Diese gestatten ihnen die Anzeige des GPOs, allerdings können ohne einen speziellen Zugriff auf das System keine Änderungen vorgenommen werden.

Wenn Sie ein GPO anlegen wollen, das von einer anderen Person verwaltet werden soll, können Sie dieser Person die Werkzeuge übergeben und Berechtigungen zum Lesen und Schreiben sowie zum Erstellen und Löschen untergeordneter Objekte erteilen. Wenn Sie das Ergebnis Ihrer Modifikationen testen wollen, sollten Sie ein Testfeld erstellen, denn nur so können Sie sich vor ungewollter GPO-Anwendung schützen.

9.6 Migration von Gruppenrichtlinien von Windows NT 4.0

Bei der Migration von Gruppenrichtlinien auf Windows 2000 sind verschiedene Szenarien denkbar. In diesem Abschnitt werden deren mögliche Auswirkungen auf Ihre Windows-2000- und Windows-NT-4.0-Workstations gezeigt.

Wenn sich Windows-NT-4.0-Clients bei einem Windows-2000- oder Windows-NT-4.0-Domänencontroller (DC) anmelden, erhalten diese Clients Richtlinien von Windows NT 4.0 zugeteilt. Bei Windows-2000-Clients hingegen ist eine Vielzahl von Möglichkeiten denkbar. Meldet sich der Windows-2000-Client bei einer Windows-NT-4.0-Domäne an, so erhält er die Systemrichtlinien von Windows NT und die lokalen Gruppenrichtlinien. Meldet sich der Windows-2000-Client aber bei einer Windows-2000-Domäne an, dann erhält er die lokalen Gruppenrichtlinien für den lokalen Standort, die Domäne und die OU (LSDOU). Und meldet sich der Windows-2000-Client bei einer Domäne an, in der alle Windows-2000-DCs ausgefallen sind, während die Windows-NT-4.0-DCs arbeiten, dann empfängt er die LSDOU-Richtlinien mit den zwischengespeicherten Anmeldeinformationen.

Liegen nun Computerkonto und Benutzerkonto in Domänen unterschiedlicher Systeme, dann gibt es bei der Anmeldung des Windows-2000-Clients zwei verschiedene Ergebnisse. Wenn das Computerkonto Bestandteil der Windows-2000-Domäne und das Benutzerkonto Teil der Windows-NT-4.0-Domäne ist, erhält der

Computer die Gruppenrichtlinien und der Benutzer keine Richtlinien. Ist umgekehrt das Computerkonto Bestandteil der Windows-NT-4.0-Domäne und das Benutzerkonto Teil der Windows-2000-Domäne, dann werden weder Computer- noch Benutzerrichtlinien auf den Windows-2000-Client angewandt.

9.7 Fazit

GPOs sind mächtige Werkzeuge zur Steuerung von Arbeitsplatzumgebungen. Unter Windows NT 4.0 waren Richtlinien und Profile auf die Sperrung des Desktops beschränkt. Mit GPOs hingegen lässt sich der Arbeitsplatz-PC nicht nur sperren, sondern auch erweitern und in Verbindung mit Active Directory sind die Anpassungsmöglichkeiten unbegrenzt. Allerdings sollten Sie klein anfangen, um die Auswirkungen der GPOs auf Ihre Organisation abschätzen und dann eine leichter modifizier- und verwaltbare Umgebung erstellen zu können.

Kapitel 10

Die physikalische Topologie: Standorte und Replikation

Es ist leicht, sich ausschließlich auf den logischen Aufbau von Active Directory zu konzentrieren, denn schließlich ist dieser logische Aufbau der neue und herausfordernde Aspekt von Active Directory, und deswegen tendieren wir dazu, eine Menge Zeit mit der Entwicklung einer passenden Struktur zu verbringen. Allerdings ist auch die physikalische Komponente wichtig und diese verlangt eine genaue Betrachtung, damit gewährleistet ist, dass Active Directory möglichst gut an das zu Grunde liegende Netzwerk angepasst ist.

Active-Directory-Dienste werden Clients und Anwendungen über Active-Directory-DCs bereitgestellt. Jeder Active-Directory-DC umfasst mindestens drei verschiedene Datenbankpartitionen (die auch als Namenskontexte bezeichnet werden; siehe dazu auch Kapitel 7, »Aufbau der Domänenstruktur unter Windows 2000«), auf denen diese Dienste fußen: die Domänenpartition, die Konfigurationspartition und die Schemapartition. Jeder DC in einem Active-Directory-Wald verfügt über eine vollständige Kopie der Domänenpartition jener Domäne, zu der der DC gehört. Jeder DC kann die Domänenpartition lesen und beschreiben, wodurch Active Directory zu einem Multimaster-Verzeichnis wird. Dadurch kann ein DC also auch Änderungen an seiner Domänendatenbank vornehmen. Diese Änderungen müssen dann auf alle anderen DCs repliziert werden, damit auch sie diese Änderungen widerspiegeln und den Client-Computern und Benutzern konsistente Daten übermitteln können.

Die Replikation ist eine schwierige Angelegenheit. Je mehr Änderungen am Verzeichnis vorgenommen werden, desto größer ist der Replikationsbedarf. Je mehr DCs replizieren, desto mehr Netzwerkbandbreite wird für die Replikation benötigt. Die Replikationsintervalle lassen sich konfigurieren. Werden beispielsweise 100 Änderungen in einer Stunde vorgenommen, so lassen sich diese 100 Änderungen wahlweise inkrementell im Laufe dieser Stunde oder in ihrer Gesamtheit am Ende der Stunde replizieren. Welche Möglichkeit auch gewählt wird, alle 100 Änderungen werden repliziert und benötigen dieselbe Netzwerkbandbreite. Um replikationsbedingten Datenverkehr zu vermindern, ist es wichtig, die Domänen- und Standortstruktur zu betrachten.

Welchen Weg Sie auch immer wählen, alle 100 Änderungen benötigen bei ihrer Replikation eine bestimmte Netzwerkbandbreite. Um nun den replikationsbedingten Datenverkehr zu vermindern, sollten Domänen- und Standortstruktur einer Betrachtung unterzogen werden. Die physikalische Struktur basiert auf Standorten und Standortverknüpfungen. Die Bestimmung der Standorte und der Art der Verknüpfungen lässt Rückschlüsse auf die Leistungsfähigkeit und möglicherweise auch auf die Zuverlässigkeit von Windows 2000 Active Directory zu. In diesem Kapitel werden wir die Active-Directory-Standorte und die Active-Directory-Replikation, die an diesen Standorten durchgeführt wird, einer genauen Betrachtung unterziehen.

10.1 Physikalische versus logische Struktur

Die logische Struktur eines Active-Directory-Aufbaus wird durch die Domänen und deren Beziehungen zueinander und zu den OUs gekennzeichnet. Sie lässt sich in Domänen- und OU-Topologien darstellen, wie beispielsweise in Abbildung 10.1.

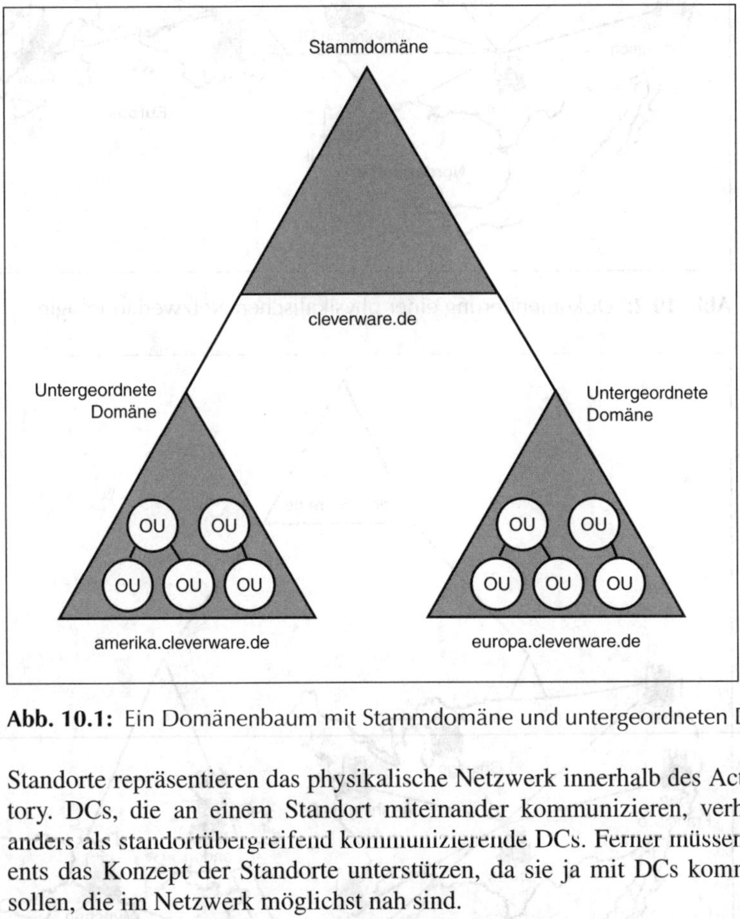

Abb. 10.1: Ein Domänenbaum mit Stammdomäne und untergeordneten Domänen

Standorte repräsentieren das physikalische Netzwerk innerhalb des Active Directory. DCs, die an einem Standort miteinander kommunizieren, verhalten sich anders als standortübergreifend kommunizierende DCs. Ferner müssen auch Clients das Konzept der Standorte unterstützen, da sie ja mit DCs kommunizieren sollen, die im Netzwerk möglichst nah sind.

Die Netzwerktopologie und die gewünschte Domänentopologie sind die Grundlage der Standortstruktur (siehe auch Abbildung 10.2). Es ist wichtig zu verstehen, dass bei der Entwicklung der Standortstruktur Netzwerk- wie auch Unternehmensanforderungen die Domänentopologie bestimmen. Verschaffen Sie sich also einen Überblick über Ihre jetzige und zukünftige Netzwerkstruktur, bevor Sie Ihre Standorttopologie entwickeln.

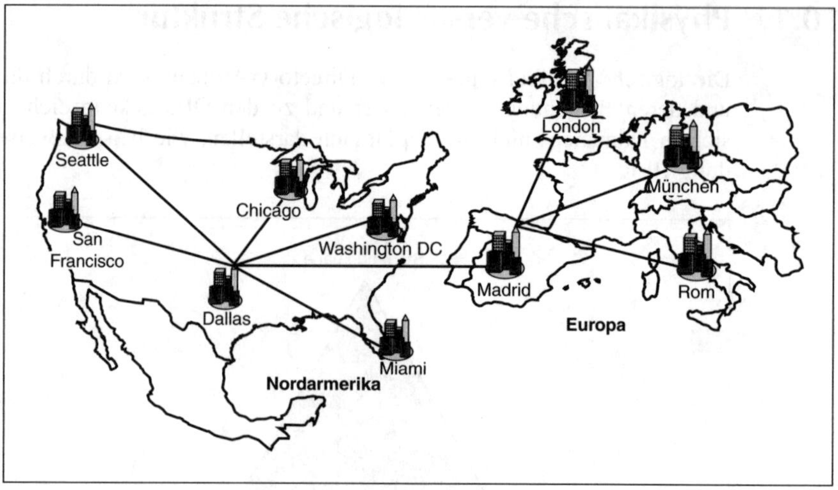

Abb. 10.2: Dokumentierung einer physikalischen Netzwerktopologie

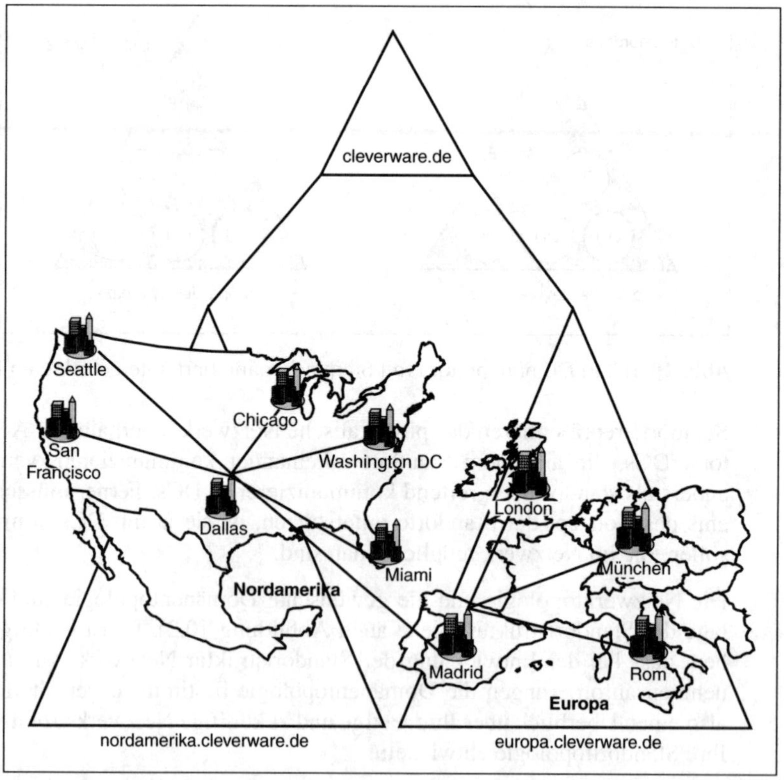

Abb. 10.3: Domänentopologie auf physikalischer Topologie

Eine adäquate Abbildung der physikalischen auf die logische Topologie erleichtert den Client-Zugriff, erhöht die Effizienz und Verfügbarkeit von Ressourcen, vermindert die Replikationslatenz und rechtfertigt die Investition in Active Directory. In Abbildung 10.3 finden Sie eine beispielhafte Domänentopologie.

10.2 Replikation

Um für Clients unternehmensweit schnelle und effiziente Verzeichnisdienste bereitstellen zu können, sollten die am häufigsten benötigten Daten in unmittelbarer Nähe der Clients vorhanden sein. Damit beispielsweise die gleichen lokalen Verzeichnisdienste in Hamburg wie auch in München zur Verfügung stehen, müssen die Verzeichnisdaten zwischen den DCs repliziert werden, die diese Dienste bereitstellen. Ein Verständnis der Replikation hat eine Standort- und Domänenstruktur zum Ergebnis, die mit ausreichender Effizienz repliziert.

10.2.1 Die Multimaster-Theorie

Multimaster bedeutet ganz einfach, dass Verzeichnisdaten von mehreren Mastern verwaltet werden. Anders als bei Windows NT 4.0, wo der primäre DC als alleiniger Master über die Domänendatenbank herrscht und die Sicherungs-DCs keine Daten ins Verzeichnis schreiben können, erlaubt es Active Directory jedem DC, seine lokale Verzeichniskopie anzulegen. Dadurch wird die Einschränkung des »Einzelpunkt-Versagens« (bei Versagen eines DCs versagt das gesamte Netz, Anm. d. Üb.) von Windows NT beseitigt, da auch bei Ausfall eines DCs alle anderen DCs Domänen-Schreib/Lesedienste für die Clients bereitstellen.

Wie in Abbildung 10.4 gezeigt, verfügt jeder DC über mindestens drei Active-Directory-Partitionen, die alle repliziert werden. In diesem Modell ist es möglich und auch wahrscheinlich, dass zu einem Zeitpunkt X nicht alle DCs über identische Domänendaten verfügen, da Änderungen bereits stattgefunden haben, die Replikationen jedoch noch nicht durchgeführt wurden. So etwas liegt in der Natur eines verteilten Multimaster-Verzeichnisses. Das bedeutet, dass innerhalb einer Organisation zur gleichen Zeit unterschiedliche »Wirklichkeiten« vorhanden sind, weil nicht alle Verzeichnisobjekte konstant sind. Diese Theorie der »losen« Konsistenz impliziert auch, dass nicht alle DCs in der Domäne garantiert perfekte Kopien voneinander sind, aber das kann toleriert werden, denn wenn alle Änderungen auf allen DCs abgebildet worden sind, sind die DCs wieder konsistent. Die Konvergenz bedingt, dass trotz möglicher Inkonsistenzen zu einem Zeitpunkt X der finale Datenbestand konsistent sein wird, da der aktuelle Wert jedes Attributes irgendwo im Verzeichnis vorhanden ist und früher oder später unternehmensweit repliziert werden wird.

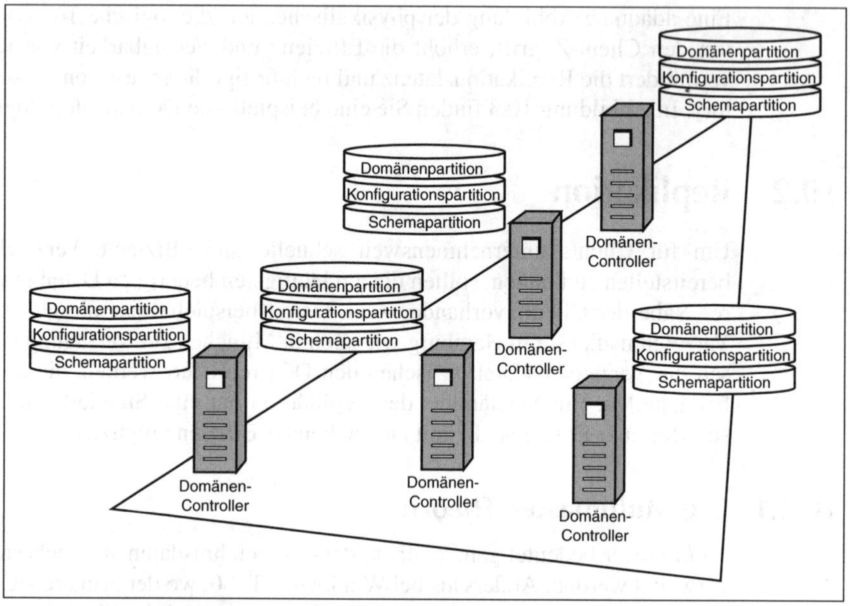

Abb. 10.4: Eine einzelne Domäne mit Multimaster-DCs

10.2.2 Der Replikationsvorgang

Der Replikationsvorgang ist von komplizierter Natur. Das liegt daran, dass Objekte, die auf mehreren Servern vorhanden sind, Werte einer Organisation darstellen, deren Integrität bewahrt werden muss. Um diese Integrität zu bewahren, muss gewährleistet sein, dass, weil Objekte im Verzeichnis modifiziert werden, ein Wert, der die Replikation »übersteht«, auch derjenige Wert ist, der sie überstehen soll.

Der Replikationsvorgang erstellt und erhält für jedes Attribut (und auch für jedes Objekt) eine Reihe von Werten, die bei Änderungen hochgezählt werden. Wenn ein DC Replikationsdaten empfängt, verwendet er diese Werte, um sicherzustellen, dass die zu replizierenden Daten neuer sind als diejenigen, die auf dem Server vorhanden sind. Mehrheitlich finden solche Replikationsvorgänge zwischen DCs ohne weitere Vorkommnisse statt; Replikationskonflikte treten eher selten auf, insbesondere wenn die Replikation auf der Attributebene stattfindet. Falls aber doch mal etwas passiert, muss man wissen, was zu tun ist.

Nehmen wir einmal an, ein Administrator in London ändert die Durchwahlnummer einer Telefonnebenstelle auf 72164. Fünf Minuten später ändert ein Administrator in Berlin den gleichen Wert auf 71963. Beide Werte müssen repliziert werden, aber welche Änderung ist denn nun die richtige? Betrachten wir ein etwas komplexeres Beispiel: Eine Anwendung in London nimmt zehn Änderungen an einem Verzeichnisattribut vor. Kurz darauf nimmt eine Anwendung in Berlin eine

Änderung am selben Attribut vor. Welche Änderung hat nun die höhere Wertigkeit – die zehnte Änderung in London oder die eine Änderung in Berlin? Betrachten wir einmal, welche Werte bei der Replikation erhalten bleiben und wie sie bei der Konfliktlösung verwendet werden – dann werden wir sehen, wie das Ganze funktioniert.

Replikationspartner

Zunächst ist es wichtig, die Beziehungen zwischen den DCs zu verstehen. Sie werden bald sehen, dass die DCs in Ihrem Active Directory eine besondere Beziehung zu (falls vorhanden) mindestens zwei anderen DCs an ihrem Standort pflegen. Diese anderen Server sind den DCs als Replikationspartner zugewiesen. Wenn mehr als ein Replikationspartner vorhanden ist, kann jeder DC seine Datenreplikationen über mehrere Verbindungen erhalten, wodurch eine Fehlertoleranz ermöglicht wird. Da andererseits nicht jeder DC auf jeden anderen DC des Standorts repliziert, wird der Datenverkehr reduziert. Das Konzept des Replikationspartners stellt also einen guten Kompromiss zwischen Fehlertoleranz und minimiertem Replikationsverkehr dar.

Wie geht es weiter?

Der nächste wichtige Schritt ist das Verständnis der Art von Änderungen, die von einem DC am Verzeichnis und an den Werten vorgenommen werden, die die Veränderungen indizieren. Es gibt zwei Arten der Active-Directory-Aktualisierung, nämlich die direkte und die replizierte Aktualisierung. Wie der Name schon sagt, sind direkte Aktualisierungen Änderungen, die von einem Benutzer oder Administrator am Verzeichnis vorgenommen werden; replizierte Aktualisierungen hingegen sind Änderungen an einer DC-Datenbank, die durch einen anderen DC in der Organisation repliziert werden.

Werden an einem DC direkte Aktualisierungen vorgenommen, so wird ein Zähler am DC erhöht. Dieser Zähler ist die USN (Update Sequence Number, Aktualisierungssequenznummer) und wird von anderen DCs verwendet, um zu bestimmen, welche Aktualisierungen repliziert werden müssen. Jedes Attribut, jedes Objekt und jeder Server haben jeweils eine eigene USN, die immer dann hochgezählt wird, wenn Änderungen am Attribut, Objekt oder Server vorgenommen werden.

Nehmen wir einmal an, am Verzeichnis des Servers A wird etwas verändert. Die USN des Servers A wird auf 595 hochgezählt (siehe Abbildung 10.5). Fünf Minuten später teilt Server A dem Server B mit, dass Aktualisierungen verfügbar sind. Server verlangt nun von Server A alle Aktualisierungen mit einer USN von mindestens 595 (denn Server B hat ja noch eine USN von 594 für Server A gespeichert). Server A stellt fest, dass Server B das Verzeichnisupdate benötigt, das durch die USN 595 repräsentiert wird, und schickt Server B dieses Update. Server B empfängt das replizierte Update, speichert es im Verzeichnis und aktualisiert die USN für Server A auf 595. Das war's schon.

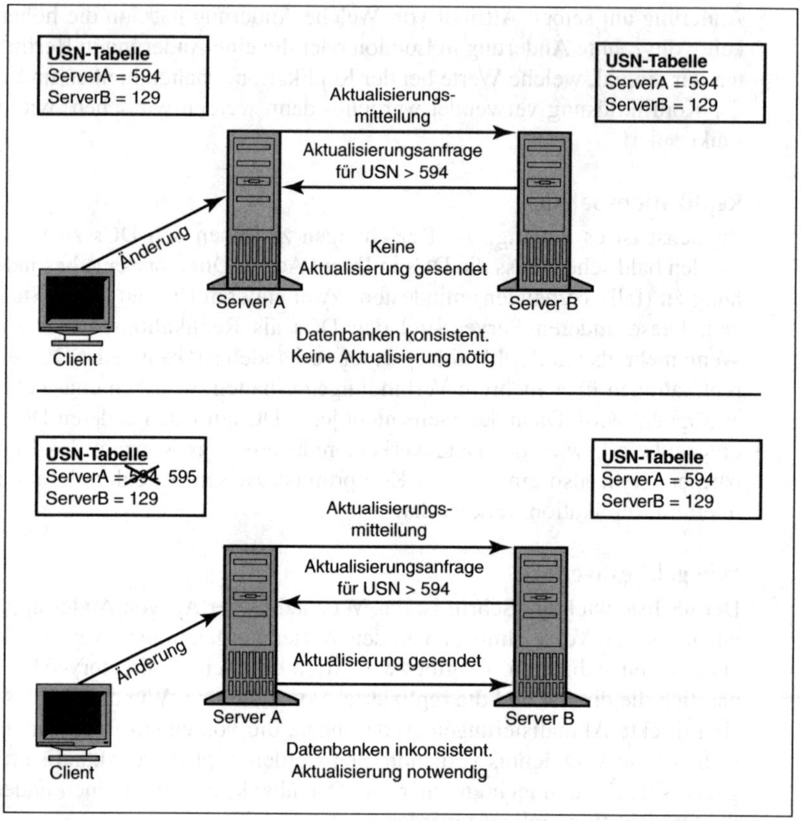

Abb. 10.5: DC-Replikationsvorgang

Exchange 5.5 (und früher) verwendet diesen Verzeichnisreplikationsvorgang ebenfalls. Der grundlegende Unterschied besteht darin, dass Exchange-Server an einem Standort keine Replikationspartner haben. Vielmehr repliziert ein Exchange-Server bei Änderungen alle anderen Exchange-Server am Standort. Da Active Directory zur Leistungsverbesserung Replikationspartner benutzt, besteht die Möglichkeit, dass ein DC die gleichen Replikationsdaten von verschiedenen anderen DCs erhält. Um dem vorzubeugen, verfügt Active Directory über eine so genannte »Übermittlungsdämpfung«. Darunter versteht man einen Prozess, bei dem nur Replikationen angefordert werden, die noch nicht durchgeführt wurden.

Um die Übermittlungsdämpfung zu vereinfachen, verfügt jeder DC über einen »aktuellen Vektor«, d.h. einen Satz von USNs, der für jeden Server die höchste direkte Aktualisierung bezeichnet. Außerdem hat jeder DC auch einen High-Watermark-Vektor, der die höchste USN für jedes Objekt eines Servers im Verzeichnis beinhaltet.

Die beste Möglichkeit zu verstehen, wie diese Werte bei der Übermittlungsdämpfung verwendet werden, ist das in Abbildung 10.6 gezeigte Beispiel, das im Folgenden erläutert werden soll.

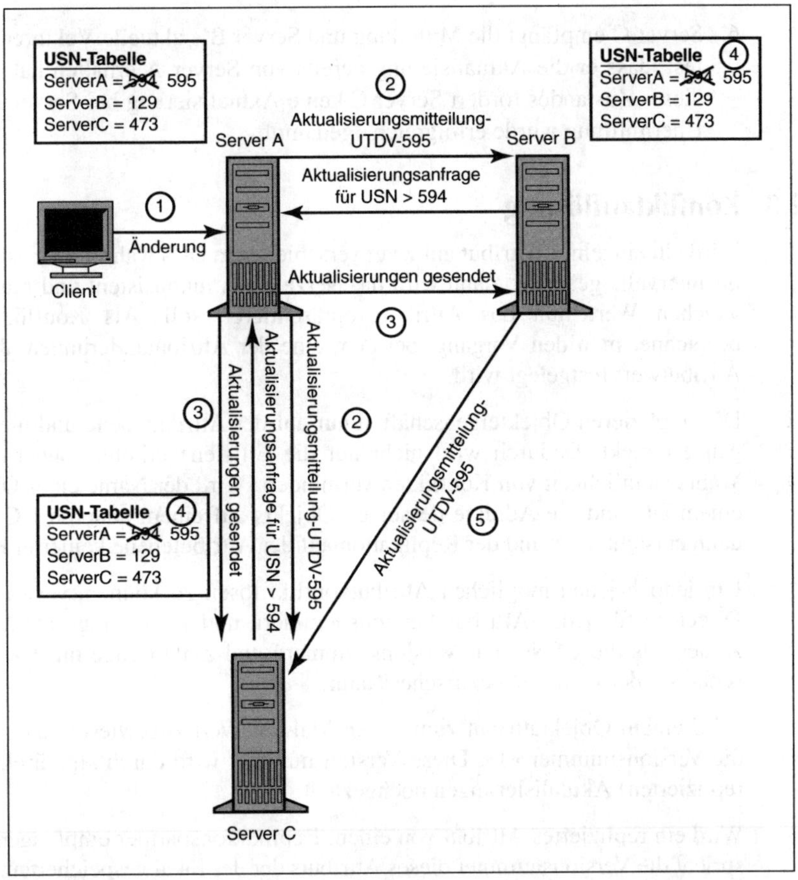

Abb. 10.6: Übermittlungsdämpfung bei der Replikation

1. An Server A wird eine Veränderung vorgenommen.
2. Server A sendet den Servern B und C eine Mitteilung, derzufolge eine Aktualisierung stattgefunden hat, und seine aktuellen Vektoren.
3. Die Server B und C vergleichen unabhängig voneinander die von Server A empfangenen aktuellen Vektoren und bestätigen ihren Aktualisierungsbedarf. Anschließend fordern sie die Aktualisierung von Server A an.
4. Die Server B und C setzen die Änderungen im Verzeichnis um.

5. Nun informieren die Server ihre Replikationspartner über die Änderungen. In diesem Fall ist Server B's Replikationspartner Server C. Server B sendet also Server C die Mitteilung, dass eine Veränderung stattgefunden hat, und außerdem Server A's aktuelle Vektoren.

6. Server C empfängt die Mitteilung und Server B's aktuelle Vektoren und stellt fest, dass er die Aktualisierung bereits von Server A erhalten hat. Aufgrund dieses Zustandes fordert Server C keine Aktualisierung bei Server B an – die Übermittlung wurde erfolgreich »gedämpft«.

10.2.3 Konfliktauflösung

Wird ein einzelnes Attribut auf zwei verschiedenen DCs während eines Replikationsintervalls geändert, dann wird das Verzeichnis inkonsistent und muss prüfen, welchen Wert nun das Attribut repräsentieren soll. Als Konfliktauflösung bezeichnet man den Vorgang, bei dem eine der Attributänderungen als gültiger Attributwert festgelegt wird.

DCs replizieren Objekteigenschaften nur auf der Attributebene und nicht für das ganze Objekt. Dadurch wird nicht nur die Effizienz erhöht, sondern auch die Wahrscheinlichkeit von Konflikten vermindert. Wird der Name eines Objekts auf einem DC und die Adresse desselben Objekts auf einem anderen DC geändert, dann entsteht aufgrund der Replikation auf der Attributebene keinerlei Konflikt.

Um jedoch jeden möglichen Attributkonflikt lösen zu können, verwahrt Active Directory für jedes Attribut Versionsnummern und Zeiteinträge als Metadaten. Anders als die USNs sind Versionsnummern und Zeiteinträge nicht DC-spezifischer, sondern attributspezifischer Natur.

Wird einem Objektattribut zum ersten Mal ein Wert zugewiesen, dann erhält es die Versionsnummer »1«. Diese Versionsnummer wird durch alle direkten (nicht replizierten) Aktualisierungen hochgezählt.

Wird ein repliziertes Attribut von einem Replikationspartner empfangen und entspricht die Versionsnummer dieses Attributs der des lokal gespeicherten Attributs, dann erhält das Attribut mit dem neuesten Zeiteintrag den Vorzug. In dem sehr seltenen Fall, dass Versionsnummern und Zeiteinträge bei lokalem und repliziertem Attribut identisch sind, wird die Attributsversion gewählt, deren Datenbank den höchsten GUID (Globally Unique Identifier, globale eindeutige Identifikationsnummer) hat. Dadurch ist gewährleistet, dass in allen – auch theoretischen – Fällen immer genau ein Attribut gewählt wird.

Demzufolge würde in dem Beispiel am Beginn dieses Abschnitts, bei dem die beiden Durchwahlnummern während eines Replikationsintervalls von zwei DCs geändert wurden, die Nummer mit dem neueren Zeiteintrag vorgezogen werden und das entsprechende Attribut für das Objekt repräsentieren. Beim komplizierteren Beispiel, bei dem während eines Replikationsintervalls an einem Attribut zehn Änderungen in London und kurz danach eine Änderung in Berlin vorgenommen worden wären, würde die zehnte Änderung in London Vorrang haben, obwohl sie früher durchgeführt worden wäre als die Änderung in Berlin, denn die Londoner Änderung hätte eine höhere Versionsnummer.

10.2.4 Standortinterne Replikation

Die standortinterne Replikation bezeichnet die Replikation zwischen DCs am gleichen Standort. Einer der Aspekte, die einen Standort definieren, ist die Tatsache, dass alle DCs gemeinsam ein Netzwerk mit hoher Bandbreite nutzen. DCs am gleichen Standort kommunizieren frei miteinander statt zusätzliche CPU-Zyklen zu verbrauchen, wodurch die Netzwerkkommunikation verbessert wird.

DCs an einem Standorts nehmen keine Abfragen vor, um zu erfahren, ob Änderungen repliziert werden müssen; wird eine Änderung an einem DC vorgenommen, dann wartet dieser 300 Sekunden (ergo fünf Minuten), bevor er eine Änderungsmitteilung an seine Replikationspartner am Standort sendet. Empfangen die Replikationspartner die Änderungsmitteilung, ziehen sie sich die Änderung vom DC und aktualisieren ihre Datenbanken über den zuvor beschriebenen Replikationsprozess. Der Grund für das fünfminütige Warten des ursprünglichen DCs besteht darin, dass weitere Änderungen wahrscheinlich sind, und es ist weitaus effizienter, mehrere Änderungen auf einmal zu replizieren. Zusätzlich stellt ein DC, der sechs Stunden lang keine Änderungsmitteilung erhalten hat, von sich aus eine Replikationsanforderung an seine Replikationspartner.

Nun müssen einige Arten von Verzeichnisänderungen umgehend repliziert werden, und zwar insbesondere sicherheitsrelevante Änderungen am Active Directory wie beispielsweise Passwortänderungen, DC-Funktionsänderungen oder die Sperrung eines Benutzerkontos. Bei solchen Änderungen wird die Änderungsmitteilung nicht erst nach fünf Minuten, sondern sofort gesendet.

10.2.5 Standortübergreifende Replikation

Da sich Standorte u.a. über eine hohe Netzwerkbandbreite definieren, verfügen jene Teile des Netzwerks, die Standorte verbinden, in der Regel über eine beschränkte Bandbreite. Aus diesem Grund wird für den Erhalt der Bandbreite zwischen Standorten viel Aufwand getrieben. Daten werden um 15 Prozent komprimiert, bevor sie auf die Reise zu einem anderen Standort geschickt werden.

Anders als bei der standortinternen Replikation benötigt die standortübergreifende Replikation keinerlei Änderungsmitteilung, um mit der Replikation zu beginnen; hier gibt es vielmehr einen Replikationszeitplan. Dadurch kann die Standortstruktur verkehrsarme Perioden im Netzwerk (z.B. während der Nacht) oder Replikationsintervalle berücksichtigen, die nicht die gesamte Netzwerkbandbreite beanspruchen.

Nach diesen Ausführungen sei noch einmal darauf hingewiesen, dass, wenn an einem DC eine Änderung vorgenommen wird, diese Änderung zwischen allen Standorten der Domäne repliziert wird. Standorte minimieren den Datenverkehr also nicht, aber sie können mit Hilfe von Datenkompression und Zeitplänen seine Auswirkungen abschwächen.

10.2.6 Transportprotokolle

Es gibt zwei mögliche Transportprotokolle zwischen Active-Directory-Standorten: das synchrone RPC- (IP; siehe Abbildung 10.5) und das asynchrone SMTP-Protokoll (siehe Abbildung 10.6). Bei beschränkter Bandbreite und unbeständigen Netzwerkverbindungen hat sich SMTP im Vergleich zu RPC als zuverlässiger erwiesen. Da die Verbindungen zwischen Standorten wahrscheinlich eine beschränkte Bandbreite aufweisen, scheint sich SMTP also als standortübergreifendes Transportprotokoll anzubieten. Die Sache hat allerdings einen Haken: SMTP kann zur Replikation von Daten der Domänenpartition nicht standortübergreifend eingesetzt werden.

Wenn eine Domäne mithin mehr als einen Standort umfasst, dann kann zur Domänenreplikation nur RPC genutzt werden.

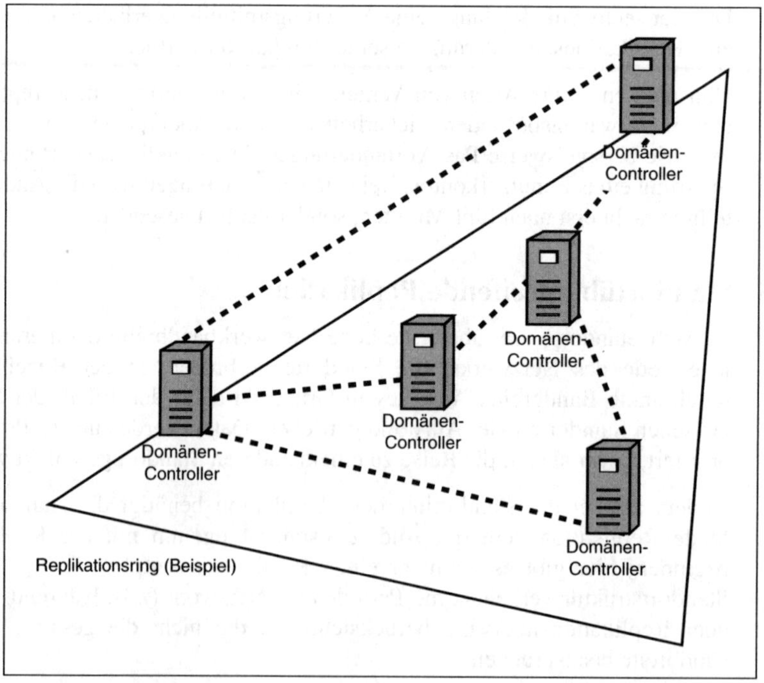

Abb. 10.7: RPC-Standortverknüpfung zwischen Standorten einer Domäne

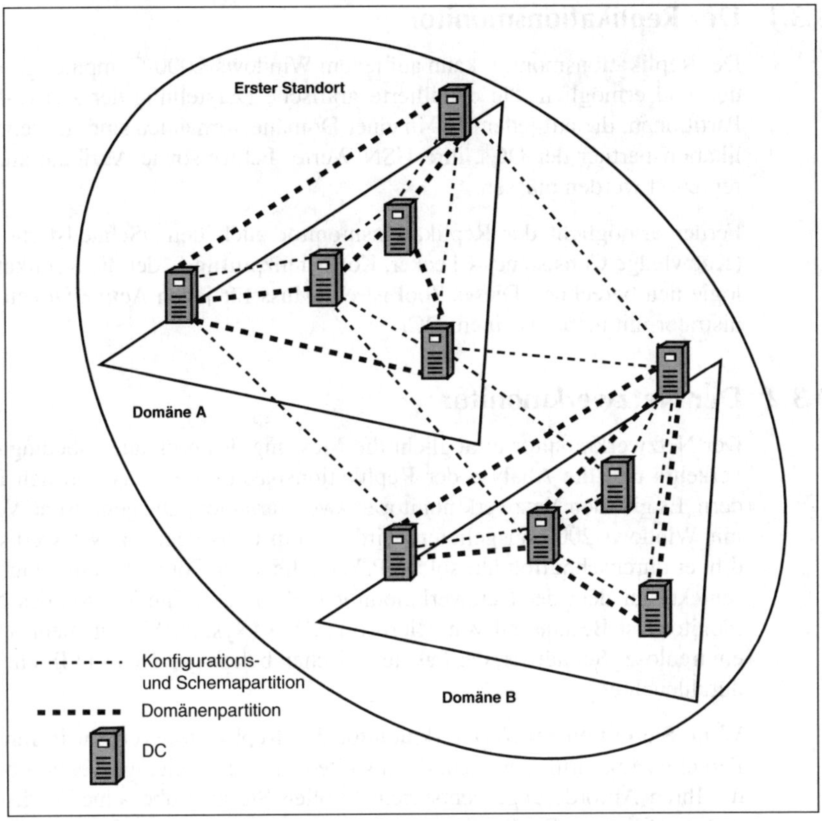

Abb. 10.8: SMTP-Standortverknüpfung zwischen Standorten mehrerer Domänen

Gibt es zwei Domänen mit jeweils eigenem Standort, dann kann die Replikation der Konfigurations- und Schemapartitionen zwischen den beiden Domänen/ Standorten bedenkenlos über SMTP erfolgen.

Was bedeutet das für die Standortstruktur? Es bedeutet, dass die Quote an zuverlässiger Netzwerkbandbreite zwischen physikalischen Standorten bei der Entwicklung der Domänentopologie eine Rolle spielt. Wenn Sie Domänen entwerfen, die sich über mehrere Standorte erstrecken, sollten Sie die Einschränkungen berücksichtigen, die sich aus den RPCs ergeben, da diese zur standortübergreifenden Replikation der Domänenpartition unbedingt benötigt werden.

10.3 Werkzeuge zur Replikationsüberwachung

Werkzeuge zur Replikationsüberwachung sollten nicht erst während der Produktion, sondern bereits im Testfeld eingesetzt werden, damit Sie Ihre Domänen- und Standortstrukturen auf korrekte Funktionsweise hin überprüfen können.

10.3.1 Der Replikationsmonitor

Der Replikationsmonitor kann auf jedem Windows-2000-Computer gestartet werden und ermöglicht die detaillierte grafische Darstellung der Active-Directory-Partitionen, die auf jedem DC in einer Domäne vorhanden sind. Er zeigt die Replikationspartner der DCs, ihre USN-Werte, Fehler sowie Attribute an, die noch repliziert werden müssen.

Ferner ermöglicht der Replikationsmonitor auch den »Schnellstart« der KCC (Knowledge Consistency Checker, Konsistenzprüfung), der die Replikationstopologie neu berechnet. Dieses Tool ist ein Muss für jeden Active-Directory-Administrator mit mehr als einem DC.

10.3.2 Der Netzwerkmonitor

Der Netzwerkmonitor ermöglicht die Messung des replikationsbedingten Datenverkehrs und die Analyse der Replikationspakete, die zwischen den DCs wandern. Es gibt den Netzwerkmonitor in zwei Varianten: Die generische Version, die mit Windows 2000 ausgeliefert wird, ist ein treusorgender Netzwerkschnüffler, d.h. er durchschnüffelt nur solche Pakete, die jener Computer empfängt bzw. verschickt, auf dem der Netzwerkmonitor läuft. Die zweite Version des Netzwerkmonitors ist Bestandteil von Microsofts SMS (System Management Server) und ein treuloser Schnüffler, der Pakete zwischen beliebigen Hosts in Ihrem Netzwerk durchleuchtet.

Wenn Sie mit einem Netzwerkmonitor den Replikationsverkehr in Ihrem Active Directory überprüfen wollen, dann sollten Sie sich diejenige Version beschaffen, die Ihren Anforderungen entspricht. Wollen Sie also über eine Workstation den Active-Directory-Replikationsverkehr zwischen mehreren Servern überwachen, dann kommen Sie um die SMS-Version des Netzwerkmonitors nicht herum.

10.3.3 Systemmonitor

Der Systemmonitor ist ein alter Freund aus der Windows-NT-Produktfamilie. Wie auch für andere Anwendungen und Dienste beinhaltet Active Directory Datenquellen, die es dem Systemmonitor erlauben, die Active-Directory-Leistung zu ermitteln. Zu diesen Zählern gehören die folgenden:

- **Eingehende DRA-Bytes insgesamt:** Dies ist die Gesamtzahl der eingegangenen Replikationsbytes. Bei der standortübergreifenden Replikation ist die Anzahl der komprimierten Bytes gemeint.
- **Eingehende komprimierte DRA-Bytes:** Hier wird normalerweise die Anzahl der Bytes bezeichnet, die von anderen DCs am Active-Directory-Standort empfangen wurden.
- **Eingehende komprimierte DRA-Bytes (vor der Komprimierung):** Die ursprünglich vor der Komprimierung vorhandene Anzahl der gesendeten Bytes

- **Eingehende komprimierte DRA-Bytes (nach der Komprimierung):** Die Anzahl der durch den DC empfangenen komprimierten Bytes
- **Ausgehende nichtkomprimierte DRA-Bytes.** Die Anzahl der Bytes, die vom DC an einen anderen DC gesendet wurden.
- **Ausgehende DRA-Bytes insgesamt:** Dies ist die Gesamtzahl der gesendeten Replikationsbytes. Bei der standortübergreifenden Replikation ist die Anzahl der komprimierten Bytes gemeint.
- **Ausgehende komprimierte DRA-Bytes (vor der Komprimierung):** Die ursprünglich vor der Komprimierung vorhandene Anzahl der gesendeten Bytes
- **Ausgehende komprimierte DRA-Bytes (nach der Komprimierung):** Die Anzahl der durch den DC gesendeten komprimierten Bytes

10.3.4 Ereignisanzeige

Ein anderer Verbündeter des Windows-NT-Administrators, die Ereignisanzeige, ist eine weitere Möglichkeit, die Verzeichnisreplikation zu überwachen. Sie kann zur Problemlösung und zur Vollzugsbestätigung bestimmter Funktionen (wie Rechnerstart, Herunterfahren, Backup und Systemwartung) herangezogen werden. Das Windows NT Resource Kit beinhaltet ferner Zubehörprogramme, die den Administrator bei der Protokollierung einer bestimmten Ereignis-ID benachrichtigen.

10.4 Grundlagen zu Standorten

Standorte beschreiben Bereiche innerhalb einer Organisation, die über hohe Netzwerkbandbreiten verfügen. Die Definition solcher Bereiche mit hohen Bandbreiten ist notwendig, damit DCs von ihr profitieren können, wenn sie mit anderen DCs am selben Standort kommunizieren. Außerdem erlaubt es die Definition von Standorten den DCs, die Netzwerkbandbreite bei der standortübergreifenden Kommunikation aufrechtzuerhalten. Standorte legen nicht fest, was repliziert wird – das ist Aufgabe der Domänen –, aber sie bestimmen, wie Verzeichnisdaten repliziert werden und wie viel Aufmerksamkeit die DCs dem Erhalt der Netzwerkbandbreite schenken.

Standorte legen ferner fest, wo Clients auf Domänenressourcen zugreifen können. Wenn ein Client sich am Netzwerk anmeldet, dann kontaktiert er einen DC an seinem Standort. Ist kein standorteigener DC vorhanden, dann versucht der Client einen externen DC zu kontaktieren. Im ersten Szenario wird der Anmeldeverkehr durch den Client auf den standortinternen breitbandigen Netzwerkverbindungen zentralisiert; dadurch wird die Leistung gesteigert und statt der teuren und eingeschränkten WAN-Bandbreite die preiswerte lokale Bandbreite genutzt.

Einem Standort lassen sich auch GPOs (Gruppenrichtlinienobjekte) zuweisen. Wie bereits in Kapitel 8 (»Entwurf des DNS-Namespace«) beschrieben, werden auf Clients, die an einem Standort vorhanden sind, die standorteigenen GPOs angewandt. Dies ist ein Bereich, in dem die physikalische Topologie zur Verwaltung von Benutzern und Workstations verwendet werden kann.

Standorte können auch die DFS-Topologie (Distributed File System, verteiltes Dateisystem) beeinflussen. Das DFS bestimmt anhand von Standorten die Dateifreigabe, die für den Client lokal vorhanden ist, und leitet den Client auf diese Freigabe um.

10.4.1 Topologie der standortinternen Replikation

Wie bereits erwähnt, werden unter den DCs an einem Standort Replikationspartner zugewiesen. Anders als bei Servern an einem MS Exchange-Standort, die alle miteinander kommunizieren, bauen Active-Directory-DCs an einem Standort eine Art »teilmaschige« Topologie auf. Microsoft würde das gerne als »Ringtopologie« bezeichnen, aber die erstellte Topologie muss nicht unbedingt ringförmig sein, da jeder DC im Schnitt nicht mehr als drei Verbindungen von jedem anderen DC am Standort entfernt ist. Aus diesem Grund geht der Ring verloren, wenn man Standorte mit vielen DCs hat (siehe Abbildung 10.9).

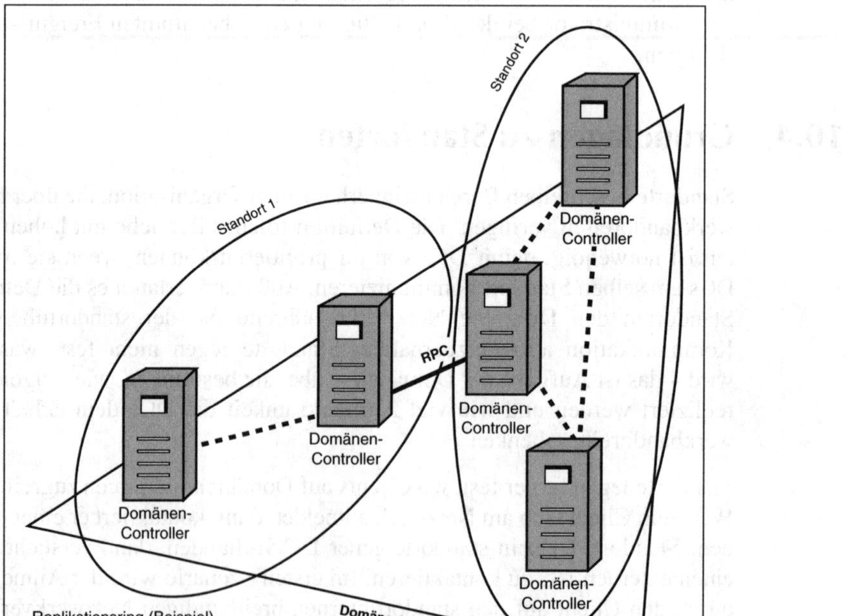

Abb. 10.9: Ein Replikationsring an einem Standort

Bei Betrachtungen über Replikationspartner und die Replikationstopologie sollten Sie immer daran denken, dass nicht alle Active-Directory-Partitionen gleich sind. Aus diesem Grund können Active-Directory-Partitionen ihre eigene Replikationstopologie haben. Warum? Weil Domänenpartitionen von Konfigurations- und Schemapartitionen unabhängig sind und möglicherweise an andere Stellen innerhalb des Unternehmens repliziert werden müssen. Erinnern Sie sich, dass die Domänenpartition nur zwischen DCs derselben Domäne repliziert wird, Konfigurations- und Schemapartition hingegen auf alle DCs im Active-Directory-Wald? Deswegen nutzen Konfigurations- und Schemapartition eine gemeinsame Replikationstopologie, die sich sehr wohl von der Topologie der Domänenpartition unterscheiden kann, was insbesondere in einer Umgebung mit mehreren Domänen sehr wahrscheinlich ist.

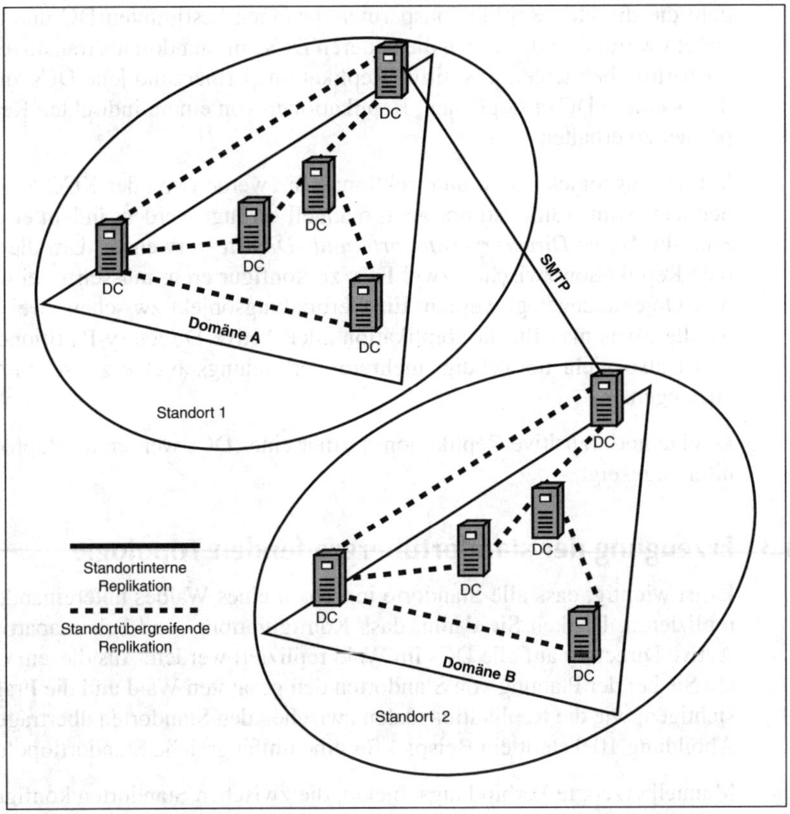

Abb. 10.10: Replikationsringe innerhalb jeder Domäne für Domänenpartitionen und domänenübergreifend für die Konfigurations- und Schemapartitionen

Ein Standort beispielsweise mit zwei Domänen hat drei Ringe (einen für die Konfigurations- und Schemapartition, zwei weitere für die Domänenpartitionen), ein Standort mit drei Domänen hat vier Ringe (einen für die Konfigurations- und Schemapartition, drei für die Domänenpartitionen) usw. Abbildung 10.8 zeigt die Replikationsringe für einen Standort mit zwei Domänen.

10.4.2 Erzeugung einer standortinternen Topologie

Die standortinterne Replikationstopologie wird automatisch durch die KCC erzeugt, die Verbindungsobjekte innerhalb eines Standorts anlegt, die potentielle direkte Replikationspartner zwischen den DCs darstellen. Die KCC nimmt diese Verbindungsobjekte und baut einen Replikations»ring« zwischen den DCs am Standort mit Hilfe eines Dienstes namens *Replikationstopologiegenerator*. Nachdem die direkten Replikationspartner für einen bestimmten DC durch die KCC erstellt worden sind, werden die anderen DCs am Standort als transitive Replikationspartner betrachtet. Transitive Replikationspartner sind jene DCs am Standort, die es einem DC ermöglichen, Replikationen von einem indirekten Replikationspartner zu erhalten.

Verbindungsobjekte sind unidirektional. Sie werden von der KCC angelegt, können aber vom Administrator auch manuell erzeugt werden, indem er das MMC-Snap-In *Active-Directory-Standorte und -Dienste* verwendet. Um die bidirektionale Replikation zwischen zwei DCs zu konfigurieren, müssen zwei unidirektionale Objekte angelegt werden. Ein Verbindungsobjekt zwischen zwei Standorten ist alles, was man für die Replikation aller Active-Directory-Partitionen braucht; es ist also nicht notwendig, mehrere Verbindungsobjekte zwischen Standorten anzulegen.

Direkte und transitive Replikationspartner eines DCs werden im Replikationsmonitor angezeigt.

10.4.3 Erzeugung der standortübergreifenden Topologie

Es ist wichtig, dass alle Standorte innerhalb eines Waldes untereinander effizient replizieren. Denken Sie daran, dass Konfigurations- und Schemapartitionen des Active Directory auf alle DCs im Wald repliziert werden. Aus diesem Grund sollten Sie bei der Planung von Standorten den gesamten Wald und die Frage berücksichtigen, wie die Replikationsdaten zwischen den Standorten übertragen werden. Abbildung 10.9 stellt ein Beispiel für eine umfangreiche Standorttopologie dar.

Manuell erzeugte Verbindungsobjekte, die zwischen Standorten konfiguriert werden – auch Standortverknüpfungen genannt –, bestimmen die anzulegende standortübergreifende Replikationstopologie. Die entsprechenden Active-Directory-Partitionen nutzen Standortverknüpfungen zur standortübergreifenden Replikation. Sind Standorte über Standortverknüpfungen miteinander verbunden, dann verwaltet ein »Bridgehead« (Brückenkopf) den Replikationsverkehr vom und zum anderen Standort.

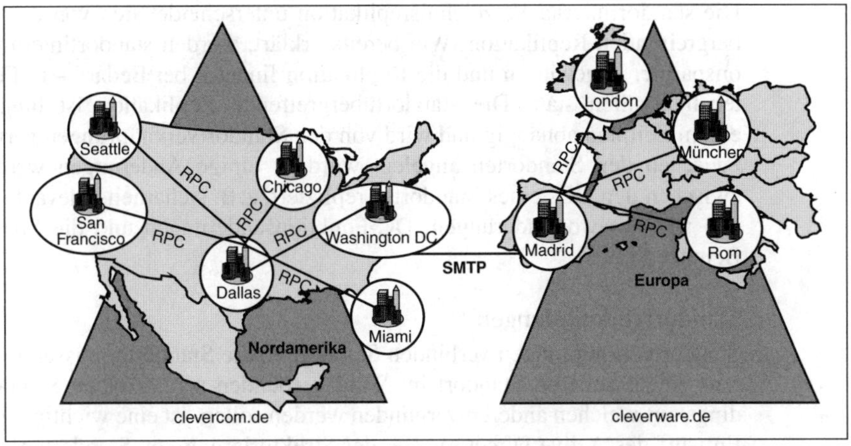

Abb. 10.11: Umfangreiche Standorttopologie mit mehreren Standorten pro Domäne

Da es potentiell eine fünfminütige Verzögerung der Replikation zwischen DCs gibt und maximal drei Verbindungen zwischen zwei beliebigen DCs an einem Standort vorhanden sind, ergibt sich eine theoretische Verzögerung von 15 Minuten zwischen einer Änderung, die an einem DC an einem Standort vorgenommen wird, und dem Eintreffen der zugehörigen Replikation am Bridgehead. Daraus ergibt sich die mögliche Replikationslatenz zwischen zwei DCs in einem Wald:

```
(Replikationsintervall der Standortverknüpfung x (Anzahl der Standorte-
1)) + (15 Minuten standortübergreifende Verzögerung x Anzahl der Stand-
orte)
```

Nehmen wir beispielsweise einmal an, ein Active Directory beinhaltet drei Domänen und drei Standorte in einem Baum. Jede Domäne verfügt über fünf DCs und das Replikationsintervall zwischen allen Standorten liegt bei 30 Minuten. Daraus ergibt sich eine theoretische Replikationslatenz von:

```
(30 x (3-1))+(15 x 3)=135 Minuten
```

10.4.4 Wie Standorte die Replikation beeinflussen

Nachdem der erste DC installiert und damit ein Wald angelegt wurde, wird der DC an einem Standort platziert. Dieser Standort hält solange auch alle weiteren DCs, bis weitere Standorte angelegt sind. Da das Active Directory durch Hinzufügen von DCs entsteht, werden Standorte angelegt und DCs dann an diese Standorte verschoben. Die Standorte sind über Standortverknüpfungen verbunden, die einen Replikationspfad zwischen den Standorten bilden.

Die standortinterne Verzeichnisreplikation unterscheidet sich von der standortübergreifenden Replikation. Wie bereits erklärt, werden standortintern Replikationspartner zugewiesen und die Replikation findet – bei Bedarf – in Fünf-Minuten-Intervallen statt. Die standortübergreifende Replikation ist hingegen von einem Zeitplan abhängig und wird von den Standortverknüpfungen verwaltet, die zwischen den Standorten angelegt wurden. Einige Änderungen werden sofort zwischen den DCs eines Standortes repliziert, z.B. sicherheitsrelevante Änderungen wie Passwortänderungen, DC-Funktionsänderungen und die Sperrung von Benutzerkonten.

Standortverknüpfungen

Standortverknüpfungen verbinden Standorte. Alle Standorte müssen mit mindestens einem anderen Standort im Wald verbunden sein. Welche Standorte allerdings mit welchen anderen verbunden werden sollen, ist eine wichtige Frage beim Entwurf des Active Directory. Bei der Strukturierung von Standorten und Standortverknüpfungen müssen Sie auf jeden Fall die Netzwerktopologie in Betracht ziehen, denn Sie wollen ja, dass Replikationsdaten auf ihrem »natürlichen« Weg durch Ihr Netzwerk geschickt werden – sie sollen eine hohe Netzwerkbandbreite nutzen, wo sie diese vorfinden, und andernfalls die Bandbreite erhalten, wenn diese eingeschränkt ist.

Standortverknüpfungen werden mit den folgenden Attributen konfiguriert:

- **Mitgliedsstandorte** sind zwei oder mehr Standorte, die über eine Standortverknüpfung miteinander verbunden werden. Welche Standorte dies sind, wird bei der Strukturierung des Active Directory festgelegt.
- Der **Zeitplan** bestimmt die Zeiten, zu denen eine Replikation durchzuführen ist – etwas, was innerhalb eines Standortes nicht konfiguriert werden kann. Bedenken Sie, dass Änderungen standortübergreifend repliziert werden. Wenn Sie das Intervall erhöhen, können sich zu replizierende Änderungen an den Bridgeheads stauen und erst nach dem nächsten Intervall repliziert werden. Replizieren Sie Ihre Daten häufiger, so wird die Latenz verringert und Änderungen werden schneller im gesamten Wald umgesetzt. Änderungen werden aber in jedem Fall unabhängig vom Zeitplan repliziert.
- **Kosten** weisen einer Standortverknüpfung einen Wert zu. Dieser Wert dient der Bestimmung der Standortverknüpfung, die zur Replikation zwischen zwei Standorten genutzt wird.
- Das **Transportprotokoll** bestimmt das Protokoll, nach dem die Standortverknüpfung die Daten repliziert. Bei der Entscheidung über das für eine Standortverknüpfung zu verwendende Protokoll sollten Sie immer beachten, mit welchen Protokollen Sie welche Partitionen replizieren können.

SMTP

SMTP ist ein herkömmliches Protokoll, das praktisch während der gesamten Geschichte der modernen Datenverarbeitung benutzt wurde – und es wird immer populärer. Seine Geschichte begann mit UNIX-Mailanwendungen; heute ist es ein gängiges Protokoll für E-Mail-Anwendungen in Client/Server-Umgebungen wie z.B. Microsoft Exchange und wird als Internetstandardprotokoll zur Übertragung von Mitteilungen zwischen Hostcomputern verwendet. SMTP spielt bei Produkten von Microsoft eine immer größere Rolle; zwar hatte Exchange schon immer eine Option auf SMTP als Übertragungsweg, aber Exchange 2000 nutzt es jetzt als bevorzugtes Protokoll bei Übertragungen zwischen Exchange-Servern. Auch Active Directory kann SMTP zur Übertragung von Replikationsdaten zwischen Standorten verwenden. SMTP ist ein asynchrones Protokoll, das eine hohe Schnelligkeit und Effizienz aufweist. Bei Organisationen, die derzeit SMTP zur internen Beförderung von E-Mails nutzen, stellt die Verwendung des Protokolls für die Standortverknüpfungen eine praktische Ergänzung des zur SMTP-Verwaltung konfigurierten WANs dar.

SMTP kann nicht zur Replikation von Domänendaten zwischen Standorten verwendet werden. Aus diesem Grunde müssen Sie, wenn Sie eine Domäne mit mehreren Standorten haben, die Standortverknüpfungen mit dem IP/RPC-Protokoll konfigurieren.

Bei unzuverlässigen oder eingeschränkten Netzwerkbandbreiten hat sich SMTP im Vergleich zu RPC als wesentlich effizienter erwiesen.

Da SMTP zur Mitteilungsbeförderung verwendet wird, sind Replikationsdaten bei der Verwendung von SMTP Bestandteil von Mitteilungen. Diese Mitteilungen können zwischen Active-Directory-DCs in Warteschlangen gestellt und im Streaming-Verfahren mit einer Übertragungsrate über das WAN verteilt werden, die das WAN unterstützt. SMTP ist ein asynchrones Protokoll, d.h. der sendende SMTP-Host initiiert eine Sitzung mit dem empfangenden SMTP-Host und sendet die Daten, ohne auf Empfangsbestätigungen zu warten. Dagegen verfügt RPC über eine größere Kommunikationsreserve während der Übertragung, auch wenn der Aufbau einer Sitzung weniger effizient ist. Der Unterschied zwischen RPC und SMTP besteht also darin, dass SMTP unbeirrt Daten zum Empfänger sendet, während RPC als synchrones Protokoll auf die Quittierung des Datenempfangs wartet, bevor die Übertragung fortgesetzt wird.

RPC/IP

Wenn Sie IP als Beförderungsprotokoll für die Standortverknüpfungen wählen, wird eigentlich RCP über IP verwendet (SMTP ist schließlich auch ein IP-Protokoll). RPC ist ein Windows-Standardmechanismus für die Kommunikation zwischen Windows-Computern, der auch von vielen Windows-Anwendungen verwendet wird; alle möglichen Anwendungen von frühen Versionen von MS Exchange bis hin zu Windows-NT-Werkzeugen wie Server-Manager und Benutzer-Manager nutzen zur Kommunikation RPC.

Das IP/RPC-Protokoll kann beliebige Active-Directory-Replikationsmitteilungen verarbeiten und ist, wie bereits gesagt, die einzige Wahl, wenn es um die Replikation zwischen DCs in derselben Domäne geht, sei sie standortintern oder standortübergreifend.

10.4.5 Regeln für die Replikation

Lassen Sie uns nun, mit all diesen Protokollen und Standortverknüpfungsattributen, einen Blick auf die einzelnen Active-Directory-Partitionen werfen und ihre Replikation im gesamten Wald oder in der gesamten Domäne.

Domänenpartition

Die Domänenpartition ist die einzige Partition, die nicht auf allen DCs im Wald gleich ist, sondern nur auf solchen, die Teil einer einzigen Domäne sind. In einem Wald ist für jede Domäne eine eigene Domänenpartition vorhanden. Die Objekte der einzelnen Domänen werden im Globalen Katalog (Global Catalog, GC) zusammengeführt. Der GC enthält eine Referenz für jedes Objekt in allen Domänen des Waldes, allerdings sind – mit Ausnahme einiger weniger Instanzen – nicht alle Attribute dieser Objekte im GC aufgeführt. Das bedeutet, dass bei den Domänenpartitionen zwei Sorten zu unterscheiden sind:

- **Vollständiges Domänenreplikat:** Auf den DCs sind sämtliche Informationen der Domäne enthalten.
- **Teildomänenreplikat:** Dieses Replikat enthält alle Objekte der Domäne, aber nur einen Teil der Attributsätze der einzelnen Objekte.

Die meisten DCs enthalten ein vollständiges Domänenreplikat für ihre Domäne. GC-Server enthalten zudem nicht nur dieses vollständige Domänenreplikat, sondern auch ein Teildomänenreplikat aller anderen Domänen im Wald. Anzahl und Aufstellungsorte der GC-Server sollten bei Ihrer Active-Directory-Struktur berücksichtigt werden.

Konfigurationspartition

Die Konfigurationspartition enthält Konfigurationsdaten für den Wald, z.B. aus welchen Domänen er sich zusammensetzt, wie diese aufgebaut sind, wie viele DCs in jeder Domäne vorhanden sind und welche Dienste diese bereitstellen. Anders als die Domänenpartition wird die Konfigurationspartition auf jeden DC im Wald repliziert.

Schemapartition

Die Schemapartition besteht aus dem Active-Directory-Schema, d.h. aus Datenbankdefinitionen für alle Objekte und Attribute im Active Directory. Außerdem enthält das Schema die Regeln zum Anlegen und Modifizieren von Active-Directory-Objekten. Wie auch die Konfigurationspartition wird die Schemapartition auf jeden DC im Wald repliziert.

10.5 Weitere Standortfunktionen

Standorte werden in erster Linie nach der erforderlichen Active-Directory-Replikation strukturiert. Es gibt aber weitere Funktionen, die im Folgenden erläutert werden sollen.

10.5.1 Wie Standorte die Netzwerkanmeldung beeinflussen

Wie bereits erwähnt, sind Clients und Server über Standorte gruppiert, um den Client/Server-Prozess effizienter zu gestalten. Damit der Client ordnungsgemäß funktioniert, muss er auf einen Active-Directory-DC, auf DNS-Dienste und auf GC-Dienste zugreifen können. Aus diesem Grund sollten Sie Ihre Standorte so planen, dass die Dienste mit der höchstmöglichen (oder -vertretbaren) Verfügbarkeit vorhanden sind; die Dienste sollten also lokal, zumindest aber im gleichen LAN wie die Clients vorhanden sein (siehe Abbildung 10.12). Es ist außerdem empfehlenswert, bei den Diensten eine Redundanz zu implementieren, falls viele Clients von den Diensten eines Standorts abhängen. Werden Active-Directory-Dienste über eine WAN-Verbindung bereitgestellt und fällt dieses WAN aus, dann können die Clients nicht mehr korrekt arbeiten.

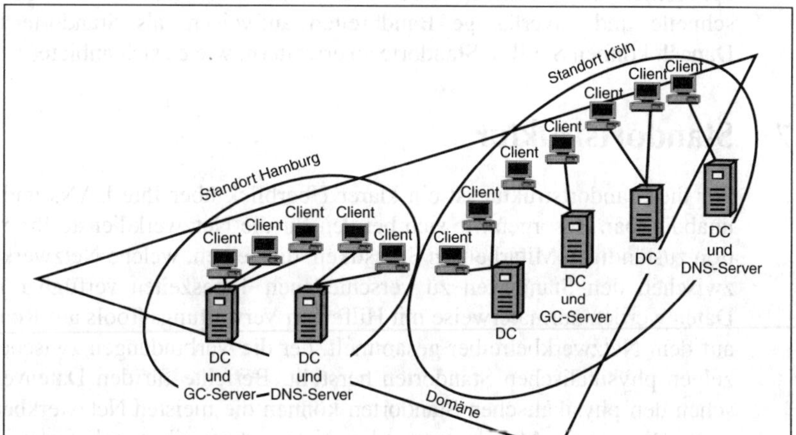

Abb. 10.12: Clients verbinden sich mit DCs an ihrem eigenen Standort.

Die Zusammenfassung von Clients und Active-Directory-Diensten zu Standorten, die in einem LAN koexistieren, erhöht die Anmeldeleistung der Clients, hebt die Verfügbarkeit von DC-Diensten und konzentriert den Datenverkehr im Netzwerk auf LANs.

10.5.2 Standorte und GPOs

Einen weiteren Nutzen haben Standorte auch für die Anwendung von GPOs. GPOs werden an Standorten gleichermaßen auf Clients und Server angewandt. Dies ist besonders praktisch bei solchen GPOs, die speziell für einen Standort entwickelt wurden, und Sie fügen Ihrer GPO-Strategie eine weitere Dimension hinzu.

10.6 Netzwerkbandbreite

Wo sollen bei Standorten die Grenzen gezogen werden? Dies ist eine der dynamischsten Fragen bei der Planung Ihres Active Directory. Die Antwort hängt meistenteils von der verfügbaren Netzwerkbandbreite zwischen den physikalischen Standorten ab.

Die für Active Directory und seine Clients benötigte Netzwerkbandbreite beruht auf zahlreichen Faktoren. Diese bestimmen, ob die vorhandene Bandbreite für mehrere physikalische Standorte innerhalb eines Active-Directory-Standorts ausreicht oder nicht.

Sie sollten beim Entwurf Ihrer Standortstruktur zunächst alle Subnetze, die schnelle und zuverlässige Bandbreiten aufweisen, als Standorte betrachten. Danach können Sie Ihre Standorte so erweitern, wie es sich anbietet.

10.7 Standortstruktur

Für die Standortstruktur ist ein klarer Überblick über Ihre LANs und das WAN unabdingbar. Besorgen Sie sich bei den für die Netzwerkdienste Ihrer Organisation zuständigen Mitarbeitern Statistiken, die zeigen, welche Netzwerkbandbreite zwischen den Standorten zu verschiedenen Tageszeiten verfügbar ist. Solche Daten werden normalerweise mit Hilfe von Verwaltungs-Tools auf Routern sowie auf dem Netzwerkbetreiber gesammelt, der die Verbindungen zwischen den einzelnen physikalischen Standorten herstellt; Berichte für den Datenverkehr zwischen den physikalischen Standorten können die meisten Netzwerkbetreiber liefern. Diese von Mitarbeitern oder Netzwerkbetreiber gelieferten Statistiken müssen erläutert werden. Lassen Sie sich die Daten erklären und stellen Sie fest, wie diese gesammelt wurden. Wie bei den meisten Statistiken lässt sich auch hier mit den Ergebnissen alles nachweisen, was der Statistiker nachweisen will; deswegen sollten Sie beim Studium dieser Zahlen Ihren gesunden Menschenverstand benutzen.

Ein weiterer wichtiger Gesichtspunkt ist die Frage, wie der WAN-Netzwerkbetreiber den Netzwerkdatenverkehr verwaltet. Frame-Relay-Netzwerke haben eine Zugriffsrate und eine CIR (Committed Information Rate). Die Zugriffsrate ist die Geschwindigkeit, mit der ein physikalischer Standort mit dem Frame-Relay des Netzwerkbetreibers verbunden ist, die CIR eine definierte Netzwerkbandbreite unterhalb der Zugriffsrate, bei der der Netzwerkbetreiber Datenpakete garantiert am Zielort ausliefert. Die CIR kann bis zur Zugriffsrate hochgesetzt werden, allerdings kostet das manchmal ein Vermögen, und der Netzwerkbetreiber garantiert die Auslieferung von Datenpaketen über CIR nicht mehr. Im Idealfall sollte eine Organisation mit einer CIR arbeiten, die knapp über der eigenen Bandbreite liegt, jedoch bei Bedarf hochgesetzt werden kann; das kann man sich leisten, den Zuzahlungen erfolgen nur bei vorübergehender CIR-Erhöhung.

Die Grundregeln für Frame-Relay-Netzwerke unterscheiden sich länderabhängig. In Europa beispielsweise verlieren Frame-Relay-Netzwerkbetreiber häufig Datenpakete, die die CIR überschreiten; in den Vereinigten Staaten hingegen kommt dies höchst selten vor, weswegen viele Firmen aus Kostengründen eine Bandbreite von 0 verwenden, die bei Bedarf vorübergehend hochgesetzt (und auch nur dann bezahlt) wird. In Europa stellt also die CIR die Bandbreitenobergrenze dar, während man in den USA eher die Zugriffsrate als Maximum zu betrachten pflegt. Dies ist nur ein Beispiel für die Unterschiede bei den WAN-Normen in verschiedenen Ländern und mit unterschiedlichen Netzwerkbetreibern. Ihre Netzwerkdienstgruppe sollte diese Unterschiede kennen und Sie darüber informieren, damit sie in die Active-Directory-Struktur mit einfließen können.

Neben der benötigten Netzwerkbandbreite zwischen den einzelnen physikalischen Standorten spielen auch andere Faktoren bei der Grenzziehung für Active-Directory-Standorte eine wichtige Rolle:

- **Zukünftige Pläne** für die WAN-Erweiterung und die Erhöhung der Bandbreite
- **Organisationswachstum** sowohl hinsichtlich der Benutzeranzahl als auch der Anzahl der Workstations
- Die Häufigkeit, mit der **vom Active Directory abhängige Anwendungen** Änderungen am Active Directory vornehmen
- Die **Domänentopologie**; wenn sich eine Domäne über mehrere Standorte erstreckt, sollte man prüfen, ob IP/RPC als Protokoll für die Standortverknüpfung zur Unterstützung der Domänenreplikation benötigt wird.
- **DC-Aufstellung:** Eine ausreichende Bandbreite zur Unterstützung von Clients, die über WAN-Verbindungen auf am Standort vorhandene Active-Directory-Dienste zugreifen, muss gewährleistet sein.

Jetzt wissen wir, wie sich DCs standortintern und standortübergreifend verhalten. Beginnen wir mit dem Entwurf der Standorttopologie.

10.7.1 Standortgrenzen

Standortgrenzen können gezogen werden, um den durch Replikation zwischen den DCs entstehenden Datenverkehr zu verringern und Client-Anmeldungen zu verwalten. Allerdings ist die für den Replikationsverkehr ideale Standortstruktur nicht immer auch die ideale Struktur für Client-Anmeldungen; oft muss der Mittelweg zwischen den Erfordernissen der Client-Anmeldung und denen der Replikation gefunden werden. Wenn Sie die beiden Funktionen im Kontext von Active Directory verstanden haben, dann vereinfacht dies die Anlage von Standortgrenzen, die die Bedürfnisse Ihrer Organisation erfüllen.

10.7.2 Abbilden der Netzwerktopologie

Die meisten Standortstrukturen folgen der Netzwerktopologie. Physikalische Standorte werden als Active-Directory-Standorte deklariert und Standortverknüpfungen werden an den Standorten angelegt, die auch physikalisch miteinander verbunden sind. Das ist kein schlechter Ansatz; es wäre allerdings auch möglich, mehrere physikalische Standorte miteinander zu verkoppeln, wenn diese entweder über eine hohe WAN-Bandbreite verfügen oder die Anzahl der Benutzer an einem der physikalischen Standorte begrenzt ist (siehe Abbildung 10.12).

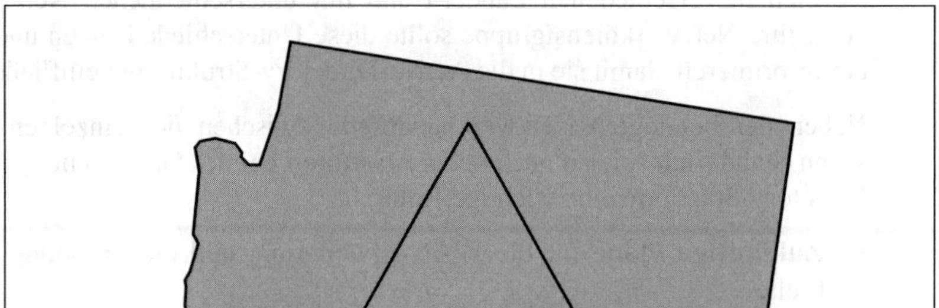

Abb. 10.13: Active-Directory-Standort mit mehreren physikalischen Standorten, die über eine ausreichende Netzwerkbandbreite verfügen

Nehmen wir einmal an, Cleverware hat Büros in Köln, Bonn und Frankfurt. Das Frankfurter und das Bonner Büro sind jeweils durch eine Frame-Relay-Verbindung mit 128 kByte mit dem Büro in Köln verbunden. In Köln sitzt die EDV-Verwaltung für den Bereich Westdeutschland mit 300 Benutzern. In Bonn ist nur eine kleine Abteilung mit 20 Benutzern, die auch nur über einen kleinen Datei- und Drucker-Server verfügen. Alle anderen Dienste – wie E-Mail oder Internetverbindungen – werden von Köln aus über die Verbindungsleitung bereitgestellt. In Frankfurt sitzen 75 Mitarbeiter und die meisten Dienste sind hier lokal verfügbar. In diesem Beispiel wäre zu überlegen, ob man in Bonn überhaupt einen DC aufstellen sollte; ohne DC gäbe es dort keinen Replikationsverkehr. Würde man Bonn als Teil des Standorts Köln (mit dem Namen »D-Köln«) definieren, dann würden die Benutzer in Bonn ihre Active-Directory-Dienste vom Standort Köln erhalten. Frankfurt hingegen wäre ein selbstständiger Standort mit eigenen Active-Directory- und DNS-Diensten.

10.7.3 Auswählen der Dienste für die Standorte

Da Clients Active-Directory-Dienste von einem DC, GC-Dienste von einem GC-Server und DNS-Dienste von einem DNS-Server erhalten, bietet es sich an, diese Dienste an jedem Standort bereitzustellen. Es mag Standorte geben, die zu klein erscheinen, als dass die Bereitstellung aller Dienste gerechtfertigt schiene; allerdings sei daran erinnert, dass, wenn die WAN-Verbindung zwischen den Clients und den Diensten ausfällt, die Clients nur noch auf zwischengespeicherte Anmeldeinformationen zugreifen können, die zudem nach kurzer Zeit ungültig werden.

Über DNS-Dienste (siehe auch Kapitel 8, »Entwurf des DNS-Namespace«) hat Active Directory die Möglichkeit, DNS-Zonen zu integrieren, d.h. die DNS-Datenbank wird über Active Directory in der gesamten Domäne repliziert. Dadurch kann der Bedarf an DNS-Diensten an allen Standorten erfüllt werden.

GC-Dienste können durch andere Anwendungen (wie Exchange) für deren eigene Funktionalität genutzt werden, wodurch die Wichtigkeit der Verfügbarkeit solcher Dienste noch einmal gesteigert wird.

10.7.4 FSMO-Dienststandorte

Es gibt verschiedene Active-Directory-Dienste, die in einem Multimaster-Modell nicht so richtig funktionieren. Der PDC-Emulationsdienst, der als PDC für Windows-NT-DCs und -Clients auf unterer Ebene fungiert, ist ein gutes Beispiel für einen Active-Directory-Dienst, der nicht auf mehr als einem Server vorhanden sein kann. Diese als FSMOs (Flexible Single Masters of Operations, flexible Single-Betriebsmaster) bezeichneten Dienste replizieren nicht. Aus diesem Grunde ist es wichtig zu wissen, auf welchem DC diese Dienste vorhanden sind, und zu prüfen, ob sie auf einen anderen DC gelegt werden sollten.

- **PDC-Emulator:** Dieser Dienst existiert im gemischten Modus auf dem ersten Server, der in einer Domäne installiert wird. Ein DC in der Nähe des alten Windows-NT-PDC sollte diesen Dienst übernehmen. Er ist einmal pro Domäne vorhanden.
- **Domänen-Betriebsmaster:** Es gibt nur einen Domänen-Betriebsmaster pro Wald. Dieser verwaltet das Hinzufügen und Entfernen von Domänen im Wald.
- **RID-Betriebsmaster:** Dieser Dienst erzeugt für die Domäne SIDs (Security Identifier, Sicherheitsbezeichner). Er ist einmal pro Domäne vorhanden.
- **Infrastruktur-Betriebsmaster:** Dieser Dienst verwaltet die SIDs von Objekten, die sich in die Domäne hinein- oder aus ihr herausbewegen. Er ist einmal pro Domäne vorhanden.
- **Schema-Betriebsmaster:** Der Schema-Betriebsmaster dient der Aktualisierung des Schemas. Es gibt einen Schema-Betriebsmaster im Wald.

Bei den meisten dieser Dienste erzielt man die beste Leistung und die größtmögliche Verfügbarkeit, wenn man sie an einem zentralen Ort (wie etwa einem Hub-Standort) ablegt, der die geringste Anzahl von Verbindungen zu allen DCs in der Organisation aufweist.

In großen Domänen sollten der RID-Betriebsmaster und der PDC-Emulator auf zwei DCs am selben Standort verteilt werden. Dadurch wird die Last beim Betrieb im gemischten Modus auf mehrere DCs verteilt.

Ferner hat es sich als praktisch erwiesen, den Infrastruktur-Betriebsmaster auf einem DC zu platzieren, der kein GC-Server ist, aber im selben LAN liegt wie ein GC-Server. Sie sollten außerdem Schema-Betriebsmaster und DNS-Master immer auf einem DC platzieren.

Bewerten Sie die Funktion aller FSMOs und teilen Sie sie auf in solche, die einmal pro Wald auftreten, und solche, die einmal in jeder Domäne vorhanden sind. Letztere sollten Sie auf der Grundlage der Active-Directory-Standorte und DCs platzieren, aus denen sich die Domänen zusammensetzen; die im Wald einmaligen Dienste sollten basierend auf der gesamten Domänentopologie platziert werden.

Ferner sollten Sie im Rahmen Ihres Active-Directory-Entwurfs Strategien für den Fall entwickeln, dass FSMOs ausfallen. Fällt ein DC aus, auf dem einer dieser Dienste liegt, dann sollte ein anderer DC als Sicherungskopie diesen Dienst übernehmen. In den meisten Fällen wird der ausgefallene DC wieder zum Laufen gebracht sein, bevor Änderungen vorgenommen werden müssen; ist ein DC allerdings für längere Zeit nicht verfügbar, dann müssen Sie mit einem MMC-Snap-In die Funktionsänderung am vorgesehenen Sicherungs-DC vornehmen, damit dieser die Bereitstellung der FSMO-Dienste übernimmt.

10.8 Standorte aufbauen

Nachdem Sie nun von der Strukturplanungs- zur Implementierungsphase übergegangen sind, erstellen Sie jetzt wie folgt Ihre Standorte:

- Legen Sie Ihre Standorte gemäß Ihrer Active-Directory-Struktur an.
- Legen Sie Subnetze an, die an jedem Standort vorhanden sind.
- Gruppieren Sie die Subnetze an den Standorten, wo dies angemessen ist.
- Verschieben Sie die DCs zu den entsprechenden Standorten. Ein Standort enthält auch das Subnetz, auf dem der DC liegt. Da die DCs mit DCPromo angelegt werden, müssen Sie an die entsprechenden Standorte verschoben werden.
- Erstellen Sie zwischen den Standorten Standortverknüpfungen gemäß Ihrer Active-Directory-Struktur. Legen Sie für jede Standortverknüpfung ein Transportprotokoll, einen Zeitplan und die Kosten fest.

Die Anordnung der einzelnen Komponenten Ihrer physikalischen Active-Directory-Topologie ist für die Erfüllung der Anforderungen in Ihrer Organisation ebenso wichtig wie die logische Topologie (d.h. die Domänentopologie). Wo Standorte platziert werden, wie sie miteinander verbunden sind und wie die Dienste durch die DCs an den Standorten bereitgestellt werden – all das wirkt sich auf die Effizienz und die Zuverlässigkeit von Active Directory aus.

10.9 Fazit

Die Standortstruktur wird angelegt, um den Wald und die Domänenstruktur zu unterstützen. Die Unterscheidung zwischen den physikalischen und den logischen Teilen der Active-Directory-Struktur ist wichtig, weil sie auf zwei unterschiedlichen Anforderungsarten basieren: Der logische Aufbau wird durch die Unternehmensanforderungen bestimmt, der physikalische durch die Infrastruktur des Netzwerks und die Leistungsfähigkeit der Active-Directory-Dienste.

Kapitel 11

Skalierbarkeit und Active Directory

Die Frage der Skalierbarkeit ist eine der ersten Fragen, die von großen Unternehmen gestellt werden, wenn eine neue Technologie auf ihre Einsatztauglichkeit untersucht wird. Allerdings stellt die Skalierbarkeit in der technologischen Evaluation selten den entscheidenden Faktor dar. Dieses Kapitel wird sich mit der Skalierbarkeit des Active Directory befassen und die Frage erörtern, welche Auswirkungen auf die Systemleistung zu erwarten sind, wenn dem Active Directory weitere Objekte hinzugefügt werden.

Bei der Planung der Skalierbarkeit des Active Directory sind drei grundlegende Wachstumsfaktoren zu berücksichtigen: das Wachstum der Domäne, der Struktur und der Gesamtstruktur.

11.1 Das Wachstum der Domäne

Die Planung der Domäne sollte sich primär auf die Frage konzentrieren, wie der Domäne neue Organisationseinheiten hinzugefügt werden und welche Objekte in den einzelnen Organisationseinheiten (OUs) residieren. Ein Missverhältnis in der Abbildung der realen Arbeitsweise der Organisation und der Konfiguration der OUs des Active Directory könnte nicht nur zu einer schlechten Systemleistung für die Benutzer, Anwendungen und aktiven Netzwerkkomponenten führen, die dieses Directory nutzen, sondern auch einen Funktionsausfall des Active Directory bewirken.

Entscheidend für die erfolgreiche Implementierung jeder Planung eines Active Directory ist in jedem Fall eine korrekte Konfiguration der Domänen und OUs. Die Baumstruktur muss nicht nur die bereits bestehenden Anforderungen der Organisation berücksichtigen, sondern auch die möglichen Änderungen und Erweiterungen in der Zukunft vorhersehen können.

Für die Segmentierung von OUs innerhalb einer Domäne existieren zwei grundlegende methodische Annäherungen: die Segmentierung wird entweder über die geschäftliche Funktion oder die geografische Lage vorgenommen. Beide Segmentierungsformen werden jedoch erheblich von der Frage beeinflusst, wie die jeweilige Organisation das Active Directory verwalten möchte und in welchem Ausmaß die Verwaltung der OUs delegiert und zentralisiert werden soll.

11.1.1 Segmentierung nach der geschäftlichen Funktion

Viele Organisationen segmentieren ihre EDV-Infrastruktur und -Verwaltung nach der geschäftlichen Funktion. So kann beispielsweise jede Vertriebseinheit in beliebigen geografischen Vertriebsregionen einen Teil einer einheitlichen Vertriebsgruppe darstellen, die über einen Satz von Zugriffsrechten für Netzwerkressourcen, eine einheitliche Namenskonvention für Dateifreigaben und eine zentralisierte oder verteilte, jedoch in jedem Fall einheitliche Verwaltung der EDV-Umgebung verfügt.

Eine OU-Struktur, die dieses Segmentierungsmodell abbilden soll, enthält OUs, die den geschäftlichen Einheiten des Unternehmens zugeordnet sind. Im Beispiel Cleverware haben die folgenden organisatorischen Faktoren Auswirkungen auf die Konfiguration der OUs:

- Die Fertigung ist in geschäftliche Linieneinheiten aufgeteilt.
- Der Vertrieb besteht aus einer Abteilung, die an große Unternehmen verkauft, einer Abteilung, die an kleine Unternehmen verkauft, sowie einer Abteilung, die spezielle Produkte aus jeder Fertigungslinie vertreibt.
- Ein bedeutendes Schwergewicht liegt auf der Akquisition als Methode zur Expansion des Unternehmens. Sämtliche Informationen in der Akquisition müssen gegenüber dem Rest des Unternehmens als vertraulich behandelt werden.

Die zuvor aufgeführten organisatorischen Faktoren ergeben eine Organisationsstruktur innerhalb des Unternehmens, die aus drei großen Abteilungen besteht: Fertigung, Vertrieb und Akquisition. Die Abteilung Fertigung ist in drei Gruppen aufgeteilt: Design und Entwicklung, Implementierung und Distribution. Auch die Abteilung Vertrieb besteht aus drei Gruppen: Vertrieb für große Unternehmen, regionaler Vertrieb und Produktvertrieb. Die Akquisition bildet eine selbstständige Abteilung. Zusätzlich zu diesen drei großen Abteilungen gibt es noch eine vierte, die sämtliche Funktionen des Backoffice wie Finanzen, Personal, Verwaltung, Einrichtungen und EDV umfasst. Die Abbildung 11.1 enthält die Organisationsstruktur des Unternehmens.

Welche Auswirkungen hat nun diese Art einer Organisationsstruktur auf die Frage, wie die OUs innerhalb der Domänen des Active Directory konfiguriert werden sollen? Wenn die OUs nach der geschäftlichen Funktion segmentiert werden, wird die Baumstruktur die Organisationsstruktur des Unternehmens widerspiegeln. Es ist jedoch wichtig daran zu denken, dass nach dem Entwurf der OU-Struktur auch das OU-Verwaltungsmodell demselben Entwurfsprinzip folgt. Aus diesem Grunde kann es notwendig sein, über entsprechende Anpassungen Verwaltungs- wie auch Organisationsanforderungen in die OU-Struktur zu integrieren.

Das verwaltungsbezogene Modell einer Organisation legt im Wesentlichen fest, wer für die Verwaltung von Ressourcen innerhalb des Unternehmens verantwortlich ist. Zu diesen Ressourcen können Benutzer, Drucker, Arbeitsplatz-PC und Server gehören. Eine OU-Struktur, die eine komplexe organisatorische Struktur wiedergeben muss, wird auch zu einem komplexen Verwaltungsmodell führen. Darüber hinaus wird die Verwaltung der gesamten Umgebung noch komplexer werden, wenn die OU-Struktur zur Anpassung an zukünftige Erfordernisse in der Organisation skaliert werden muss und die Skalierung von Anfang an nicht gut genug geplant wurde.

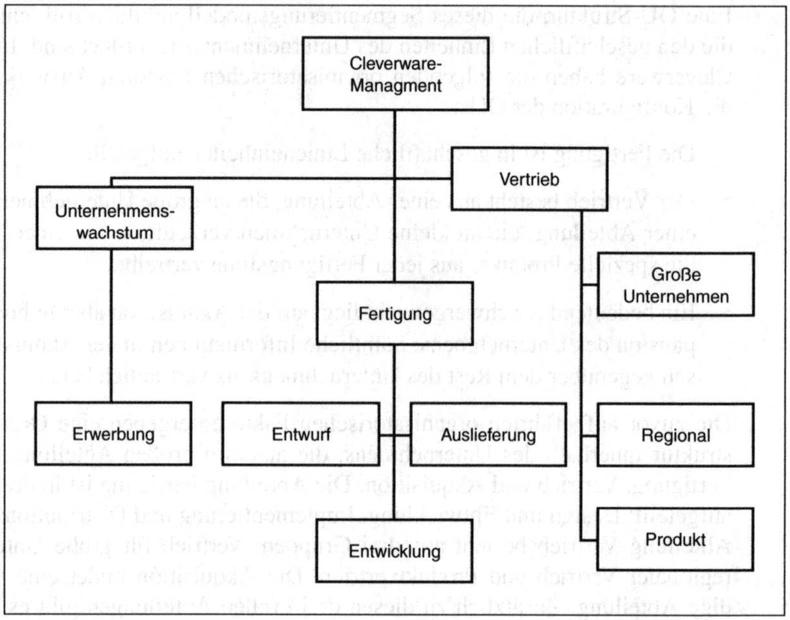

Abb. 11.1: Die Unternehmensstruktur von Cleverware reflektiert die Geschäftspolitik des Unternehmens – der Vertrieb ist zum Zweck des Verkaufs von Produkten an große Unternehmen und an Regionen zusammengefasst worden.

Im Beispiel Cleverware wäre die naheliegende Organisationsstruktur eine dreistufige Struktur mit mehreren OUs. Sie würde eine Stamm-OU, OUs für die primären Abteilungen und mehrfache OUs für die Abteilungsgruppen enthalten. Eine derartige Struktur ist in der Abbildung 11.2 dargestellt. Dieses Modell würde bei einem zunehmenden Wachstum des Unternehmens über neue Unternehmensakquisitionen und neue Produkte zu einem zunehmend komplizierten Verwaltungsmodell führen..

Diese OU-Struktur ergibt sich, wenn für jede Abteilung und Abteilungsgruppe in Cleverware OUs erstellt werden.

Eine konsistentere Konfiguration und damit auch ein einfacheres Verwaltungsmodell im Hinblick auf ein zukünftiges Wachstum des Unternehmens würde sich ergeben, wenn anstelle einer einzelnen OU für jede Abteilungsgruppe eine einzelne Stamm-OU und vier sekundäre OUs (eine für jede Abteilung) erstellt würden (siehe dazu die Abbildung 11.3). Dies würde eine Struktur ergeben, die nicht nur die Anwendung von Gruppenrichtlinien und die Verteilung der Verwaltungsverantwortlichkeiten nach der Abteilung erlaubte, sondern die auch einfach genug wäre, um die Anforderungen des zukünftigen Wachstums in den vorhandenen OUs abbilden zu können. Für Unternehmensakquisitionen oder neue Produktentwicklungen bräuchten nun keine neuen OUs mehr geschaffen zu werden.

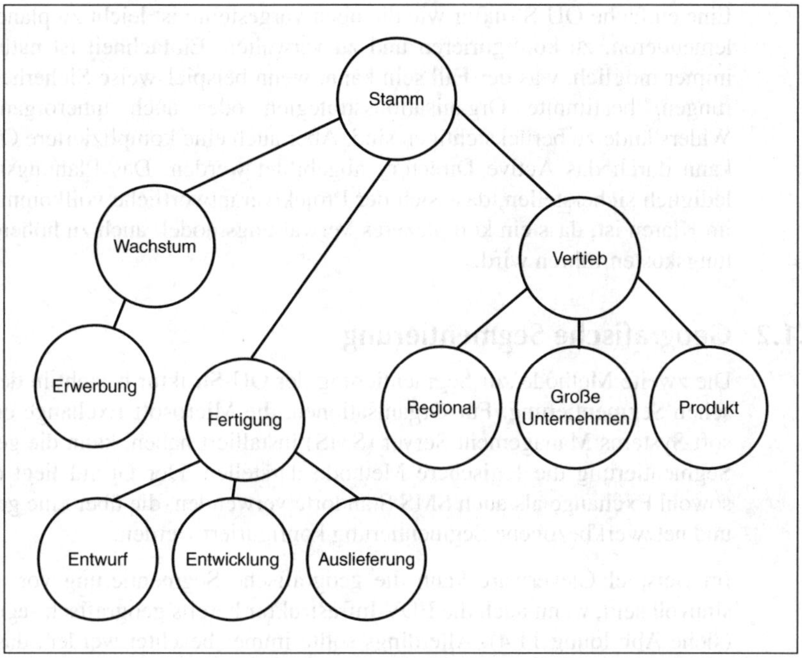

Abb. 11.2: Dies ist die OU-Struktur, die sich ergibt, wenn für jede Abteilung und jede Abteilungsgruppe in Cleverware OUs erstellt werden.

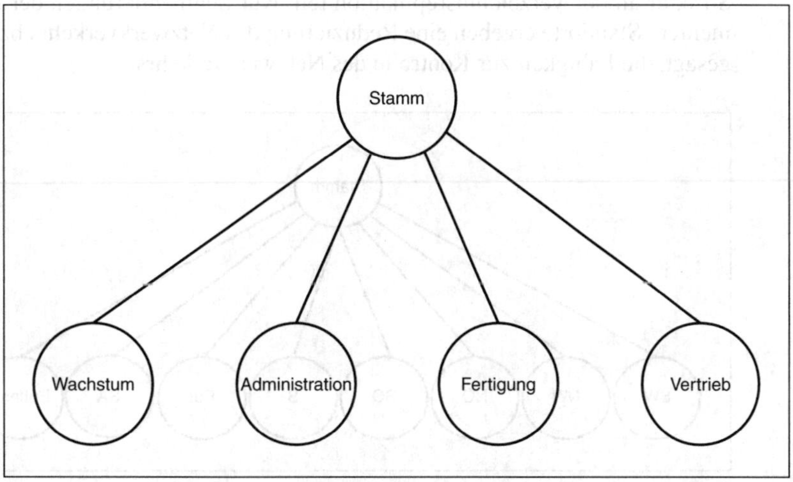

Abb. 11.3: Eine logische, mit der Organisationsstruktur übereinstimmende OU-Struktur, die trotzdem noch ein einfaches und zentrales Administrationsmodell ermöglicht

Eine einfache OU-Struktur wie die oben vorgestellte ist leicht zu planen, zu implementieren, zu konfigurieren und zu verwalten. Einfachheit ist natürlich nicht immer möglich, was der Fall sein kann, wenn beispielsweise Sicherheitsanforderungen, bestimmte Organisationsstrategien oder auch innerorganisatorische Widerstände zu berücksichtigen sind. Aber auch eine kompliziertere OU-Struktur kann durch das Active Directory abgebildet werden. Das Planungsteam sollte lediglich sicherstellen, dass sich der Projektverantwortliche vollkommen darüber im Klaren ist, dass ein komplexeres Verwaltungsmodell auch zu höheren Verwaltungskosten führen wird.

11.1.2 Geografische Segmentierung

Die zweite Methode zur Segmentierung der OU-Struktur besteht in der geografischen Segmentierung. Für Organisationen, die Microsoft Exchange oder Microsoft Systems Management Server (SMS) installiert haben, kann die geografische Segmentierung die logischere Methode darstellen. Der Grund liegt darin, dass sowohl Exchange als auch SMS Standorte verwenden, die über eine geografische und netzwerkbezogene Segmentierung konfiguriert werden.

Im Beispiel Cleverware kann die geografische Segmentierung vor allem dann sinnvoll sein, wenn auch die EDV-Infrastruktur bereits geografisch segmentiert ist (siehe Abbildung 11.4). Allerdings sollte immer beachtet werden, dass die Segmentierung einer Domäne in mehrere OUs nicht zu einer Reduzierung des Netzwerkverkehrs beiträgt. Sämtliche Domänencontroller (DCs) der Domäne verfügen über Kopien des Verzeichnisschemas und nehmen unabhängig von der OU-Struktur an der Verzeichnisreplikation teil. Nur Segmentierungen der Domäne in mehrere Standorte ergeben eine Reduzierung des Netzwerkverkehrs bzw. genauer gesagt, die Fähigkeit zur Kontrolle des Netzwerkverkehrs.

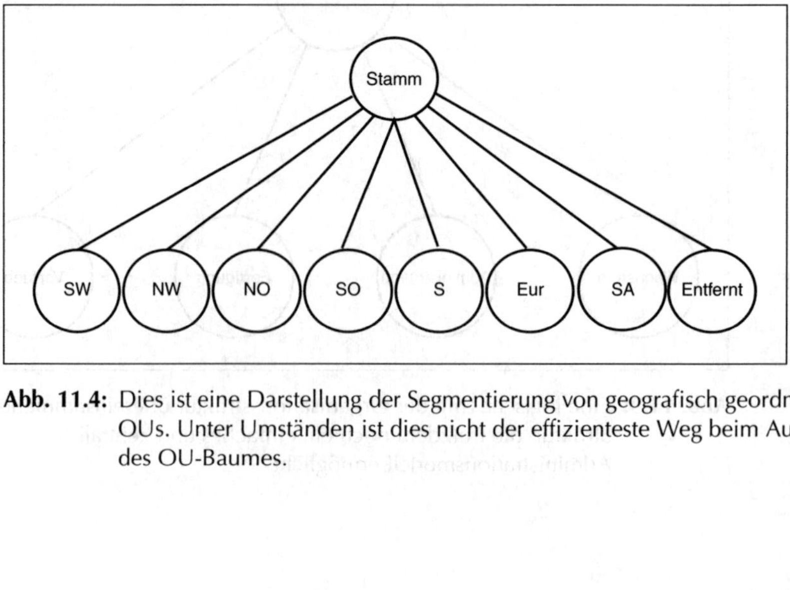

Abb. 11.4: Dies ist eine Darstellung der Segmentierung von geografisch geordneten OUs. Unter Umständen ist dies nicht der effizienteste Weg beim Aufbau des OU-Baumes.

Da die Konfiguration der OUs keine direkte Auswirkung auf den Netzwerkverkehr hat, ist es von großer Wichtigkeit, die Konfiguration der Organisationsstruktur einzig und allein an den Unternehmensanforderungen und nicht etwa hauptsächlich an Systemleistungskriterien auszurichten.

11.1.3 Delegieren der Verwaltung

Das Delegieren der Verwaltung sollte beim Entwurf Ihrer OU- und Domänenstruktur nicht das ausschlaggebende Ziel sein. Eine OU-Struktur, die nur im Hinblick auf Verwaltungsanforderungen entworfen worden ist, ist unter Umständen nicht skalierbar, sobald Veränderungen durch geschäftliche Anforderungen erforderlich werden. Das Verwaltungsmodell des Active Directory sollte gegenüber den geschäftlichen Anforderungen immer als sekundär betrachtet werden.

Die Delegierung der Verwaltung sollte jedoch nach der Integration der geschäftlichen Anforderungen in den Directory-Entwurf als nächster wichtiger Punkt beim Entwurf der OU-Struktur betrachtet werden. Eine Delegierung kann aus mehreren Gründen notwendig werden:

- Bestimmte geschäftliche Einheiten innerhalb der Organisation benötigen aus Sicherheits- oder anderen Gründen die Kontrolle über ihre eigenen Benutzer und die eigene Ressourcenverwaltung.
- Die Verwaltung der EDV-Infrastruktur wurde in dem Unternehmen schon immer delegiert und die Unternehmenskultur verlangt, dass diese Verfahrensweise auch zukünftig aufrechterhalten wird.
- Die Verwaltung wird näher an die Faktoren herangebracht, die den Ursprung der verwaltungsmäßigen Aufgabenstellungen darstellen, was mehr Effizienz und Genauigkeit bewirkt. Es ist einfach effizienter, wenn das Team im Unternehmen, welches das Telefonsystem bedient, dann auch selber die Telefonnummern eingibt.
- Die Verteilung der verwaltungsmäßigen Aufgabenstellungen an die kostengünstigste Ressource in der Organisation. Es ist preiswerter, Teams für die Migration von Daten auszubilden, als einen EDV-Fachmann oder Techniker zum Verwalten und Ändern von Daten im Directory zu beschäftigen. Dies kann zusätzlich durch die Entwicklung spezieller Verwaltungswerkzeuge unterstützt werden, die das Directory über die Diensteschnittstelle manipulieren.
- Konsolidierung der verwaltungsmäßigen Aufgaben. Verwaltungsmäßige Aufgabenstellungen können konsolidiert und anschließend in Übereinstimmung mit den organisatorischen Strukturen delegiert statt entsprechend den Aufgabenstellungen segmentiert werden. So kann eine Organisation beispielsweise Personen beschäftigen, die die Umgebung von Microsoft Exchange verwalten, und andere Personen zu dem Zweck einsetzen, die Netzwerkumgebung von Windows zu verwalten. Über eine Delegierung von Verantwortlichkeiten über

OUs hinweg ist es möglich, alle verwaltungsmäßigen Aufgabenstellungen sowohl für die Mail- als auch die Betriebssystemumgebung zu konsolidieren und dann über die OU zu delegieren.

11.2 Das Wachstum eines Baumes

Mit der Zeit wächst ein Unternehmen möglicherweise aus den Grenzen einer einzelnen Domänenkonfiguration heraus. Dies kann aus mehreren Gründen der Fall sein:

- Die Anzahl der Objekte in der Domäne überschreitet das praktische Maximum für die Domäne. Als Ergebnis davon beanspruchen Suchvorgänge im Active Directory erheblich mehr Zeit.
- Die Sicherheitsanforderungen der Organisation sind gestiegen und überschreiten die Grenzen einer einzelnen Domäne.
- Durch Netzwerkgrenzen ist die Umgebung einer einzelnen Domäne unpraktikabel geworden.

Wenn Gründe dieser Art eine Rolle spielen, ist es erforderlich, dem Wachstum durch Hinzufügen von Domänen zur Baumstruktur Rechnung zu tragen.

11.3 Das Wachstum eines Waldes

Gemäß der Definition eines Waldes besteht diese aus einem Satz von Domänenstrukturen, die ein gemeinsames Schema und einen Globalen Katalog (GC), jedoch keinen gemeinsamen Namespace, miteinander teilen. Beispielsweise kann die Stammdomäne eines Baumes *Cleverware.com* und der Stamm eines anderen Baumes *Cleverwarewidgets.com* sein. Beide Bäume teilen ein gemeinsames Schema und einen GC, so lange der zweite Baum anfänglich durch Verbindung mit der Gesamtstruktur *Cleverware.com* erstellt worden ist (siehe Abbildung 11.5).

Unter Zugrundelegung der Definition eines Waldes ist es relativ einfach zu entscheiden, ob Sie eher einen Wald oder einen Domänenbaum wachsen lassen sollten. Einen Wald lassen Sie in dem Fall wachsen, wenn Sie einen nicht zusammenhängenden Namespace hinzufügen müssen und gleichzeitig einen zusammenhängenden und konsistenten Sicherheitskontext verwalten möchten. Falls es keine Notwendigkeit für einen vereinheitlichten Sicherheitskontext gibt, ist es möglich, neue Wälder beim Entwickeln neuer Namespace aufzubauen. Zwischen Bäumen in verschiedenen Wäldern besteht keine transitive Vertrauensstellungssicherheit.

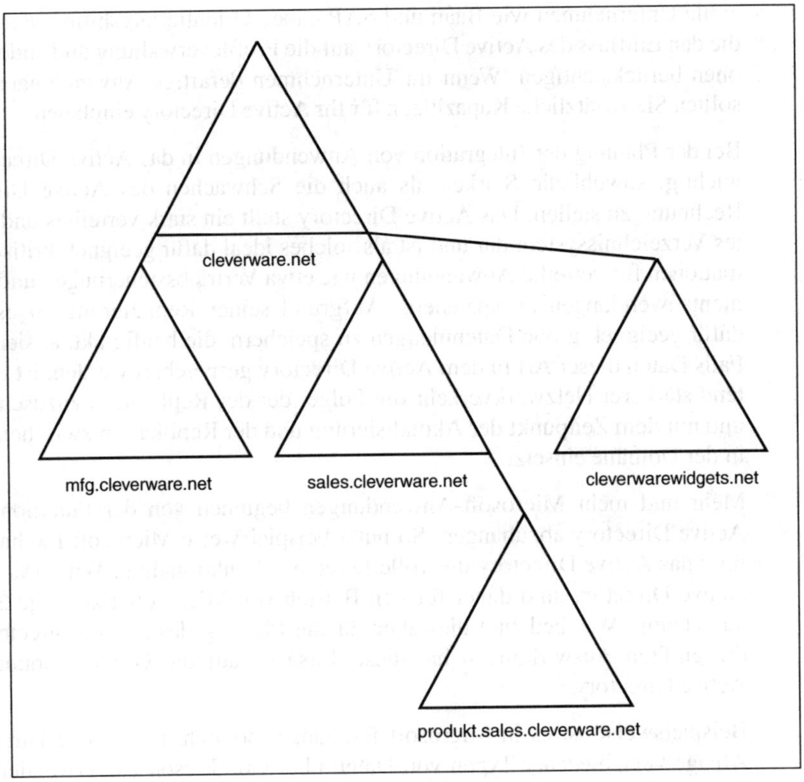

Abb. 11.5: Ein Wald besteht aus zwei separaten Domänenbäumen, die ein gemeinsames Schema, einen GC und einen Sicherheitskontext teilen. Die zwei Bäume teilen keinen gemeinsamen Namespace. Im letzten Beispiel stellen cleverware.net und cleverwarewidgets.net separate Strukturen dar, die Bestandteil desselben Waldes sind.

11.4 Mit Ihrer Organisation mitwachsen

Im Verlauf des Wachstums Ihrer Organisation haben Sie sich auch auf verschiedene Art und Weise mit dem sich erweiternden Active Directory auseinanderzusetzen. Hierzu gehören die zusätzlichen geografischen Lokationen und zunehmende Anforderungslasten durch Anwendungen und anspruchsvollere Benutzer.

11.5 Mit Ihren Anwendungen mitwachsen

Ein wichtiger Aspekt der Skalierbarkeitsplanung besteht darin, die Auswirkungen einzubeziehen, die eine Anwendung verursacht, die die Vorteile der Funktionen des Active Directory zu nutzen versucht. Manche Hersteller von Software für kommerzielle Unternehmen wie Baan und SAP haben Orientierungshilfen veröffentlicht, die den Einfluss des Active Directory auf die Profileverwaltung und andere Funktionen berücksichtigen. Wenn Ihr Unternehmen derartige Anwendungen einsetzt, sollten Sie zusätzliche Kapazitäten für Ihr Active Directory einplanen.

Bei der Planung der Integration von Anwendungen in das Active Directory ist es wichtig, sowohl die Stärken als auch die Schwächen des Active Directory in Rechnung zu stellen. Das Active Directory stellt ein stark verteiltes und repliziertes Verzeichnissystem dar und ist als solches ideal dafür geeignet, kritische Informationen für verteilte Anwendungen wie etwa Vertriebssteuerungen und Managementanwendungen zu speichern. Aufgrund seiner Replizierung ist es weniger dafür geeignet, große Datenmengen zu speichern, die häufig aktualisiert werden. Falls Daten dieser Art in dem Active Directory gespeichert werden, ist ein bedeutend stärkerer Netzwerkverkehr die Folge, der der Replikation zuzuschreiben ist und mit dem Zeitpunkt der Aktualisierung und der Replikation zwischen den DCs in der Domäne einsetzt.

Mehr und mehr Microsoft-Anwendungen beginnen von der Funktionalität des Active Directory abzuhängen. So nutzt beispielsweise Microsoft Exchange 2000 über das Active Directory die volle Directory-Funktionalität. Windows 2000 und Active Directory sind daher für den Betrieb von Microsoft Exchange 2000 Voraussetzung. Was bedeutet dies aber für die Planung des Active Directory? Nun, die größten Auswirkungen hat diese Tatsache auf die Größenplanung für das Active Directory.

Beispielsweise ist es in Microsoft Exchange möglich, das Active Directory zur Ablage verschiedener Typen von Daten über eine Person zu verwenden. Es gibt Datenfelder für die Telefonnummer, die Adresse, die Organisationsstruktur und die Pager-Nummer, um nur einige zu nennen. Darüber hinaus können die einzelnen Datenfelder angepasst werden. Daraus ergibt sich, dass für jede einzelne Person große Mengen an Informationen im Directory gespeichert werden können.

Im Active Directory werden die mit einem einzelnen Objekt verknüpften Datenfelder nicht automatisch an den GC repliziert. Statt dessen muss festgelegt werden, welche Eigenschaften welchen Objekts an den GC repliziert werden sollen. Von Bedeutung wird dies bei der Implementierung des Active Directory zusammen mit Microsoft Exchange, weil Outlook, die Client-Anwendung von Microsoft Exchange, bei einer Lookup-Anfrage für das Active Directory keine Daten aus diesem liest, sondern die Daten statt dessen dem GC entnimmt. Für die Einsatzplanung des Active Directory in einer Umgebung mit Exchange hat diese Tatsache erhebliche Auswirkungen auf die Frage, wie die Informationen über die Benutzer gespeichert werden sollen. Falls beispielsweise die Mitarbeiter in Ihrer Organisation das Adressbuch von Outlook normalerweise auch als Telefonbuch verwenden, müssen Sie die Telefonbuchdaten vom Active Directory an den GC replizieren, was große Auswirkungen auf das Netzwerk haben kann. Dies ist nur ein Beispiel dafür, wie Anwendungen, die Gebrauch vom Active Directory machen, Ihre EDV-Umgebung beeinflussen können.

11.6 Fazit

Das Active Directory stellt einen skalierbaren Verzeichnisdienst dar. Eine Skalierung des Active Directory muss allerdings auf der Grundlage eines Organisationsplans und in Zusammenarbeit mit den geschäftlich Verantwortlichen innerhalb des Unternehmens geschehen. Domänen, Bäume und Wälder können über die geschäftliche Funktion, geografische Verteilung oder nach verwaltungsmäßigen Anforderungen segmentiert werden. Die Planung sollte jeder Segmentierung vorangehen und immer den ersten Schritt im Gesamtprozess darstellen. Außerdem ist es entscheidend, das Active Directory mit einem sinnvollen Zweck zu verbinden. Das Active Directory ist eine hervorragende Ablage für relativ statische und mengenmäßig begrenzte Daten, jedoch kein geeigneter Ort für änderungsintensive große Datenmengen.

Teil III

Implementierung

Kapitel 12

Arbeitsplatz-PC verwalten

Die Verwaltung der EDV-Technologie eines Unternehmens wird immer komplexer und kostenintensiver, wobei zwischen beiden Faktoren eine direkte Korrelation besteht. Verschiedene Studien haben gezeigt, dass komplexe Systeme zwar einen Wettbewerbsvorteil bieten und Geschäftsvorgänge effizienter gestalten können, jedoch selbst übermäßig teuer im Betrieb und in der Wartung werden.

In einer Client/Server-Umgebung verhält es sich nicht anders – sie ist sogar besonders anfällig für exzessive Betriebskosten, da sich der Client in der Hand der Benutzer befindet. Ändert ein Benutzer die Konfiguration des Clients oder die Softwareumgebung oder schlimmer noch, die Hardware, dann ist die Zuverlässigkeit des Clients nicht mehr gegeben. Ein solcher Client verursacht wegen erhöhten Supportaufwands Mehrkosten und kann Leistungsdefizite entwickeln.

Für eine vollständige und erfolgreiche Verwaltung des Arbeitsplatz-PCs sollten Sie daher auch die Verwaltung und Unterstützung derjenigen Systeme einbeziehen, die den Arbeitsplatz-PC selbst unterstützen. Dies sind hauptsächlich die Backoffice-Anwendungen und die Infrastruktur, die diese trägt.

Windows 2000 und Active Directory bieten zur Verringerung der Betriebskosten Funktionen an, die das Schicksal des Clients aus den Händen des Benutzers wieder zurück in die Hände des Administrators legen, in die es auch gehört.

12.1 Verwaltungsebenen der Unternehmens-EDV

Die Verwaltung der EDV im Unternehmen wird typischerweise in drei Verantwortlichkeitsbereiche aufgeteilt: Verwaltung des Servers bzw. des Datencenters, Netzwerkverwaltung und Verwaltung der Arbeitsplatz-PCs.

12.1.1 Server bzw. Datencenter verwalten

Die Verwaltung des Datencenters umfasst die Gruppe der Administratoren, die für die Verwaltung der Backoffice-Server und deren Anwendungen verantwortlich sind. Für ein Datencenter sind von äußerster Wichtigkeit sowohl die Verfügbarkeit und die Fehlerbeseitigungsverfahren als auch die Sicherheit. Die Datencenter-Verwaltung konzentriert sich auf die Benutzergruppen und widmet sich der Aufgabe, diesen die größtmögliche Unterstützung zu sichern.

Zu den Computern, die das Datencenter beherbergt, gehören die Domänencontroller (DC) von Windows 2000, die Anwendungs-, die Datei- und Druckserver. Für die Verwaltung dieser Server stehen verschiedene Werkzeuge zur Verfügung, von denen einige in Windows 2000 eingebaut sind, während andere von Drittanbietern angeboten werden. Für die Verwaltung der Server mit Windows 2000 ist der Datencenter-Manager verantwortlich.

12.1.2 Netzwerkverwaltung

Rings um das Datencenter herum liegt das Netzwerk selbst. Obwohl sich die Aufgabenstellungen der Netzwerkverwaltung von denjenigen unterscheiden, die das Datencenter betreffen, bleiben viele der grundsätzlichen Themen jedoch dieselben. Zu den Kategorien der Netzwerkfunktionen, die verwaltet werden müssen, gehören die Sicherheit, die Systemleistung und die Verfügbarkeit.

Auch über Windows 2000 und das Active Directory stehen Werkzeuge zur Verfügung, die für die Netzwerkverwaltung herangezogen werden können. Der Netzwerkmonitor beispielsweise wird zur Überwachung und Analyse des Netzwerkverkehrs zwischen zwei Computern eingesetzt. *Quality of Service* (QoS) ist eine andere von Windows 2000 bereitgestellte Funktion, die im Zusammenhang mit dem Netzwerk bei der Priorisierung des Netzwerkverkehrs auf der Grundlage der vom Administrator definierten Parameter hilft. Die Parameter können entsprechend der Art und Weise festgelegt werden, wie eine Organisation ihren Netzwerkverkehr priorisiert. QoS kann außerdem in Verbindung mit Active Directory dazu verwendet werden, verschiedenen Benutzern unterschiedliche Stufen der Unterstützung anzubieten. Beispielsweise besitzt der Sprachdatenverkehr in der Regel die höchste Priorität im Netz. Nicht rechtzeitig bereitgestellte Sprachdaten können die Qualität des Sprachverkehrs erheblich beeinträchtigen und müssen daher unverzüglich zur Verfügung stehen und die höchste Priorität erhalten. Nachrichtenverkehr wiederum kann mit niedriger Priorität betrieben werden, da er normalerweise von langsamerem Datenverkehr oder verlorenen und erneut gesendeten Datenpaketen nicht stark betroffen ist. Auf diese Weise ist es möglich, nicht nur verschiedenen Benutzern, sondern auch verschiedenen Anwendungen unterschiedliche Prioritäten im Netzwerk zu verleihen. Den Benutzern kann auf der Grundlage dessen, wie sie im Active Directory definiert sind, über die Zusammenarbeit von Active Directory mit QoS die Priorität oder sogar der Zugriff gewährt werden. Ein Beispiel wäre ein Online-Wertpapierhandel, bei dem der Online-Broker Kunden (Benutzern), die ein Portfolio über 100.000 DM besitzen, eine höhere Priorität gegenüber jenen Kunden gewähren möchte, deren Portfolio unter 10.000 DM liegt. Die Definition des QoS hat ihren Preis – nachdem eine Anwendung oder eine Benutzergruppe die Priorität im Netzwerk erhalten hat, geschieht dies auf Kosten der den anderen Anwendungen im Netzwerk zur Verfügung stehenden Bandbreite. Bevor Sie mit der Implementierung von QoS beginnen, sollten Sie daher sicher sein, dass Sie die Auswirkungen auf Ihr Netzwerk voll und ganz verstanden haben.

12.1.3 Verwaltung der Arbeitsplatz-PCs

Die Verwaltung der Arbeitsplatz-PCs, das Thema dieses Kapitels, zentralisiert alle vorhandenen PCs, deren Zahl immerhin zwischen zehn und 100.000 liegen kann. Jeder einzelne kann unterschiedlich sein und irgendwo zwischen einem Apple Macintosh und einer Sun Sparc Station mit sämtlichen »Geschmacksrichtungen« von Intel dazwischenliegen. Darüber hinaus haben die Manager des

Arbeitsplatz-PCs noch mit der Software, den Betriebssystemen und der Benutzerschulung zu kämpfen. Es ist leicht zu verstehen, wie kostspielig und ineffizient die Verwaltung der Arbeitsplatz-PCs werden kann.

12.1.4 Bereiche der Verwaltung

Die Verwaltung des Datencenters, des Netzwerks und des Arbeitsplatz-PCs befasst sich grundsätzlich mit ähnlichen Bereichen der Systemverwaltung.

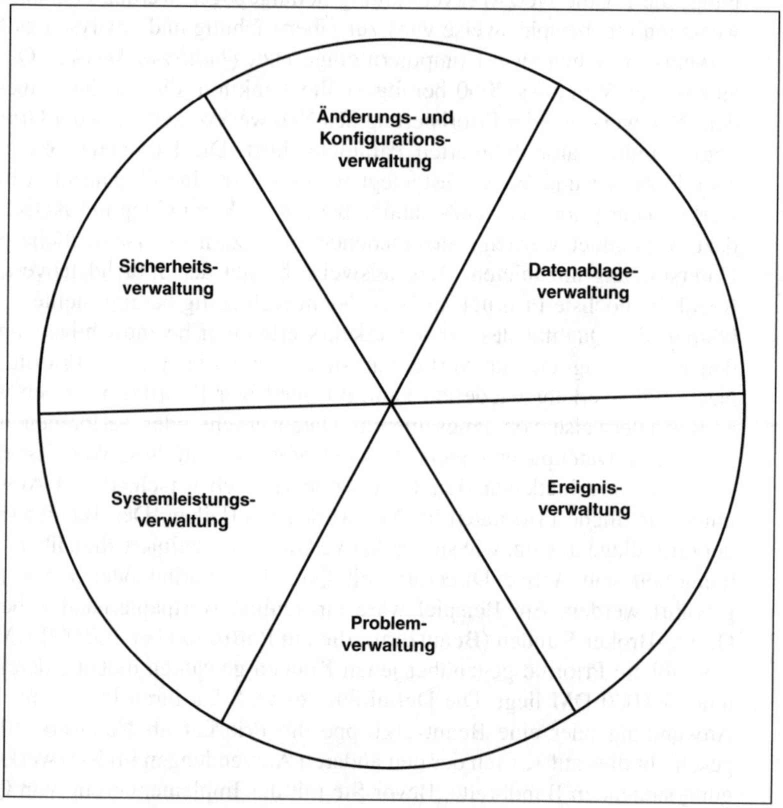

Abb. 12.1: Bereiche der Verwaltung

Die Aufteilung der einzelnen Segmente in der Tortengrafik der Abbildung 12.1 basiert auf der Organisation, ihren Prioritäten, den Verantwortlichen und Erfahrungen des Managements und seiner Einschätzung dessen, was für wichtig gehalten werden muss. So ist beispielsweise die *Änderungs- und Konfigurationsverwaltung* ein entscheidender Faktor dafür, wie die Arbeitsplatz-PCs installiert, konfiguriert und verwaltet werden. Dagegen ist die Leistung eines Computers, sei es nun die CAD-Workstation eines Ingenieurs oder der Textverarbeitungs-PC am Empfang, die mit seiner konfigurierten Software erzielt wird, eine Funktion der

Systemleistungsverwaltung. Die Funktionen der *Sicherheitsverwaltung* wiederum bestehen in der Festlegung, wie die Benutzer auf der Grundlage von Berechtigungen Daten und Anwendungen kontrollieren und verwalten und auf welche Bereiche des Netzwerks sie zugreifen dürfen.

Dies ist nur ein Teil des gesamten Bereichs der Systemverwaltung. Management-Informationssysteme werden in vielen Dokumentationen beschrieben, die die hier vorgestellten Konzepte detaillierter erörtern.

12.2 Die Windows-2000-Verwaltung

Die Dienste, die unter Windows 2000 zur Verwaltung der Arbeitsplatz-PCs zur Verfügung stehen, sind so umfassend, dass sich mit ihnen durchaus eine Reduzierung der Kosten und eine Steigerung der Effizienz erzielen lässt.

12.2.1 Ereignisbenachrichtigung

Windows 2000 als Management-Lösung bietet die Möglichkeit an, Berichte über Ereignisse im System im Ereignisprotokoll zu protokollieren. Die Anwendungen können erkennen, welche Ereignisse aufgetreten sind und die entsprechenden Schritte unternehmen. Das Ereignisprotokoll wird mit der Ereignisanzeige von Microsoft angezeigt und fungiert als eine Ablage für protokollierte Ereignisse. Damit verfügt der Administrator über eine zentrale Stelle, über die er Fehler oder andere protokollierte Ereignisse überwachen kann.

12.2.2 COM und DCOM

Zu den vielfältigen Verwendungsmöglichkeiten der COM- und DCOM-Plattformen zählt auch die Fähigkeit, objektorientierte Anwendungen entwickeln zu können, die die unternehmensweiten Systemverwaltungsdienste unterstützen. COM stellt eine Sammlung von Objekten dar, die auf mehreren Servern liegen und von verteilten Anwendungen genutzt werden können. Während COM Anwendungen auf einem Server in die Lage versetzt, Objekte gemeinsam zu nutzen, unterstützt die Erweiterung DCOM die Kommunikation zwischen diesen Objekten über mehrere Server in einem LAN, WAN oder sogar im Internet.

12.2.3 Windows Management Instrumentation (WMI)

Mit WMI steht eine Schnittstelle zur Verfügung, über die standardisierte Verwaltungsdaten von beliebigen Quellen gesammelt und analysiert werden können. Ähnlich dazu stehen über das Windows-Treibermodell (Windows Driver Model, WDM) Erweiterungen für WMI zur Verfügung, mit denen geeignete Verwaltungsanwendungen standardisierte Hardwareverwaltungsdaten sammeln und analysieren können. Die auf diese Weise gesammelten Daten können dann über Anwendungen wie etwa *System Management Servers* (SMS) in den Arbeitsplatz-PC integriert werden.

12.2.4 Active Directory

Ein verteilter, sicherer Multi-Master-Verzeichnisdienst ist das Thema dieses Buches. Active Directory stellt zwei Schlüsselfunktionen eines Verwaltungsdienstes bereit:

- einen standardisierten Locator-Dienst (Lightweight Directory Access Protocol (LDAP 3.0), der ein standardmäßiges Verfahren zum Auffinden von Ressourcen innerhalb des Unternehmens anbietet
- ein System von Gruppenrichtlinien, welches die Anwendung von Benutzer- und Computerrichtlinien im Verzeichnis ermöglicht und den Kern der Änderungs- und Konfigurationsverwaltung von Windows 2000 darstellt. Nach der Installation einer Anwendung auf dem Arbeitsplatz-PC erlauben definierte Richtlinien eine Festlegung, wie diese Anwendung genutzt werden soll.

Über die Vereinfachung und Automatisierung der Anwendungsbereitstellung und die Verwaltung der Anwendung nach der Bereitstellung über Gruppenrichtlinien des Active Directory werden die Verwaltungskosten reduziert und die Benutzereffizienz erhöht, was wiederum eine Reduzierung der gesamten Betriebskosten zur Folge hat.

12.2.5 Zukünftige Dienste

Die nächsten Versionen der Windows-Server-Plattform werden zusätzliche Verwaltungsdienste anbieten. Beispielsweise werden die Verwaltungsdaten an verschiedene Stellen innerhalb des Unternehmens repliziert werden können. Außerdem wird es eine Unterstützung des Lastenausgleichs und der Planung für verschiedene Verwaltungsanwendungen und -funktionen geben.

12.3 IntelliMirror

IntelliMirror stellt eine Sammlung von Funktionen in Windows 2000 dar, die die Strategie der Änderungs- und Konfigurationsverwaltung definieren. IntelliMirror nutzt die Betriebssysteme der Windows-Clients und -Server zu dem Zweck, ein Wandern der Benutzerdaten und -anwendungen mitsamt ihren Einstellungen im Unternehmen möglich zu machen.

Durch eine Registrierung der Lokation von Benutzerdaten und Anwendungseinstellungen kann IntelliMirror Benutzerdaten und Anwendungseinstellungen auf der Grundlage von Richtlinien wiederherstellen oder ersetzen. Die drei zentralen Funktionen von IntelliMirror sind:

- Verwalten der Benutzereinstellungen
- Installation und Verwaltung der Software
- Benutzerdatenverwaltung

Die Funktionen von IntelliMirror können gemeinsam oder unabhängig voneinander genutzt werden. Zum Verwalten der Arbeitsplatz-PCs der Benutzer verwendet IntelliMirror das Active Directory und die Gruppenrichtlinienobjekte (Group Polic Objects, GPOs). Ergänzt wird dies durch Richtlinien, die auf die Organisationseinheiten (OUs) angewendet werden, die Benutzergruppen mit speziellen Anforderungen im geschäftlichen Betrieb enthalten.

12.3.1 Verwalten der Benutzerdaten

Die Benutzerdatenverwaltung sorgt dafür, dass eine Kopie der persönlichen Daten des Benutzers an einer Stelle in der Organisation bereitgehalten wird, die diesem beim Wandern innerhalb der Organisation seine Daten zur Verfügung stellt (siehe dazu die Abbildung 12.2).

Beim Wandern der Benutzer in der Organisation von Computer zu Computer können ihnen auf diese Weise auch alle ihre Dokumente folgen. Die Benutzerdaten können auch so konfiguriert werden, dass sie online oder offline zur Verfügung stehen, was insbesondere für Benutzer sinnvoll ist, die im Außendienst mit Notebooks unterwegs sind.

Der Schlüssel für diese Funktionalität besteht darin, die Benutzerdaten über die Freigaben von Windows 2000 im Netzwerk, die über eine Richtlinie bestimmt werden, ausfindig zu machen und sie für den Offline-Zugriff zu konfigurieren. Sobald die Freigabe für den Offline-Zugriff konfiguriert ist, können die Daten aus der Freigabe mit einem lokalen Speicherplatz auf dem Arbeitsplatz-PC abgeglichen werden. Die Daten in dem Verzeichnis stehen daher auch dann zur Verfügung, wenn das Netzwerk ausfallen sollte oder der Benutzer den Computer vom Netzwerk trennt (was im Falle eines Notebooks häufig vorkommt).

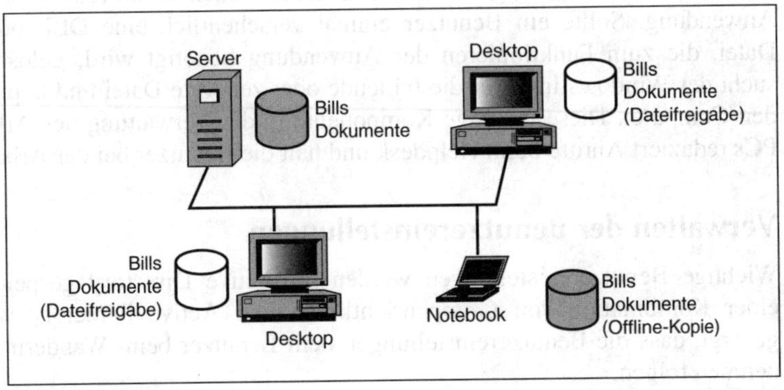

Abb. 12.2: Suchen nach den Daten von Bill

12.3.2 Installation und Verwaltung der Software

So wie die Benutzerdaten einem Benutzer innerhalb der Organisation folgen können, können auch die Anwendungen dem Benutzer folgen, was zur Folge hat, dass die Arbeitsumgebung immer spezifisch für den Benutzer und nicht für den Computer ist. Dies kann eine bedeutende Änderung in der Art und Weise darstellen, wie Organisationen in der Zukunft ihre Hardware und Software verwalten – die Softwarelizenz wird nun mit dem Benutzer statt mit einem bestimmten Computer verknüpft.

Denken Sie daran, dass eine Methode beim Entwurf einer OU-Struktur für die Anpassung der Gruppenrichtlinien darin besteht, eine Übereinstimmung mit einem Standort, einer Domäne oder OU dahingehend zu erreichen, dass den Mitgliedern dieser Einheiten jeweils spezifische Anwendungen zugeordnet werden können. GPOs machen es möglich, dass die Anwendungen dem Benutzer an jede Stelle in der Organisation folgen können. Nach der Anmeldung stehen diesem Benutzer das gewohnte Start-Menü und die Dateiverknüpfungen wie gewohnt zur Verfügung. Falls der Benutzer eine Anwendung startet, die nicht auf dem Computer installiert worden ist, wird diese Anwendung einfach installiert und dann gestartet.

Erreicht wird dies durch den Windows Installer, der feststellt, ob die Anwendung installiert ist. Ist sie es nicht, installiert der Windows Installer die Anwendung von einem bestimmten veröffentlichten Installationspunkt aus. Dieser Vorgang läuft auch dann ab, wenn der Benutzer die Datei einer Anwendung zu öffnen versucht, die nicht installiert ist. Falls der Benutzer beispielsweise doppelt auf einer Arbeitsblattdatei (.XLS) von Excel klickt und Excel nicht auf dem Computer installiert ist, installiert der Windows Installer Excel vom Installationspunkt aus.

Ein Verfahren dieser Art gewährleistet außerdem auch die korrekte Funktion Ihrer Anwendung. Sollte ein Benutzer einmal versehentlich eine DLL oder andere Datei, die zum Funktionieren der Anwendung benötigt wird, gelöscht haben, sucht der Windows Installer die fehlende oder zerstörte Datei und kopiert sie auf den Computer. Diese wichtige Komponente in der Verwaltung des Arbeitsplatz-PCs reduziert Anrufe beim Helpdesk und hält die Benutzer bei der Arbeit!

12.3.3 Verwalten der Benutzereinstellungen

Wichtige Benutzereinstellungen werden im Active Directory gespeichert. Mit einer Kombination von Gruppenrichtlinien und Active Directory wird dafür gesorgt, dass die Benutzereinstellungen dem Benutzer beim Wandern im Unternehmen folgen.

Es gibt drei Arten von Einstellungen, die dem Benutzer folgen: Einstellungen für benutzer- und verwaltungsbezogene Informationen, für temporäre Informationen und die für den lokalen Computer spezifischen Daten.

- **Benutzereinstellungen:** Hierzu gehören die Favoriten des Internet Explorers (IE), die Quicklinks, Cookies, das Start-Menü, das persönliche Adressbuch von Outlook Express und das Hintergrundbild.
- **Verwaltungsbezogene Einstellungen:** Hierzu gehören Sperreinstellungen wie das Verbergen des Ausführen-Befehls, das Abweisen von Schreibvorgängen in Systemordnern und die Konfiguration der für den Benutzer sichtbaren Objekte in der Systemsteuerung.
- **Temporäre Informationen:** Hierzu gehört beispielsweise der Cache-Speicher für die persönlichen temporären Explorer-Dateien.
- **Lokale Computereinstellungen:** Dies betrifft beispielsweise Verzeichnisse und Dateien, die für die Offline-Verwendung vorgesehen sind.

In Organisationen, in denen ein Wandern im Unternehmen erforderlich ist, sollten die lokalen Computereinstellungen nicht für das Wandern mit dem Benutzer konfiguriert werden, da die Informationen nicht zu den Computern gehören zu denen der Benutzer wandert, und daher überflüssig sind.

12.3.4 Die Rolle der Gruppenrichtlinien in IntelliMirror

Die Änderungs- und Konfigurationsverwaltung wird von IntelliMirror mit Hilfe von Richtlinien realisiert. Lokale und Gruppenrichtlinien werden wirksam, sobald sich der Benutzer am Computer angemeldet hat. Die lokalen Richtlinien werden für den lokalen Computer definiert, während die Gruppenrichtlinien über das Active Directory sowohl für die Benutzer als auch die Computer definiert werden. Die Gruppenrichtlinien stellen das Bindeglied zwischen dem Benutzer bzw. Computer und dem Active Directory dar. Durch die Gruppenrichtlinien werden die Richtlinien der gesamten Organisation im Active Directory zentralisiert und auf der Grundlage der Lokation von Computern und Benutzern im Active Directory realisiert.

Mit den Gruppenrichtlinien und dem Active Directory wird die Organisation in die Lage versetzt, geschäftliche Anforderungen für Benutzergruppen und Computer zu definieren und diese über das Active Directory durchzusetzen. Eine vollständige Erläuterung von Gruppenrichtlinien und ihrer Verwendungsweise finden Sie im Kapitel 9, »Gruppenrichtlinien«.

12.4 Microsoft Installer

Zu IntelliMirror gehört, wie weiter oben schon erwähnt, die Softwareinstallation und -verwaltung als integrierte Funktion zur Installation und Verwaltung von Benutzeranwendungen auf der Grundlage von Gruppenrichtlinien. Der Microsoft Installer hat in diesem Prozess eine wichtige Funktion – seine Arbeitsweise muss von Ihnen genau verstanden werden. Außerdem ist es wichtig, die Client-Systeme zu kennen, auf die er angewendet wird, wie beispielsweise deren verfügbarer Festplattenplatz und die Übereinstimmung mit der Hardware-Kompatibilitätsliste (HCL).

12.4.1 Veröffentlichen oder Zuweisen von Anwendungen

Zwischen dem Veröffentlichen und Zuweisen von Anwendungen besteht ein deutlicher Unterschied. Durch die Veröffentlichung steht die Anwendung auf eine Weise für die Installation zur Verfügung, die vom Betriebssystem Windows 2000 kontrolliert wird. Zugewiesene Anwendungen dagegen werden automatisch installiert und stehen dem Benutzer zur Ausführung seiner Aufgaben zur Verfügung.

Veröffentlichte Anwendungen werden

- den Benutzern nach der Veröffentlichung verfügbar gemacht
- über Systemsteuerung/Software installiert
- installiert, sobald ein Benutzer eine Datei öffnet, die diese Anwendung benötigt
- über Systemsteuerung/Software entfernt (deinstalliert).

Benutzerzugewiesene Anwendungen werden

- dem Benutzer nach der Anmeldung über das Start-Menü verfügbar gemacht. Die eigentliche Software wird erst installiert, sobald der Benutzer die Anwendung startet;
- installiert, sobald ein Benutzer eine Datei öffnet, die diese Anwendung benötigt;
- über Systemsteuerung/Software entfernt (deinstalliert).

Computerzugewiesene Anwendungen werden

- beim Start des Computers installiert,
- ohne Neustart des Computers über *SeCEdit/refreshmachinepolicy* eingesetzt,
- nicht vom Benutzer entfernt (deinstalliert). Nur der lokale Administrator kann die Anwendung entfernen.

Der Benutzer hat die Möglichkeit, Anwendungen zu reparieren, die zerstört wurden. Beim Zuweisen von Anwendungen ist es wichtig, diese zuvor im Labor zu testen, bevor sie in die Produktion gehen. Außerdem ist es von Bedeutung zu verstehen, welche Auswirkungen zugewiesene Anwendungen beim ersten Zuweisen auf das Netzwerk haben werden.

12.4.2 Anwendungspakete für den Windows Installer

Der Windows Installer ist ein Dienst, der unter Windows 2000, Windows NT 4.0, Windows 98 und Windows 95 zur Verfügung steht. Er hängt von so genannten MSI-Paketen ab, die spezifische Installationsinformationen für den Dienst enthalten. Ohne dieses Paket kann der Windows Installer-Dienst eine Anwendung nicht installieren und konfigurieren.

Aus diesem Grunde besteht eine Voraussetzung für die Verwendung des Windows Installers und zum Installieren und Verwalten einer Anwendung darin, ein entsprechendes Paket für diese Anwendung bereitzuhalten. Mit zunehmender Popularität von Windows 2000 wird es auch mehr und mehr Anwendungen mit Windows Installer-Paketen geben. Office 2000 beispielsweise besitzt bereits ein eigenes Windows Installer-Paket. Bei Anwendungen, die nicht zusammen mit einem Windows Installer-Paket ausgeliefert werden, haben Sie die Möglichkeit, durch ein *Authoring* oder *Repackaging* dafür zu sorgen, dass die Anwendung vom Windows Installer-Dienst unterstützt wird.

Für das Authoring Ihrer eigenen Windows Installer-Pakete stehen Werkzeuge von Drittanbietern zur Verfügung, die Sie von Unternehmen wie etwa *Install Shield Software Corporation* and *WISE Solutions* beziehen können. Mit Werkzeugen dieser Art können Sie für eine Anwendung ein Windows Installer-Paket erstellen.

Zur Unterstützung durch den Windows Installer können Sie auch ein Repackaging der Anwendung vornehmen. Beim Repackaging besteht das Prinzip darin, auf einem »sauberen« Computer, auf dem sich nur das Betriebssystem befindet, die Anwendung zu installieren. Das Repackaging-Werkzeug vergleicht dabei den Stand auf dem Computer vor der Installation mit dem Stand danach und zeichnet die am Computer vorgenommenen Änderungen auf. Eine Unterstützung des Windows Installers erhalten Sie beispielsweise mit der Software von Seagate *WinINSTALL LE* zum Repackaging vorhandener Anwendungen. Dieses Werkzeug steht auf der CD des Windows 2000 Server zur Verfügung.

Das Repackaging stellt noch keine exakte Wissenschaft dar – vorzuziehen gegenüber dem Repackaging ist, wo möglich, immer noch das Authoring von Paketen.

12.4.3 Veröffentlichen von Anwendungen, die nicht vom Windows Installer stammen

Es ist auch möglich, Anwendungen zu veröffentlichen (jedoch nicht zuzuweisen), die kein Windows Installer-Paket besitzen. Diese Anwendungen stehen den Benutzern über Systemsteuerung/Software zur Verfügung und nutzen zur Installation das Setup der Anwendung.

Eine .ZAP-Datei enthält eine Beschreibung der Anwendung, der zu verwendeten Befehlszeile für das Setup, die Auswahloptionen des Setups sowie die Einstiegspunkte, die die Anwendung installieren soll. Es folgt nun eine .ZAP-Datei von Microsoft für Microsoft Excel.

```
; ZAP file for Microsoft Excel 97

[Application]
; Only FriendlyName and SetupCommand are required,
; everything else is optional

; FriendlyName is the name of the application that
; will appear in the software installation snapin
; and the add/remove programs control panel.
; REQUIRED
FriendlyName = "Microsoft Excel 97"

; SetupCommand is the command line that we use to
; Run the applications setup. if it is a relative
; path, it is assumed to be relative to the
; location of the ZAP file.
; Long file name paths need to be quoted. For example:
; SetupCommand = "long folder\setup.exe" /unattend
; or
; SetupCommand = "\\server\share\long _
; folder\setup.exe" /unattend
; REQUIRED

SetupCommand = setup.exe

; Version of the application that will appear
; in the software installation snapin and the
; add/remove programs control panel.
; OPTIONAL
DisplayVersion = 8.0

; Publisher of the application that will appear
; in the software installation snapin and the
; add/remove programs control panel.
; OPTIONAL
Publisher = Microsoft

; URL for application information that will appear
; in the software installation snapin and the
; add/remove programs control panel.;
; OPTIONAL
URL = http://www.microsoft.com/office

; Language for the app, in this case US English.
; OPTIONAL
LCID = 1033
```

```
; Architecture, in this case, intel.
; OPTIONAL
Architecture = intel

; the [ext] [CLSIDs] and [progIDs] sections are
; all optional

[ext]
; File extensions that this application will
; "auto-install" for. They are not required if you
; do not want the application. This entire section
; is OPTIONAL.

; note you can put a dot in front or not, as you like
; text after the first = is optional and ignored
; but the first = is required (or the whole line
; will be ignored)
XLS=
XLA=
XLB=
XLC=
XLM=
XLV=
XLW=

[CLSIDs]
; CLSIDs that this application will "auto-install"
; for. This entire section is OPTIONAL.

; Format is CLSID with LocalServer32,
; InprocServer32, and/or InprocHandler32 (in a
; comma separated list) after the =.

{00024500-0000-0000-C000-000000000046}=LocalServer32
{00020821-0000-0000-C000-000000000046}=LocalServer32
{00020811-0000-0000-C000-000000000046}=LocalServer32
{00020810-0000-0000-C000-000000000046}=LocalServer32
{00020820-0000-0000-C000-000000000046}=LocalServer32
{00020820-0000-0000-C000-000000000046}=LocalServer32

[progIDs]
; progIDs that this application will "auto-install"
; for. This entire section is OPTIONAL.

; format is a CLSID, with the corresponding progid
; listed after the = sign
{00024500-0000-0000-C000- _
```

```
000000000046}=Excel.Application
{00024500-0000-0000-C000- _
000000000046}=Excel.Application.8
{00020821-0000-0000-C000-000000000046}=Excel.Chart
{00020811-0000-0000-C000-000000000046}=Excel.Chart.5
{00020821-0000-0000-C000-000000000046}=Excel.Chart.8
{00020810-0000-0000-C000-000000000046}=Excel.Sheet.5
{00020820-0000-0000-C000-000000000046}=Excel.Sheet.8
{00020820-0000-0000-C000-000000000046}=Excel.Sheet
{00020820-0000-0000-C000-000000000046}=Excel.Template
{00020820-0000-0000-C000-000000000046}=Excel.Workspace
```

.ZAP-Dateien werden typischerweise in derselben Netzwerkfreigabe oder demselben Software-Verteilungspunkt gespeichert, in der bzw. in dem sich auch das Setup der Anwendung befindet.

12.4.4 Software-Verteilungspunkte

Software-Verteilungspunkte sind strategisch platzierte Dateifreigaben in Ihrem Netzwerk, in denen die Anwendungspakete gespeichert sind, die für die Installation auf den Client-Computern benötigt werden. Software-Verteilungspunkte sollten sich an mehreren Stellen im Netzwerk und nahe bei den Clients befinden, die Anwendungen benötigen, die vom Software-Verteilungspunkt beherbergt werden.

Wird beispielsweise eine GPO auf eine Domäne angewendet, die sämtlichen Benutzern in dieser Domäne eine Anwendung zuweist, ist es von großer Wichtigkeit, dass sich an den entsprechenden Stellen in dieser Domäne auch die Software-Verteilungspunkte befinden.

In dem Beispiel in Abbildung 12.3 werden Gruppenrichtlinien für die Domäne und jeder Standort (Seattle und Miami) definiert. Objekte des Seattle-Standorts unterstehen sowohl der Gruppenrichtlinie der Domäne als auch des Seattle-Standorts. Dementsprechend sind Objekte im Miami-Standort den Gruppenrichtlinien der Domäne und des Miami-Standorts unterworfen. Die Software-Verteilungspunkte für die Server auf jedem Standort müssen daher in der Lage sein, die für jeden Standort und jede Domäne erforderliche Anwendung bereitzustellen. Außerdem ist es möglich, die Richtlinien innerhalb der OUs der Domänen über feinere Abstufungen zuzuweisen.

Das Erstellen eines Software-Verteilungspunktes ist so einfach wie das Erstellen einer Netzwerkfreigabe und der dazugehörigen Ordner, das Kopieren der Windows Installer-Pakete und der Programmdateien der Anwendung in den geeigneten Ordner sowie die Vergabe angemessener Ordnerberechtigungen. Die Berechtigungen sollten einfachen Benutzern nur den Lesezugriff erlauben, während die Administratoren den Vollzugriff sowie die Änderungs- und Lesezugriffe erhalten sollten.

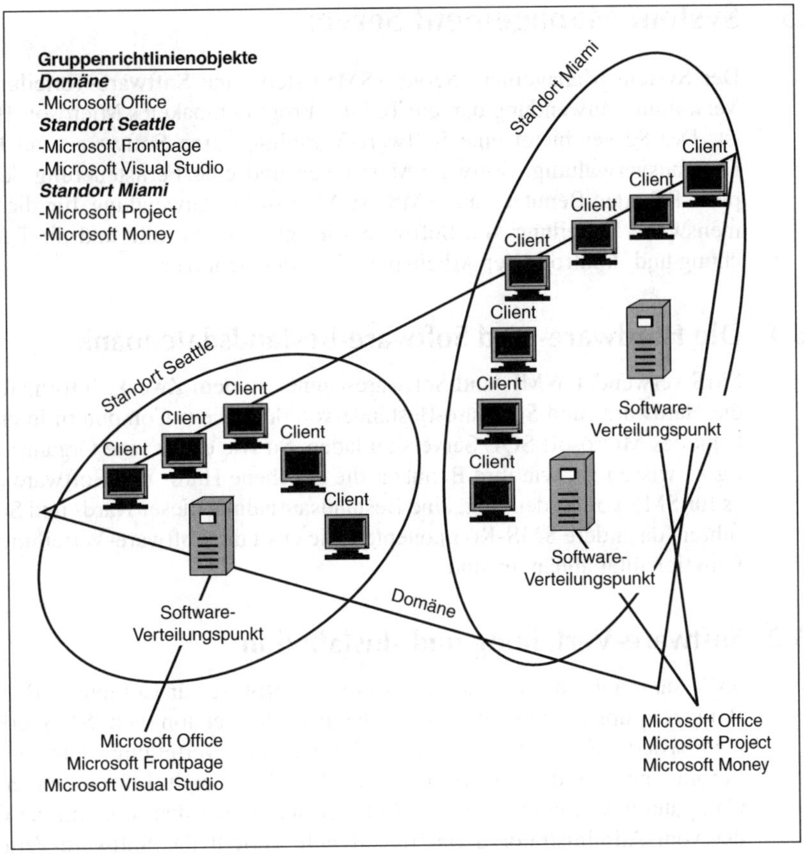

Abb. 12.3: Definieren von Gruppenrichtlinien für Domänen und jeden einzelnen Standort

Effizienter ist dies über das *Distributed File System* (DFS) durchführbar, welches einen normalen UNC-Pfadnamen an einen Server innerhalb des Standorts des Clients umleitet. Auf diese Weise kann *\\fileshare\applications* von jeder Stelle im Netzwerk referenziert werden, während der eigentliche Server, mit dem sich ein bestimmter Client verbindet, gegenüber dem Standort mit dem Active Directory für den Client immer lokal bleibt.

12.4.5 Konfigurieren von Gruppenrichtlinien

Nach dem Erstellen des Paketes und der Software-Verteilungspunkte müssen nur noch die GPOs erstellt werden. Erledigt wird dies über das MMC-Snap-In *Active-Directory-Benutzer und -Computer.* Standardmäßige Software-Verteilungspunkte können Sie auch für eine vorgegebene Gruppenrichtlinie konfigurieren.

12.5 System Management Server

Der System Management Server (SMS) stellt eine Software-Verteilungs- und -Verwaltungsanwendung dar, die Teil des Programmpaketes Microsoft BackOffice ist. Der Server bietet eine Software-Verteilung, eine Software- und Hardware-Bestandsverwaltung, Software-Messungen und eine Fernsteuerung der Arbeitsplatz-PCs der Benutzer an. SMS ist Microsofts Anwendung für die unternehmensweite Verteilung von Software, die Inventarkontrolle und die Fernüberwachung und -kontrolle der Arbeitsplatz-PCs der Benutzer.

12.5.1 Die Hardware- und Software-Bestandsdatenbank

SMS verwendet WMI- und Softwarescanner zu dem Zweck, Informationen über die Hardware- und Software-Bestände von den Client-Computern in eine Datenbank des Microsoft SQL Servers zu laden. So wie es für eine Organisation wichtig zu wissen ist, wie ihre Benutzer die gegebene Hard- und Software nutzen, ist es für SMS von Bedeutung, eine Bestandsaufnahme dieser Hard- und Software zu führen, da andere SMS-Komponenten wie etwa die Software-Verteilung von ihrer Funktionalität abhängig sind.

12.5.2 Software-Verteilung und -Installation

SMS kann auch dazu verwendet werden, Software für Computer, Benutzer und Benutzergruppen bereitzustellen. Die neueste Version von SMS erlaubt eine regelbasierte Software-Verteilung. Die Software-Verteilung steht außerdem in Verbindung mit dem Software-Bestand und sammelt Informationen über die Computer bzw. Benutzer, an die Software verteilt werden soll. Auf der Grundlage der vom Administrator definierten Regeln verteilt die Software-Verteilung die Software-Pakete an die über die Bestandsaufnahme ermittelten Benutzer bzw. Computer.

12.5.3 Software-Messungen

Software-Messungen bestehen in der Nutzungsverfolgung der Software durch die Benutzer und Computer. Sie können auch dazu eingesetzt werden, die Software-Nutzung im Hinblick auf die Einsatzzeiten und die Anzahl Lizenzen zu überwachen. Software-Messungen kontrollieren darüber hinaus viele Anwendungen auf der Grundlage von Regeln.

12.5.4 Diagnose und Fehlersuche

SMS enthält auch mehrere nützliche Werkzeuge für die Diagnose und Fehlersuche. Der Netzwerkmonitor, der bereits an mehreren Stellen in diesem Buch erwähnt worden ist, ist ein außerordentlich wertvolles Netzwerküberwachungswerkzeug, das Netzwerkpakete abfangen und analysieren kann, die zwischen zwei Hosts im Netzwerk gesendet werden. Mit Remote Control, einem weiteren SMS-Werkzeug, kann ein Betreuer des Helpdesks oder ein Techniker des Supports den Arbeitsplatz-PC des Benutzers fernsteuern. Dabei kann dann das Problem diagnostiziert und gegebenenfalls beseitigt werden. Da kein Besuch des Helpdesks am Arbeitsplatz des Benutzers notwendig ist, werden Verwaltungskosten reduziert.

12.5.5 Windows 2000 ergänzen

SMS 2.0 und seine Folgeversionen können in eine Strategie zur Verwaltung von Arbeitsplatz-PCs unter Windows 2000 eingebunden werden. SMS ergänzt die in Windows 2000 integrierten Verwaltungskomponenten mit einer Infrastruktur für die Software-Verteilung.

In Umgebungen mit Windows-2000-Server ergänzt SMS das Active Directory und erweitert hier die standardmäßigen Änderungs- und Konfigurationsverwaltungsfunktionen, die von IntelliMirror geboten werden. SMS stellt eine unternehmensweite Lösung für die Änderungs- und Konfigurationsverwaltung in Windows-Umgebungen dar.

12.6 Der Remote-Installationsdienst von Windows 2000

Der Remote-Installationsdienst (Remote Installation Service, RIS) von Windows 2000 ist eine weitere Komponente, die zusammen mit Windows-2000-Server ausgeliefert wird. Mit RIS ist es möglich, Windows 2000 für den Arbeitsplatz-PC bereitzustellen. Durch die Verknüpfung von RIS mit den Diensten von IntelliMirror kann auf diese Weise eine komplette Strategie für die Verwaltung der Arbeitsplatz-PCs entwickelt werden.

Die Bereitstellung eines Betriebssystems ist eine schwierige Aufgabe, deren Automatisierung mit einer Installationssoftware zu einer wahrhaften Herausforderung werden kann. Mit einer richtigen Planung und Implementierung der unterstützenden Dienste jedoch kann die Remote-Installation des Betriebssystems erheblich zur Reduzierung der Bereitstellungskosten wie auch der Kosten des Supports für die Arbeitsplatz-PCs beitragen.

12.6.1 Unterstützende Dienste

RIS erwartet, um erfolgreich eine Bereitstellung vornehmen zu können, verschiedene unterstützende Dienste und Voraussetzungen. Die folgenden Dienste müssen vorhanden sein, damit RIS korrekt arbeiten kann.

Domain Name Service (DNS)

RIS setzt zum Suchen von Verzeichnisdiensten und Clients wie das Active-Directory-DNS voraus. Es wird empfohlen, dass RIS das DNS verwendet, welches zusammen mit Windows 2000 ausgeliefert wird. Wenn Sie das DNS von Microsoft Windows 2000 nicht einsetzen, werden Testuntersuchungen notwendig, die sicherstellen, dass Ihr DNS die von RIS geforderten Funktionen bereitstellen kann.

Dynamic Host Configuration Protocol (DHCP)

Denken Sie daran, dass RIS ein Betriebssystem auf dem Client installiert und daher das aktuell auf dem Client installierte Betriebssystem, falls vorhanden, durch Windows 2000 ersetzen wird. Weiterhin muss die Netzwerkkarte des Clients (NIC, Network Interface Card) fähig sein, über das Netzwerk booten zu können, was bedeutet, dass der Client-Computer startet und die Netzwerkkarte eine IP-Adresse von einem DHCP-Server anfordern muss. Die Installation kann beginnen, nachdem der Client den IP-Stack geladen und eine IP-Adresse erhalten hat. DHCP muss daher mit einem IP-Adresspool installiert und konfiguriert worden sein, der sich für Ihr Netzwerk eignet. Die DHCP-Dienste stehen in Windows 2000 und Windows NT 4.0 zur Verfügung.

Active-Directory-Services

RIS hängt weiterhin vom Active Directory ab. Die Client-Computer und RIS-Server sind im Active Directory abgebildet und werden während des RIS-Prozesses auch benötigt. Die RIS-Server selbst sind auf Windows-2000-Servern installiert und müssen den Zugriff auf die DCs des Active Directory besitzen.

Hardwareanforderungen

Wichtig ist auch, dass die RIS-Server und Clients den Hardwareanforderungen von RIS entsprechen. Eine Liste der von RIS unterstützten Hardware steht auf der Website von Microsoft zur Verfügung. Diese Liste unterscheidet sich von der HCL von Windows 2000 – stellen Sie daher sicher, dass sich die Client- und Serverkomponenten wie etwa die Netzwerkkarten auf der RIS-HCL befinden.

Software-Verteilungspunkte

Windows-2000-Professional muss in eine Dateifreigabe kopiert werden. Diese Dateifreigabe müssen Sie mit einem Software-Verteilungspunkt in Ihrem Netzwerk verbinden.

12.6.2 Setup und Konfiguration

Nachdem ein Server mit Windows 2000 in einer Umgebung konfiguriert worden ist, die Active Directory, DNS und DHCP-Dienste bietet, kann auch der RIS-Dienst installiert werden. Ein Assistent für die Einrichtung führt Sie dabei durch die einzelnen Schritte des Prozesses und ermöglicht Ihnen die Auswahl der Installationsoptionen wie beispielsweise die Festlegung, ob der RIS-Server auf Dienstanfragen von Clients antworten soll. Der Assistent fragt Sie außerdem nach der Freigabe, die für Windows-2000-Professional vorgesehen ist.

Nach der Installation von RIS müssen Sie noch die Berechtigungen für den Betrieb des RIS-Server vergeben und definieren, welche Server welche Clients im Active Directory bedienen sollen. Erledigt wird dies über das MMC-Snap-In *DHCP*.

Zum Konfigurieren des RIS-Server verwenden Sie das MMC-Snap-In *Active-Directory-Benutzer und -Computer*. Dort können Sie nicht nur einstellen, wie der RIS-Server auf Remote-Clients reagiert, sondern haben auch den Zugriff auf erweiterte Konfigurationsoptionen.

Ausführliche Anweisungen für den RIS-Servers und den Prozess der Client-Installation finden Sie auf der Website von Microsoft oder in der Dokumentation, die zusammen mit Windows-2000-Server ausgeliefert wird.

12.7 Fazit

Die Funktionen zur Verwaltung der Arbeitsplatz-PCs in Windows 2000 bilden eine interessante neue Dimension dieses Produktes. Nie zuvor gab es eine so enge Integration dieses Bereichs der Verwaltung in eine einzelne Betriebssystemfamilie für Client/Server-Systeme. Die Möglichkeit einer stringenten Verwaltung des Arbeitsplatz-PCs auf Unternehmensebene ist in greifbare Nähe gerückt. Bei korrekter Planung und Vorbereitung im Testlabor wird Windows 2000 die Betriebskosten des Arbeitsplatz-PCs reduzieren können, indem es eine genaue Festlegung dessen, was die Benutzer dürfen und können, ermöglicht und außerdem die Bereitstellung von Anwendungen- und Betriebssystemen vereinfacht.

Kapitel 13

Entwicklung einer Verwaltungsstrategie

Die Entwicklung einer Verwaltungsstrategie stellt ein direktes Ergebnis der Geschäftsanalyse dar, die bei der Zusammenführung Ihres Active Directory und des Entwurfsprozesses von Windows 2000 erstellt worden ist. Der Entwurf des Active Directory und die Verwaltungsstrategie sind eng miteinander verknüpft und müssen unter Umständen wiederholt an die Gegebenheiten in der Organisation angepasst werden.

Die Entscheidung für das Active Directory und Windows 2000 beinhaltet in der Regel immer die Notwendigkeit, eine zentrale Verwaltungsstrategie zu entwickeln. Allerdings bedeutet dies nicht notwendigerweise, dass dieses Ziel nur mit einem zentralen Team erreicht werden kann, welches die Umgebung von Windows 2000 und Active Directory verwaltet und kontrolliert, denn eine zentrale Verwaltungsstrategie definiert eine ganze Reihe von Rollen und Verantwortlichkeiten, die auf verschiedenste Art und Weise implementiert werden können. Die Möglichkeiten, die hierfür zur Verfügung stehen und die sich daraus ergebenden Optionen werden in diesem Kapitel erörtert.

Ganz unabhängig von dem System oder der Systemfamilie, mit der Sie bisher zu tun hatten, bietet Ihnen die Entscheidung für Active Directory und Windows 2000 die Gelegenheit, einmal reinen Tisch zu machen und eine Verwaltungsstrategie und eine Planung zu entwickeln, die vollständig Ihren Anforderungen entspricht. In diesem Kapitel werden Sie erfahren, wie der Rahmen aussehen kann, innerhalb dessen Sie diese Aufgabe mit den Werkzeugen von Windows 2000 und dem Active Directory erfüllen können.

13.1 Typische Verwaltungsmodelle von Windows NT 4.0

WindowsNT-4.0-Server bietet bereits einfache Verwaltungsmodelle an. Das einfachere Verwaltungsmodell wird von der eher kleineren Organisation genutzt und beinhaltet Administratoren und Benutzer. Bei diesem Organisationsmodell liegen die Rechte für alle verwaltungsmäßigen Aufgaben in den Händen einer Gruppe von Administratoren. Zu diesen Rechten gehören das Hinzufügen von Benutzern, Gruppen, Servern, neuen Hardware-Komponenten, Freigaben im Netzwerk und das Ändern von Richtlinien.

Über seine Druck-Operatoren, Sicherungs-Operatoren, Konten-Operatoren und Server-Operatoren sorgt NT 4.0 für eine Feinabstufung in diesem Modell. Funktionen dieser Art werden erst dann verwendet, wenn die Organisation so weit gewachsen ist, dass diese spezifischen Funktionen organisatorisch auf Einzelpersonen verteilt werden können. Alle diese Funktionen bilden dabei Untermengen der Funktionen, die der Domänenadministrator besitzt.

Beim Active Directory und bei Windows 2000 können Sie administrative Rollen und Werkzeuge erstellt werden, die ganz bestimmte Möglichkeiten zulassen und direkt einer Verwaltungsstrategie untergeordnet sind. Diese Ihnen als Planer einer Verwaltungsstrategie zur Verfügung stehenden Möglichkeiten sind das Thema dieses Kapitels.

13.2 Die administrativen Gruppen in Windows 2000

Windows 2000 und Active Directory bieten vordefinierte Gruppen an, die sich in den zwei Ordnern *Vordefiniert* und *Benutzer* befinden.

13.2.1 Gruppen im Ordner Vordefiniert

Über den Ordner *Vordefiniert* stellt Windows 2000 vordefinierte administrative Gruppen zur Verfügung. Diese Gruppen werden zu dem Zweck verwendet, die Verwaltung bzw. die Nutzung der Umgebung von Windows 2000 zu kontrollieren. Innerhalb dieser Umgebung stehen die nachstehend genannten administrativen Gruppen zur Verfügung.

Die Gruppenmitglieder *Konten-Operatoren* sind in der Lage, Domänenbenutzer und Gruppenkonten zu verwalten. Diese Gruppe wird typischerweise zum Hinzufügen und Löschen von Benutzern, Erstellen und Ändern von Gruppenkonten und Ändern von Kennwörtern verwendet.

Die Mitglieder der Gruppe *Administratoren* besitzen in der Domäne die vollen administrativen Rechte und haben damit Zugriff auf die oberste Administrationsstufe. Die Mitglieder dieser Gruppe können in der Domäne jede beliebige administrative Funktion ausführen.

Mitglieder der Gruppe *Sicherungs-Operatoren* sind auf den Betrieb des Sicherungsprogramms beschränkt. Die Mitglieder der Gruppe *Sicherungs-Operatoren* können Dateien und Verzeichnisse sichern.

Die Mitglieder der Gruppen *Gäste und Benutzer* verfügen über die Fähigkeit, den Computer, an dem sie gerade angemeldet sind, zu nutzen und Dokumente zu speichern, können jedoch keine Programme installieren oder Änderungen am System vornehmen. Die Gruppe *Gäste* wird typischerweise für den Zugriff auf genau umgrenzte Ressourcen verwendet.

Mitglieder der Gruppe *Druck-Operatoren* besitzen die Rechte zur Verwaltung von Druckern innerhalb der Domäne. Sie dürfen Druckerwarteschlangen löschen und Prioritäten für Druckaufträge zuweisen.

Die Mitglieder der Gruppe *Server-Operatoren* verfügen über die Rechte zur Verwaltung von Domänenservern.

13.2.2 Die Gruppe Benutzer

Im Container *Benutzer* gibt es mehrere vordefinierte Gruppen. Diese Gruppen lauten *Domänen-Admins, Domänen-Computer, Domänen-Gäste, Domänen-Benutzer, Organisations-Admins, Gruppenrichtlinien-Admins, Schema-Admins und Zertifikat-Herausgeber.* Jede einzelne dieser Gruppen ist für Benutzer mit speziellen Zugriffsrechten auf Ressourcen in der Domäne oder dem Unternehmen bestimmt.

Die Domänen-Benutzer verfügen über spezielle Rechte innerhalb der Domäne, während Organisations-Admins administrative Rechte innerhalb des Unternehmens besitzen.

13.3 Verwaltungsstrategien von Windows 2000

Zur Verwaltung von Windows 2000 gibt es drei grundlegende Strategien: die zentralisierte Verwaltung, »bewegliche« administrative Kompetenzen und Werkzeuge, die an die Benutzer weitergegeben werden und eine Mischung beider Strategien.

13.3.1 Entscheidungskriterien für eine Verwaltungsstrategie

Jede Organisation sollte eine klare Verwaltungsstrategie entwickeln. In den meisten Organisationen hat sich im Laufe der Zeit eine Unternehmenskultur für die EDV-Umgebung herausgebildet, die sich auf Begründungen wie »so haben wir es schon immer gemacht« bis zu »mehr als drei Leute können wir für diese Arbeit nicht bezahlen« stützt. Die Verwaltung von Windows NT 4.0, die sich bis jetzt in den Unternehmen herausgebildet hat, wird zumeist über eine Reihe von Abteilungsadministratoren wahrgenommen, die alle über die administrativen Rechte verfügen. Unternehmen oder Organisationen dieser Art gründen sich allein auf die Möglichkeiten, die sich aus einer einfachen Basisinstallation von Windows NT ergeben. Im Gegenteil dazu haben manche Organisationen Windows NT ausgehend von einer zentralen Organisationsstruktur installiert und eine strikte Verfahrensweise entwickelt, mit der sie ihre wichtigsten internen Funktionen nachbilden können. Beide Organisationsformen können von der Flexibilität, die Active Directory zur Verwaltung Ihrer EDV-Umgebung bietet, profitieren.

Jede Organisation sollte hinsichtlich von Active Directory und Windows 2000 zuerst eine Bewertung des korrekten Modells zur Verwaltung ihrer spezifischen Umgebung vornehmen. Für die Vorgehensweise bei einer solchen Bewertung stehen mehrere Schlüsselkriterien zur Verfügung, zu denen die Kontrolle, die Demografie in der Organisation, die Sicherheitsanforderungen, die Erwartungen an den Support und die Flexibilität gehören. Alle diese Kriterien stellen eine Grundlage dafür dar, wie Sie Ihre Verwaltungsstrategie aufbauen.

Die Kontrolle Ihrer EDV-Umgebung ist grundlegend für Ihre gesamte Verwaltung. Der Grad der Kontrolle, den Sie über Ihre Umgebung zu erlangen wünschen, legt fest, was implementiert werden muss. Beispielsweise erfordert der Grad an Kontrolle die Festlegung, welche Gruppenrichtlinienobjekte (Group Policy Objects, GPO) Sie erstellen müssen und an welcher Stelle im Standort, in der Domäne und Organisationseinheit (SDOU) die Richtlinien untergebracht werden sollten. Der Grad an Kontrolle kann außerdem den Typ des Arbeitsplatz-PCs diktieren, den Sie in Ihrem Netzwerk zulassen.

Die Demografie Ihrer Organisation spielt ebenfalls eine wichtige Rolle dahingehend, wie Sie Ihre Verwaltung organisieren. Arbeiten in Ihrer Organisation beispielsweise Teammitglieder der EDV-Verwaltung an Arbeitsplätzen außerhalb des Hauses, kann es für Sie interessant sein, gewisse Verantwortlichkeitsbereiche an diese zu delegieren. Außerdem können Sie Benutzern, die sich sehr gut mit Computern auskennen, bestimmte administrative Zuständigkeiten übertragen oder sogar einen Teil der ursprünglich vorgesehenen Kontrolle lockern.

Die Sicherheit bildet einen bedeutsamen Bestandteil Ihres Entwurfs einer Verwaltungsstrategie. Alle Anforderungen müssen auf die Sicherheit abgestimmt sein, wobei Ihre Auslegung der Sicherheit gleichzeitig wieder Auswirkungen darauf hat, wie Sie Ihre SDOU-Struktur definieren, welche Rechte Sie den verschiedenen administrativen Gruppen verleihen und wie die Prozesse arbeiten werden, die Ihre Implementierung unterstützen.

Mit *Erwartungen an den Support* ist gemeint, wie der Support in der Organisation aufgenommen wird und wie er auf Probleme reagiert. Je nach den Fähigkeiten und dem Training der Benutzergemeinde reichen unter Umständen eine Fernsteuerung oder webbasierende FAQ-Dokumente zur Unterstützung der Benutzer nicht aus – vielleicht brauchen Sie statt dessen wirklich einen echten lokalen technischen Support.

Die Flexibilität Ihres administrativen Modells spielt eine wichtige Rolle bei der Definition der Dienste, die Sie anbieten müssen, und damit auch hinsichtlich der Definition Ihres Verwaltungsmodells. Die Flexibilitätsanforderungen haben eine Auswirkung auf die Auslegung der administrativen Kontrolle und darauf, wo Sie die GPOs innerhalb der Active-Directory-Hierarchie unterbringen. Eine typische Anforderung an die Flexibilität ist beispielsweise beim Arbeitsplatz-PC zu sehen, auf dem verschiedene Benutzer Anwendungen installieren wollen. Weitere Flexibilitätsanforderungen betreffen den Wunsch mancher Abteilungen des Unternehmens, ihre eigenen Server und Drucker verwalten oder ihren eigenen Organisationseinheits-Container ändern zu können.

13.3.2 Zentrale Verwaltungsstrategien

Mit Windows 2000 und Active Directory sind Sie in der Lage, vielfache Strategien zur Verwaltung Ihrer EDV-Umgebung zu entwickeln. Eine erste und einfache Lösung besteht darin, Ihre normale Umgebung unter Windows NT 4.0 nachzubilden, indem Sie einige spezielle Konten mit unbeschränkten Rechten einrichten. Obgleich dieser Ansatz die Fähigkeiten von Windows 2000 nicht ausnutzt, kann er organisatorisch den Übergang zu der neuen Technologie einfacher gestalten. Langfristig erschwert der Ansatz unter Umständen ein zukünftiges strengeres Verwaltungsmodell, weil es schwieriger werden kann, angestammte Privilegien wieder rückgängig zu machen.

Eine zentrale Verwaltungsstrategie, die über die bloße Nachbildung des Verwaltungsmodells von Windows NT 4.0 hinausgeht, kann sich dagegen die Vorteile des Active Directory, von Windows 2000 und der Werkzeuge zunutze machen, die einen Bestandteil des gesamten Produktpaketes bilden.

Warum eine zentrale Verwaltungsstrategie?

Wie schon weiter oben erwähnt, kann die Verwaltung als Einheit verschiedener Komponenten betrachtet werden. Die Tabelle 13.1 enthält ein Beispiel dafür, wie die verschiedenen Faktoren die Ausgestaltung des Verwaltungsmodells beeinflussen.

Anforderung an die Verwaltung	Bewertung
Kontrolle	Wegen fehlendem technischen Verständnis und Änderungen in der Organisation besteht ein hoher Bedarf an einer Kontrolle der EDV-Umgebung.
Demografie der Organisation	Die Benutzer sind nicht erfahren im Umgang mit der Technik. Trainingsaufwand ist zur Zeit nicht zu leisten.
Sicherheit	Arbeitsplatz-PC und Netzwerk vor dem Zugriff auf vertrauliche Informationen sichern
Erwartungen an den Support	Die Benutzer haben unterschiedliche Bedürfnisse. Alle sind an die telefonische Unterstützung durch das Helpdesk gewöhnt.
Flexibilität	Keine derzeitigen Anforderungen für die Organisation erforderlich

Tab. 13.1: Analyse eines zentralen Verwaltungsmodells

Beispiel einer zentralen Verwaltungsstrategie

Auf der Grundlage der zuvor beschriebenen Anforderungen sollte eine zentrale Strategie implementiert werden. Die Implementierung beinhaltet die folgenden Komponenten:

Die SDOU-Struktur sollte GPOs auf der Domänenebene vorsehen, um eine dreistufige Sperrung der Arbeitsplatz-PC implementieren zu können. Die GPOs selbst definieren drei Typen von Benutzern. Die Benutzer stellen die allgemeinen Computerbenutzer dar, die grundlegende Nutzerkenntnisse besitzen, was das Betriebssystem, die Konnektivität und die Zugriffsanforderungen und den elementaren Anwendungssupport einschließt. Zum elementaren Anwendungssupport gehören die standardmäßigen Desktopanwendungen und die unternehmensweiten horizontalen Anwendungen.

Die zweite Ebene des Arbeitsplatz-PCs betrifft den Vertrieb und die Manager in der Organisation, die den Zugriff auf Anwendungen mit speziellen Finanzdaten haben müssen.

Die dritte Ebene des Arbeitsplatz-PCs betrifft die EDV selbst. Ein solcher Arbeitsplatz-PC verfügt über den Zugriff auf die grundlegenden Anwendungen und die für die EDV spezifischen Programme, mit denen die EDV-Umgebung verwaltet wird.

Die diesbezüglichen GPOs wandern zu den einzelnen Arbeitsplatz-PCs auf der Grundlage von Einschlussregeln. Der Zugriff auf Anwendungen, die nicht unter die drei Typen des Arbeitsplatz-PCs fallen, wird den Benutzern auf der Grundlage von Einschlussregeln in den anwendungsspezifischen Gruppen gewährt.

Die Verwaltung wird von einer zentralen Gruppe vorgenommen, wobei die Verantwortlichkeiten in zwei Ebenen aufgeteilt sind. Die technisch Verantwortlichen erhalten für bestimmte unternehmensweite Änderungen und wichtige Änderungen an der Infrastruktur den Zugriff auf gesonderte Konten. Hierzu gehören Dinge wie die Einbindung eines neuen Servers oder das Ändern der GPOs mit anschließender Einbindung in das Active Directory. Die zweite Ebene ermöglicht die Verwaltungsvorgänge wie Sichern, Hinzufügen, Löschen und Ändern von Konten und Computern.

Darüber hinaus verlangen die genannten Anforderungen nach Werkzeugen, die eine zentralisierte Umgebung unterstützen. Hier wäre als multimedialer Ansatz ein Support über eine Webseite mit Supportinformationen und dem aktuellen Projektstatus im Unternehmen denkbar. Weiterhin sollte für ein Helpdesk gesorgt werden, welches personell so gut besetzt ist, dass hilfesuchende Benutzer statt eines Anrufbeantworters eine Person vorfinden, die sich um sie kümmert. Außerdem sollte für eine Implementierungsform gesorgt werden, die die Fernsteuerung jedes Arbeitsplatzes ermöglicht.

13.3.3 Dezentrale Verwaltungsstrategien

Eine andere Strategie besteht darin, die verwaltungsmäßigen Kompetenzen und Werkzeuge so weit wie möglich nach »draußen« abzugeben, was bedeutet, dass so viel Verwaltungsaufgaben wie möglich an die Endanwender weitergereicht werden. In gewisser Weise geschieht dies heute schon über das Internet – wenn Sie auf manche Internetsites zugreifen, müssen Sie sich zuerst selbst registrieren und liefern damit dem Betreiber der Site bereits nützliche Informationen. Im Wesentlichen bewirkt dieser Prozess, dass Sie in die Benutzerdatenbank dieses Systems eingetragen werden. Falls es Ihre Absicht sein sollte, sich dem Endanwender zu öffnen oder falls Sie sogar eine Selbstverwaltung anstreben, muss die Unternehmenskultur im Hinblick auf die technischen Möglichkeiten und die praktischen Auswirkungen entsprechend untersucht werden. Eine Möglichkeit zur Bewertung Ihrer Organisation besteht in der Identifizierung der Kosten des administrativen Supports und der Arbeitszeit des Endanwenders. Übersteigt der Wert der Arbeitszeit des Endanwenders den Wert der Arbeitszeit des Administrators, dann wird diese Strategie vermutlich nicht sinnvoll sein – man würde eine hoch bezahlte Fachkraft in der Produktion ja auch nicht mit der Zuständigkeit für administrative Konten belasten, wenn zu diesem Zweck eine kosteneffizientere

Kraft aus dem administrativen Bereich zur Verfügung steht, die diese Aufgabe ebenso gut übernehmen kann.

Ein weiterer Maßstab für die Überlassung von Verantwortlichkeiten an den Endanwender besteht in der Notwendigkeit von Schulungen, die Sie anfordern müssen, wenn die zusätzlichen Aufgaben die Nutzergemeinde zu sehr belasten.

Das Verschieben von Zuständigkeiten aus dem Verwaltungszentrum heraus ist dann am besten zu rechtfertigen, wenn der Endanwender oder die jeweilige EDV-Kraft besser auf die Bedürfnisse der Benutzer oder der Organisation reagieren kann. Ein Beispiel hierfür ist das Auftauchen der Textverarbeitungen für den PC. Früher wurde die Schreibarbeit von einer besonderen Abteilung oder einer dafür vorgesehenen Person in der Unternehmensverwaltung durchgeführt, während heutzutage die meisten Verantwortlichen ihre Schreibarbeit selbst erledigen. Ein Dokument zu schreiben, an andere Personen weiterzuleiten und zu überarbeiten kostet mehr Zeit, als es selber zu schreiben und zu überarbeiten.

Bei der Verteilung administrativer Aufgaben können Sie besonderes Augenmerk darauf legen, welche Aufgaben am besten auf die Bedürfnisse der Benutzer abzustimmen sind.. Das folgende Beispiel soll diesen Punkt illustrieren: Ein Endanwender hat die Möglichkeit, einen Teil der Active Directory-Informationen über eine Webseite zu aktualisieren, über die er den Zugriff auf das Verzeichnis erhält. Da der Benutzer gegenüber dem Active Directory authentifiziert ist, kennt Active Directory ihn und kann Aktualisierungen an einzelnen Einträgen im Active Directory zulassen. In diesem Szenario kann der Endanwender nur die eigenen Informationen im Active Directory ändern – andere Felder im Active Directory sind geschützt.

Warum eine dezentrale Verwaltungsstrategie?

Eine dezentrale Strategie ist normalerweise eine Antwort auf die Notwendigkeit, unverzüglich zu reagieren und sorgfältig zu arbeiten. Einfache Dinge wie etwa die Änderung Ihrer Adresse oder Ihres Kennwortes sind zeitaufwendig, wenn sie per Telefon durchgeführt werden müssen. Wenn die Benutzer dagegen diese Arbeit selbst machen können, ist sie unverzüglich erledigt und es gibt keine Fehler beim Zuhören und anschließenden Eintippen der Daten.

Die Tabelle 13.2 enthält ein Beispiel für Befunde, die einer zentralen Verwaltungsstrategie zu Grunde liegen können.

Anforderung an die Verwaltung	Bewertung
Kontrolle	Eine Kontrolle ist nur begrenzt notwendig. Die Benutzer und Organisationen nutzen das Netzwerk und die Netzwerkressourcen so, wie sie auch andere unterstützende Dienste nutzen. Die Verantwortung für das Netzwerk endet am Netzwerkstecker im Büro. Die Arbeitsplatz-PCs unterstehen der Verantwortung der geschäftlichen Einheiten.
Demografie der Organisation	Die Benutzer kennen sich gut aus. Jeder hat seinen eigenen PC oder sein eigenes Notebook.
Sicherheit	Arbeitsplatz-PCs und Netzwerk vor dem Zugriff auf vertrauliche Informationen sichern. Die Benutzer sind selbst für die Daten auf dem Arbeitsplatz-PC verantwortlich. Die EDV-Abteilung ist für die Netzwerkdaten verantwortlich.
Erwartungen an den Support	Benutzer und Organisationen arbeiten auch weiterhin autonom. Mit der EDV-Abteilung arbeiten sie bei Angelegenheiten, die das Netzwerk betreffen, zusammen, betrachten aber einen Support für den Arbeitsplatz-PC nur als Ausnahme.
Flexibilität	Die Flexibilität des Arbeitsplatz-PCs und der Zugriff auf das Netzwerk von verschiedenen Lokationen aus wird in hohem Maße gewünscht. Neue Anwendungen können nach Belieben auf Ebene der geschäftlichen Einheit eingeführt werden.

Tab. 13.2: Analyse eines dezentralen Verwaltungsmodells

Beispiel für eine dezentrale Verwaltungsstrategie

Die in der Tabelle 13.2 beschriebenen Voraussetzungen führen zu einer dezentralen Verwaltungsstrategie. Eine dezentrale Strategie erfordert weniger Aufwand beim Entwickeln und Testen der GPOs in der Organisation. Es gibt aber noch einen Bedarf an Richtlinien für alle Arbeitsplatz-PCs, die an das Netzwerk angeschlossen sind und Netzwerkressourcen benötigen. Konten für Computer und Benutzer müssen zentral erstellt werden, um diesen den Zugriff auf das Netzwerk zu verschaffen.

Aus den oben festgestellten Anforderungen ergibt sich, dass die Organisation Verfahren entwickeln muss, die die Teilnahme von Organisationen am Netzwerk regeln. Die zu Grunde liegenden Vorgänge sollten so weit wie möglich automatisiert werden. Nach der Einbindung in das Netzwerk liegt es dann an den geschäftlichen Einheiten oder Benutzern, die erforderlichen technischen Möglichkeiten der Arbeitsplatz-PCs festzulegen.

In diesem Beispiel gibt es in den geschäftlichen Einheiten zwar eine erfahrene Benutzergemeinde, jedoch keine geschulten EDV-Fachkräfte, was Sie daran hindert, eine OU-Struktur zu erstellen, und EDV-Fachkräfte der geschäftlichen Einheiten daran hindert, GPOs als Bestandteil ihrer OU zu definieren.

Der Grad der Weiterverteilung administrativer Aufgaben in diesem Beispiel beinhaltet die Selbstverwaltung der Konten, Verzeichnisinformationen, die Gruppenteilnahme und das Löschen des Kennworts.

Das administrative Personal in den geschäftlichen Einheiten erhält eine Basisschulung für die Druckerverwaltung, den Anwendungssupport und die elementare Fehlersuche.

Zum Schluss sei noch erwähnt, dass das begrenzte zentrale EDV-Personal in der Regel keine sofortige Problemlösung garantieren kann, sondern auf reine Projektarbeit ausgerichtet ist.

13.3.4 Gemischte Verwaltungsstrategien

Die dritte Strategie ist die gemischte Strategie, die sowohl die zentrale als auch die dezentrale Verwaltungsstrategie enthält. Vom Blickpunkt einer zentralen Verwaltung aus beschäftigt sich diese Strategie an unternehmensweiten Fragestellungen wie etwa der Kommunikation zwischen den Organisationen und der Definition minimaler funktioneller Standards. Aus dezentraler Verwaltungssicht orientiert sich diese Strategie an der Notwendigkeit der organisatorischen Autonomie und befähigt die geschäftlichen Einheiten dazu, sich durch selbst vorgenommene Änderungen dem geschäftlichen Wandel anzupassen.

Warum eine gemischte Verwaltungsstrategie?

Eine typische gemischte Strategie nutzt zentralisierte Verwaltungsformen für netzwerkweite Operationen und dezentrale Verwaltungsformen (falls passend) für die regionalen Geschäftsstellen. Die Aktualisierung oder Pflege der Daten wird von denjenigen Personen vorgenommen, die diese Daten kennen und das größte Interesse daran haben, sie aktuell zu halten. Ein einfaches Szenario einer gemischten Lösung entsteht, wenn das zentrale EDV-Personal neue technische Möglichkeiten plant und die entsprechenden Dienste einrichtet. Das Hauptinteresse des zentralen EDV-Personals richtet sich auf die Funktionalität, die Wiederherstellungsverfahren im Fehlerfall und die Kapazitätsplanung, um nur einige zu nennen. Ausgeführt und kontrolliert werden diese Aufgaben normalerweise trotzdem von der zentralen EDV, während die regionalen Organisationen die für sie spezifischen Aufgaben ausführen. Hierzu gehören das Hinzufügen und Löschen von Benutzern und die Überwachung der Kapazitäten innerhalb des Rahmens des zentralen Verwaltungspersonals. Die Tabelle 13.3 illustriert, wie über die Überwachung der Kapazitätsplanung in der Region spezifische Anforderungen berücksichtigt und lokal geplant werden können. Diese Lösung kann je nach der Art der Organisation des Unternehmens eine Anzahl verschiedener Szenarien beinhalten.

Anforderung an die Verwaltung	Bewertung
Kontrolle	Kontrolle ist notwendig. Die regionalen Büros benötigen eine Autonomie, wünschen aber außerdem zusätzlichen Support für die Organisation.
Demografie der Organisation	Die Benutzer kennen sich gut aus. Jeder hat seinen eigenen PC bzw. sein eigenes Notebook. In den Geschäftsstellen gibt es einen EDV-Support.
Sicherheit	Arbeitsplatz-PC und Netzwerk vor dem Zugriff auf vertrauliche Informationen sichern. Für die Daten auf dem Arbeitsplatz-PC sind die Benutzer selbst verantwortlich. Gewisse Daten sind auf die regionalen Geschäftsstellen beschränkt, die die Sicherheit selbst verwalten wollen.
Erwartungen an den Support	Benutzer und Organisationen arbeiten auch weiterhin autonom. Mit der EDV-Abteilung arbeiten sie bei Angelegenheiten, die das Netzwerk betreffen, zusammen, betrachten aber einen Support für den Arbeitsplatz-PC nur als Ausnahme.
Flexibilität	Die Flexibilität des Arbeitsplatz-PCs und der Zugriff auf das Netzwerk von verschiedenen Lokationen aus wird in hohem Maße gewünscht. Neue Anwendungen können nach Belieben auf Ebene der geschäftlichen Einheit eingeführt werden. In den regionalen Geschäftsstellen existiert ein EDV-Support.

Tab. 13.3: Analyse eines gemischten Verwaltungsmodells

Gemischte Verwaltung

Beim gemischten Verwaltungsmodell teilt sich die zentrale EDV-Abteilung die Verantwortung mit der regionalen EDV-Abteilung. Im extremsten Fall bildet die Umgebung von Windows 2000 die Umgebung von Windows NT 4.0 mit besonderen Vertrauensstellungen zwischen den Wäldern nach.

In diesem Beispiel auf der Grundlage der Tabelle 13.3 werden die Anforderungen durch die Schaffung eines zentralen Modells erfüllt, welches regionale Domänen enthält. Jede regionale Domäne wird vom zentralen und regionalen Büro verwaltet, wobei jedes Büro die Möglichkeit besitzt, nach Bedarf OUs in der eigenen Domäne zu erstellen. Die zentrale Organisation hat außerdem die Möglichkeit, GPOs vorzuschlagen und Standards zu empfehlen.

13.4 Verwaltungsmodelle für Windows 2000 unter Verwendung des Active Directory

Active Directory stellt die Mechanismen zur Verfügung, mit denen große Unternehmen verwaltet und eindeutige administrative Anforderungen in der gesamten Organisation durchgesetzt werden können. Dieser Abschnitt kann zwar nicht alle die komplexen Faktoren untersuchen, die bei mehreren Verwaltungsmodellen eine Rolle spielen, aber eine Abwägung der Fähigkeiten verschiedener Modelle vornehmen.

Die Fähigkeit zur Einrichtung mehrerer Kontexte für die Verwaltung ist in das Design des Active Directory eingebettet. Über den Aufbau verschiedener OUs kann eine Organisation die Gruppenrichtlinien, Sicherheitsgruppen und administrativen Werkzeuge erstellen, die zur Ausführung spezieller administrativer Funktionen erforderlich sind.

13.5 OU-spezifische Verwaltung

Eine Strategie besteht darin, innerhalb einer OU eine spezifische Verwaltung aufzubauen. Zur Implementierung stehen mehrere Möglichkeiten zur Verfügung – die Flexibilität, die das Active Directory bietet, macht fast alles möglich. Dieser Abschnitt wird sich mit zwei Szenarien befassen. Das erste Szenario gründet auf einer (großen multinationalen) Organisation, die über eine dreistufige Verwaltung verfügt. Die wichtigen Geschäftsstellen sind autonom, verfügen jedoch über Lokationen, die eine Verwaltung benötigen. Die Tabelle 13.4 beschreibt die organisatorischen Anforderungen und deren Auswirkungen auf die Verwaltung. Die Abbildung 13.1 ist die Darstellung einer europäischen Domäne, die im Sinne des Kontextes dieser Implementierung aufgebaut wurde. Es gibt eine Unternehmensdomäne, eine europäische Domäne und eine nordamerikanische Domäne.

Region (Domäne)	OU-Implementierung	Administrative Strategie
Europa (europäische Domäne)	OU für jedes Land	Domäne: Standards für die Organisation nicht definiert. Sicherheits- und Desktopstandards sind europaspezifisch. OU: Vollständige administrative Kontrolle innerhalb der OU
Nordamerika (nordamerikanische Domäne)	OUs für jede Zeitzone	Domäne: Sicherheit, Desktopstandards, Standardanwendungen und unternehmensspezifische Anwendungen unbekannt OU: Administratoren für Ost, Mitte, Süd und West. Regionale Administratoren für die Verwaltung. Nur wenig Entwurfsautorität in der OU

Tab. 13.4: Domänen und OUs auf der Grundlage von Unternehmensfunktionen

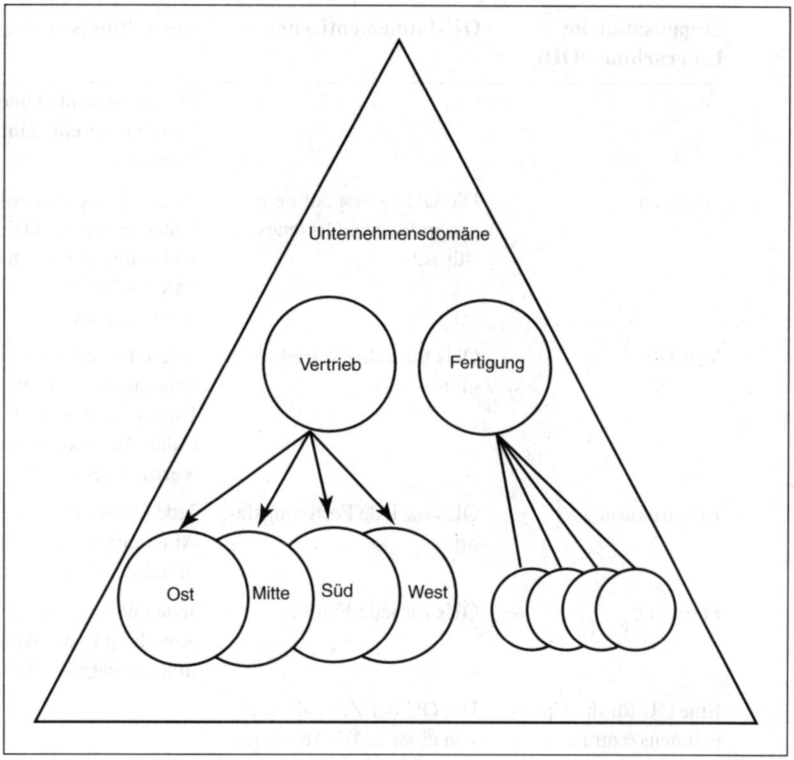

Abb. 13.1: Ein Domänen- und OU-Entwurf, der auf der geografischen Lage basiert

Das zweite Szenario in der Tabelle 13.5 stellt ein Unternehmen dar, welches auf der Grundlage der Unternehmensfunktionen aufgeteilt ist. Dieses Unternehmen besitzt eine einzige Domäne und OUs für jede der unternehmensbezogenen Funktionen. Jede Unternehmensfunktion verfügt über ihre eigenen über die Lokation definierten Ressourcen. So besitzt beispielsweise die Fertigung eine OU für jede Fertigungsfabrik. In jeder Fabrik verwaltet ein Team gemeinsam die Fertigungs-OU und den Inhalt der OU auf der Grundlage ihrer Lokation. Diesem Entwurf folgend, verfügt das Marketing, welches in der Unternehmenszentrale seinen Sitz hat, über eine OU, die vom zentralen EDV-Team verwaltet wird. Die Abbildung 13.2 fasst zusammen, wie die Domäne und die OUs aussehen könnten. Jede verfügt über ihre eigene Anzahl OUs auf der Grundlage der Organisation. Mit jeder Lokations-OU sind Benutzer, Computer, GPOs und Drucker verknüpft.

Organisation im Unternehmen(OU)	OU-Implementierung	Verwaltungsstrategie
		Für das gesamte Unternehmen existiert nur eine einzige Domäne.
Finanzen	Die OU basiert auf dem geografischen Ort jedes Büros.	Alle OUs werden von der Unternehmens-EDV mit Unterstützung durch den zentralen Administrator für Finanzen verwaltet.
Vertrieb	OUs für jede Vertriebsregion	Alle OUs werden von der Unternehmens-EDV mit Unterstützung durch den zentralen Administrator für den Vertrieb verwaltet.
Konstruktion	OUs für jede Fertigungsfabrik	Jede OU wird von der EDV-Abteilung in der Konstruktion in jeder Fabrik verwaltet.
Fertigung	OUs für jede Fabrik	Jede OU wird von der EDV-Abteilung in der Konstruktion in jeder Fabrik verwaltet.
Eine OU für die Unternehmenszentrale	Die OU der Zentrale wird von einer EDV-Abteilung in der Unternehmenszentrale verwaltet.	
Marketing	Eine OU für die Unternehmenszentrale	Die Marketing-OU wird von der EDV-Abteilung in der Unternehmenszentrale verwaltet.

Tab. 13.5: OU-Anforderungen und administrative Auswirkungen

In jedem dieser Beispiele sind die Verwaltungsaufgaben zwischen dem zentralen Team und den OU-Administratoren aufgeteilt.

Die Rolle des OU-Administrators hängt von dem Namespace-Entwurf ab, für den Sie sich entschieden haben. Die Beispiele können weiter ausgebaut werden. Innerhalb jeder OU kann sich die Verwaltung vom Vollzugriff bis zur Überlassung bestimmter Aufgaben wie dem Ändern von Kennwörtern oder Hinzufügen von Benutzern erstrecken. Falls Ihre OUs von einem speziellen Einsatz der Anwendungen abhängen, können die Administratoren die OU-Verwaltung nur für Anwendungen ausüben, für die sie die administrative Verantwortung tragen. Ihre OU-Struktur sollte in jedem Fall eine Entsprechung zu der Art und Weise darstellen, in der Sie Ihre EDV-Umgebung zu verwalten gedenken.

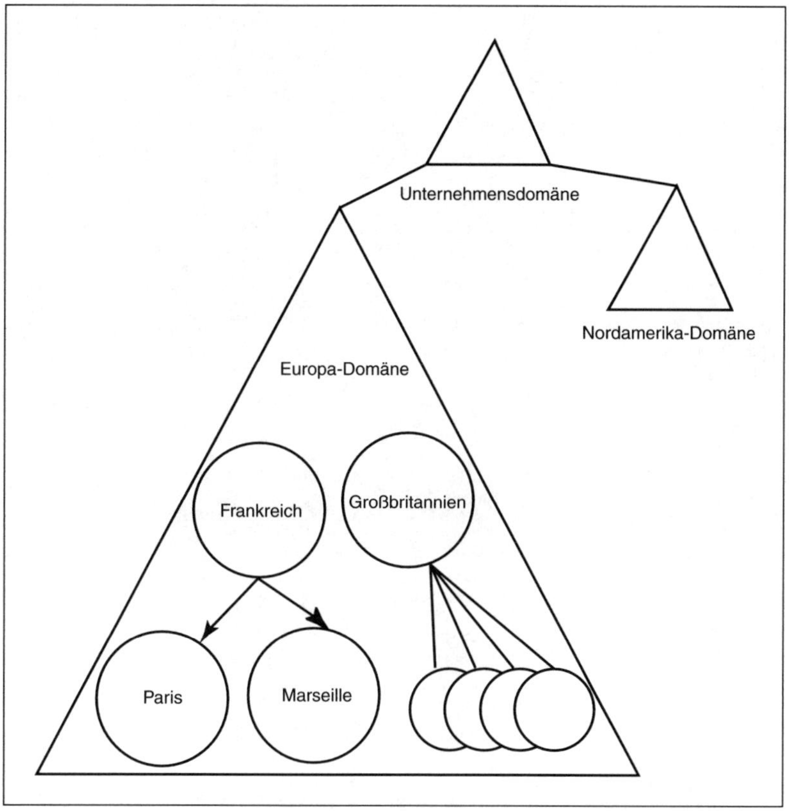

Abb. 13.2: Ein OU-Entwurf auf der Grundlage der Organisation

13.6 Fazit

Das Erstellen eines Verwaltungsmodells ist für die effektive Verwaltung Ihrer EDV-Umgebung wichtig. Microsoft stellt die Werkzeuge zur Verfügung, die Sie zur Verteilung oder Zentralisierung Ihrer Verwaltung benötigen. Bei sorgfältiger Analyse Ihrer geschäftlichen Anforderungen in Verbindung mit den Funktionen, die Windows 2000 für die Verwaltung bietet, kann eine Verwaltungsstrategie für nahezu jedes denkbare Szenario entwickelt werden.

Das Active Directory sorgt für die Leistung und Sicherheit, die zur Unterstützung dieser anspruchsvollen Aufgaben erforderlich sind.

Kapitel 14

Die Netzwerkdienste von Windows 2000

Windows 2000 ist im Vergleich mit manchen anderen Betriebssystemen insofern einzigartig, als es eine Vielzahl von Standardprotokollen und Diensten der Industrie für Netzwerke umfasst. Manche dieser Dienste wie beispielsweise TCP/IP (Transmission Control Protocol/Internet Protocol) stellen eine elementare Voraussetzung für Ihr Netzwerk dar, während andere ergänzender Natur sind, wie etwa DHCP (Dynamic Host Configuration Protocol), DNS (Domain Name System), WNS (Windows Internet Naming Service) oder QoS (Quality of Service). In jedem Fall gehört der Netzwerkdienst, den Sie implementieren, und die Art und Weise, in der Sie ihn zum Erreichen Ihrer geschäftlichen Ziele implementieren, zu den wichtigen Aufgaben eines Netzwerkdesigners oder EDV-Managers. Bei der Implementierungsplanung Ihres Active Directory ist es daher von besonderer Bedeutung, die Planung dieser Netzwerkdienste im Auge zu behalten.

Windows 2000 stellt Ihnen alle erweiterten Netzwerkdienste zur Verfügung, die Ihre Organisation benötigt; seien diese nun für die Implementierung eines einzelnen lokalen Netzwerkes (LAN) für Ihr Unternehmen, für die Verknüpfung mehrerer Geschäftsstellen zu einem Weitverkehrsnetzwerk (WAN) oder einfach nur für die Erweiterung Ihres bestehenden Netzwerks zur Unterstützung entfernter Benutzer, Dienstleister oder Geschäftspartner gedacht. Ohne ein angemessenes Verständnis für den Entwurf und die Implementierung dieser Dienste jedoch ist die Gefahr gegeben, dass Sie ein Netzwerk aufbauen, welches negative Auswirkungen auf die Leistung des Active Directory in der Organisation haben wird.

Dieses Kapitel wird einige der grundlegenden Netzwerkdienste untersuchen, die in Windows 2000 enthalten sind. Es wird einige der Kerndienste von Windows 2000 für das Netzwerk vorstellen und Entwurfsszenarien erörtern, die auf die Situation vieler Netzwerkdesigner und Organisationen anwendbar sind – insbesondere beinhaltet dies TCP/IP und einen Bestandteil dieser Protokollfamilie, nämlich DHCP. Darüber hinaus enthält dieses Kapitel eine Diskussion darüber, wie die erweiterten Netzwerkdienste von Windows 2000 so implementiert und konfiguriert werden, dass sie sowohl die Anforderungen des Entwurfs als auch die Erwägungen berücksichtigen, die bei der Implementierung der Dienste eine Rolle spielen.

14.1 Netzwerkdienste von Windows 2000

Hier wird vorausgesetzt, dass die meisten Leser dieses Buches über ein gutes Verständnis des Networking mit Windows NT verfügen. Aus diesem Grunde konzentriert sich dieses Kapitel mehr auf die Verbesserungen, die Windows 2000 gegenüber NT zu bieten hat. Es wird sich hauptsächlich mit den neuen, von Windows 2000 gebotenen Funktionen befassen und erklären, wie diese zur Unterstützung Ihrer geschäftlichen Ziele eingesetzt werden können.

14.1.1 TCP/IP – die Grundlage von allem

TCP/IP ist ein standardisiertes Protokoll der Industrie, welches ursprünglich in den Sechziger Jahren für das nordamerikanische Verteidigungsministerium entwickelt worden ist. Seit dieser Zeit haben Unternehmen, Hersteller und allgemeine Körperschaften in den USA wie das *Internet Engineering Task Force* (IETF) TCP/IP als den Standard für die Implementierung von Internet-Technologien übernommen. Windows 2000 implementiert TCP/IP während des Setup-Prozesses als standardmäßiges Protokoll und gründet die Funktionen seiner meisten Komponenten und Dienste, die mit dem Betriebssystem verbunden sind, auf TCP/IP. Zu diesen Komponenten und Diensten gehören Active Directory, DHCP, DNS, Internet Information Server (IIS) und WINS. Diese Dienste von Windows 2000 arbeiten nur mit TCP/IP.

Wegen der weiten Verbreitung von TCP/IP und der Notwendigkeit, für jedes Netzwerk und jeden Host im Netzwerk eine eindeutige IP-Adresse zu verwalten, sahen sich die EDV-Abteilungen einer bedeutenden Herausforderung hinsichtlich des internen Managements gegenüber. Die Netzwerkmanager mussten für jedes Gerät im Netzwerk eindeutige IP-Adressen bereitstellen und dafür sorgen, dass diese Adressen nicht mit anderen Adressen im Unternehmen kollidierten. Besonders in großen Unternehmen war dies eine schwierige Aufgabe – Fehler führten oft dazu, dass ein wichtiges System oder eine Anwendung ausfiel und dadurch die geschäftlichen Vorgänge und die Arbeitsproduktivität beeinträchtigt wurden. Um solche Probleme zu vermeiden, wurde viel Zeit und Geld in die Verwaltung der IP-Standards und einer Datenbank mit IP-Adressen gesteckt, die die Computer und Dienste, die mit dem Netzwerk verbunden waren, mit einer eindeutigen IP-Adresse versorgen sollte. Um den Arbeitsaufwand zu verringern, den die Verwaltung dieser Daten mit sich brachte, wurde ein Industriestandard entwickelt, der eine automatische Konfiguration der IP-Adressinformationen gewährleisten sollte. Dieser Standard wird DHCP genannt.

Zusätzlich zu DHCP enthält Windows 2000 außerdem eine Funktion zur automatischen Konfiguration der IP-Adressen über eine private DFÜ-Adresse, die APIPA (Automatic Private IP Addressing) genannt wird. Falls eine statische IP-Adresskonfiguration oder ein DHCP-Server nicht vorhanden sind, nimmt APIPA eine automatische Konfiguration des Computers mit Windows 2000 mit einem IP-Adressbereich mit zugelassenen privaten IP-Adressen vor. APIPA wählt nach Zufallskriterien eine eindeutige IP-Adresse im Bereich von 169.254.0.1 bis 169.254.255.254 aus und stellt die Subnetzmaske auf 255.255.0.0 ein. Durch diese automatische Konfiguration wird die Einrichtung eines kleineren Heim- oder Firmennetzwerks stark erleichtert. Jedoch ist es wichtig festzustellen, dass sich IP-Adressen aus diesem Bereich nicht ins öffentliche Internet routen lassen. Als Konsequenz daraus können Computer mit Adressen aus diesem Bereich nicht ohne einen Proxyserver oder einen Firewall, der eine Netzwerkadressenumsetzung (Network Address Translation, NAT) vornimmt, auf das Internet zugreifen.

14.1.2 Windows 2000 DHCP Services

Microsoft hat den DHCP-Standard übernommen und über Windows-NT-Server bereitgestellt. Dieser Dienst hat sich unter Windows 2000 mittlerweile weiterentwickelt und verbessert. Der DHCP-Server stellt einen installierbaren Dienst dar, der oberhalb von Windows 2000 läuft und auf den Industriestandards basiert, die in den Anforderungen *Request for Comment (RFC) 2131* und *Request for Comment (RFC) 2132* des IETF festgelegt sind. Seit seiner Einführung in Windows NT Advanced Server 3.1 hat Microsoft viele Verbesserungen und Erweiterungen des DHCP-Server vorgenommen.

Windows-2000-Server implementiert den DHCP-Server mit mehreren wichtigen Erweiterungen. Eine der bemerkenswertesten ist die Integration von DHCP und DNS, die zur Folge hat, dass die DHCP-Server und -Clients sich selbst mit DNS unter Verwendung des DHCP-Protokolls registrieren können. Durch diese Integration kann der DHCP-Server im Interesse des Clients als Proxy arbeiten und sowohl eine Adressenressource als auch einen PTR-Datensatz für Forward- und Reverse-Lookups über DNS registrieren. Weitere Informationen über DNS finden Sie im Kapitel 8, »Entwurf des DNS-Namespace«.

Eine weitere wichtige Erweiterung des Windows-2000-DHCP-Servers sind zusätzliche Überwachungs- und Berichtsfunktionen. Unter Verwendung des DHCP-Managers (ein Snap-In von MMC) können Netzwerkadministratoren jetzt über SNMP (Simple Network Management Protocol) und die MIBs (Management Information Bases) eine grafische Anzeige statistischer Daten von DHCP erhalten. Auf diese Weise kann ein Netzwerkadministrator den Status des DHCP-Servers überwachen und feststellen, wie viele Adressen aus dem verfügbaren DHCP-Adressenpool noch verfügbar sind, oder über die Anzahl der verarbeiteten Leases, Anfragen und NACK-Meldungen (NACK, Negative Status Acknowledgement) die Systemleistung des DHCP-Servers verfolgen. Beim Erreichen vordefinierter Schwellenwerte sendet der DHCP-Server dem Administrator eine Warnung und informiert ihn über gelbe oder rote Warnzustände. Ein gelbes Warnereignis tritt beispielsweise ein, wenn der Adressenpool 75% der Adressen im verfügbaren Bereich ausgeliehen hat, während ein rotes Warnereignis bei einer kompletten Entleerung des Adressenpools eintritt.

Hinweis

RFCs, die sich auf BOOTP, DHCP und NetBIOS über TCP/IP beziehen

Es folgt eine Liste wichtiger RFCs, die sich auf DHCP, DNS und BOOTP beziehen:

- ***RFC 1001 –*** *Protokollstandard für einen NetBIOS-Dienst über TCP/UDP-Transport*
- ***RFC 1002 –*** *Protokollstandard für einen NetBIOS-Dienst über TCP/UDP-Transport*

Hinweis (Forts.)

- ***RFC 1534 –*** *Zusammenhang zwischen DHCP und BOOTP*
- ***RFC 1542 –*** *Ergänzungen und Erweiterungen für das Bootstrap-Protokoll*
- ***RFC 2131 –*** *DHCP (Dynamic Host Configuration Protocol)*
- ***RFC 2132 –*** *DHCP-Optionen und -Herstellererweiterungen zu BOOTP*
- ***RFC 2610 –*** *DHCP-Optionen für Service Location Protocol*

Der Windows-2000-DHCP-Server bietet auch eine Unterstützung für herstellerspezifische und benutzerseitige Optionsklassen. Für Hersteller bedeutet dies, dass sie DHCP-Server unter Windows 2000 erweitern können, indem sie herstellerspezifische IP-Konfigurationsoptionen wie etwa eine Option zum dynamischen Flash des BIOS einer Netzwerkkarte implementieren. Für Benutzer können DHCP-Bereiche definiert werden, um bestimmte Typen von Netzwerk-Clients erkennen und verschiedene IP-Konfigurationen auf diese Clients anwenden zu können. Beispielsweise könnten Notebook-Benutzer mit Windows 95 ohne einen Active-Directory-Client mit einer kürzeren Lease-Zeit und der IP-Adresse eines WINS-Servers konfiguriert werden. Benutzer eines Arbeitsplatz-PCs mit Windows-2000-Professional wiederum erfordern unter Umständen längere Lease-Zeiten und brauchen keine Adressenübersetzung von WINS für IP nach NetBIOS, da Clients mit Windows-2000-Professional hierfür Active Directory und DNS nutzen können. Der DHCP-Dienst in Windows 2000 ist in der Lage, den Typ des Betriebssystems auf dem anfragenden Arbeitsplatz-PC zu erkennen und Konfigurationsinformationen zu senden, die zum Client passen. Ein wichtiger Hinweis für den Entwurf einer DHCP-Implementierung: Manche der Optionen werden nicht unterstützt, wenn mehrere DHCP-Server mit verschiedenen Betriebssystemen in der EDV-Umgebung betrieben werden. Es gibt DHCP-Server, die unter UNIX und anderen Betriebssystemen laufen und nicht alle Optionsklassen des Windows-2000-DHCP-Server unterstützen.

Andere Erweiterungen von Windows-2000-DHCP betreffen die Fähigkeit zur Konfiguration von DHCP-Multicastbereichen, mit denen DHCP auch zur Konfigurierung einer Gruppe von DHCP-Clients für beispielsweise Videoconferencing verwendet werden kann. Windows 2000 verlangt, dass alle DHCP-Server im Netzwerk autorisiert werden, was verhindert, dass sich nicht autorisierte DHCP-Server initialisieren und falsche Adressen an anfragende DHCP-Clients senden. Mit einer solchen Funktion können die Netzwerkadministratoren Situationen ausschließen, in denen Entwickler versehentlich einen DHCP-Testserver mit einem Bereich von 10.0.0.0 installieren, der unter Umständen einen Konflikt mit anderen DHCP-Produktionsservern im Unternehmen herbeiführen kann. Schließlich kann Windows-2000-Advanced-Server noch Windows Clustering (auf der Grundlage des Microsoft Cluster Server) implementieren, was den Netzwerkadministrator in die Lage versetzt, für höhere Verfügbarkeiten einen virtuellen DHCP-Servers zu konfigurieren. Falls ein Clusterknoten ausfällt, werden die Benutzer für die IP-Adresskonfiguration auf für sie transparente Weise an einen anderen Knoten im Cluster umgeleitet. Dies alles geschieht ohne nachteilige Auswirkungen auf den Betrieb und die Arbeitsproduktivität.

In Abbildung 14.1 ist zu sehen, wie ein Notebook-Benutzer mit Windows 98, der an verschiedenen Standorten arbeitet, eine VPN-Verbindung (VPN, Virtual Private Network) über ein gemeinsam genutztes IP-Netzwerk (ISP) einrichtet und von einem Windows-2000-DHCP-Server unter Verwendung einer kurzfristigen Lease (drei Tage) die IP-Konfigurationsinformationen erhält (Standard-Gateway, DNS- oder WINS-Server). Ähnlich dazu richtet ein Benutzer eines Arbeitsplatz-PCs mit Windows-2000-Active-Directory eine LAN-Verbindung ein und bekommt die IP-Konfiguration mit einer längeren Lease-Dauer von einem Windows-2000-DHCP-Server.

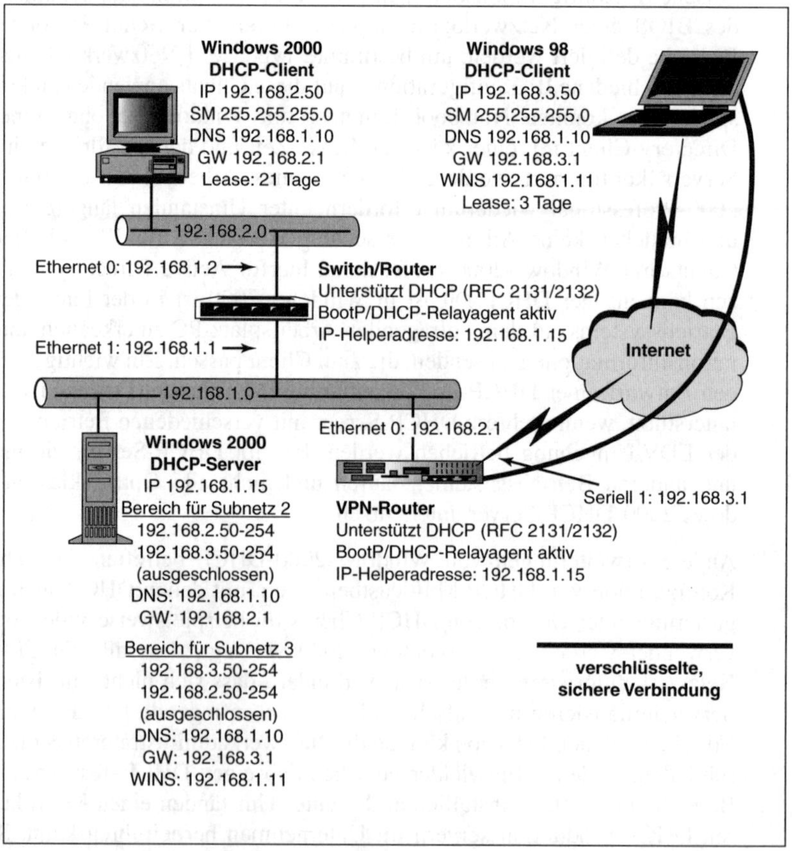

Abb. 14.1: Eine typischer Netzwerkkonstellation, der sowohl Arbeitsplatz- als auch Notebook-PC umfasst

Die Benutzer des Arbeitsplatz-PCs befinden sich in einem separaten Subnetz innerhalb eines Gebäudes und benötigen unter Verwendung von TCP/IP den Zugriff auf Netzwerkressourcen und das Internet. Die Notebook-Benutzer brauchen von einem externen Arbeitsplatz aus den Zugriff auf die Unternehmensdaten und -anwendungen. Die Abbildung zeigt auf, wie ein Netzwerkdesigner zur Befriedigung der Bedürfnisse beider Benutzergruppen das Netzwerk so entwerfen kann, dass alle Computer automatisch unter Verwendung der DHCP-Dienste von Windows 2000 konfiguriert und verwaltet werden.

Beim Entwurf Ihres Netzwerks müssen Sie eine Anzahl von Faktoren hinsichtlich der Bereitstellung von DHCP in Erwägung ziehen, die im nächsten Abschnitt erörtert werden. Falls beispielsweise entfernte Benutzer mit einem kleinen LAN in einer Geschäftsstelle arbeiten, die nur über eine Frame-Relay-Leitung mit 56 Kbps zum unternehmensweiten Netzwerk verfügt, ist eine Stationierung eines DHCP-Servers in der Nähe dieser Benutzer ratsam. Es können nämlich potentiell Latenzen in der WAN-Netzwerkanbindung auftreten, was die Verbindung der Arbeitsplatz-PCs mit dem Netzwerk verhindert, da sie keine IP-Adresse von einem DHCP-Server erhalten.

14.1.3 Bereitstellen der Windows-2000-DHCP-Dienste

Das Bereitstellen von DHCP in einer Umgebung mit Windows 2000 erfordert eine sorgfältige Planung und Überlegung. Sie müssen zunächst die Anzahl und Art der Computer in Ihrem Umfeld, die Klassifikationen, Arbeitsgewohnheiten und Bedürfnisse der Benutzer, die an diesen Computern arbeiten, berücksichtigen. Außerdem haben Sie an die Arbeitsplätze und Zugriffsmethoden der Benutzer zu denken, die zu den Daten und Netzwerkressourcen in Ihrem Unternehmen Zugang haben sollen.

DHCP ist von so außerordentlicher Wichtigkeit in großen Netzwerken, dass die Netzwerkdesigner genauso viel Zeit und Arbeit in die Planung der Konfigurationsalternativen stecken, wie sie zum Entwickeln einer Sicherungs- und Wiederherstellungsstrategie verwenden. DHCP und sein benachbarter Dienst DNS stellen einen wesentlichen Teil der Grundlage eines Windows-2000-Netzwerkes dar. Ohne eine gut durchdachte Grundlage ist die Stabilität und Skalierbarkeit des Netzwerks nicht gegeben.

Stellen Sie sich beispielsweise die folgenden Situationen vor:

- Falls Benutzer wegen Problemen mit TCP/IP nicht auf das Netzwerk zugreifen können, um wichtige Daten abzurufen oder eine Anwendung zu nutzen, die für eine Auftragserteilung erforderlich ist, leidet der gesamte geschäftliche Betrieb.
- Falls ein Administrator oder ein Mitglied des Helpdesk-Teams stark durch die Fehlersuche und Unterstützung bei TCP/IP-Konfigurationsproblemen in Anspruch genommen ist, steht diese wertvolle, verschwendete Zeit nicht mehr zur

Verfügung, um Benutzern beim Umgang mit einer neuen Geschäftsanwendung oder bei der Budgetvorbereitung des nächsten Jahres für eine Netzwerkerweiterung, die wegen einer neuen Geschäftsstelle erforderlich wird, zu helfen. Eine richtig entworfene DHCP-Implementierung trägt dazu bei, dass solche Probleme weniger gravierend werden.

- Ein Server für DHCP in Ihrem Netzwerk fällt aus. Die Client-Computer versuchen sich vergeblich selbst zu registrieren. Vielleicht versuchen sie es auch über einen DHCP-Server, mit dem sie über eine langsame WAN-Leitung in Verbindung stehen. Durch eine Einplanung der Fehlertoleranz in Ihr Netzwerk (einschließlich DHCP und anderer wichtiger Dienste von Windows 2000) werden Ihre Benutzer vor Ausfällen dieser Art geschützt.

Alle diese Situationen mit der Mühe, Zeit und den Kosten, die zur Lösung von TCP/IP-Konfigurationsproblemen erforderlich werden, haben negative Auswirkungen auf die Leistung eines Unternehmens. In einer Windows-2000-DHCP-Umgebung, die von einem Netzwerkdesigner richtig entworfen worden ist, wird die Bereitstellung und Unterstützung von TCP/IP mit allen den zahlreichen Konfigurationsoptionen und -einstellungen einfach und übersichtlich und spart damit wertvolle Ressourcen für wichtigere geschäftliche Aufgaben.

Die Tabelle 14.1 hilft Ihnen beim Entwurf für die Bereitstellung der Windows-2000-DHCP-Dienste in Ihrem Netzwerk. Sie enthält die Schlüsselfaktoren, die Auswirkungen auf einen Client im Netzwerk haben, und nennt die Entwurfsüberlegungen, die bei der Bereitstellung von DHCP zu berücksichtigen sind. Wenn Sie diese Faktoren berücksichtigen, werden Sie in der Lage sein, die Anzahl und Positionen der DHCP-Server Ihres Netzwerks und die Konfigurationsoptionen, die jeder DHCP-Bereich braucht, definieren zu können.

Faktor	Überlegungen zum Entwurf
Netzwerkgröße	Die Anzahl der Computer, die für DHCP konfiguriert werden müssen (einschließlich derjenigen Computer, die DHCP nicht nutzen können oder sollen)
Netzwerktopologie	Typ und Geschwindigkeit der Netzwerkverbindungen zwischen den Benutzern und den DHCP-Servern
Standort	Kann ein Gebäude/Stockwerk, eine WAN-Leitung in einer Geschäftsstelle oder eine DFÜ- oder VPN-Verbindung von zu Hause, einem Heimbüro oder einem Hotel aus sein
Client-Typen	Windows 95/98, Windows NT, UNIX, Macintosh und Novell
Standard-DHCP-Konfigurationsoptionen (Beispiele)	Standard-Gateway (Router), WINS-Server (alte Clients), DNS-Server, Domänenname

Tab. 14.1: Schlüsselfaktoren beim Entwurf eines Netzwerks mit DHCP

Faktor	Überlegungen zum Entwurf
Überwachung, Berichte und Sicherheit	Wer soll DHCP-Server ins Netzwerk einbinden dürfen? Wer soll DHCP verwalten? Schwellenwerte, Änderungen und Statistiken
DHCP-Bereichsgruppierung (Superscopes)	Legt fest, wann diese zur Vermeidung von DHCP-Konflikten zwischen einem Client und mehreren DHCP-Servern verwendet werden sollen
Ausnahmen	DNS-Server, WINS-Server, TCP/IP-Druckserver und UNIX-Clients, die über andere Verfahren konfiguriert werden
Lease-Gültigkeitsdauer	Eine längere Gültigkeitsdauer für stabile Netzwerke, die über einen großen Adressenpool verfügen (beispielsweise 10.0.0.0). Eine kürzere Gültigkeitsdauer für dynamische Netzwerke oder mobile Notebook-Benutzer, die häufig unterwegs sind
Router	Welche Router sind zu konfigurieren? Hierbei helfen BOOTP/DHCP-Relay-Agenten und IP-Helper.
Redundanz	Bereiche für die Aufteilung unter den Servern konfigurieren (70:30-Aufteilung)

Tab. 14.1: Schlüsselfaktoren beim Entwurf eines Netzwerks mit DHCP

Über den Einsatz der Windows-2000-DHCP-Dienste können Netzwerkmanager den Aufwand und die Kosten reduzieren, die mit der Konfiguration und Verwaltung von IP-Hosts verknüpft sind. Mit Windows 2000 und Active Directory sind Sie in der Lage, Situationen zu vermeiden, in denen falsche IP-Konfigurationen ernste Netzwerkausfälle verursachen und damit die geschäftlichen Prozesse beeinträchtigen. Die Windows-2000-DHCP-Dienste stellen einen integralen Bestandteil von Windows 2000 dar – alle Organisationen, die Windows 2000 verwenden oder einsetzen wollen, sollten ihr Netzwerk immer unter Berücksichtigung von DHCP entwerfen.

14.2 WINS

WINS ist ein Bestandteil von Windows und dient dazu, den Namen von NetBIOS-Computern IP-Adressen zuzuordnen. Vor der Zeit von Windows 2000 stellte WINS eine Voraussetzung für Windows-basierte IP-Netzwerke dar. WINS sorgte für eine Auflösung von IP-Adressen und verschaffte damit den Benutzern die Möglichkeit, auf einfache Weise Netzwerkressourcen innerhalb einer Windows-NT-Domäne ausfindig zu machen, ohne dafür den vollständigen DNS-Namen oder die IP-Adresse kennen zu müssen.

Vor der Zeit von Windows 2000 wurde WINS als schwierig zu konfigurieren und zu verwalten angesehen. In Windows 2000 legt Microsoft nun eine neue und verbesserte Version von WINS vor. WINS ist in Windows 2000 hauptsächlich zur

Unterstützung der älteren Systemumgebungen mit Clients unter Windows 9x, Windows NT und Windows for Workgroups gedacht. Beim Übergang zu Windows 2000 werden Sie wahrscheinlich auch zunächst in einem gemischten Modus arbeiten, bis alle Computer in Ihrem Netzwerk nach Windows 2000 migriert oder zusammen mit einem Active-Directory-Client installiert sind. Darüber hinaus ist es wichtig festzuhalten, dass es immer noch Sonderentwicklungen von Anwendungen oder Drittanbieteranwendungen geben kann, die eine NetBIOS-Namensauflösung verlangen und daher auch WINS benötigen. Die Administratoren müssen vor dem Upgrade auf Windows 2000 ein vollständiges Inventarverzeichnis aller Anwendungen in der Netzwerkumgebung anlegen und feststellen, welche von diesen eine NetBIOS-Namensauflösung erwarten.

Da Active-Directory-DNS zur Identifizierung von Computern, Benutzern und anderen Geräten im Netzwerk verwendet, benötigt Windows 2000 NetBIOS nicht länger zur Identifizierung der Computer – WINS ist daher nicht mehr erforderlich. Da WINS jedoch noch für den gemischten Betriebsmodus benötigt wird, hat Microsoft einige wichtige Verbesserungen an WINS unter Windows 2000 vorgenommen. Der gemischte Betriebsmodus unter Windows 2000 wird später in diesem Kapitel erörtert. Die Tabelle 14.2 beschreibt einige neue Funktionen und Erweiterungen von WINS in Windows 2000.

Funktion/Erweiterung	Beschreibung
Ständige Verbindungen	Damit können Replikationspartner von WINS zur Verbesserung der Replikation gegenseitige ständige Verbindungen aufrechterhalten.
Manuelles Markieren von veralteten Datensätzen	Beseitigt die Verbreitung nicht gelöschter Datensätze
Verbesserte Verwaltung	WINS wird jetzt über ein MMC-Snap-In verwaltet. Es können nun angepasste Pads erstellt und an Netzwerkadministratoren weiterverteilt werden.
Verbessertes Filtern und Suchen	Die Verwaltung und Fehlersuche von WINS war in großen Netzwerken schon immer schwierig. Diese Verbesserungen erleichtern das Filtern von Ansichten und beschleunigen die Suche nach bestimmten Datensätzen.
Dynamisches Löschen von Datensätzen	Dynamische und statische Datensätze können jetzt mehrfach markiert und gelöscht werden..
Datensatzverifikation	Die WINS-Datenbank kann jetzt schnell auf ihre Konsistenz überprüft werden. In früheren Versionen war der Status der WINS-Datenbank nur schwer zu ermitteln.

Tab. 14.2: Neue Funktionen von WINS in Windows 2000

Funktion/Erweiterung	Beschreibung
Exportfunktion	Sie können die WINS-Datenbank nun in eine CSV-Datei speichern, um sie mit Excel oder anderen Programmen weiterzubearbeiten.
Fehlertoleranz	Unterstützung zur Spezifizierung von mehr als zwei WINS-Servern für Clients mit Windows 2000 und Windows 98
Dynamische Neuregistrierung	Clients können sich ohne Neubooten des WINS-Servers erneut registrieren.

Tab. 14.2: Neue Funktionen von WINS in Windows 2000 (Forts.)

Ähnlich wie DNS und DHCP erfordert auch WINS sorgfältige Planung. Viele der für DNS und DHCP geltenden Prinzipien gelten ebenfalls für WINS. Beispielsweise können WINS-Lookups über ein langsames Netzwerk Verzögerungen beim Suchen nach Netzwerkressourcen bewirken. Probieren Sie in einem solchen Fall einmal, an jedes Ende einer langsamen WAN-Leitung einen WINS-Server aufzustellen. Denken Sie auch an die Fehlertoleranz – es ist eine gute, in der Industrie verbreitete Praxis, zunächst zwei WINS-Server zu installieren, von denen der eine ein primärer Server und der andere ein Ausfallserver ist (»automatisch konfigurierte Partner«). Dies ist eine neue Funktion von WINS in Windows 2000. Eine gute Praxis besteht darin, einen WINS- und einen Ausfall-WINS-Server pro 10.000 Computer im Netzwerk einzuplanen.

14.2.1 WINS, gemischter und einheitlicher Modus

Bis alle vorhandenen Domänencontroller (DCs) mit Windows-NT-Server und -Clients mit Windows 9x/NT auf Windows 2000 mit Active Directory aktualisiert sind, ist aus Gründen der Abwärtskompatibilität noch eine Beibehaltung von WINS erforderlich; eine Übergangsperiode, die gemischter Modus genannt wird. Diese unterscheidet sich vom einheitlichen Modus, der sich zur Namensauflösung ausschließlich auf Active Directory und DNS stützt.

Im gemischten Modus präsentieren sich die Windows-2000-DCs gegenüber den Clients der unteren Ebene (Clients mit Windows 9x/NT) als BDCs. Auf diese Weise können diese DCs sowohl die Authentifizierungsbestätigungsprotokolle von Windows NT/LAN Manager (NTLM) als auch Kerberos unterstützen. Nach dem Abschluss des Upgrade zu Windows 2000 und der Migration der Umgebung zum einheitlichen Modus haben verschiedene Änderungen stattgefunden:

- Die DCs unterstützen nicht länger das Authentifizierungsbestätigungsprotokoll und den Prozess von NTLM.
- Der DC, der den PDC emuliert, synchronisiert sich nicht mehr mit den BDCs von Windows NT.

- Windows-NT-BDCs können keiner Domäne mit Windows 2000 mehr hinzugefügt werden.
- Windows-Clients ohne Unterstützung für Active Directory (wie Clients mit Windows 3.11 und Windows NT) nutzen nicht mehr die gesamte Funktionalität von Active Directory.

14.2.2 WINS-Interoperabilität

Wenn WINS zusammen mit anderen Diensten wie DHCP und DNS verwendet wird, müssen verschiedene Überlegungen zur Interoperabilität angestellt werden. Beim Einsatz von DHCP beispielsweise sollten Sie in Erwägung ziehen, ob Sie Ihre DHCP-Bereiche zur Unterstützung von WINS konfigurieren. Dies hat den Einsatz der DHCP-Option Nr. 46 zur Identifizierung der WINS-Server und der Option Nr. 44 zur Definition des Knotentyps des Clients zur Folge. Darüber hinaus sollten Sie überlegen, ob Sie Ihre DHCP-Lease-Gültigkeitsdauer auf die WINS-Erneuerungsintervalle abstimmen, wodurch Lease-Netzwerkverkehr und unnötige WINS-Erneuerungsprozesse vermieden werden.

Falls Sie beispielsweise eine große Anzahl von NetBIOS-Clients haben, die zum Zugriff auf das Internet auch DNS verwenden, können Sie die Implementierung von WINS-Lookup auf Ihren DNS-Servern vorsehen. Diese Einrichtung wird von den DNS-Servern von Microsoft wie auch von vielen DNS-Servern von Drittanbietern unterstützt. WINS kann dadurch als endgültige Auflösungsstelle für Client-Computer fungieren, die einen Hostnamen auflösen wollen, der nicht über einen DNS-Eintrag verfügt.

WINS stellt einen vitalen und wichtigen Bestandteil eines Windows-basierten IP-Netzwerks dar. Obwohl WINS in der Vergangenheit dafür bekannt war, in schwierigen Situationen große Probleme zu verursachen, können Sie diese Probleme in den Griff kriegen, wenn Sie sich bemühen, die Arbeitsweise von WINS zu verstehen und es vor allem erst einmal korrekt zu konfigurieren. Zum Glück steht mit Windows 2000 nun ein neuer und verbesserter WINS-Dienst zur Verfügung. Da viele Unternehmen sicherlich noch eine gewisse Zeit im gemischten Modus arbeiten werden, ist die WINS-Interoperabilität und die Unterstützung für ältere Systeme immer noch ein bedeutender Bestandteil Ihres Netzwerkentwurfs.

14.3 Quality of Service (QoS)

Eine der erwähnenswertesten Neuerungen in Netzwerken ist die Zusammenarbeit von Anbietern und Softwareherstellern an der Implementierung von Techniken zur Verbesserung der Dienstsicherung für Netzwerke. Diese Techniken werden zu dem Zweck entwickelt, die Verfügbarkeitsqualität von Anwendungen, insbesondere beim Zugriff von Benutzern auf diese Anwendungen, zu verbessern. Bei den Anwendungen handelt es sich typischerweise um solche, die in einem Datencenter liegen oder über ein WAN oder eine VPN-Verbindung über das Internet genutzt werden. QoS wird unterschiedlich je nach dem jeweiligen Anbieter und dem Gerätetyp, den Sie für QoS konfigurieren, implementiert. Beispielsweise implementiert Cisco Systems QoS in der Version 12.0 seines IOS-Betriebssystems für Switches, Routers und Remote-Access-Server. Microsoft implementiert QoS über Windows 2000. Unternehmen können sich die Vorteile von Qos unabhängig von der Implementierung an fast jeder Stelle im Netzwerk zunutze machen.

14.3.1 Vorteile von QoS

QoS wächst rasch zu einer wichtigen Komponente für große, verteilte Netzwerke heran. Mit der zunehmenden Überschneidung von Sprach- und Datenübertragungen in Netzwerken ist QoS vor allem deshalb von Bedeutung, weil der Netzwerkadministrator für Netzwerkverkehr mit *Voice over IP* (VoIP) höhere Prioritäten als für den traditionellen IP-Datenverkehr vergeben muss. Unternehmen, die Investitionen in existierende Netzwerke für Sprach- und Videoconferenzing-Übertragungen planen, benötigen für die heutigen Voice-Netzwerke nahezu hundertprozentiges QoS.

Mit QoS können Unternehmen ihre Investitionen in Netzwerke optimieren. QoS gestattet den Netzwerkadministratoren durch Prioritätsregeln für Systeme und Netzwerkgeräte die Einrichtung von Dienstebenen für Anwendungen, Benutzer, Gruppen und Computer. Mit QoS-Verfahren ist es möglich, die Zuweisung der Netzwerkbandbreite für Anwendungen zu steuern. Auf diese Weise kann Anwendungen, die eine höhere Priorität benötigen oder empfindlich gegenüber Leistungsabfällen im Netzwerk reagieren (wie unternehmensweit eingesetzte Ressourcenplanungssysteme oder Videoconferencing-Anwendungen), die Dienstebene zugewiesen werden, die für ihren effizienten Ablauf erforderlich ist.

Die Ausnutzung aller Vorteile von QoS verlangt eine durchgehende Planung. Anders ausgedrückt sollte der Netzwerkadministrator eine Implementierung der QoS-Parameter vom Hostcomputer an einem Ende des Netzwerks bis zum letzten Client in einer abgelegenen Geschäftsstelle mit einer 128K-Frame-Relay-Leitung mit allen Punkten dazwischen vorsehen.

Betrachten Sie einmal das folgende Beispiel: Ein Server mit Windows 2000 betreibt SQL Server 7.0 und eine Automatisierungsanwendung für den Vertrieb. Das ganze liegt auf einem Compaq ProLiant-Server, der sich im Datencenter des Unternehmens in Frankfurt befindet. Der Vertrieb im Unternehmen muss an jedem 28. des Monats sämtliche Bestellungen überprüfen, bestätigen und aufgeben. Am 28. jedes Monats wählt sich daher der gesamte Vertrieb mit seinen Notebooks unter Windows-2000-Professional und einem IPSec-Client für die Verbindung mit VPN über einen lokalen Internet-Dienstanbieter in das firmeneigene Netzwerk ein. Der Vertrieb ist verteilt und belastet während dieser Zeit das VPN-Netzwerk außerordentlich stark. Der Netzwerkadministrator kann in einer solchen Situation QoS mit dem Ziel implementieren, die rechtzeitige Bearbeitung der Bestellungen zu gewährleisten, ohne dass der Vertrieb mit anderem Datenverkehr im Unternehmen (etwa HTTP zur Arbeit mit dem Internet) konkurrieren muss.

In diesem Beispiel besteht die Aufgabe darin, durch die Implementierung von QoS für die Anwendung und das Netzwerk eine Dienstebene bereitzustellen, die die rechtzeitige Bearbeitung der Bestellungen zum Monatsabschluss sicherstellt. Damit QoS funktionieren kann, müssen der Server, auf dem die Anwendung läuft, und die Netzwerkgeräte, die den Server mit den Clients verbinden, den Typ des anwendungsbezogenen Datenverkehrs und/oder die IP-Adressen von Server und Clients erkennen und den Datenverkehr in Warteschlangen umleiten. Diese Warteschlangen erhalten dann eine Prioritätsstufe zugewiesen, die definiert, in welchem Ausmaß Anwendungsdaten in das Netzwerk gesendet und über das Netzwerk weitergeleitet werden. Der Windows-2000-SQL-Server weist dabei derjenigen Warteschlange eine höhere Priorität zu, die den Datenverkehr der Automatisierungsanwendung für den Vertrieb enthält. Die Netzwerkgeräte, die den Server mit den Clients verbinden (beispielsweise ein Switch im Datencenter und der VPN-Router) würden mit QoS-Priorität konfiguriert werden, damit der Datenverkehr aus der Automatisierungsanwendung des Vertriebs eine höhere Priorität als andere Datenverkehrstypen bekommt.

14.3.2 QoS in Windows 2000

QoS ist in Windows 2000 in mehrfacher Hinsicht implementiert. Die Datenverkehrspriorisierung wird in QoS über *802.1p, DIFFSERV, INTSERV* und andere Verfahren realisiert. Gegenstand dieses Kapitels werden *802.1p, DIFFSERV und INTSERV* sein. Da die meisten LANs auf den Technologien von IEEE 802 wie etwa Ethernet, Token-Ring und FDDI basieren, stellt 802.1p eine wichtige Technik für die Implementierung von QoS dar. Mit 802.1p werden Teile des Schicht-2-Headers (MAC-Adresse) eines 802-Paketes ausgebaut. Diesem Header-Feld können acht Prioritätsstufen zugeordnet werden, die von Switches, Routern und Netzwerkkarten dazu benutzt werden können, Qualitätsstufen auf der Grundlage von Warteschlangenprioritäten zu vergeben. DIFFSERV stellt auf der anderen Seite eine Schicht-3-Implementierung für QoS dar, die im Header eines IP-Paketes eine Prioritätsstufe definiert, die *DIFFSERV Codepoint* (DSCP) genannt wird. Router können für DIFFSERV-QoS konfiguriert werden, so dass von einem Punkt im Netzwerk bis zu einem anderen eine konsistente Dienstebene durchgesetzt wird. DIFFSERV ist nicht so weit verbreitet wie 802.1p, erlangt jedoch immer mehr Aufmerksamkeit, weil es in der Lage ist, Dienstebenen für Low-Latency-Anwendungen wie etwa Videoconferencing zu gewährleisten. INTSERV ist eine QoS-Technik, die eine Dienstgarantie bzw. ein gesteuertes Laden definiert.

Beispielsweise ist es möglich, durch entsprechende Konfiguration einer Anzahl von Routern in einem WAN mit INTSERV eine garantierte Systemleistung im Sinne der Latenz bereitzustellen. QoS kann darauf eingestellt werden, eine Latenz von 20 ms nicht zu überschreiten oder ein gesteuertes Laden im Sinne des Datenvolumens einzuhalten, was bedeuten kann, dass alle Unterhaltungen zwischen Client und Server mit mindestens einem Datendurchsatz von 256 Kbps stattfinden. Anders als 802.1p und DIFFSERV stützt sich INTSERV nicht auf eine zu Grunde liegende Warteschlangenpriorität, sondern definiert gegenüber einer INTSERV-Klasse auf jedem Gerät eine Dienstebenenkontrolle – mit anderen Worten, es handelt sich um einen Router, der QoS-Dienstklassen für INTSERV unterstützt.

Die Implementierung von QoS in Netzwerken wird typischerweise durch einen Satz von Protokollen, Richtlinien und Verwaltungswerkzeugen ergänzt. QoS kann unter Verwendung des *Resource Reservation Protocol* (RSVP) und des Protokolls *Subnet Bandwidth Manager* (SBM) eingerichtet werden. Jedes Protokoll gewährleistet, dass sich die Netzwerkressourcen auf QoS-Verfahren stützen (802.1p, DIFFSERV und INTSERV) und legt die Prioritäten fest, die über jedes Verfahren definiert werden. Windows 2000 implementiert QoS über eine Erweiterung von Active Directory und der Gruppenrichtlinien. So kann der Netzwerkadministrator eine konfigurierbare und vertraute Schnittstelle (wie MMC) zu dem Zweck verwenden, QoS für eine beliebige Anzahl von Computern, Benutzern und Gruppen einzurichten. Darüber hinaus haben Microsoft und Cisco in gemeinsamer Arbeit die *Cisco Network Services for Active Directory* (CNS/AD) entwickelt. CNS/AD erweitert die Möglichkeiten eines Netzwerkadministrators dahingehend, dass er nun Richtlinien erstellen kann, die Cisco-Netzwerkgeräte in Verbindung mit Active Directory und Gruppenrichtlinien nutzen. CNS/AD beseitigt das Problem, zwei verschiedene QoS-Techniken von zwei verschiedenen Herstellern verwenden zu müssen. Auf diese Weise ist QoS auch viel einfacher bei der Einrichtung geworden.

Eine Überlegung beim Entwurf einer QoS-Infrastruktur für Ihre EDV-Umgebung betrifft den Sachverhalt, dass nicht alle Computer, Netzwerkkarten und Router die NDIS-Version (NDIS, Network Driver Interface Specification) unterstützen, die für den Einsatz von QoS unter Windows 2000 erforderlich ist. Unter Umständen ist hier ein Upgrade der Netzwerkkarten oder anderer Hardware in Ihrer Netzwerkumgebung notwendig.

Zur Implementierung von QoS unter Windows 2000 müssen Sie beim Setup von Windows 2000 den QoS-Zugangssteuerungsdienst installieren. Nach seiner Installation wird ein MMC-Snap-In erstellt, der dem Netzwerkadministrator ermöglicht, QoS dem gesamten Unternehmen oder Subnetzen zuzuweisen. Unternehmensweite Einstellungen nehmen die Form von QoS-Einstellungen für alle authentifizierten oder nicht authentifizierten Benutzer an. Beispielsweise können Sie ein gesteuertes Laden oder eine garantierte Dienstebene auf jeden authentifizierten Benutzer auf der Grundlage der Pakete anwenden, die innerhalb gewisser Flussgrenzen in einer einzelnen oder allen Unterhaltungen gesendet und empfangen wurden. Zu den Einstellungen gehören die Datenübertragungsraten in Kbits/s, die maximale Datenrate in Kbits/s oder die Dauer in Minuten. Die Standardeinstellung der Richtlinie für die Datenübertragungsrate lautet auf 500 Kbits/s und volle Netzwerkmediumsleistung (100 Mbps) für die maximalen Raten.

Zur Implementierung von QoS in einem Subnetz fügen Sie einfach nur die IP-Adresse und Maske des Subnetzes dem MMC-Snap-In des QoS-Zugangssteuerungsdienstes hinzu und weisen dann jedem Subnetz die entsprechende Konfiguration zu. Wie bei den Unternehmenseinstellungen ist es möglich, Datenverkehrseinstellungen auf der Grundlage der Datenrate, der maximalen Datenrate und der maximalen Aggregatdatenrate zuzuweisen, die bei Subnetzen jedoch nicht den Benutzern, sondern den Servern zugewiesen werden. Eine Protokollierung der RSVP-Signale inklusive der Angabe des Speicherorts der Protokolldatei, der Anzahl der Protokolldatei und deren Größe ist möglich. Darüber hinaus können Sie die Kontenführung initiieren und zusätzliche erweiterte Einstellungen für die Wahlpriorität auf Servern definieren. Der QoS-Zugangssteuerungsdienst für Windows 2000 kann für eine Domänenstruktur oder eine Anzahl von Domänenbäumen in einem Wald des Active Directory installiert werden.

Abbildung 14.2 zeigt, wie Sie Verfahren von QoS for 802.1p und INTSERV unter Verwendung der RSVP-Signale zur Kontrolle der für den Server und die Vertriebsbenutzer allokierten (und garantierten) Netzwerkressourcen verwenden können. Vergessen Sie nicht, dass in diesem Beispiel ein Router und Switch eines Drittanbieters verwendet werden, die diese QoS-Verfahren ebenfalls unterstützen, so dass ein durchgehendes QoS realisiert werden kann. Beachten Sie weiterhin, dass in dem Beispiel vorausgesetzt wird, dass QoS auch beim Internet-Dienstanbieter implementiert werden kann – ein wichtiger Punkt insbesondere für Videoconferencing und Low-Latency-Anwendungen, falls Sie die Implementierung von QoS über ein VPN planen.

QoS wird immer wichtiger. Lösungsanbieter müssen beispielsweise dafür sorgen, dass ihre Kunden eine garantierte Dienstebene bekommen, was wegen des Aufwandes bei der Implementierung von QoS oft nur mit hohen Kosten möglich ist. Da es sich bei QoS um ein Verfahren zur Anwendung von Prioritäten und Richtlinien auf ein Netzwerk handelt, verlangen die vom Unternehmen definierten und vom Netzwerkadministrator implementierten Diensteziele in einem QoS-Netzwerk mehr Planung und Aufwand. Generell sei gesagt, dass die Voraussetzungen zur Implementierung von QoS in einem Netzwerk umso eher gegeben sind, wie ein Netzwerkadministrator offen gegenüber dem Mehraufwand ist. Das gleiche gilt für die Planung – wenn Sie sich für QoS in Ihrem Netzwerk entscheiden, werden Sie die Fähigkeiten und Kapazitäten Ihrer Netzwerkumgebung neu bewerten müssen, um die Qualität der Dienstebenen sicherstellen zu können, die durch Ihre Anwendungen und die geschäftliche Ebene vorgegeben werden.

Durch die Unterstützung von Windows 2000 für QoS können Unternehmen und Dienstanbieter jetzt QoS-Verfahren auf Windows-Plattformen implementieren und für Benutzer und Anwendungen Garantien für entsprechende Dienstebenen anbieten. Es steht zu erwarten, dass weitere QoS-Verfahren in Windows 2000 implementiert werden. Da die unternehmensweite Unterstützung der QoS-Richtlinien leicht in Active Directory integriert werden kann, werden sich Netzwerkanbieter und Internet-Dienstanbieter in Zukunft der Schemaänderungen von Active Directory und MMC-Snap-Ins bedienen, um ihre eigenen Netzwerkgeräte und Netzwerkanwendungen besser zu unterstützen.

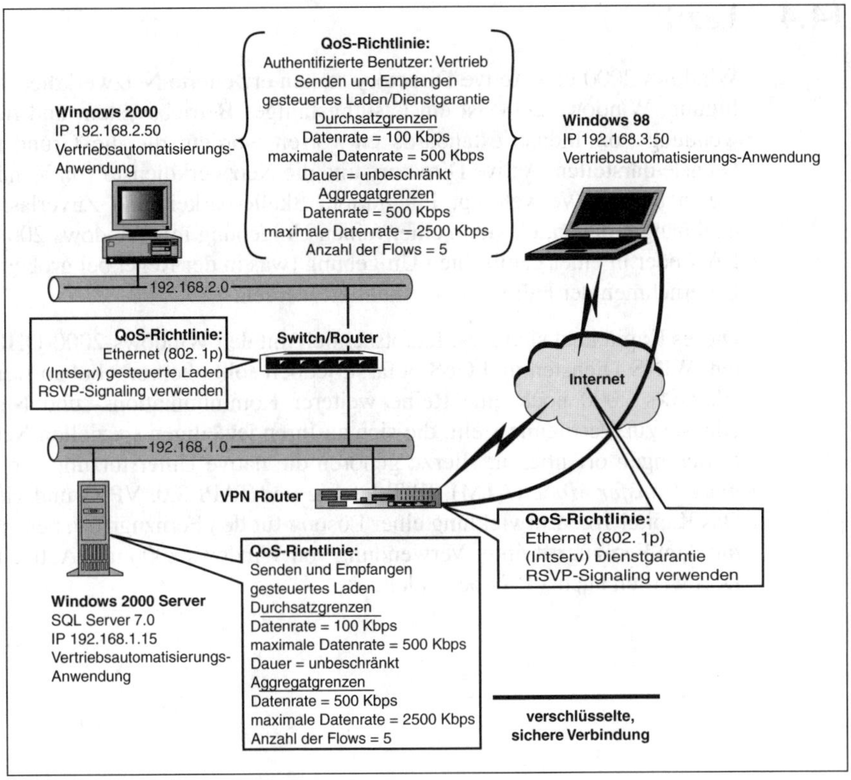

Abb. 14.2: Diese Abbildung setzt das vorherige Beispiel mit der Vertriebsautomatisierungsanwendung auf eine typische Netzwerkkonstellation mit Windows 2000 um, in dem sich eine Gruppe von Vertriebsbenutzern in einem LAN befindet, während eine andere einen VPN-Tunnel über einen Internetdienstanbieter verwendet.

Einer der wichtigsten Aspekte von QoS in Windows 2000 besteht darin, dass der Dienst in Active Directory integriert ist, was zur Folge hat, dass die Netzwerkinfrastruktur von Windows 2000 Anwendungen besser unterstützt. Über die QoS-API-Programmierschnittstelle können Anbieter vorhandene Anwendungen erweitern und zukünftige entwickeln, die mit Netzwerkkomponenten kommunizieren, um die zum korrekten Ablauf der Anwendung nötigen Bandbreiten anzufordern. Telefon- und Videoanwendungen beispielsweise können die Richtlinien des Active Directory dazu verwenden, mehr Bandbreite für Benutzer einer bestimmten OU anzufordern, die gerade mit einer Videoconferencing-Anwendung arbeiten.

14.4 Fazit

Windows 2000 und Active Directory stellen erweiterte Netzwerkdienste zur Verfügung. Windows 2000 ist ein leistungsfähiges Betriebssystem und für die Verwendung von Industriestandards entworfen worden, die die Grundlage dieser Dienste darstellen. Active Directory und die Netzwerkdienste von Windows 2000 bieten bessere Verwaltung, Integration, Skalierbarkeit und Zuverlässigkeit an; unabhängig davon, ob sie in einer reinen Umgebung mit Windows 2000 in einem LAN oder in einer gemischten Umgebung (was in der Regel bei großen verteilten Unternehmen der Fall ist) implementiert werden.

Dieses Kapitel hat sich zwar hauptsächlich mit den Windows-2000-DHCP-Diensten, WINS-Diensten und QoS befasst, jedoch sollte hervorgehoben werden, dass Windows 2000 noch eine Reihe weiterer Kommunikations- und Networking-Dienste zur Verfügung stellt, die sich an Ihren jeweiligen speziellen Netzwerkanforderungen orientieren. Hierzu gehören die native Unterstützung für *Asynchronous Transfer Mode* (ATM), IP-Telefonie und TAPI 3.0, VPNs und vieles mehr. Das Kapitel 16, »Entwicklung einer Lösung für den Fernzugriff«, beschäftigt sich mit dem Fernzugriff unter Verwendung von Windows 2000 und Active Directory. Dort werden auch VPNs behandelt.

Kapitel 15

Eine Sicherheitsstrategie für das Netzwerk entwickeln

Die Sicherheit des Active Directory ist entscheidend für den Erfolg jedes Unternehmens, welches Windows 2000 einsetzt. Als Konsequenz daraus kann die Handhabung der Sicherheit sowohl hinsichtlich des Zugangs zur Windows-2000-Umgebung als auch zu den Daten im Active Directory über Erfolg oder Misserfolg einer Windows-2000-Installation entscheiden.

Active Directory bedingt im Wesentlichen zwei Sicherheitsumgebungen. Die erste legt fest, wie die Benutzer auf das Netzwerk, die Windows-2000-Umgebung und die Informationen im Active Directory zugreifen und die Ressourcen darin verteilt sind. Die zweite Sicherheitsumgebung bestimmt, wie die Sicherheit für die Daten verwaltet wird, die zwischen Ressourcen und Benutzern bzw. Clients und Servern über das Netzwerk gesendet werden. Die Verfahren, mit denen die Sicherheitsumgebungen erstellt und durchgesetzt werden, überschneiden sich oftmals.

Die zentrale Ablage für viele der Sicherheitsprofile von Benutzern und Ressourcen in Windows 2000 stellt das Active Directory dar. Die Gruppenrichtlinien im Active Directory werden als zusätzliche Unterstützung bei der Anwendung und Durchsetzung der Sicherheitsrichtlinien benutzt. Die Entwicklung von Sicherheitsrichtlinien geschieht mit dem Werkzeug MMC.

15.1 Sicherheitstypen

Windows 2000 und Active Directory verfügen über drei grundlegende Sicherheitstypen:

- Kerberos
- Public Key Infrastructure (PKI)
- IP Security (IPSec)

Alle drei Sicherheitstypen überschneiden sich zwar, sind aber andererseits wiederum deutlich voneinander unterschieden. Im Rahmen der Bereitstellung des Active Directory haben sie unterschiedliche Funktionen. Zur Entwicklung einer Sicherheitsstrategie, die den größten Nutzen aus den verschiedenen Sicherheitsfunktionen in Windows 2000 zieht, ist ein Verständnis der Unterschiede dieser drei unterschiedlichen Sicherheitstypen wichtig.

15.1.1 Kerberos

Kerberos ist das standardmäßige Authentifizierungsprotokoll von Active Directory und Windows 2000. Die von Windows 2000 verwendete Version von Kerberos gründet auf der Kerberos-Version 5 vom Massachusetts Institute of Technology (MIT) und wurde für die Unterstützung einer Authentifizierung mit öffentlichen Schlüsseln erweitert. Active Directory stellt die Sicherheitskontendatenbank für die Windows-2000-Implementierung von Kerberos dar.

Kerberos ist eine auf Standards gegründete Methode der Authentifizierung und kennt zwei hauptsächliche Versionen: die vom MIT begonnene und unterstützte Version und eine Variation davon, die unter der Bezeichnung DCE-Kerberos (DCE, Distributed Computung Environment) bekannt ist. Wegen der breiten Akzeptanz im Markt hat sich Microsoft in Windows 2000 für die MIT-Version entschieden. Gegenüber NTLM, der früheren Form der Authentifizierung in Windows NT, bieten die Kerberos-Protokolle verschiedene Vorteile.

- **Interoperabilität:** Kerberos stellt die Rahmenbedingungen für die Interoperabilität mit Kerberos-Implementierungen in anderen Netzwerken mit anderen Betriebssystemen bereit.
- **Client- und Server-Authentifizierung:** Bei der NTLM-Authentifizierung konnte sich der Client früher nur gegenüber einem Server authentifizieren, während der Client nicht in der Lage war, die Identität des Servers zu verifizieren. Als Konsequenz daraus war es möglich, den Server am anderen Ende der Client-Verbindung gegen einen völlig anderen als den auszutauschen, gegenüber dem sich der Client ursprünglich authentifiziert hatte. Kerberos sorgt für eine gegenseitige Authentifizierung, die den Client in die Lage versetzt, die Server, mit denen er sich verbindet, seinerseits zu authentifizieren.
- **Effiziente Authentifizierung:** Kerberos bietet die Authentifizierung von Clients über Anwendungen oder Fileserver und nicht nur wie bei der NTLM-Authentifizierung über Domänencontroller (DCs).

Die Authentifizierung von Kerberos wird über den Austausch geheimer Schlüssel zwischen Client und Server oder zwischen zwei Servern in einem Netzwerk vorgenommen. Dabei werden die im Authentifizierungsprozess verwendeten Schlüssel niemals über das Netzwerk übertragen, sondern nur zum Verschlüsseln von Daten verwendet, die zwischen den Parteien ausgetauscht werden. Beim Empfänger wird ein weiterer Schlüssel dazu benutzt, die Daten wieder zu entschlüsseln. Beide benutzten Schlüssel sind nur den beiden involvierten Parteien bekannt. Einer der primären Gründe, die das Kerberos-Protokoll so sicher machen, besteht darin, dass jede teilnehmende Partei, ob Server oder Client, innerhalb der authentifizierten Sitzung ihren eigenen geheimen Schlüssel besitzt. Verteilt werden diese Schlüssel über ein Schlüsselverteilungscenter (Key Distribution Center, KDC).

Das KDC in Windows 2000 ist wie andere Dienste von Windows 2000 auch auf einem DC untergebracht. Das KDC nutzt Active Directory als Sicherheits-Repository für die Konteninformationen aller Sicherheitsprincipals im KDC-Bereich. Das Konzept des Bereichs in Kerberos ähnelt dem Konzept einer Domäne von Windows NT. In Windows 2000 wird ein Kerberos-Bereich als eine Domäne bezeichnet.

Jeder DC in der Domäne verfügt sowohl über ein aktives KDC als auch eine Kopie des Active Directory. Konsequenterweise ist es daher Clients möglich, von jedem DC aus auf die Kerberos-Authentifizierungsinformationen zuzugreifen. Obwohl die Kerberos-Protokollspezifikation eine Definition für die Replikation von Daten zwischen KDCs und Sicherheitsdatenbanken bereithält, nutzt Windows 2000 nicht die Kerberos-Replikation, sondern statt dessen die Replikation des Active Directory.

Das KDC speichert für jeden Sicherheitsprincipal in der Domäne (Benutzer, Client oder Server) einen Schlüssel, der nur dem Principal und dem KDC bekannt ist und beim Protokollaustausch zwischen dem KDC und dem Sicherheitsprincipal verwendet wird. Dieser so genannte Langzeitschlüssel wird aus dem Anmeldekennwort des Benutzers abgeleitet.

Wenn ein Client auf Ressourcen eines Servers zugreifen möchte, sendet er eine Anfrage für einen kurzfristigen Sitzungsschlüssel an das KDC. Dieser kurzfristige Sitzungsschlüssel wird von Server und Client während der Sitzung benutzt. Das KDC verschlüsselt eine Kopie des kurzfristigen Sitzungsschlüssels für den Client mit dem langfristigen Sitzungsschlüssel des Clients. Darüber hinaus verschlüsselt das KDC auch den kurzfristigen Sitzungsschlüssel für den Server mit dem langfristigen Sitzungsschlüssel des Servers. Beide kurzfristigen Sitzungsschlüssel werden dann in einem einzigen Datenpaket an den Client gesendet. Wie die Abbildung 15.1 zeigt, ist das KDC die primäre Vermittlungsstelle zwischen den Sicherheitsprincipals (Clients und Server) in einer Kerberos-Domäne.

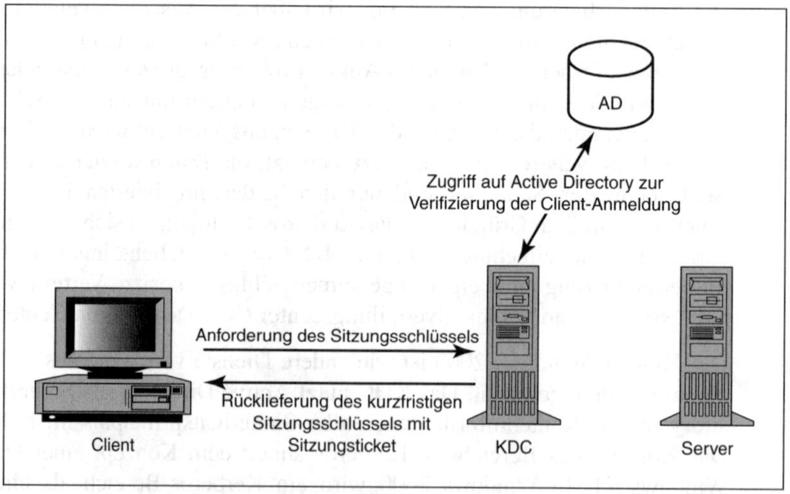

Abb. 15.1: Das KDC arbeitet als Vermittlungsstelle zwischen Sicherheitsprincipals in einem Kerberos-Bereich oder einer Domäne und zwischen Sitzungsschlüsseln.

Nach der Ausgabe der Sitzungsschlüssel durch das KDC können die einzelnen Schritte zum Aufbau einer Sitzung ablaufen:

1. Der kurzfristige Sitzungsschlüssel des Servers, der an den Client gesendet wird, wird in eine Datenkette eingebettet, die Sitzungsticket genannt wird. Das Sitzungsticket und der kurzfristige Sitzungsschlüssel stellen die Daten dar, die vom KDC unter Verwendung des gemeinsam mit dem Server genutzten langfristigen Sitzungsschlüssels verschlüsselt worden sind.
2. Jetzt, da der Client einen kurzfristigen Sitzungsschlüssel und ein Sitzungsticket besitzt, kann er zur Eröffnung einer authentifizierten Sitzung eine Anfrage an den Server senden. Zu diesem Zweck sendet der Client dem Server eine Nachricht, die das Sitzungsticket und eine Authentifizierung enthält, die mit dem kurzfristigen Sitzungsschlüssel verschlüsselt worden ist.
3. Wenn der Server eine Sitzungsanfrage vom Client empfängt, entschlüsselt er das Sitzungsticket mit dem langfristigen Schlüssel, den er gemeinsam mit dem KDC nutzt und entnimmt diesem den kurzfristigen Sitzungsschlüssel. Anschließend verwendet er den kurzfristigen Sitzungsschlüssel zum Entschlüsseln der Authentifizierung des Clients. Der Server kann völlig sicher sein, dass dem Client vom KDC, der Sicherheitsautorität der Domäne, vertraut wird.

Einer der Vorteile von Kerberos gegenüber der NTLM-Authentifizierung besteht darin, dass, wie Abbildung 15.2 zeigt, die Clients eine gegenseitige Authentifizierung verlangen können. Falls eine solche Anfrage vom Client eingeht, benutzt der Server seine Kopie des kurzfristigen Sitzungsschlüssels zum Verschlüsseln des Zeitstempels in der Authentifizierungssinformation des Clients und sendet das verschlüsselte Paket als Authentifizierung des Servers zurück an den Client.

Genehmigte Tickets

Ein weiterer Aspekt der Kerberos-Authentifizierung, der wichtig für das Verständnis des Verfahrens ist, ist das Konzept eines ticketgenehmigenden Tickets (Ticket-Granting Ticket, TGT). Bei jeder Anmeldung eines Benutzers an einem Arbeitsplatz-PC wird der langfristige Schlüssel vom Kerberos-Client auf dem Arbeitsplatz-PC berechnet. Das Kennwort wird in einen Schlüssel umgewandelt und an das KDC zur Authentifizierung weitergeleitet. Das KDC sucht dann nach einer weiteren Kopie des langfristigen Schlüssels des Benutzers in der Sicherheitsdatenbank, dem Active Directory. Dieses Ticket wird mit dem vom Client empfangenen Ticket verglichen. Falls beide Tickets identisch sind, liefert das KDC ein Sitzungsticket für das KDC, das unter dem Namen TGT bekannt ist, an den Client zurück. Durch die Verwendung des TGTs kann der KDC auf Anfragen nach anderen Sitzungstickets vom Client reagieren, ohne bei jeder neuen Sitzung das Kennwort des Benutzers im Active Directory suchen zu müssen. Hierdurch wird die Betriebslast auf dem DC, der das KDC beherbergt, verringert und die Systemleistung gegenüber dem Client verbessert.

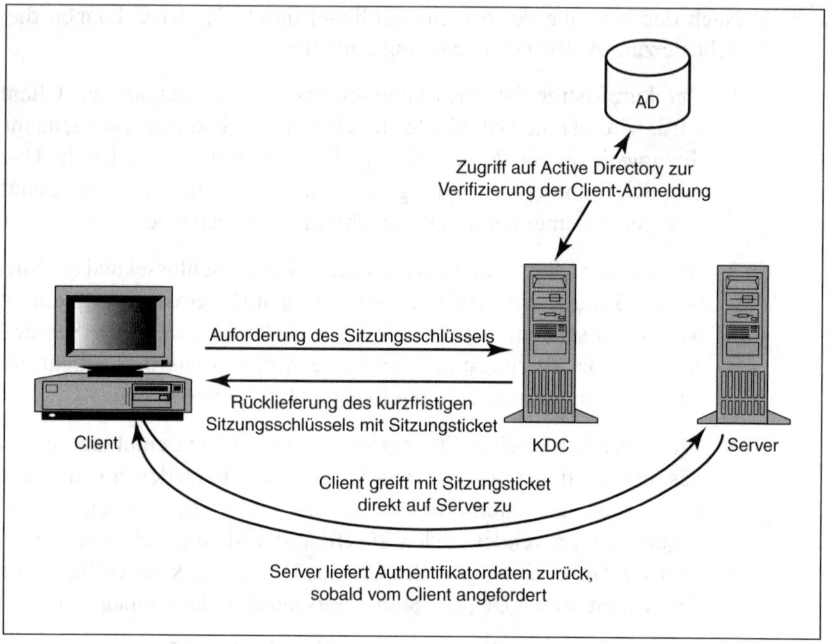

Abb. 15.2: Der Client sendet das verschlüsselte Paket einschließlich des Sitzungstickets zurück an den Server. Der Server entschlüsselt es und kann es, wenn vom Client gewünscht, als Authentifikation zurück an den Client senden.

Interdomänen-Authentifizierung

In früheren Versionen von Windows NT war das Zustandekommen von authentifizierten Sitzungen zwischen Clients und Servern nur möglich, wenn explizite Vertrauensstellungen zwischen Domänen eingerichtet wurden, sofern sich Client und Server in verschiedenen Domänen befanden. Bei der Kerberos-Authentifizierung ist dies nicht der Fall. Hier kann ein Client ein TGT von einem KDC in einer Domäne bekommen und zur Anforderung eines Sitzungstickets vom KDC in einer anderen Domäne benutzen, wobei eine explizite Vertrauensstellung zwischen beiden Domänen verwendet wird.

Die Authentifizierung über Domänengrenzen hinweg wird über die gemeinsame Nutzung eines Interdomänenschlüssels realisiert, die zwischen Windows-2000-Domänen im gleichen Wald automatisch stattfindet. Auch eine entsprechende manuelle Konfiguration durch die Einrichtung expliziter Vertrauensstellungen zwischen Domänen ist möglich. Nachdem beide Domänen die Interdomänenschlüssel ausgetauscht haben, wird der ticketgenehmigende Dienst des KDCs als Domänen-Sicherheitsprincipal in der Sicherheitsdatenbank des jeweils anderen KDCs registriert. Anschließend behandelt der ticketgenehmigende Dienst einer Domäne den ticketgenehmigenden Dienst in der anderen Domäne als normalen Dienst, für den Clients Sitzungstickets anfordern können.

Falls ein Client den Zugriff auf einen Dienst anfordert, der sich in einer anderen Domäne befindet, reagiert das KDC in der Domäne des Benutzers auf die Anfrage des Clients mit einem TGT, welches mit dem Interdomänenschlüssel verschlüsselt worden ist und Weiterleitungsticket genannt wird. Der Client verwendet dieses Weiterleitungsticket zur Anforderung eines Sitzungstickets vom KDC der anderen Domäne.

15.1.2 PKI

Im vorherigen Abschnitt wurde Kerberos als Protokoll für Verschlüsselung und Authentifizierung vorgestellt. Die Grundidee bei der Kerberos-Authentifizierung besteht darin, dass der Schlüssel, der zum Verschlüsseln eines Datenpakets verwendet wird, derselbe ist, der zum Entschlüsseln herangezogen wird. Dieses Verfahren ist als symmetrische Verschlüsselung oder Geheimschlüsselprinzip bekannt. Ein Verschlüsselungssystem mit PKI unterscheidet sich ganz fundamental von Kerberos. PKI gründet auf eine Verschlüsselung und Authentifizierung mit Schlüsseln, die nicht symmetrisch sind. Jeder Teilnehmer im Prozess der Ver- und Entschlüsselung verfügt über ein Schlüsselpaar, von dem der eine öffentlich und der andere privat ist. Die Benutzer stellen ihren eigenen öffentlichen Schlüssel anderen Benutzern, denen sie verschlüsselte Daten senden wollen, zur Verfügung. Diese Daten können dann unter Verwendung ihres eigenen privaten Schlüssels entschlüsselt werden.

Außer der Fähigkeit, Daten ohne vorherigen Austausch geheimer oder symmetrischer Schlüssel verschlüsseln zu können, ermöglicht die Verschlüsselungstechnik mit öffentlichen Schlüsseln den Einsatz von digitalen Signaturen. Digitale Signaturen können dazu verwendet werden, ein Dokument oder eine E-Mail-Nachricht zu verifizieren, die von einem bestimmten Benutzer erstellt worden ist. Die Benutzer können die Nachricht mit einer digitalen Signatur »unterschreiben«, die mit einem privaten Schlüssel in einem Schlüsselpaar kodiert wurde. Mit Hilfe des öffentlichen Schlüssels kann dann überprüft werden, ob die Signatur vom privaten Schlüssel herstammt und verändert worden ist.

Zertifizierungsstellen (Certificate Authority)

Im Falle von Kerberos können deshalb symmetrische Schlüssel zwischen den Benutzern von Verschlüsselungssystemen ausgetauscht werden, weil jeder Benutzer dem Active Directory und KDC als Sicherheitsautoritäten vertraut. Jeder Benutzer kann sich darauf verlassen, dass das KDC, welches ein Sitzungsticket für einen bestimmten Dienst liefert, ein korrektes Ticket liefert. Im Falle einer Verschlüsselung mit öffentlichen Schlüsseln existiert zwischen den Parteien im Verschlüsselungsverfahren kein Mechanismus wie das KDC für explizites Vertrauen. Konsequenterweise muss daher ein Vermittler eingeschaltet werden, der normalerweise *Zertifizierungsstelle* (Certificate Authority, CA) genannt wird, da die häufigste Methode zur Verifizierung der Authentizität öffentlicher Schlüssel ein mitgeliefertes Zertifikat verwendet.

Eine Zertifizierungsstelle gibt Zertifikate aus, die digital von der Ausgabestelle signiert sind und die Gültigkeit des öffentlichen Schlüssels und die Identität des Schlüsselbesitzers bestätigen. Das Zertifikat enthält typischerweise zusätzliche Informationen über den Besitzer des Schlüssels wie etwa das Unternehmen, für welches dieser tätig ist, und seine Anschrift.

Ein Beispiel einer öffentlichen Zertifizierungsstelle ist das Unternehmen *VeriSign*, welches Zertifikate für Personen ausgibt, die E-Mails und andere Dokumente verschlüsseln und signieren wollen. Mit der Verbreitung der Verschlüsselung über öffentliche Schlüssel im Internet beginnen immer mehr Firmen eigene Zertifizierungsstellen zu implementieren bzw. die Dienste der Zertifizierungsstellen anderer Unternehmen zu nutzen.

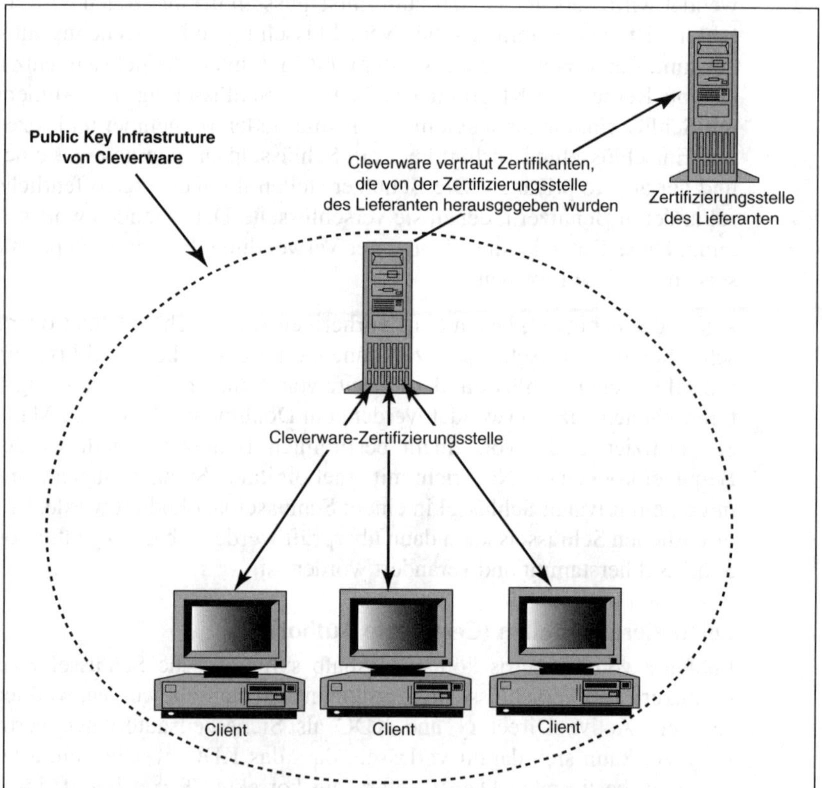

Abb. 15.3: Vertrauensbeziehungen zwischen Zertifizierungsstellen in verschiedenen Organisationen können ein Verfahren ermöglichen, welches Benutzern einer anderen Organisation den Zugang zu Ressourcen einer anderen Organisation erlaubt.

PKI in Windows 2000

PKI ersetzt in Windows 2000 nicht die Notwendigkeit von Kerberos als standardmäßiges Authentifizierungsprotokoll. Statt dessen wird PKI als eine Erweiterung der von Kerberos bereitgestellten Sicherheitsdienste genutzt. PKI kann für Skalierbarkeit und Erweiterbarkeit über das hinaus sorgen, was Kerberos in einer Domänenumgebung mit Windows 2000 bietet.

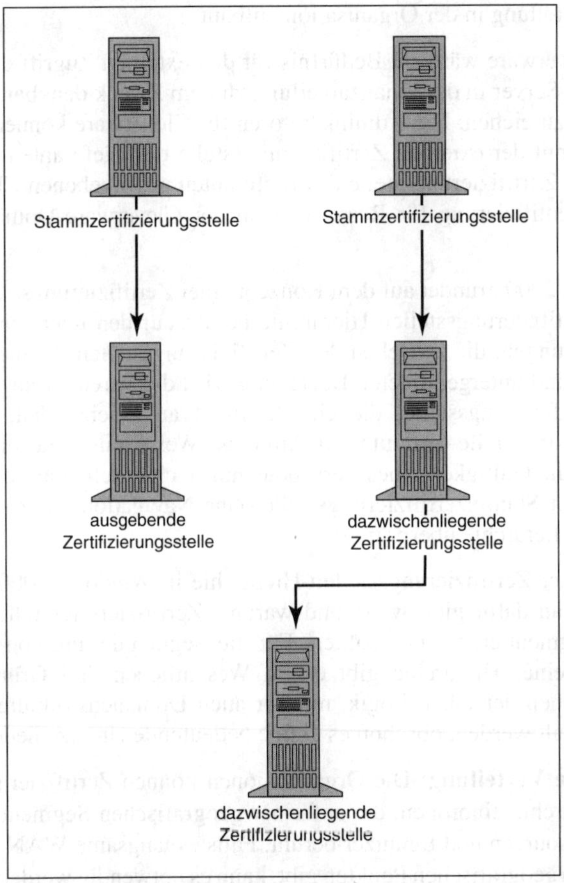

Abb. 15.4: PKI in Windows 2000 gründet auf dem Konzept einer Zertifizierungsstellen-Hierarchie. Eine Hierarchie bietet eine schnelle Überprüfung von Zertifikaten über die Verbindungsaufnahme zwischen einer Stammzertifizierungsstelle und ausgebenden Zertifizierungsstellen. Dazwischen liegende Zertifizierungsstellen reichen Anfragen durch Ausgabe von Zertifikaten an Stammzertifizierungsstellen weiter.

Das erste grundlegende Element von PKI in Windows 2000 sind die Microsoft Zertifikatsdienste, die ein Verfahren zur Einrichtung einer Zertifizierungsstelle für die Organisation zur Verfügung stellen. Die Zertifikatsdienste verwalten die Ausgabe von Zertifikaten zur Bestätigung von Benutzern und stellen sicher, dass alle ausgegebenen Zertifikate konsistent gegenüber den für öffentliche Schlüssel geltenden Sicherheitsrichtlinien der Organisation sind. Der Dienst verwaltet außerdem die Beziehungen mit anderen externen Zertifizierungsstellen, mit denen PKI eine Vertrauensstellung in der Organisation aufbaut.

Im Beispiel Cleverware wäre ein Bedürfnis für den externen Zugriff eines Lieferanten auf einen Server in der Finanzabteilung zu dem Zweck denkbar, monatlich Rechnungen einzureichen. Die Administratoren für Cleverware können eine Vertrauensstellung mit der externen Zertifizierungsstelle des Lieferanten einrichten, was alle von der Zertifizierungsstelle des Lieferanten ausgegebenen Client-Zertifikate zur Authentifizierung für Ressourcen in der Cleverware-Domänenumgebung zulässt.

PKI in Windows 2000 gründet auf dem Konzept einer Zertifizierungsstellen-Hierarchie. Eine Zertifizierungsstellen-Hierarchie beruht auf den über- und untergeordneten Beziehungen, die zwischen den Zertifizierungsstellen definiert werden. Mit einer über- und untergeordneten Beziehung wird die Vereinbarung getroffen, dass einer Zertifizierungsstelle, die ein Zertifikat ausgegeben hat, von einer Stammzertifizierungsstelle vertraut wird. Auf diese Weise muss eine andere Zertifizierungsstelle die Gültigkeit eines Zertifikats nur noch durch eine Verbindungsaufnahme mit der Stammzertifizierungsstelle ohne Navigation durch die Zertifizierungsstellen-Hierarchie überprüfen.

Das Konzept einer Zertifizierungsstellen-Hierarchie in Windows 2000 erfordert, dass es einen Plan dafür gibt, wann und warum Zertifizierungsstellen in einer Organisation segmentiert werden sollten. Für die Segmentierung von Zertifizierungsstellen in einer Hierarchie gibt es im Wesentlichen drei Gründe. Diese Gründe entsprechen derselben Logik, mit der auch Domänenstrukturen in mehrere OUs aufgeteilt werden, obschon es einige bedeutende Unterschiede gibt.

- **Geografische Verteilung:** Die Organisationen können Zertifizierungsstellen in eine Hierarchie einordnen, die auf einer geografischen Segmentierung der Netzwerkressourcen und Benutzer beruht. Falls es langsame WAN-Leitungen zwischen den geografischen Punkten gibt, kann es notwendig werden, an jedem geografischen Punkt eine Zertifizierungsstelle zu platzieren, damit die Clients Zertifikatsüberprüfungen ohne dramatische Einbrüche bei der Systemleistung anfordern können. Bei diesem Konfigurationstyp gibt es normalerweise eine Stammzertifizierungsstelle auf der Grundlage der Unternehmenszentralen, die über eine Vertrauensstellung mit allen regionalen Zertifizierungsstellen verfügen (siehe dazu die Abbildung 15.5).

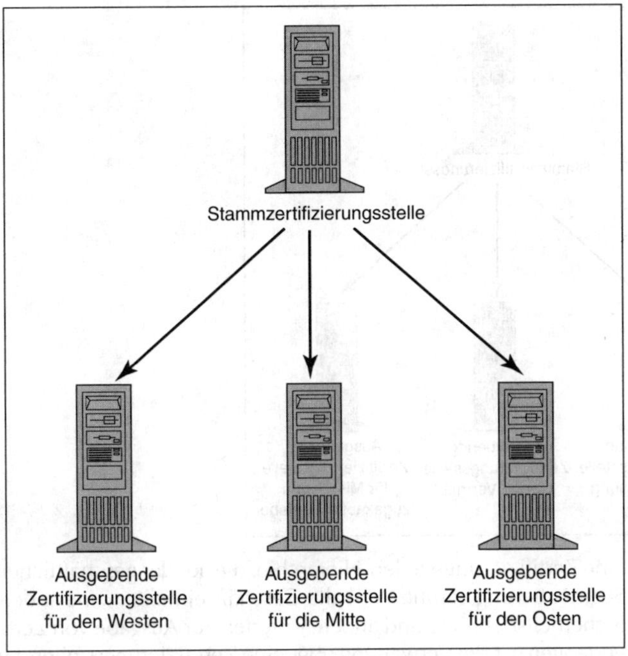

Abb. 15.5: Eine Zertifizierungsstellen-Hierarchie, die auf der geografischen Verteilung der Ressourcen und Benutzer im Netzwerk beruht. Dieses Beispiel sieht eine Zertifizierungsstelle für jeden regionalen Standort und eine Stammzertifizierungsstelle in der Unternehmenszentrale vor, die von der EDV-Abteilung verwaltet wird.

- **Geschäftliche Segmentierung:** Wie schon bei der weiter oben im Buch erörterten Verteilung von Organisationsabteilungen kann eine Verteilung der Zertifizierungsstellen-Hierarchie gemäß der geschäftlichen Segmentierung des Unternehmens notwendig werden. Im Falle von Cleverware kann eine Zertifizierungsstelle für die Fertigungsabteilung, eine für die Vertriebsabteilung und eine andere für die Abteilung Akquisition und Erwerb erforderlich sein. Allen diesen Zertifizierungsstellen wird von einer Stammzertifizierungsstelle vertraut, die von der EDV-Abteilung verwaltet wird (siehe dazu die Abbildung 15.6).
- **Nutzung und Betriebslasten:** Es ist auch möglich, die Segmentierung einer Zertifizierungshierarchie auf die gemessenen oder erwarteten Betriebslasten zu gründen, die auf den Zertifizierungsstellen liegen, oder auf die Funktion, die die Zertifizierungsstelle ausübt. Eine Zertifizierungsstelle kann etwa für die Ausgabe und Überprüfung von Zertifikaten für E-Mails eingesetzt werden, während eine andere für die Authentifizierung externer Lieferanten im Netzwerk verwendet wird. Die Sicherheitsrichtlinien und Client-Betriebslasten bei derartigen Zertifizierungsstellen würden sich stark voneinander unterscheiden, weshalb es sinnvoll ist, sie in eine Zertifizierungsstellen-Hierarchie einzusegmentieren (siehe dazu die Abbildung 15.7).

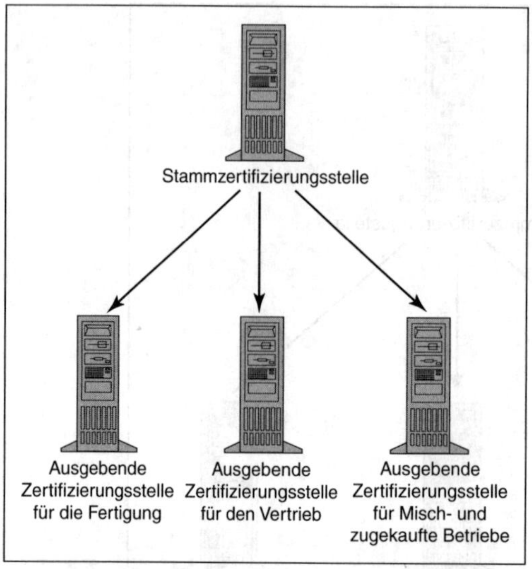

Abb. 15.6: Eine Zertifizierungsstellen-Hierarchie, die auf der geschäftlichen Segmentierung beruht. Weil alle Geschäftseinheiten eine andere Sicherheitsrichtlinie und andere Kriterien zur Ausgabe von Zertifikaten verlangen, ist die Verwaltung über eine Zertifizierungsstellen-Hierarchie einfacher.

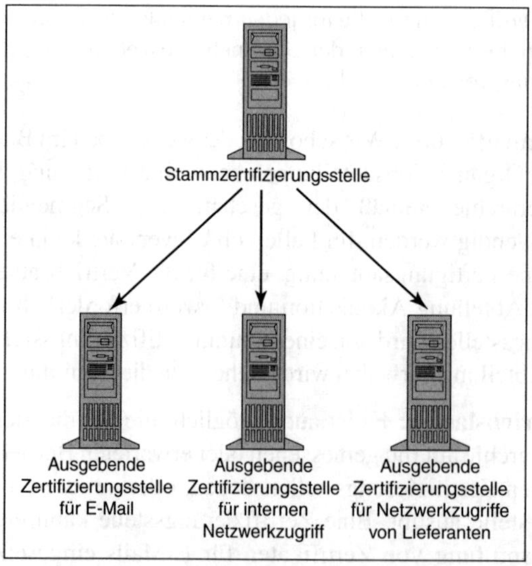

Abb. 15.7: Eine Zertifizierungsstellen-Hierarchie, die auf den Nutzungstypen und Betriebslasten beruht, die für jede Zertifizierungsstelle gelten. Eine Zertifizierungsstelle sorgt für die Ausgabe und Überprüfung von Zertifikaten für E-Mail, während sie andere Benutzer für den Netzwerkzugriff authentifiziert.

Windows 2000 PKI und Microsoft Exchange

Eine der ersten Anwendungen von PKI in Windows 2000 in Organisationen ist die Integration in die Schlüsselverwaltungsdienste in Microsoft Exchange 2000 und höheren Versionen. Durch einen Ausbau von PKI und die Verschlüsselung über öffentliche Schlüssel ist es möglich, Benutzern von Exchange und Outlook S/MIME (Secure MIME) zur Verfügung zu stellen, welches die Verschlüsselung und digitale Signaturen beherrscht. Mit der Bereitstellung von Windows 2000 und Active Directory kann die Integration sicherer und signierter Mails zwischen getrennten Exchange-Organisationen realisiert werden.

15.1.3 IPSec

IPSec ist ein Sicherheitsmechanismus in der Windows-2000-Umgebung, der praktisch ohne zusätzlichen Aufwand für die Benutzer und mit minimalen Trainingsanforderungen eingeführt werden kann. Der Grund dafür ist, dass IPSec ein Sicherheitsprotokoll darstellt, welches nahezu gänzlich unterhalb der Transportschicht liegt und von allen Anwendungen oberhalb der Transportschicht transparent ererbt wird. IPSec unterstützt eine Authentifizierung auf Netzwerkebene, Verschlüsselung und Datenintegrität.

Die Definition des IPSec-Protokolls sieht eine Verschlüsselung des Datenverkehrs vor, der im Netzwerk von einem Host zu einem anderen gesendet wird. IPSec verwendet zu diesem Zweck einen Authentifizierungs-Header und eine eingekapselte Sicherheitsnutzlast in jedem Datenpaket. Mit dem Authentifizierungs-Header kann der empfangende Host den sendenden Host als den tatsächlich gewünschten Host identifizieren. Die eingekapselte Sicherheitsnutzlast gewährleistet, dass die empfangenen Daten auf ihrem Weg nicht verfälscht worden sind.

IPSec beruht auf der Kombination einer Verschlüsselung mit Geheimschlüsseln und öffentlichen Schlüsseln. Im Fall der eingekapselten Sicherheitsnutzlast kennen nur der sendende und der empfangende Host den Geheimschlüssel für die Ver- und Entschlüsselung. Wie bei Kerberos können die Authentifizierungsdaten als gültig gelten, weil der empfangende Host weiß, dass die Daten vom sendenden Host kommen und auf dem Weg nicht verfälscht worden sind.

Um einen Authentifizierungs-Header erstellen zu können, tauschen zwei Hosts im Netzwerk öffentliche Daten aus. Die öffentlichen Daten jedes Hosts werden dann mit dessen eigenen geheimen Daten kombiniert und ergeben einen Wert, der teils gemeinsam genutzt und teils geheim ist. Dieses Verfahren ist unter der Bezeichnung Diffie-Hellman-Technik bekannt. Nach dem Erstellen eines Authentifizierungs-Headers erzeugt der sendende Host mit dem so genannten DES-CBC-Datenblock (Data Encryption Standard-Cipher Block Chaining) eine Zufallszahl, die zusammen mit dem gemeinsam genutzten und dem geheimen Wert zum Verschlüsseln der eingekapselten Sicherheitsnutzlast benutzt wird.

Weil IPSec für die Benutzer und Anwendungen im Netzwerk komplett transparent ist, liegt die Entscheidung, wann IPSec-Sicherheitsrichtlinien angewendet werden sollen, gänzlich beim Netzwerkadministrator. Die Sicherheitsrichtlinien können einer standardmäßigen Domänenpolitik, der standardmäßigen lokalen Richtlinie oder einer speziellen Richtlinie, die der Administrator erstellt, zugeordnet werden. Wenn sich Hosts in einer Domäne anmelden, setzen sie automatisch die Eigenschaften der standardmäßigen Domäne und der standardmäßigen lokalen Richtlinien, die die der Domäne zugewiesenen IPSec-Richtlinien definieren, voraus.

Bei der Einrichtung von Sicherheitsrichtlinien für eine Implementierung von Windows 2000 und Active Directory sollte ein Administrator drei Schritte ausführen:

1. **Bewertung der Datenmuster im Netzwerkverkehr:** Der gesamte Netzwerkverkehr in einer Organisation folgt bestimmten Mustern. Beispielsweise können von allen Mitarbeitern regelmäßig alle zwei Wochen Stundenzettel an die Finanzabteilung übermittelt werden. Oder die Vertriebsbeauftragten senden zu jedem Monatsende Prognosen an die Leitung des Vertriebs. Alle diese unterschiedlichen Kommunikationsströme verlangen unterschiedliche Sicherheitsebenen.
2. **Entwickeln von Sicherheitsprofilen für die Datenmuster im Netzwerkverkehr:** Nachdem der Administrator die verschiedenen Typen des Datenverkehrs im Netzwerk und deren Verlaufsmuster identifiziert hat, kann er Sicherheitsprofile für diese Muster entwickeln. So kann er beispielsweise festlegen, dass die zwischen den Mitgliedern der Unternehmensführung gesendeten Daten oder alle Stundenzetteldaten, die für die Finanzabteilung bestimmt sind, verschlüsselt werden.
3. **Sicherheitsrichtlinien aufbauen:** Nach der Aufstellung der Sicherheitsprofile für die Datenverkehrsmuster kann damit begonnen werden, mit Hilfe des MMC-Snap-In der Windows-Sicherheitsverwaltung Sicherheitsrichtlinien für jedes Profil aufzubauen.

15.2 Festlegung eines Sicherheitstyps

Nachdem die Unterschiede der drei hauptsächlichen Sicherheitstypen in Windows 2000 vorgestellt worden sind, werden nun die einzelnen Sicherheitstypen, die Sie bei der Implementierung Ihres Entwurfs des Active Directory beachten sollten, erörtert. Zu Beginn dieses Kapitels wurde festgestellt, dass es im Wesentlichen zwei verschiedene Typen der Sicherheit gibt, die sich auf Active Directory und Windows 2000 beziehen:

1. die Sicherheit für den Zugriff auf die Netzwerkumgebung und die Ressourcen des Active Directory,
2. die Sicherheit für die Daten, die im Netzwerk zwischen Hosts gesendet werden.

In diesem Zusammenhang stellen Kerberos und PKI die Sicherheitstypen zur Verfügung, die für den Zugriff auf die Netzwerkumgebung angewendet werden, während die Sicherheit von IPSec eine Methode zur Überwachung der Daten im Netzwerk bietet.

15.2.1 Kerberos im Vergleich mit PKI

Kerberos als Standardprotokoll in Windows 2000 ist außerdem auch das am weitesten verbreitete Sicherheitsprotokoll bei Einstiegsimplementierungen des Active Directory. Es erfordert eine gewisse Planung und Vorbereitung noch vor der Implementierung des Active Directory, sofern Sie nicht das Bedürfnis haben, das KDC in Windows 2000 mit einem KDC zu integrieren, welches bereits als Teil eines Kerberos-Bereichs außerhalb von Windows 2000 existiert.

Mit der aktuellen Version von Windows 2000 ist es möglich, Kerberos-Implementierungen mit Windows und ohne Windows miteinander zu verbinden. Beispielsweise kann ein Client mit Windows 2000 eine Authentifizierung gegenüber einem KDC vornehmen, welches mit Kerberos Version 5 unter Unix läuft. Darüber hinaus ist es auch einem Client, der nicht unter Windows läuft, möglich, eine Authentifizierung gegenüber einem KDC unter Windows 2000 vorzunehmen, sofern er Kerberos Version 5 unterstützt.

Eines größeren Planungsaufwands bedarf es, falls zwei Kerberos-Domänen, von denen nur eine auf Windows 2000 beruht, sich gegenseitig vertrauen sollen. Es ist zwar möglich, explizite Kerberos-Vertrauensstellungen zwischen den beiden Domänen einzurichten, jedoch verfügen die Sicherheitsprincipals in den Domänen ohne Windows 2000 nicht über die notwendigen Authorisierungsdaten, die der Dienst unter Windows 2000 verlangt. Über das Werkzeug zur Verwaltung der Benutzer und Computer im Active Directory muss daher dafür gesorgt werden, dass jeder externe Sicherheitsprincipal einem speziellen internen Sicherheitsprincipal (Benutzer) im Active Directory zugeordnet wird.

Allerdings kann die Zuordnung von Hunderten oder sogar Tausenden externer Benutzerkonten zu internen Konten eine grundsätzliche Beschränkung beim Einsatz der Kerberos-Sicherheit für externe Benutzer darstellen. Damit haben Sie gleichzeitig ein hervorragendes Beispiel dafür, wann Sie anstelle von Kerberos lieber die Authentifizierung über öffentliche Schlüssel verwenden sollten. Falls eine Organisation beispielsweise einen externen Lieferanten hat, mit dem sie regelmäßig Daten austauschen will, ist es möglich, für den externen Lieferanten anstelle der Einrichtung einer Kerberos-Vertrauensstellung eine Authentifizierung über öffentliche Schlüssel zu implementieren. Zu diesem Zweck wird man eine

Zertifizierungsstelle einrichten, die Zertifikaten von der Zertifizierungsstelle des externen Lieferanten vertraut. Mit diesen Zertifikaten ist dann der Zugriff auf die Ressourcen der Server in der Windows-2000-Domäne zu realisieren.

Außerdem sollte, wie schon früher in diesem Kapitel betont wurde, PKI dann implementiert werden, wenn Benutzer des E-Mail-Systems im Netzwerk ihre E-Mail digital signieren oder verschlüsseln können sollen, da Kerberos keine digitalen Signaturen unterstützt.

15.2.2 Wann IPSec eingesetzt werden sollte

Eine Einsatzbewertung von IPSec hat nach anderen Kriterien als bei Kerberos oder PKI zu erfolgen. IPSec wird hauptsächlich für den internen Netzwerkverkehr einer Organisation verwendet. Außerdem wird es wegen seiner Transparenz gegenüber Benutzern und Anwendungen von Administratoren als Protokoll geschätzt, wenn ein Bedürfnis für zusätzliche Sicherheit für die Daten im Netzwerk besteht. Es ist weniger dafür gedacht, für Authentifizierungen des Zugriffs auf Ressourcen und Informationen im Netzwerk zu sorgen.

Die Implementierung von IPSec in einer Organisation sollte trotzdem mit Besonnenheit vorgenommen werden. Es gibt einige Richtlinien, denen man folgen sollte, um die Auswirkungen auf die Systemleistung des Netzwerks und der Hosts zu minimieren.

- Implementieren Sie eine Verschlüsselung zwischen zwei Hosts nur dann, wenn sie absolut erforderlich ist. Es ist ein Szenario vorzuziehen, in dem nicht alle Hosts eines bestimmten Subnetzes den gegenseitigen Datenverkehr verschlüsseln müssen. Eine Verschlüsselung sollte nur dann stattfinden, wenn die Daten für einen Host außerhalb des Subnetzes bestimmt sind.
- Stellen Sie genau fest, ob IPSec überhaupt gebraucht wird. Unabhängig von der jeweiligen Optimierung dieses Protokolls führt IPSec immer auch eine vermehrte Latenz in die Systemleistung eines Netzwerks und jedes Hosts im Netzwerk ein. Wenn Ihre Ziele statt mit IPSec auch mit einem Firewall zu erreichen sind, sollten Sie den Firewall vorziehen.

15.3 Fazit

Active Directory bietet eine wohlausgestattete Sicherheitsumgebung zur Befriedigung der Sicherheitsanforderungen vieler Organisationen an. Die schwierigsten Aspekte beim Entwurf einer Sicherheitsstrategie für Active Directory und Windows 2000 betreffen, wie in diesem Kapitel erörtert wurde, nicht die Feststellung dessen, was möglich ist, sondern die Identifizierung des Sicherheitsverfahrens, welches sich am besten für Ihre Umgebung eignet. Kerberos und PKI dienen zur Sicherung des Zugriffs auf die EDV-Umgebung, während IPSec für die Integrität und Sicherheit der Daten im Netzwerk sorgt.

Kapitel 16

Entwicklung einer Lösung für den Fernzugriff

Das Informationszeitalter verlangt von fast jeder Organisation für den täglichen Geschäftsablauf die eine oder andere Art des Fernzugriffs auf Computer. Der Fernzugriff ist ein wichtiger Bestandteil im Geschäftsbetrieb – ob Sie nun als Vertriebler, als Telearbeiter zu Hause, als Manager einer kleinen Geschäftsstelle oder als Führungsperson tätig sind, die vom Hotel aus wichtige Unternehmensdaten benötigt. Der Fernzugriff gilt als eine Selbstverständlichkeit und wird von vielen Benutzern erwartet.

Die Technologien für den Fernzugriff sind im Verlauf der letzten Jahre bedeutend reifer geworden. Hersteller und Anbieter entwickeln heute immer neue Verfahren für den Fernzugriff, die die Vorteile des Webs nutzen. Manche von ihnen setzen Webbrowser für den Online-Zugriff auf ferne Systeme und Netzwerkgeräte als Methode dafür ein, diese zu überprüfen oder zu konfigurieren und zu verwalten. Sie müssen heute nicht länger eine ressourcenhungrige Anwendung oder einen Client (vielleicht sogar einen pro Gerätehersteller!) auf ihrem lokalen PC installieren, die dann nicht laufen, weil sie zu viele lokale Ressourcen beanspruchen oder mit anderen Anwendungen in Ihrem System kollidieren.

Der Fernzugriff ist eine Standardtechnologie in der EDV für alle Unternehmen geworden, ob groß oder klein. Diese Tatsache stellt die EDV-Abteilungen vor manche Herausforderung, weil nun viele Faktoren und Variablen und ebenso viele Produkt- und Implementierungsalternativen zu berücksichtigen sind. Der Fernzugriff ist ein Kernbestandteil der EDV-Umgebung eines Unternehmens – die Benutzer erwarten, dass er zu jedem Zeitpunkt sicher, schnell und verfügbar ist.

Mit Windows 2000 und Active Directory verfügen Organisationen jetzt über eine Anzahl deutlicher Vorteile, die zum Ausbau des Fernzugriffs genutzt werden können. Obwohl Active Directory neu im Windows-2000-Produkt ist und mehr Funktionen und Komplexitäten als frühere Versionen einführt, die allesamt zu bedenken sind, sind viele der Fähigkeiten zum Aufbau eines flexiblen und gut handhabbaren RAS (Remote Access Service, Fernzugriffsdienst) jedoch bereits in Windows eingebaut. Die Entscheidungsträger der EDV sollten sich die Vorteile von RAS in Windows 2000 zunutze machen, denn sie versetzen Systemdesigner und -manager, die mit den Herausforderungen eines Fernzugriffs kämpfen, in die Lage, eine maßgeschneiderte Lösung zu entwickeln, die zur speziellen geschäftlichen Situation ihres Unternehmens passt.

In diesem Kapitel wird eine Strategie vorgestellt, die zum Entwickeln eines auf Active Director in Windows 2000 gründenden RAS verwendet werden kann. Es werden die speziellen Technologien untersucht, die Windows 2000 für den Fernzugriff bereithält und die Alternativen der Verfahren im Fernzugriff und die das Active Directory betreffenden Überlegungen erörtert.

16.1 Eine Strategie für RAS

Die Entscheidung, auf welche Weise Sie Ihren Benutzern RAS-Dienste zur Verfügung stellen wollen, kann schwierig sein und viele komplexe Fragen betreffen. Schwierigkeiten dieser Art können Sie leichter klären, wenn Sie an den Entwurf und die Bereitstellung von RAS mit einer strukturierten Lösung herangehen, deren Implementierung sich an den spezifischen Bedürfnissen Ihres Unternehmens orientiert. Im Folgenden wird eine bewährte Strategie für die Entwicklung und Bereitstellung eines entwicklungsfähigen RAS-Dienstes vorgestellt, der die Ziele Ihres Unternehmens erfüllen kann. Diese Strategie hat sich insbesondere bei großen Projekten bewährt, die sich mit komplexen Fragestellungen wie RAS befassen mussten.

Diese Implementierungsstrategie ähnelt stark der im Kapitel 17, »Entwicklung eines Implementierungsplans«, erörterten Strategie (siehe dazu die Abbildung 17.1 in dem Kapitel). An beiden Stellen wird dieselbe Terminologie und in beiden Kapiteln derselbe Aufbau verwendet. Die Schritte sind dieselben, nur die Details sind unterschiedlich.

Phase I Anforderungsdefinition: Diese Phase legt die geschäftlichen und technischen Anforderungen fest.

Phase II Ermittlung und Analyse: In dieser Phase werden verfügbare Technologien, Alternativen, Optionen, Risiken, Abhängigkeiten und Voraussetzungen ermittelt.

Phase III Entwurf: In dieser Phase werden die konzeptionellen Vorgaben des Entwurfs der Anforderungen mit den verfügbaren Technologien in Verbindung gebracht. Die Detaillierung des Entwurfs definiert die Spezifikationen der geplanten Lösung.

Phase IV Test: Diese Phase validiert den Entwurf und demonstriert die Fähigkeiten der Lösung in einer kontrollierten Umgebung. Die Detaillierung des Entwurfs wird wiederholt modifiziert, bis alle Anforderungen erfüllt sind.

Phase V Pilotphase: Diese Phase demonstriert die Lösung in einer simulierten Produktionsumgebung und testet das Implementierungsmodell für die spätere Produktion.

Phase VI Installation: In dieser Phase wird die Lösung in einer Gruppe oder an einem Standort je nach dem Umfang, den Bedürfnissen und den zu liefernden Diensten installiert.

Dieses Kapitel wird sich auf die ersten zwei Phasen konzentrieren, weil vieles von dem, was innerhalb dieser Phasen festgelegt wird, die zukünftige Lösung und die Aktivitäten der letzten drei Phasen diktiert. Wenn Sie diese Strategie für Aufbau und Installation von RAS verwenden, steigern Sie Ihre Chancen zur Entwicklung einer umfassenden Lösung, die alle geschäftlichen und technischen Anforderungen berücksichtigt.

16.1.1 Anforderungsdefinition

Der erste Schritt bei der Entwicklung von RAS besteht in der Definition der Anforderungen an den Fernzugriff. Klar definierte und dokumentierte Anforderungen machen den Unterschied zwischen einer erfolgreichen und einer unzulänglichen Lösung aus. Ohne definierte Anforderungen erstellen Sie unter Umständen eine Lösung, die beispielsweise den Bedürfnissen Ihres Vertriebs entspricht, jedoch nicht die Verwaltung des Fernzugriffs berücksichtigt, der für die Geschäftsstellen erforderlich wird, die im nächsten Jahr eröffnet werden sollen.

Da Windows 2000 auf Standards basiert, sind viele der Komponenten, die Sie zum Aufbau einer an Standards orientierten Lösung benötigen, bereits in das Produkt integriert. Beispiele dafür sind: PKI (Public Key Infrastructure) für Zertifikate nach X.509, Windows-Terminaldienste und die Verfügbarkeit von VPN (Virtual Private Network) auf der Grundlage des PPTP-Protokolls (Point to Point Tunneling Protocol) oder des L2TP-Protokolls (Layer 2 Tunneling Protocol) und IPSec (IP Security). Windows 2000 kann entfernten Benutzern den Zugriff auf Netzwerkressourcen mit nur einmalig notwendig werdender Anmeldung anbieten, weil es das Active Directory als zentrale Sicherheitsautorität nutzt, die entfernte Benutzer authentifiziert und Richtlinien und Berechtigungen auf Computer, Benutzer und Gruppen einer Organisation anwendet.

Bei der Definition Ihrer Anforderungen für den Fernzugriff müssen Sie Ihre jeweiligen geschäftlichen Bedürfnisse ermitteln, wie beispielsweise:

- Wie groß ist der Benutzerkreis für den Fernzugriff?
- Wo befindet sich dieser Benutzerkreis?
- Zu welchen Zeiten greifen die Benutzer auf das Netzwerk zu und in welchen Zeitzonen befinden sie sich?
- Wie restriktiv muss Ihr Netzwerk für den Fernzugriff sein?
- Wie lauten Ihre geschäftlichen und sicherheitsbezogenen Richtlinien, die den Fernzugriff betreffen?

Diese Fragen und noch weitere müssen festgestellt und geklärt werden, bevor Sie entscheiden können, welche speziellen Technologien Sie benötigen und wie sie zur Erfüllung der geschäftlichen Ziele eingesetzt werden müssen. Normalerweise werden Anforderungen wie die zuvor genannten entschieden, indem zuerst die gegenüber dem Kundenkreis unparteiischen Persönlichkeiten wie der EDV-Leiter oder der leitende Manager und die einzelnen Verantwortlichkeiten der geschäftlichen Abteilungen ermittelt werden, die diesen Dienst brauchen und benutzen. Nachdem sie ermittelt worden sind, müssen Sie einen Fragebogen erstellen und dann eine Reihe von unkomplizierten Treffen (individuell oder in einer Gruppe) veranstalten, auf denen diese Anforderungen definiert (aufgelistet) werden. Nachdem sie aufgelistet worden sind, sollten Sie ähnliche Anforderungen zusammenfassen, jeder von ihnen eine Priorität zuweisen und anschließend eine dahingehend Übereinkunft herbeiführen, dass diese Anforderungen diejenigen sind, auf die Sie Ihre Strategie und Lösung für den Fernzugriff mit RAS gründen sollten.

Wenn Sie die Gewohnheiten und Bedürfnisse Ihrer entfernten Benutzer verstanden haben, können Sie mit der Definition der Anforderungen an das RAS-System beginnen und festlegen, wie das Active Directory von Windows 2000 konfiguriert und installiert werden muss, um die mobilen Mitarbeiter zu unterstützen. Indem Sie zuallererst diese Anforderungen nachvollziehen, vermeiden Sie kostspielige Fehler und räumen Stolpersteine für die Integration aus dem Weg.

16.1.2 Ermittlung und Analyse

Eine gründliche Untersuchung der verschiedenen zur Verfügung stehenden Produkte und Technologien für den Fernzugriff auf der Grundlage der in Phase I definierten Anforderungen, die Ihnen als Ausgangspunkt Ihrer Überlegungen dienen sollten, wird Ihnen beim Entwurf und der Bereitstellung eines entwicklungsfähigen RAS helfen.

Ein Benutzer in einer Unternehmenskultur, die sich angeblich »Unkompliziertheit« und »Flexibilität« auf die Fahnen geschrieben hat, wird sich gar nicht freuen, wenn man hinsichtlich des Fernzugriffs von ihm erwartet, eine Telefonnummer zu wählen, die dauernd besetzt ist, und dreimal Anmeldedaten mit jeweils unterschiedlichen Benutzerkennungen und -kennwörtern einzugeben. Wenn er dann nach einer Rückkehr von einer wichtigen Besprechung in den USA auch noch zusätzliche Zeit dafür spendieren muss, um Rückerstattungsformulare für vorab ausgelegte Gebühren auszufüllen, die notwendig wurden, weil beim Herunterladen einer kleinen Datei vom Unternehmensnetzwerk wegen einer langsamen Telefonverbindung 20 statt 3 Minuten und zwei Anrufe beim Support angefallen sind, wird er kaum eine gute Meinung über RAS haben.

Eine umfassende Ermittlung aller technologischen Optionen und Alternativen und ihre Abwägung gegenüber den Anforderungen an den Fernzugriff (was auch Bedarfsanalyse genannt wird) führt zu einer Technologiepräferenz. So vermeiden Sie eine Frustrierung Ihrer Benutzer, weil Sie eine Strategie für den Fernzugriff entwickelt haben, die deren Bedürfnisse auf die bestmögliche Weise erfüllt.

Beim Entwurf einer sinnvollen Lösung für Ihre Benutzer ist die exakte Festlegung, welche Technologie für den Fernzugriff Ihren Anforderungen am besten genügt, ein entscheidender und notwendiger erster Schritt. Glücklicherweise sind viele dieser Technologien bereits in Windows 2000 eingebaut. Die Arbeit eines Designers einer soliden Lösung besteht nun darin, die Funktionen und Möglichkeiten des Produktes genau zu verstehen, die Art und Weise ihrer Bereitstellung und Wartung zu kennen und dann zu entscheiden, welche zusätzlichen Komponenten zur Abrundung einer vollständigen Lösung benötigt werden.

Um Ihnen bei der Identifizierung verfügbarer Fernzugriffstechnologien und ihrer Eignung für Ihre spezifischen geschäftlichen Anforderungen zu helfen, werden in den folgenden Abschnitten die populären Systeme und der Kontext zur Auswahl des geeigneten Produkts und der geeigneten Technologie erörtert. Anders als bei der Festlegung eines anzuschaffenden Servers und der Speichermenge, die zu installieren ist, verlangt die Definition von RAS mit all ihren Tücken unter Umständen in gewissem Umfang eine externe Validierung oder Unterstützung. Sie sollten nicht zögern, in diesem Fall die Hilfe von externen Fachleuten auf diesem Gebiet in Anspruch zu nehmen – letzten Endes wird sich die Ausgabe lohnen!

16.2 Technologien des Fernzugriffs

Während der Phase der Ermittlung und Analyse müssen Sie zum Aufbau eines soliden RAS Überlegungen zu den verschiedenen Komponenten anstellen. Durch die Anwendung des OSI-Modells der internationalen Organisation für Standards (International Organisation for Standards, ISO) auf RAS werden Sie diese Komponenten und deren Beziehungen untereinander rasch feststellen können. Die Tabelle 16.1 enthält viele der üblichen Komponenten und Protokolle für den Fernzugriff und deren Beziehung zum OSI-Modell. Sobald Sie jede Komponente und ihre spezifischen Beziehungen zueinander verstanden haben, können Sie die benötigten und bereits vorhandenen Komponenten leicht ermitteln.

OSI-Modell	übliche Fernzugriffs-komponenten	Fernzugriffskomponenten in Windows 2000
Schicht 7	FTP, SMTP, HTTP, RLOGIN, DHCP, BOOTP	Active Directory, FTP Server, DHCP Server, Quality of Service
Schicht 6	Lightweight Presentation Protocol	
Schicht 5	LDAP, DNS, NetBIOS	DNS Server, Active Directory, WINS
Schicht 4	TCP, NetBIOS, UDP	
Schicht 3	IP	Routing und Remote Access Services
Schicht 2	CHAP, PPP, PPTP	Routing und Remote Access Services
Schicht 1	Analog, ISDN, ADSL, Frame Relay	

Tab. 16.1: Übliche Komponenten für den Fernzugriff in Beziehung zum OSI-Modell

16.3 Zugriffsmethoden und Standards

Die Hersteller und Anbieter entwickeln immer mehr innovative RAS-Systeme mit neuen Funktionen zur Verbesserung der Sicherheit, Verwaltung und Systemleistung bei langsamen Leitungen. Standardisierungskörperschaften, die von führenden Anbietern und Herstellern von Telekommunikationslösungen unterstützt werden, haben mehrere Technologien für den Fernzugriff angenommen, zu denen auch Verfahren für schnellere analoge DFÜ-Geschwindigkeiten (28,8-56 Kbps) mit Modems über ein PSTN-Netzwerk gehören. Zu den schnellen neuen Datendiensten gehört in den USA *basic rate ISDN* von Telcos, der mit Geschwindigkeiten von bis zu 128 Kbps schneller als herkömmliche analoge Modems ist. Leider ist die Bereitstellung in den USA derzeit noch langsam und teuer und beschränkt sich auf Datendurchsatzraten, die zu langsam für das heutige Multimedia-Internet sind.

Neuerdings haben Standardisierungskörperschaften wie das ITUT den informellen Namen einer Technologie übernommen, die ADSL (Asymmetric Digital Subscriber Line) heißt und nun auch unter der Bezeichnung *G.Lite* oder *Universal DSL* bekannt ist. Der Standard G.Lite (offiziell G.992.2) bzw. ADSL, scheint gegenüber den herkömmlichen Kupferkabelnetzwerken ein zunehmend populärer Standard für Hochgeschwindigkeitsverbindungen in Wohnbezirken und für kleinere Büros zu werden.

ADSL beherrscht Geschwindigkeiten von 64 Kbps bis 8 Mbps. Es entwickelt sich zu einem leistungsfähigen Übertragungsverfahren für Unternehmen und Geschäftskunden, die zum Anschluss entfernter Benutzer, kleiner Büros und Zweigstellen eine Hochgeschwindigkeitsverbindung benötigen. ADSL ist die nötige Technologie für die zunehmenden Erwartungen an den schnellen und zuverlässigen Fernzugriff. Mit Bandbreiten und Geschwindigkeiten, die größer als bei T1 sind (1,54 Mbps), kann ADSL gegenüber traditionellen Technologien wie Frame Relay, Point to Point T1 und Fractional T1 kostengünstiger implementiert werden.

Im Wettbewerb mit ADSL stehen die Breitband- und drahtlosen Technologien. Breitbandtechnologien von den Kabelfernsehanbietern bieten über Kabelmodems im Kabelfernsehnetzwerk und einen geeigneten ISP einen Internetzugang. Kabelmodems bieten hervorragende Übertragungsgeschwindigkeiten in Wohnbezirken und kleinen Büros und stehen potentiellen Heimbenutzern bereits heute für den Fernzugriff zur Verfügung.

Alternativ dazu stellen drahtlose Lösungen, die digitale Mobilfunkfrequenzen vom 900 MHz oder Techniken mit Radiowellen nutzen, exzellente Möglichkeiten für mobile Benutzer dar, die ständig »auf Achse« sind. Leider können viele der heute zur Verfügung stehenden drahtlosen Verfahren noch nicht die Leistung und Zuverlässigkeit der traditionellen oder breitbandigen Trägertechnologien bieten. Mit der Verbesserung dieser Technologien werden Sie jedoch in Zukunft die Auswahl unter verschiedensten Übertragungsmedien wie drahtlosen, breitbandigen und satellitengestützten Techniken haben.

Der Ausgangspunkt dieses Kapitels war, wie Sie sich vielleicht erinnern, die Feststellung, dass das Betriebssystem Windows 2000 auf Standards beruht. Windows 2000 unterstützt *Routing and Remote Access Services* (RRAS), die sich für den Einsatz aller oben genannten Komponenten für den Fernzugriff eigenen. Außerdem bietet das Windows-2000-Active-Directory über MMC sowohl eine zentrale Verwaltung Ihrer Fernzugriffsumgebung als auch strenge Authentifizierungsverfahren und Verschlüsselungsprotokolle, die Ihre wertvollen Unternehmensdaten schützen, wenn entfernte Benutzer über das Internet auf Ihr Netzwerk zugreifen. In Verbindung mit den verschiedenen im Markt verfügbaren Übertragungsverfahren können Unternehmen heute ein RAS implementieren, das den Benutzern flexibles und sicheres Arbeiten von jedem beliebigen Standort aus bieten kann.

16.4 Sicheres RAS

Die breite Verwendung des Internets führte zum Auftauchen des ISP (Internet Service Provider, Internet-Dienstanbieter). Der ISP stellt verschiedene Netzwerk- und Sicherheitstechnologien zu dem Zweck bereit, die Konnektivität für das Internet und die Kommunikation zwischen Unternehmen rund um den Globus zu ermöglichen.

ISP-Kunden steht heute über das gemeinsam mit anderen Kunden genutzte IP-Netzwerk ihres ISP eine sichere Verbindung zum Unternehmensnetzwerk zur Verfügung; eine Einrichtung, die VPN (Virtual Private Network) genannt wird. Beispielsweise kann sich mit VPNs ein mobiler Benutzer, der mit seinem Notebook unterwegs ist, bei einem lokalen ISP einwählen und mit sicheren Verschlüsselungs- und Authentifizierungsverfahren über das öffentliche Internet auf wichtige Geschäftsdaten und Anwendungen zugreifen. VPNs werden mehr und mehr die Standardmethode zur Verbindung mobiler Benutzer, Zweigstellen und kleiner Büros mit Unternehmensnetzwerken. Die mit VPNs erzielten Kosteneinsparungen sind enorm – die Organisationen brauchen nun nicht länger große Modempools zu verwalten und komplexe Sicherheits- und Supportsysteme aufrechtzuerhalten.

Die Abbildung 16.1 illustriert ein typisches VPN. Denken Sie daran, dass ein VPN kein Übertragungsdienst wie die analoge Technik, ISDN oder ADSL ist. VPNs setzen sichere Verbindungsverfahren wie L2TP oder PPTP zu dem Zweck ein, zwei oder mehr Punkte über ein gemeinsam genutztes IP-Netzwerk und das Internet miteinander zu verbinden.

VPNs erweitern in gemeinsam genutzten IP-Netzwerken über die Authentifizierung entfernter Benutzer und die Verschlüsselung der Anmeldeinformationen die Datensicherheit. Sowohl PPTP als auch L2TP unterstützen die Authentifizierung mit verschlüsselten und unverschlüsselten Daten.

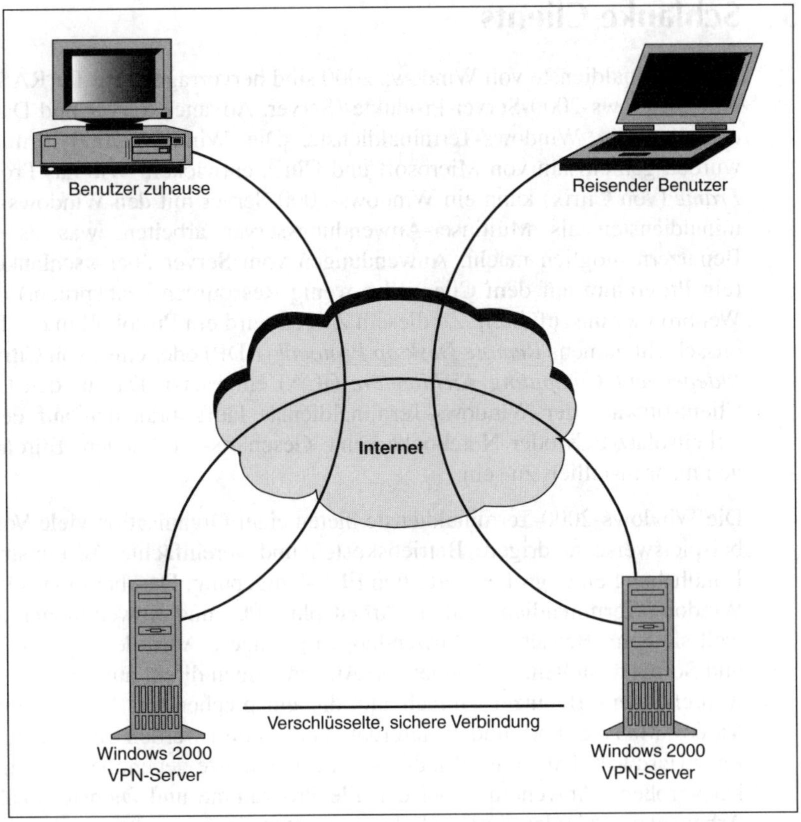

Abb. 16.1: Ein typisches VPN

Verwendet ein entfernter Benutzer L2TP und IPSec, dann beinhaltet die Authentifizierung einen Austausch von Zertifikaten, mit denen verhindert wird, dass ein unbekannter Computer sich fälschlich selbst als autorisierter Computer im Netzwerk ausgibt. Windows-2000-Active- Directory bietet eine eigene Unterstützung für L2TP/IPSec und PPTP. Dies sind Kernkomponenten, mit denen entfernte Benutzer über das Internet auf firmeneigene Netzwerkressourcen zugreifen können.

Ein weiterer wichtiger Aspekt des Fernzugriffs mit VPN ist das *Domain Name System* (DNS). Active Directory nutzt DNS zur Dienstidentifizierung. Wenn ein entfernter VPN-Benutzer über das Internet den Zugriff auf Daten im Unternehmensnetzwerk anfordert, dient der DNS-Name zur Authentifizierung gegenüber Active Directory. Es werden dann verschlüsselte Zertifikate zu dem Zweck verwendet, einen privaten »Tunnel« zur gewünschten Informationsressource einzurichten.

16.5 Schlanke Clients

Die Terminaldienste von Windows 2000 sind hervorragend für Ihr RAS geeignet. Alle Windows-2000-Server-Produkte (Server, Advance Server und Data Center) enthalten die Windows-Terminaldienste. Die Windows-2000-Terminaldienste wurden gemeinsam von Microsoft und Citrix entwickelt. Wie das Produkt *WinFrame* (von Citrix) kann ein Windows-2000-Server mit den Windows-2000-Terminaldiensten als Multiuser-Anwendungsserver arbeiten, was es entfernten Benutzern möglich macht, Anwendungen vom Server über »schlanke« Clients (ein Programm auf dem Client, das wenig Ressourcen beansprucht) oder einen Webbrowser auszuführen. Zu diesem Zweck wird ein Protokoll in der Präsentationsschicht namens *Remote Desktop Protocol* (RDP) oder eines von Citrix namens *Independent Computing Architecture* (ICA) eingesetzt. Da auf den Clients die Clientsoftware der Windows-Terminaldienste läuft, brauchen auf den lokalen Arbeitsplatz-PCs oder Notebooks keine Geschäfts- und andere Büroanwendungen mehr installiert zu sein.

Die Windows-2000-Terminaldienste bieten einer Organisation viele Vorteile, wie beispielsweise niedrigere Betriebskosten und vereinfachte Administration und Handhabung einer großen verteilten EDV-Umgebung. Darüber hinaus können die Windows-Terminaldienste ältere Arbeitsplatz-PCs und Anwendungen aufwerten, weil sie beim Betrieb der Anwendungen geringere Anforderungen an die Hard- und Software stellen. So können die Anwendungen direkt auf dem Server laufen, während dem Benutzer einfach nur die entsprechenden Aktualisierungen der Video-, Maus, Sound- und Tastaturdaten präsentiert werden. In Abhängigkeit von Ihrer Hardware haben die Windows-Terminaldienste gegenüber einer traditionellen »großen« Anwendung, bei der alle Programme und Dienste lokal auf dem Arbeitsplatz-PC oder Notebook des entfernten Benutzers laufen, oft eine bessere Systemleistung zu bieten.

Betrachten Sie einmal das folgende Beispiel: Sie haben eine große Anzahl entfernter Benutzer mit den verschiedensten Notebook-Konfigurationen (bezogen auf die Hersteller, Modelle, CPUs, Speicher, Festplatten, Betriebssystemversionen und Anwendungen). Sie wissen, wie schwierig der Support dieser Benutzer und die Verwaltung dieser Computer werden kann. Wenn die Benutzer ein Problem haben und neuere Versionen einer Anwendung aktualisiert werden müssen, müssen sie entweder zu Ihnen kommen (beispielsweise indem Sie »eingeflogen« werden oder ihre Computer in die Firma schicken) oder Sie einen Techniker schicken, der die Arbeiten am Standort der Benutzer erledigt; entweder zu Hause oder am Flughafen! Eine solche Lage bedeutet Extraaufwand und zusätzliches Personal und ist für die Benutzer und Techniker gleichermaßen frustrierend.

Wenn Sie dagegen ein RAS mit einer leistungsfähigen analogen DFÜ-Verbindung (56 Kbps), ISDN und/oder ADSL in Verbindung mit VPN-Technologien einsetzen, die eine sichere, verschlüsselte Kommunikation über ein gemeinsam genutztes IP-Netzwerk und Windows-Terminaldienste bieten, können Sie die meisten, wenn nicht sogar alle Ihre Unternehmens- und Büroanwendungen auf einer

»Farm« mit Windows-Terminalservern (zwei oder mehr) unterbringen, die sich in einem geschützten Datencenter befinden. Wenn Sie Aktualisierungen oder Erweiterungen an der Umgebung vornehmen müssen, brauchen Sie dies nur noch in Ihrem Datencenter zu tun.

Schließlich besteht ein weiterer Schlüsselvorteil der Windows-2000-Terminaldienste im Konzept der Remoteverwaltung. Der Einsatz der Windows-2000-Terminaldienste als Mittel für den sicheren und zuverlässigen Fernzugriff auf Server überall im Unternehmen kann einen großen Gewinn beim Service bedeuten und Verwaltungskosten senken helfen. Windows-2000-Server arbeitet über die Terminaldienste nicht nur als ein Multiuser-Anwendungsserver, sondern enthält zudem die Clientsoftware des Terminalservers, mit der ein entfernter Administrator den Server über dieselbe bewährte Technologie verwalten kann, mit der entfernte Benutzer die Geschäftsanwendungen betreiben.

In einem solchen Szeanrio kann sich ein Administrator mit einem Notebook, auf dem Windows-2000-Professional und die Clientsoftware des Terminalservers laufen, beim ISP einwählen, eine sichere Verbindung zum Firmennetzwerk aufbauen und dann über den Client des Terminaldienstes einen Server fernsteuern oder mit einer Netzwerk/Systemmanagementkonsole arbeiten. Auf diese Weise ist der Administrator in der Lage, auf nahezu alle Komponenten der EDV-Umgebung eines Unternehmens zuzugreifen.

Der Nutzen der Funktionen des Fernzugriffs in Windows 2000 ist groß. Windows 2000 kann neben seinen sonstigen Fähigkeiten allein schon durch den Gewinn gerechtfertigt werden, den es Ihrer Strategie für den Fernzugriff in Ihrer EDV-Umgebung bringt.

16.6 Überlegungen zum Fernzugriff

Die Entscheidung, welche der Komponenten für den Fernzugriff in Windows 2000 Sie implementieren, wie Sie sie implementieren und wie Sie den Baum Ihres Active Directory zu entwerfen haben, um diese Komponenten im Kontext Ihres Unternehmens unterstützen und verwalten zu können, hängt von vielen Faktoren ab. Beispielsweise hat der Entwurf einer Struktur im Active Directory und eines Namespace mit entfernten Benutzern eine Auswirkung auf die Systemleistung. Um diesem Umstand Rechnung zu tragen, muss eine gut entworfene Struktur im Active Directory die Menge und den Standort der GC-Server (GC, Global Catalog) berücksichtigen. Der GC bietet einen indizierten Katalog, der Suchvorgänge für Netzwerkressourcen beschleunigt – ein wichtiger Gesichtspunkt für entfernte Benutzer. Bedenken Sie zum Verständnis dieser Fragestellungen und Abhängigkeiten die folgenden Punkte:

1. Wer in Ihrer Organisation braucht den Fernzugriff?
2. Von wo greifen die Benutzer zu – von einem Standort oder von mehreren aus?

3. Welche Sicherheitsstufe benötigen die einzelnen Benutzer der Gruppen beim entfernten Zugriff auf das Netzwerk?
4. Welche Anwendungen und Dienste benötigen die Benutzer oder Gruppen? Dies betrifft Anwendungen und Dienste für die Offline-Dateiablage und -Synchronisation, E-Mail, Kontaktmanagement, Kalender, Gruppenplanung, Büroanwendungen, Videoconferencing oder IP-Telefonie und lokales oder entferntes Drucken.
5. Gibt es Anwendungen, die die Terminaldienste benötigen oder die von ihnen profitieren würden?
6. Benötigen Sie Einwählverbindungen oder VPN-Server? Bei dieser Entscheidung hilft Ihnen der Kasten weiter unten zum VPN-Server.
7. Erhalten die Benutzer bei Einsatz eines VPNs den Zugriff auf das Unternehmensnetzwerk über das Internet oder über einen Split-Tunnel beim ISP (ein PPTP- oder L2TP-Tunnel ins Unternehmensnetzwerk und ein anderer ins Internet)?
8. Müssen Sie entfernte Standorte wie etwa LANs in kleinen Zweigstellen anbinden?
9. Sollten Sie Windows-2000-RRAS und den Internet Authentication Service (IAS) oder lieber separate Routing-Geräte wie etwa einen Cisco VPN Router einsetzen?
10. Wie müssen Sie die Standorttopologie des Active Directory konfigurieren, um den Zugriff von entfernten Büros über langsame Leitungen zu optimieren?
11. Legen Sie fest, wie Sie entfernte Benutzer authentifizieren und welche Authentifizierungsstufen und Datenverschlüsselung Sie benötigen. Bedenken Sie folgende Punkte:
    - Die Anzahl und Platzierung der Domänencontroller (DCs) des Active Directory und der GC-Server ist relativ zum Einstiegspunkt für entfernte Benutzer und zu den Netzwerkressourcen, auf die diese zugreifen wollen.
    - Die Methode der Authentifizierung und die Datenverschlüsselungsstufe können die Systemleistung beeinträchtigen und Einfluss auf Ihren Entwurf des Windows-2000-Active-Directory haben.
    - Verbindungen mit Microsoft PPP Encryption (MPPE) for PPP und PPTP, mit 40 oder 128 Bit
    - Verbindungen mit IPSec for L2TP, 40 Bit Data Encryption Standard (DES), 56-bit DES oder Triple DES

Hinweis

VPN-Server

Überlegen Sie, ob die Implementierung von VPN-Fernzugriffsservern bei Verwendung des Internets zum Zugriff auf Intranet-Ressourcen ein hinnehmbares Risiko darstellt und ob die Verbindung zum Internet die maximale Anzahl entfernter Clients unterstützt.

Die VPNs müssen die Anzahl der PPTP- oder L2TP-Ports spezifizieren, die zur Unterstützung der maximalen Anzahl simultaner Clients, der Benutzerkonten, denen der Fernzugriff erlaubt wird, und der Richtlinienrestriktionen für den Fernzugriff erforderlich sind..

VPN-Server stellen eine sinnvolle Lösung dar, falls Ihre entfernte Benutzergemeinde stark verteilt und diversifiziert ist.

DFÜ-Server stellen eine sinnvolle Lösung dar, falls Ihre entfernte Benutzergemeinde relativ klein und in derselben Rufzone Ihrer Telefongesellschaft liegt.

VPN-Server sind hervorragend geeignet, wenn Sie einen kontrollierten, sicheren Zugriff für Geschäftspartner wie etwa Lieferanten bereitstellen müssen. Diese Art der Kommunikation wird auch Extranet oder Kommunikation Unternehmen-zu-Unternehmen genannt.

16.7 Richtlinien für den Fernzugriff

Bei früheren Versionen des Fernzugriffs in Windows NT wurde die Autorisierung mit einem Kontrollkästchen (»Einwählverbindung gewähren«) im Benutzermanager oder in der RAS-Verwaltung gesteuert. Man hatte dort auch die Gelegenheit, Rückrufoptionen auf einer Pro-Benutzer-Basis festzulegen. In Windows 2000 wird die Autorisierung auf der Grundlage der Einwähleigenschaften eines Benutzerkontos *und* der Richtlinien zum Fernzugriff gewährt, die beide im Active Directory gespeichert und im Netzwerk repliziert werden.

Die Richtlinien zum Fernzugriff bilden einen Satz von Bedingungen und Verbindungseinstellungen, die dem Administrator mehr Flexibilität bei der Autorisierung von Verbindungsversuchen geben. Windows-2000-RRAS und IAS nutzen beide die Richtlinien zum Fernzugriff für die Festlegung, ob Verbindungsversuche akzeptiert oder abgewiesen werden sollen. Mit den Richtlinien können Sie die Autorisierung über die Tageszeit oder den Wochentag, die Windows-2000-Gruppe, zu der der entfernte Benutzer gehört, den angeforderten Verbindungstyp und die DFÜ-Netzwerk- und VPN-Verbindungsanforderungen gewähren oder abweisen. Sie haben die Möglichkeit, Einstellungen zu konfigurieren, die die maximale Sitzungszeit beschränken, die Authentifizierungs- und Verschlüsselungsmethoden spezifizieren, Richtlinien zum Bandwidth Allocation Protocol (BAP) festlegen und »langsame Netzwerke« erkennen. Letzeres erlaubt Ihnen, bei langsamen Netzwerken Richtlinien zur Softwareinstallation, Anmeldescriptverarbeitung und Gruppenrichtlinienvererbung zuzuweisen.

Es ist wichtig festzuhalten, dass die Gruppenrichtlinien und die Richtlinien zum Fernzugriff des Windows-2000-Active-Directory dem Administrator und den Benutzern viel mehr Flexibilität zur Verfügung stellen, als dies mit Vorgängerversionen von Windows NT möglich war. Allerdings erfordert ihre Implementierung etwas Zeit und Mühe, um alle Implikationen und Auswirkungen auf entfernte Benutzer und Gruppen zu verstehen.

Weitere Informationen finden Sie im Kapitel 9, »Gruppenrichtlinien«.

16.8 Fazit

Dienste für den Fernzugriff sind ein lebendiger Bestandteil der EDV-Umgebung eines Unternehmens. Nahezu jede Organisation besitzt die eine oder andere Form eines Fernzugriffs, bei der es sich um Einwählverbindungen von einem Hotel aus, Client-Standorte oder Kommunikationsformen der Art Unternehmen-zu-Kunden oder Unternehmen-zu-Unternehmen handeln kann. Windows 2000 mit seinem Active Directory bietet gegenüber den Vorgängerversionen von Windows NT eine bedeutende Systemleistung und Sicherheitsverbesserung und stellt Ihnen durch die Industriestandards, auf denen Windows 2000 aufbaut, eine enorme Flexibilität für den Entwurf und die Konfiguration Ihrer Lösung zur Verfügung. Unabhängig davon, ob Sie ein komplettes Windows-2000-RAS oder nur spezielle Komponenten von Windows 2000 implementieren, ist eines gewiss: Ihre entfernten Benutzer, Telearbeiter und die EDV-Umgebungen in den Geschäftsstellen können sich auch in Zukunft weiter entwickeln. Windows 2000 und Active Directory bieten dafür alle Kerndienste an – DNS, DHCP, IPSec/L2TP, PPTP, Radius, PKI und die Richtlinien des Active Directory, die für einen skalierbaren, sicheren und zuverlässigen Fernzugriff für große und kleine Unternehmen erforderlich sind.

Die zunehmende »Virtualisierung« der Arbeitsplätze und die Verwendung des Internets erleichtert die Zusammenarbeit der Menschen. Mit der Entwicklung einer soliden RAS-Lösung auf Basis von Windows 2000 werden die Kommunikation im Unternehmen und die geschäftliche Produktivität verbessert, die Zusammenarbeit über geografische Regionen und Zeitzonen hinweg möglich gemacht und die Sicherheit beim Zugriff auf Daten von entfernten Standorten über ein gemeinsam genutztes IP-Netzwerk (Internet) gestärkt. Damit werden die Unternehmen wettbewerbsfähiger.

Kapitel 17

Entwicklung eines Implementierungsplans

Ein Projekt mit Active Directory besteht aus mehreren Phasen, von denen jede einzelne das Ergebnis des Projekts beeinflusst. Die zentrale Phase des Projektes ist der Entwurf des Active Directory in dem die Definitionen der geschäftlichen Anforderungen festgelegt werden, auf die das Active Directory abgestimmt werden soll. Wenn der Entwurf des Active Directory die geschäftlichen Bedürfnisse des Unternehmens nicht erfüllt, wird das Active Directory auch die Erwartungen im Unternehmen nicht erfüllen können; unabhängig davon, was in den folgenden Projektphasen noch festgelegt wird. Eine weitere kritische Phase in Ihrem Projekt stellt der Implementierungsplan dar. Sie können zwar ein wundervoll entworfenes Active Directory haben, aber auch eines, welches ebenfalls nicht die Anforderungen des Geschäftsbetriebs erfüllt, weil es nicht richtig implementiert wird. Die Implementierung des Active Directory muss daher sorgfältig geplant werden. Hierzu gehören ein gutes Management durch einen Projektmanager, vernünftige Terminvorgaben, gute Kommunikation und Organisation sowie zutreffend ermittelte Benutzer- und Managementbedürfnisse.

Leider gibt es kein Rezeptbuch für Implementierungspläne. Alle sind unterschiedlich, weil auch jede Organisation unterschiedlich ist. Dieses Kapitel berührt einige der Komponenten und Lösungsmodelle, die Ihnen bei der Definition eines erfolgreichen Implementierungsplans helfen können.

17.1 Der Implementierungsplan im Rahmen des Gesamtprojekts

Wie schon an anderen Stellen in diesem Buch erwähnt, bestehen Projekte immer aus mehreren Phasen, von denen der Implementierungsplan eine Phase im Gesamtprojekt Active Directory darstellt.

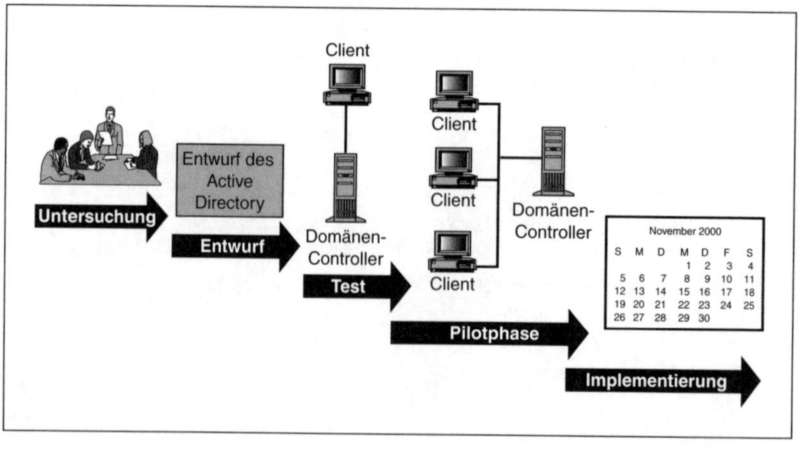

Abb. 17.1: Umriss eines Implementierungsplans im Projekt Active Directory

Die Implementierungsphase, die üblicherweise der Test- und/oder Pilotphase folgt, baut auf den Informationen auf, die in den vorhergegangenen Phasen gewonnen worden sind. In der Testphase wurden die Aufgaben erkannt, die zur Implementierung des Active Directory notwendig werden, während in der Pilotphase des Projekts all die Feinheiten verzeichnet worden sind, die bei der Einbindung des Active Directory in die Produktionsumgebung zu berücksichtigen sind. Alle diese Informationen fließen in die Entwicklung des Implementierungsplans für das Active Directory ein.

Die Pilotphase eines Projektes ist wie der erste Sprung ins kalte Wasser. Der Entwurf des Active Directory ist in der Testumgebung gewachsen und entwickelt sich nun in die Produktionsumgebung hinein. Jetzt wird eine Gruppe mit Beispielbenutzern festgelegt, die den Entwurf testen soll – damit ist die Pilotphase in vollem Gange.

Die Pilotphase dient zwei Zwecken. Der eine besteht in der Vergewisserung, dass der Entwurf des Active Directory in einer simulierten Produktionsumgebung wie geplant funktioniert. Der zweite Zweck besteht darin, Informationen darüber zu sammeln, wie der Entwurf sich in der Pilotgruppe weiterentwickelt. Was in der Pilotphase gelernt wurde, kann dann zur Festlegung des besten Verfahrens zur Bereitstellung des Produkts im gesamten Unternehmen genutzt werden.

Andere nützliche Informationen, die während der Pilotphase gewonnen werden, betreffen die Art des Supports und des Trainings, die die Pilotphase zu begleiten haben, um sie erfolgreich zu machen. Neben der Sicherheit und der Erreichbarkeit der Ressourcen zählen auch die in der Pilotphase benötigte Netzwerkbandbreite und die Verfügbarkeit der Dienste zu den Informationen, die im Rahmen der Pilotphase gesammelt und mit den Daten der Testphase verglichen werden.

17.2 Den Entwurf des Active Directory implementieren

Der Implementierungsplan muss das Active Directory so implementieren, wie es im Entwurf vorgesehen ist. Dies bedeutet, dass der Implementierungsplan selbst nur festlegen sollte, wie die Komponenten des Active Directory so konfiguriert werden, dass das Active Directory den ursprünglichen Entwurf widerspiegelt. Die eigentlichen Entwurfsentscheidungen oder Komponenten des Active Directory gehören in den Entwurf und nicht in den Implementierungsplan.

Es ist möglich, dass der Implementierungsplan selbst viel detaillierter und komplexer als der Entwurf zum Active Directory wird, was in großem Maße von der aktuellen Umgebung und davon abhängig ist, wie die Benutzer und Ressourcen von einem bestehenden Verzeichnis zum Active Directory hinübergeleitet werden sollen. Wenn in Ihrer Organisation schon ein Verzeichnis wie Windows NT oder Novell (DS) existiert, kann eine Aktualisierung dieser Technologien notwendig werden, um Störungen im Benutzerbetrieb zu minimieren und die Investitionen in die Daten zu schützen, die sich im gegenwärtigen Verzeichnisdienst befinden.

17.2.1 Das Implementierungsteam

Das Ziel des Implementierungsplans besteht darin, den Entwurf des Active Directory so im Unternehmen zu realisieren, dass er den ursprünglich festgelegten geschäftlichen und technischen Anforderungen Ihrer Organisation entspricht. Es ist verführerisch, zu versuchen, den Entwurf des Active Directory abzuändern oder neu zu interpretieren. Hierbei entsteht aber die Gefahr, dass der ursprüngliche Entwurf verfälscht wird. Dies ist auch einer der Gründe dafür, Mitglieder des Entwurfsteams zum Active Directory in das Team für die Implementierungsplanung aufzunehmen. In vielen Organisationen bestehen die Teams aus dem Entwurf und der Implementierung des Active Directory aus ein und denselben Leuten. In Organisationen, in denen dies nicht der Fall ist, müssen die Mitglieder des Entwurfsteams in einem gewissen Umfang in die Implementierung einbezogen werden. Eine Möglichkeit dafür besteht darin, das Entwurfsteam den Implementierungsplan überprüfen und kommentieren zu lassen, damit klar wird, in welchem Umfang er mit dem ursprünglichen Entwurf übereinstimmt. Die Einbindung der Teammitglieder für den Entwurf des Active Directory gewährleistet, dass der Implementierungsplan eine Umgebung des Active Directory hervorbringen wird, die mit dem Entwurf vereinbar ist.

Das Team für die Implementierung des Active Directory konzentriert sich allein auf die Implementierung selbst. Es sollte Mitglieder enthalten, die für die Implementierung von Windows 2000 im Unternehmen verantwortlich sind. Zusätzlich zu den Mitgliedern des Entwurfsteams sollten auf der Mitgliedsliste für die Implementierung des Entwurfs auch Projektmanager, Systemingenieure, Trainer und Tester stehen.

17.2.2 Zu liefernde Ergebnisse

Die Ergebnisse des Implementierungsplans können viele Formen annehmen. Eine dieser Formen stellen ausgearbeitete Dokumente dar, die alles das, was zu tun ist, umreißen und angeben, wie es zu erreichen ist. Implementierungspläne dieser Art werden normalerweise in großen und eher komplexen Umgebungen erstellt. Man findet sie auch in Unternehmen, die einen externen Berater unter Vertrag genommen haben, um den Implementierungsplan zu erstellen, der dann anschließend zur Ausführung an die Organisation übergeben wird.

Andere Implementierungspläne werden mit Microsoft Project ausgeführt. Sie konzentrieren sich auf Terminpläne, Ressourcen und Aufgaben und liefern nur wenig Details darüber, wie die Aufgaben erfüllt werden sollen. Einfache Implementierungspläne dieser Art finden sich normalerweise in kleineren Organisationen und verwenden die im Entwurf zum Active Directory vorgefundenen Einzelheiten zur Ausführung der Aufgaben, die im Projektplan enthalten sind.

Stellen Sie sicher, dass Ihr Implementierungsplan hinsichtlich des Entwurfs so detailliert ist, dass nicht viel Raum für Interpretationen bleibt und diejenigen Personen, die den Entwurf des Active Directory entwickelt haben, zustimmen, dass die vom Implementierungsplan vorgeschlagene Lösung die Terminpläne und geschäftlichen Anforderungen erfüllt, die im Entwurf ausgearbeitet worden sind.

17.3 Eine Implementierungslösung definieren

Ihre Implementierungslösung stützt sich stark auf die Systeme, mit denen Ihre Benutzer gegenwärtig arbeiten. Wenn Sie Glück haben, verfügt Ihre Organisation bereits über ein oder mehrere Verzeichnisse. Es hilft Ihnen bei der Definition Ihrer Implementierungslösung, wenn Sie sie studiert haben und wissen, ob und wie Sie diese Verzeichnisse migrieren können. Wenn Sie beispielsweise gegenwärtig Windows NT im Einsatz haben, verläuft der Implementierungspfad wahrscheinlich entlang einer Migration der Konten und Ressourcen von Windows NT zum Active Directory. Wenn Ihr Unternehmen dagegen Novell Netware 3.x verwendet, kann Ihr Implementierungsplan keine Migration von Novell vorsehen, sondern muss statt dessen auf einem komplett neuen Active Directory aufbauen und eine gewisse Übergangszeit einkalkulieren, innerhalb derer ein Übergang der Organisation zum neuen Verzeichnis stattfindet.

17.3.1 Strategie

Einer der ersten Schritte in der Entwicklung des Implementierungsplans besteht im Aufstellen einer Gesamtimplementierungsstrategie. Wahrscheinlich wurde eine solche Strategie bereits während der Entwurfsphase angedacht. Sie sollte nun von den Mitgliedern des Implementierungsplans noch vor der Entwicklung des eigentlichen Implementierungsplans ausformuliert werden.

Die Migration des aktuellen Verzeichnisses zum Active Directory kann auf mehreren Wegen geschehen. Schauen Sie sich dazu noch einmal das Beispiel mit Windows NT an – es gibt mindestens drei Strategien zum Migrieren von Windows NT zum Active Directory.

1. **Ein schlichter Ersatz:** Die existierenden Windows-NT-Domänen werden einfach nur durch die Aktualisierung ersetzt.
2. **Aktualisierung und Konsolidierung:** Dies wird durch Konsolidierung der Windows-NT-Domänen mit anschließendem Ersatz durch die Aktualisierung oder über einen Ersatz durch die Aktualisierung mit anschließender Konsolidierung der Active-Directory-Domänen erreicht.
3. **Implementierung mit anschließendem Klonen aller Objekte:** Dies ist das Ergebnis einer Installation einer jungfräulichen Active-Directory-Domänentopologie mit anschließendem Einsatz geeigneter Werkzeuge zum Verschieben der Benutzer, Gruppen und Ressourcen aus den Windows-NT-Domänen zu den Active-Directory-Domänen.

Die genannten Lösungen werden detailliert im Kapitel 22, »Windows NT 4.0 aktualisieren«, erörtert.

Je nach der Lage in einer Organisation ist eine der drei Strategien möglich. Eine Migration von Windows NT nach Windows 2000 ist immer eher eine Migration und weniger ein Upgrade.

Ausgehend von den aktuell genutzten Verzeichnisdiensten in Ihrer Organisation und Ihren Anforderungen an die Verfügbarkeit der Ressourcen und Dienste für die Benutzer sollten Sie eine Implementierungsstrategie wählen, die so wenig wie möglich Zeit in Anspruch nimmt und die geringsten Einschränkungen für die Benutzer nach sich zieht.

17.3.2 Die Pilotphase

Die Pilotphasc Ihres Active-Directory-Projekts ist entscheidend für den Erfolg Ihrer Implementierung. Betrachten Sie die Pilotphase nicht als erste Phase der Implementierung, sondern als Verlängerung der Testphase in die Produktionsumgebung hinein.

Dies bedeutet, dass Sie eine Gruppe von Benutzern festlegen müssen, die Ihre Benutzerumgebung repräsentiert und bestimmte Kriterien erfüllt. Diese Kriterien betreffen beispielsweise Benutzer, die sich etwas mit Computern auskennen, Veränderungen der Arbeitsumgebung akzeptieren und bereit sind, Feedback zu liefern. Diese Pilotbenutzer sollten eine Schulung dahingehend erhalten, wie das Active Directory genutzt werden kann und ihre Arbeitsumgebung beeinflusst.

Bestimmung der Pilotbenutzer

Die Pilotbenutzer sollten keinesfalls nur aus dem Personal des EDV-Bereichs stammen. Zu ihnen sollten im Gegenteil, sofern machbar, Benutzer aus jeder Abteilung des Unternehmens gehören, wie beispielsweise Benutzer des MACs, des PCs und auch Administratoren, um nur einige zu nennen. Falls Ihr Entwurf des Active Directory mehrere Organisationseinheiten (OUs) mit korrespondierenden Gruppenrichtlinien vorsieht, sollten auch die Benutzer dieser OUs in die Pilotphase einbezogen werden. Weiterhin sollten auch die Benutzer von Anwendungen einbezogen werden, die mit Anwendungen aus anderen als Windows-Systemen, die auch noch nach der Einführung des Active Directory weiterverwendet werden, arbeiten.

Falls möglich, sollten Sie sich als Pilotbenutzer Freiwillige suchen, die bereit sind, aktiv an der Pilotphase teilzunehmen. Eine aktive Teilnahme kann im Liefern von Feedback und in Testaktivitäten bestehen. Diesen Benutzern sollte außerdem klar sein, dass die Dienste vorerst zwar nicht unbedingt an die Verfügbarkeit in der Vergangenheit heranreichen können, aber dafür ein spezieller Support zur Verfügung stehen wird. Die Pilotbenutzer sollten weiterhin wissen, dass sie ein Teil einer Pilotimplementierung und nicht einfach nur die erste Gruppe sind, die für den Produktionseinsatz ausgewählt worden ist. Von Pilotbenutzern werden normalerweise Dinge erwartet, die von anderen Benutzern innerhalb der Organisation nicht erwartet werden – die entsprechenden Erwartungen müssen daher vor dem Beginn der Pilotphase definiert werden.

Benutzersupport in der Pilotphase

Vor dem Beginn der Pilotphase sollten Sie genau festlegen, wie Ihre Pilotbenutzer unterstützt werden. Zunächst einmal bedeutet dies, dass der Support oder das Helpdesk genügend Personal bereitstellen muss, um den Pilotbenutzern helfen zu können. Sollte das Supportpersonal Werkzeuge von Windows 2000 zur Unterstützung der Pilotbenutzer verwenden, wird es selbst ebenfalls zu einem Bestandteil der Pilotphase. Nach der Errichtung der vom Entwurf zum Active Directory definierten Infrastruktur für den Support müssen alle Anforderungen des Supports einschließlich der Lösungsverfahren dokumentiert werden. Diese Informationen können dann später dazu genutzt werden, vor der Implementierung des Active Directory im Unternehmen das gesamte Personal für den Support bzw. das Helpdesk zu schulen.

Benutzerschulung in der Pilotphase

Die Pilotphase bietet außerdem die Gelegenheit, den Schulungsplan zu überprüfen, der beim Entwurf des Active Directory aufgestellt worden ist. Sowohl für die Endanwender als auch die Administratoren, die an der Pilotphase teilnehmen, sollte ein Schulungsplan aufgestellt werden. In der Pilotphase können Sie dann feststellen, ob die Schulungs- und Ausbildungsmaßnahmen den verschiedenen Benutzerbedürfnissen genügen.

Dauer der Pilotphase

Die Dauer der Pilotphase hängt von der Komplexität des Entwurfs und dem Umfang des Projekts ab. Die Dauer sollte lang genug sein, um die aktuelle wie auch die zusätzliche mit dem Active Directory und Windows 2000 eingeführte Funktionalität sinnvoll testen zu können. Die Pilotphase kann ausgedehnt werden, falls Probleme auftreten, die die Implementierung verzögern oder den Entwurf in Frage stellen. Falls die Pilotphase nicht erwartungsgemäß verläuft, sollte der Schritt zurück ans »Zeichenbrett« oder ins Testlabor immer möglich sein. Ein solcher Schritt wird zwar wahrscheinlich die Terminpläne des Gesamtprojekts überschreiten, kann aber notwendig werden, um den Erfolg des gesamten Projekts sicherzustellen.

Was man aus der Pilotphase lernen kann

Es sei noch einmal deutlich gemacht, dass in der Pilotphase der Entwurf des Active Directory getestet wird, und zwar in der Produktion, im Bereitstellungsprozess, in der Benutzerschulung und dem Support sowie hinsichtlich der Arbeiten, die zur Konfigurierung der Dienste, aus denen Ihr Active Directory besteht, notwendig werden.

Nach dem Abschluss der Pilotphase sollten Sie mit den gewonnenen Erkenntnissen Ihren Entwurf des Active Directory gegebenenfalls so abändern, dass er Ihr neues Verständnis dessen, wie das Active Directory in Ihrer Umgebung arbeiten soll, reflektiert. Sie haben nun die Gelegenheit, erforderliche Änderungen zur

Anpassung an die gegebenen geschäftlichen oder technischen Anforderungen vorzunehmen oder sogar Anpassungen an neue Bedingungen, die während der Pilotphase entdeckt worden sind, auf den Weg zu bringen.

Eine andere wichtige Erfahrung, die man in der Pilotphase macht, betrifft die Bereitstellung. Die Pilotphase arbeitet nur mit einer beschränkten Form der Implementierung – behalten Sie daher alle Schritte, die zur Bereitstellung Ihrer Pilotdienste erforderlich sind, im Auge. Diese Schritte müssen später in einen größeren Maßstab übersetzt und in den Implementierungsplan eingebettet werden.

Unmittelbarer Lösungsansatz

Ein Lösungsansatz zur Implementierung ist die unmittelbare Lösung, die eine Implementierung des Active Directory in einem einzigen Schritt im gesamten Unternehmen vorsieht. Eine derartige Lösung ist ganz offensichtlich nur für kleine Unternehmen mit geringer Benutzerzahl und einfach strukturierten Verzeichnisdiensten geeignet.

Nach dem Test des Entwurfs zum Active Directory im Testlabor sollte der Rohentwurf eines Implementierungsplans aufgestellt werden, der definiert, wie der Entwurf in einem einzigen Schritt in Ihrem Unternehmen implementiert werden kann. Unmittelbare Lösungsansätze enthalten gut vorbereitete und durchgeführte Aktionen mit gut durchdachten Rückführungsplänen für den Fall des Misserfolgs. Vergewissern Sie sich vor dem Entschluss zu einer unmittelbaren Lösung, dass der Ansatz praktisch zu Ihrem Unternehmen passt.

Schrittweiser Lösungsansatz

Ein häufiger Lösungsansatz ist das schrittweise Verfahren. Diese Lösung setzt voraus, dass eine Implementierung des Windows-2000-Active-Directory im gesamten Unternehmen in einem einzigen Schritt nicht praktikabel wäre. Das Active Directory muss daher schrittweise eingeführt werden. Die einzelnen Schritte beinhalten typischerweise Vorbereitungsphasen, denen weitere Phasen folgen, die sich auf die geografischen Standorte beziehen. Zum Schluss folgen Phasen für die Zeit nach der Installation.

Phasen innerhalb eines schrittweisen Lösungsansatzes können sein:

- Vorbereitung der NT-4.0-Domänen
- Einrichtung der Stammdomäne und der DNS-Dienste
- die geografischen Standorte betreffen die Phasen
- Aufgabe der NT-Domänen
- Wechsel zum einheitlichen Modus

Ohne einen konkreten Entwurf eines Active Directory ist die Frage schwierig zu beantworten, welche Phasen in welcher Reihenfolge erforderlich werden. Die Methode, mit der Sie die für Ihr Unternehmen nötigen Phasen festlegen, sollte sich sowohl an der Struktur der geografischen Standorte und der Domänentopologie als auch an den jeweiligen Anforderungen in den einzelnen Standorten orientieren. Generell stellen diejenigen Standorte oder Domänen Kandidaten für eine frühe Implementierung dar, die nur begrenzte Benutzerzahlen und Ressourcen aufweisen. Auch Standorte mit Anwendungen, die vom Active Directory unmittelbar profitieren würden, sollten in eine der frühen Phasen einbezogen werden. Auf der anderen Seite sollten die Standorte mit großen Benutzerzahlen oder mit Anwendungen, die auf Domänencontrollern (DCs) laufen, die nicht ins Active Directory übernommen werden können, in den letzten Phasen der Implementierung berücksichtigt werden.

17.4 Implementierungsschritte definieren

Die Definition der einzelnen Implementierungsschritte stellt das Kernstück des Implementierungsplans dar. Es sind diese Schritte, mit denen Ihr Entwurf des Active Directory ins Leben gerufen wird. Die Schritte müssen zuerst definiert und dann auf der Grundlage eines Einführungszeitplans an den jeweiligen geografischen Standorten eingeführt werden. Die Schritte lassen sich in folgende Kategorien einordnen:

- Vorbereitungsschritte: Das Unternehmen wird auf die Implementierung vorbereitet.
- Basisdienste: Schritte, mit denen die Stammdomäne und die grundlegenden Dienste des Active Directory eingerichtet werden
- Koexistenzen: Die vorhandenen Verzeichnisdienste und Ressourcen werden auf die Koexistenz mit dem Active Directory vorbereitet.
- Geografische Standorte: Schritte, die auf mehrere geografische Standort übertragen werden müssen
- Nach der Einführung: Schritte, die im Unternehmen nach Abschluss der Einführung erforderlich werden
- Aufräumen: Schritte, die die Koexistenz beenden und die alten Verzeichnisdienste auslaufen lassen. Die Arbeiten, die sich aus diesen Schritten ergeben, können noch Monate nach dem Abschluss der Einführung andauern.

Die jeweiligen Schritte auf Ihrer Aufgabenliste ergeben sich aus der Art der Einführung, die sich wiederum aus Ihrem Implementierungsplan ergibt. Beispielsweise unterscheiden sich die Schritte, die sich aus einer gänzlich neuen Installation des Active Directory ergeben, völlig von denjenigen, die bei einer Aktualisierung oder Migration von einem bereits vorhandenen Verzeichnisdienst wie Windows NT erforderlich werden. Der Grund liegt darin, dass sich jede Lösung darin unterscheidet, wie Sie den betreffenden Schritt im vorher festgelegten Entwurf praktisch umsetzen. Eine Aktualisierung von Windows NT mit Windows 2000 und Active Directory ist ein anderer Prozess mit anderen Schritten als die Implementierung einer jungfräulichen Active-Directory-Domänenstruktur mit geklonten Objekten von Windows NT.

Wie immer sollten die Schritte nach der Definition in einer Testumgebung erprobt werden, um zu bestätigen, dass das Endergebnis den Erwartungen entspricht. Dies kann zwar etwas zusätzliche Zeit und zusätzlichen Aufwand kosten, die sich jedoch im Endeffekt, wenn den Tests eine unproblematische Implementierung folgt, lohnen werden.

17.4.1 Vorbereitungsschritte

Zu den Vorbereitungsschritten der Implementierung gehört beispielsweise die Vorbereitung der existierenden Verzeichnisdienste auf die Migration zum Active Directory. Es sei noch einmal darauf hingewiesen, dass die konkreten Schritte vom Implementierungstyp anhängen, den Sie planen, und vom Endergebnis, welches in Ihrem Entwurf des Active Directory beschrieben wird. Im Falle einer Migration von Windows NT beinhalten diese Schritte:

- Evaluierung der vorhandenen NT-Gruppenstruktur und Sicherstellung, dass die existierenden globalen und lokalen Gruppen tatsächlich benötigt werden
- Verzeichnis aller NT-Gruppenmitgliedschaften
- Aufstellung der existierenden NT-Konten, ihres Zwecks und ihrer Bestimmung in der Domänenstruktur des Active Directory
- Anschaffung der Hardware, die zur Unterstützung des Entwurfs des Active Directory erforderlich ist
- Aktualisierung vorhandener Hardware, die auch unter Windows 2000 und Active Directory weiterverwendet wird
- Abbruch der NT-Domänen in dem Fall, dass die Konsolidierung vor der Migration geschieht
- Installieren und Testen von Migrationswerkzeugen und entsprechende Vorbereitung der NT-DCs

17.4.2 Basisdienste

Zu den Schritten, die definiert werden müssen, gehören weiterhin diejenigen Schritte, mit denen das Active Directory in Ihrer Umgebung eingerichtet wird. Hierzu gehören:

- Installation des ersten DCs in der Gesamtstruktur
- Erstellen der Organisationsadministratorkonten und Delegieren der entsprechenden Berechtigungen

- Installation und Konfiguration des DNS einschließlich der Integration von DNS in das Active Directory, sofern in Ihrem Entwurf vorgesehen

17.4.3 Koexistenzen

Mit Schritten zur Koexistenz wird definiert, wie die Koexistenz zwischen den existierenden Verzeichnisdiensten und Active Directory hergestellt werden soll. Wo und wann diese Schritte ausgeführt werden, hängt von der Art der Einführung ab, die Sie geplant haben. Falls Sie ein Active Directory mit Multidomänen haben und von einem Windows-NT-Verzeichnis mit Multidomänen migrieren, müssen diese Schritte genau nach der Einrichtung der einzelnen Domänen stattfinden. Die Liste der einzelnen Schritte hängt weiterhin vom Typ der Koexistenz ab, den Sie für die Migration benötigen.

Wenn Sie beispielsweise eine jungfräuliche Domänenstruktur im Active Directory implementieren und die Benutzer dann mit Werkzeugen wie *ClonePrincipal* zwischen den existierenden Windows-NT-Domänen und Active Directory verschieben, müssen zu diesem Zweck Vertrauensstellungen eingerichtet werden. Solche Vertrauensstellungen können manuell oder in komplexen Domänenumgebungen mit vielen Ressourcendomänen auch mit Werkzeugen wie *NetDom* erstellt werden, welches Vertrauensstellungen über Scripts erzeugt. Wenn Sie andererseits Ihre NT-Domänen einfach überschreiben wollen, wobei Sie die gegebene Domänentopologie beibehalten oder die Benutzerobjekte nach der Aktualisierung nur verschieben, sind die Schritte zur Vorbereitung der Koexistenz einfacher.

17.4.4 Geografische Standorte

Geografische Schritte umfassen Aufgaben, die zur Einrichtung von Domänendiensten an bestimmten geografischen Standorten ausgeführt werden müssen. Jeder geografische Standort kann selbst eine Domäne oder Bestandteil einer größeren Domäne mit mehreren Standorten sein. Unabhängig vom Szenario gibt es zwei verschiedene Schrittfolgen, die davon abhängig sind, ob eine Domäne eingerichtet werden oder der Standort zusätzliche DCs unterstützen soll.

Einrichten der Domänen

Die erste Schrittfolge der geografischen Aufgaben gilt der Einrichtung der Domänen in einem Active Directory mit mehreren Domänen. Zu den Aufgaben gehören:

- Installation des ersten DCs in der Domäne innerhalb der existierenden Gesamtstruktur
- Erstellen der Standorte entsprechend dem Entwurf des Active Directory
- Erstellen der Domänen-OU-Struktur entsprechend dem Entwurf des Active Directory

- Erstellen der Gruppenrichtlinienobjekte (GPOs, Group Policy Objects) und Anwendung der Objekte auf die Standorte, Domänen und OUs
- Erstellen der Gruppen entsprechend dem Entwurf des Active Directory
- Delegieren der Berechtigungen entsprechend dem Entwurf des Active Directory
- Festlegen der Verzeichnisinformationen und der Schemapartitionsreplikation gegenüber der Stammdomäne
- Installation der Hardware am Standort und lokale Konfiguration

Erweitern der Domänen auf alle Standorte

Nach der Einrichtung der Domänen sind zusätzliche DCs entsprechend dem Entwurf des Active Directory zu installieren, zu konfigurieren und zu lokalisieren. Die Schritte zur Vorbereitung dieser Domänendienste umfassen:

- Installation des DCs und Verbindung mit der existierenden Domäne
- Verschieben des DCs zum Bestimmungsstandort
- Konfigurieren der Standortverknüpfungen mit dem geeigneten Protokoll entsprechend dem Entwurf des Active Directory
- Festlegen der Domäne, Konfiguration und Schemareplikation
- Installation des DNS, sofern im Entwurf des Active Directory definiert
- Konfigurieren des DCs als Global Catalog(GC)-Server, sofern im Entwurf des Active Directory definiert
- Ausliefern des DCs, falls erforderlich, und Neuzuordnung zum lokalen Subnetz. Vergewissern Sie sich, dass das DNS aktualisiert worden ist
- Bereitstellen der MMC-Snap-In am Arbeitsplatz-PC, mit dem administriert wird

Es sei noch einmal darauf hingewiesen, dass dies keine erschöpfende Liste mit Schritten und Aufgaben für eine DC-Implementierung sein soll. Bei der Implementierung Ihres Pilotprojekts sollten Sie diese Liste daher mit den entsprechenden zusätzlichen Schritten ergänzen.

17.4.5 Nach der Einführung

Schritte, die nach Abschluss der Einführung anfallen, können nach Abschluss der geografischen oder während der Implementierung ausgeführt werden. Sie konzentrieren sich auf die Bereitstellung der Dienste, die die Benutzer benötigen bzw. die zur Unterstützung Ihres Active Directory benötigt werden. Hierzu gehören:

- Implementieren des Fernzugriffs im Active Directory, sofern im Entwurf zum Active Directory vorgesehen. Dies kann eine Lösung mit Virtual Private Network (VPN), RAS oder beidem sein.
- Implementieren der Netzwerkdienste wie etwa QoS
- Installieren der Scripts zur Verwaltung des Active Directory. Diese Scripts werden von den Administratoren oder dem Personal des Helpdesks zum Verwalten des Active Directory benutzt.
- Implementieren von IntelliMirror entsprechend dem Entwurf des Active Directory. Hierzu kann die Erstellung von Netzwerkinstallationspfaden usw. gehören. Weitere Informationen über IntelliMirror erhalten Sie im Kapitel 12, » Arbeitsplatz-PC verwalten«.
- Installieren und Konfigurieren des Active-Directory-Connectors (ADC). Falls Ihre Organisation Microsoft Exchange 5.5 einsetzt, können Sie Ihr Active Directory mit den Verzeichnisdaten von Exchange füllen. Der ADC wird wie im Entwurf des Active Directory beschrieben installiert.
- Zuweisen der FSMO-Rollen (FSMO, Flexible Single Master of Operations) wie im Entwurf des Active Directory definiert

17.4.6 Aufräumen

Manche Organisationen fahren vielleicht noch endlos mit der Koexistenz zwischen Active Directory und existierenden Verzeichnisdiensten fort. Sehen Sie selbst dagegen nach dem Abschluss der Migration eine Abschaltung der vorhandenen Verzeichnisdienste vor, dann gehört in die Aufgabenliste für die letzten Schritte der Implementierung der Abbau der Koexistenz von Active Directory und alten Verzeichnisdiensten.

Im Fall von Windows NT kann dies die Abschaltung des verbleibenden Backup-Domänencontrollers (Backup Domain Controller, BDC) bedeuten, der nicht aktualisiert wird. Anschließend wird das Active Directory für den Betrieb im einheitlichen Modus ohne weitere Unterstützung von Windows-NT-DCs konfiguriert.

17.5 Weitere Bestandteile des Implementierungsplans

Neben der Implementierung der DCs, aus denen die Domänen und Standorte im Entwurf des Active Directory bestehen, gibt es noch weitere Komponenten in einem Implementierungsplan des Active Directory. Vergessen Sie nicht, dass der Implementierungsplan die Prozesse enthalten muss, die zur Implementierung des Entwurfs erforderlich sind. Wenn es daher einen Punkt im Entwurf des Active Directory gibt, der sich nicht im Implementierungsplan findet, ist dieser nicht vollständig.

Es folgen nun einige Abschnitte, die sich eventuell auf Ihren Implementierungsplan übertragen lassen.

17.5.1 Rückführungsplan definieren

Entwickeln Sie keinen pessimistischen, sondern eher einen besonnenen Rückführungsplan. Sie haben zwar den gesamten Prozess des Testens der Hardware, des Entwurfs und der Implementierungsschritte in Ihrer Testumgebung durchlaufen und mühevoll das Pilotprojekt zur Bestätigung Ihrer Verfahren und zur Vorbereitung der Implementierung durchgeführt, müssen aber immer noch damit rechnen, dass Ihre Bereitstellung nicht wie geplant verläuft. Für eine Rückführung während der Migration kann es eine Reihe von Gründen geben. Entscheidend ist dabei, dass eine Rückführung auch tatsächlich möglich ist. Ein Rückführungsplan gibt Ihnen die erforderliche Gewissheit.

Überlegen Sie zunächst, was in den einzelnen Phasen der Implementierung passieren kann, sofern Sie zu einer Rückführung gezwungen sind. In manchen Fällen besteht der einzige Verlust nur im Verlust der Ehre und der Arbeitsstunden. In anderen Fällen dagegen kann ein Datenverlust oder ernster Betriebsausfall auftreten.

Die Komponenten des Rückführungsplans können in die Implementierungsstrategie integriert werden. Wenn Sie beispielsweise Windows-NT-4.0-Domänen aktualisieren, ist es klug, vor der Aktualisierung jeder Domäne einen BDC aus dem Netzwerk zu entfernen. Wenn nämlich die Aktualisierung schiefgeht und vorhandene BDCs ebenfalls negativ betroffen sind, können Sie für Ihren Rückführungsplan immer noch den abseits stehenden BDC zum primären Domänencontroller (Primary Domain Controller, PDC) befördern.

17.5.2 Zeitplan für die Implementierung definieren

Die zeitliche Planung eines Implementierungsprojekts kann eine schwierige Aufgabe sein. Einige der Fragen hinsichtlich der Terminplanung für Ihr Projekt betreffen die folgenden Punkte:

- Die Abhängigkeiten zwischen den einzelnen Schritten bestimmen
- Die Schritte logisch in Übereinstimmung mit den Abhängigkeiten anordnen
- Die Anzahl Arbeitstage vom Beginn der Implementierung an bis zur Deadline des Projekts minus mindestens einer Woche berechnen
- Die Anzahl Arbeitstage, die zur Ausführung der Schritte erforderlich sind, berechnen. Weiterhin die Meilensteine des Projekts und mögliche simultan auszuführende Schritte berücksichtigen
- Die Ressourcen berechnen, die für die notwendige Anzahl an Arbeitstagen pro beteiligten Mitarbeiter notwendig sind

- Spielräume zwischen den Phasen wie Reisezeiten, unvorhergesehene Verzögerungen, Urlaub, Krankheitstage, Feiertage, Hardware-Betriebszeiten usw. einkalkulieren

Sie haben nun einen Überblick über die Prinzipien des Projektmanagements erhalten, der zwar vereinfacht ist, Ihnen aber eine Vorstellung des Ablaufs verschaffen soll. Bei komplexen Implementierungen kann die Hinzuziehung eines erfahrenen Projektmanagers dabei helfen, das Projekt leichter abzuwickeln.

17.5.3 Meilensteine definieren

Wie Sie Ihre Meilensteine definieren, hängt von Ihrer Philosophie des Projektmanagements ab. Manche Meilensteine richtet man zwischen einzelnen Phasen des Projekts ein und lässt sie dann beispielsweise den Fortschritt des Projekts messen oder nötige Anpassungen vornehmen. Weitere Meilensteine können aus den großen Abhängigkeiten bestehen, die während der Implementierung zu berücksichtigen sind. Meilensteine können auch auf geografischen Faktoren statt Aufgaben begründet sein. Falls Ihr Unternehmen beispielsweise in mehreren Ländern oder sogar Kontinenten tätig ist, können Meilensteine die Einführungsphase der DCs entsprechend dem jeweiligen Land gliedern.

17.5.4 Abhängigkeiten definieren

Mit Abhängigkeiten sind die Schritte gemeint, die in einer logischen Abfolge ausgeführt werden müssen. In einem Projekt wie diesem gibt es verschiedene Abhängigkeiten, die alle zum Hintergrund haben, dass es um den Aufbau eines komplexen Systems geht. Sobald Sie sich mit dem Active Directory befassen und es in der Testumgebung erproben, werden Sie die Reihenfolge, in der der Aufbau Ihres Active Directory ablaufen muss, deutlicher erkennen können.

17.5.5 Ressourcen für die Erfüllung des Terminplans definieren

Wenn Sie nur begrenzte Ressourcen zur Verfügung haben, muss unter Umständen die Anzahl der Arbeitstage für die Durchführung des Projekts vergrößert werden. Wenn Sie dagegen über unbeschränkte Ressourcen verfügen, kann es immer noch Abhängigkeiten und Meilensteine geben, die aufgrund der Komplexität der Aufgaben eine Verzögerung des Projekts bewirken.

17.6 Management des Implementierungsprojekts

Das Projektmanagement ist das A und O des Ganzen. Sie können zwar über einen hervorragend entworfenen Implementierungsplan verfügen, aber trotzdem Problemen im Projekt begegnen, weil der Plan einfach nicht gut genug ausgeführt wird. Werkzeuge wie Microsoft Project helfen Ihnen dabei, Aufgaben, Ressourcen und Terminpläne zu verwalten. Auch Projektverfahren wie der Systemlebenszyklus helfen dabei, die Implementierung des Active Directory anzuleiten. Auf welche Weise auch immer Ihr Unternehmen Projekte leitet – die Planung, der Test, eine gute Kommunikation und eine sinnvolle Organisation werden beim Erfolg der Implementierung helfen.

17.7 Fazit

Der Implementierungsplan ist nur ein Schritt im gesamten Projekt Active Directory. Der Entwurf des Active Directory definiert die Umgebung. Das Testlabor bestätigt den Entwurf und macht Änderungen möglich. Die Pilotphase testet den Entwurf in einer simulierten Produktionsumgebung und unterstützt Sie beim Aufbau Ihres Implementierungsplans. Der Implementierungsplan schließlich verwirklicht Ihren Entwurf.

Kapitel 18

Windows 2000 und Exchange 5.5

Eines der am weitesten verbreiteten und erfolgreichsten Microsoft BackOffice-Produkte ist Microsoft Exchange. In vielen Organisationen hat das Exchange-Messagingsystem bewirkt, dass Windows NT aus der Workgroup herausgewachsen und im gesamten Unternehmen Verwendung gefunden hat. Exchange als Messagingsystem verbindet die Vorteile einer echten Client/Server-Anwendung mit den Annehmlichkeiten einer zentralen Verwaltung. Es unterstützt eine beliebige Anzahl an Benutzern, von einigen wenigen bis zu Zehntausenden, und stellt ein skalierbares, auf Standards beruhendes Messagingsystem dar, welches eine Unzahl an Funktionen bietet. Falls Microsoft Exchange in Ihrem Unternehmen bereits eingesetzt wird, sollte die Koexistenz mit Windows 2000 ein wichtiger Bestandteil Ihres Planungsprozesses für Windows 2000 und Active Directory werden.

18.1 Exchange 5.5

Die erste Version von Microsoft Exchange 4.0 war ein auf X.400 ausgerichtetes Messagingsystem. Exchange gründete auf der X.400-Architektur und besaß einen Nachrichtenspeicher, einen Message Transfer Agent, Gateway-Dienste, Clients und ein Verzeichnis. Das Exchange-Verzeichnis basiert auf X.500 und verwendet viele der Prinzipien und Funktionen von X.500.

Das Exchange-Verzeichnis ist der zentrale Ort der Kommunikation zwischen den Exchange-Komponenten (siehe dazu die Abbildung 18.1). Bevor eine Exchange-Komponente mit einem anderen Exchange-Server in der Organisation kommuniziert, nimmt sie Verbindung mit diesem Verzeichnis auf, um die Adresse der jeweiligen Komponente zu ermitteln.

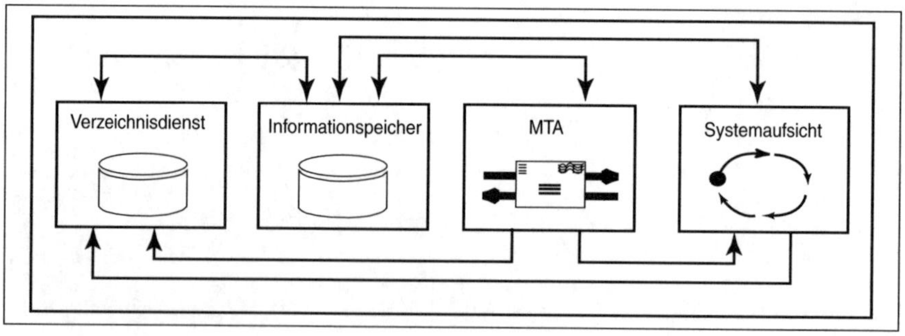

Abb. 18.1: Kommunikation der Kernkomponenten von Exchange 5.5

Das Exchange-Verzeichnis stellt einen besonders wichtigen Bestandteil des Exchange-Messagingsystems dar. Jedoch ist es selbst kein Subsystem eines Sicherheitsverfahrens – Exchange beruht hinsichtlich seiner Sicherheitsdienste gänzlich auf Windows NT. Normalerweise kann ein Benutzer von Windows NT nur dann auf Exchange-Objekte zugreifen, wenn ihm die Berechtigungen für diese Objekte gewährt worden sind. Auf diese Weise werden Verknüpfungen zwischen dem Exchange-Verzeichnis und dem Verzeichnis von Windows NT hergestellt. Die Verbindung zwischen dem Postfach und den NT-Konten hat die Skalierbarkeit von Exchange komplexer gemacht, da nun zwei Verzeichnisse mit jeweils eigenen Anforderungen notwendig wurden, um das System im Unternehmen unterstützen zu können.

Mit der Weiterentwicklung von Windows NT wurde offenbar, dass das NT-Verzeichnis bedeutend erweitert werden musste, um Windows NT zu einem ernstzunehmenden Mitbewerber im Datencenter zu machen. Microsoft brauchte einen Verzeichnisdienst in der Art von Novells Directory Service (NDS), der auf X.500 basiert. Als Prototyp für das Verzeichnis von Windows NT 5.0 wurde das Exchange-Verzeichnis, dessen Skalierbarkeit sich in der Praxis erwiesen hatte, ausgewählt. Das Exchange-Verzeichnis entwickelte sich dann zum Windows 2000 Active Directory weiter. Als Folge davon werden Administratoren von Exchange und Active Directory unschwer gewisse Ähnlichkeiten zwischen beiden bemerken.

Weiterhin bedeutet diese Tatsache, dass Sie beim Einsatz von Exchange 4.0 oder 5.0 zusammen mit Active Directory zwei Verzeichnisse im Stil von X.500 in derselben Umgebung unterstützen müssen. Beide Verzeichnisse benutzen ein Multimaster-Verzeichnis, welches alle Änderungen zwischen den Domänencontrollern (Domain Controller, DC) oder Exchange-Servern repliziert.

Glücklicherweise bietet Microsoft ein effizientes Werkzeug für die Synchronisierung dieser beiden Verzeichnisse an. Die Organisationen sind damit in der Lage, ihre großen Investitionen in die gewachsenen Datenstrukturen im Exchange-Verzeichnis auch weiterhin zu schützen. Als Ergebnis davon kann das Active Directory mit Daten aus dem Exchange-Verzeichnis versorgt werden.

18.1.1 Unterstützen von zwei Verzeichnissen

Viele Organisationen wollen von Windows NT zu Windows 2000 migrieren, weil sie die großen Vorteile nutzen wollen, die dieser Übergang für die Organisation bedeutet. Organisationen, die bereits Microsoft Exchange 4.0 oder 5.x einsetzen, haben die Gelegenheit, diese Versionen auf Exchange 2000, die in das Active Directory integrierte Version von Microsoft Exchange, zu aktualisieren. Nachdem jedoch Mühe und Kosten für die Migration zu Windows 2000 investiert worden sind, ist es wahrscheinlich, dass die Aktualisierung hin zu Exchange 2000 erst nach dem Abschluss des Migrationsprojekts von Windows 2000 stattfinden wird.

Dies bedeutet, dass Windows 2000 Active Directory und Exchange 4.0 oder 5.x eine Weile koexistieren werden. Es müssen also zwei Verzeichnissysteme gepflegt, unterstützt und synchronisiert werden. Die Benutzer greifen eine Zeit lang auf zwei X.500-ähnliche Verzeichnisse zu und müssen in der Lage sein, in beiden die Informationen wiederzufinden, die sie benötigen. Falls es beispielsweise eine Änderung an der Telefonnummer des Benutzers im Exchange-Verzeichnis gibt, sollte diese Änderung unverzüglich im Active Directory synchronisiert werden. Kein Benutzer sollte jemals in dem Verzeichnis, das er gerade durchsucht, zwei verschiedene Telefonnummern für denselben Benutzer vorfinden.

Die Synchronisierung gestaltet die Unterstützung zweier Verzeichnisse komplexer. Zu der Zeit, als es nur Windows NT und Exchange gab, waren die Daten in beiden Verzeichnissen eindeutig – es gab beispielsweise kein Telefonnummernattribut im Windows-NT-Verzeichnis. Daher stellt die Synchronisation auch kein Problem dar. Mit den Verzeichnissen von Exchange und Active Directory jedoch wird die Synchronisation notwendig, weil die Verzeichnisdaten Ihrer Organisation doppelt vorhanden sind und daher synchronisiert werden müssen.

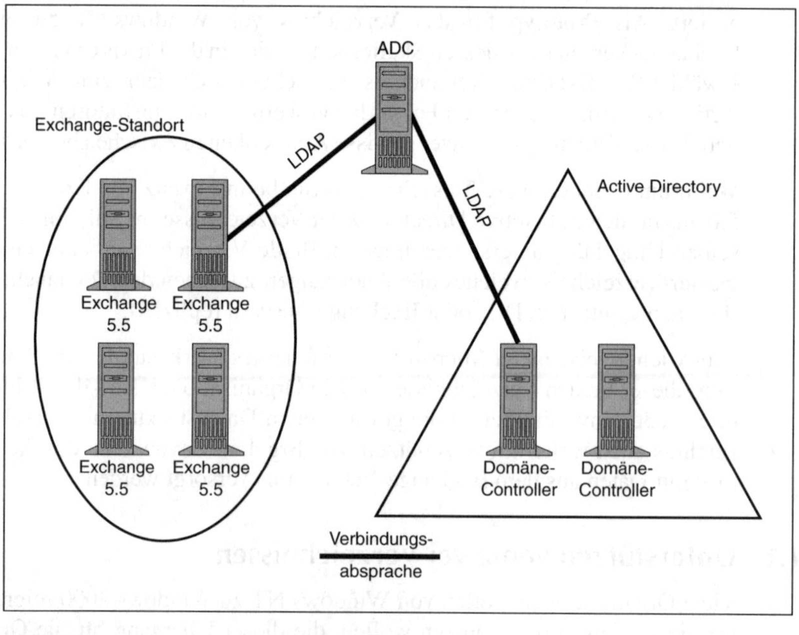

Abb. 18.2: Active-Directory- Connector

Active-Directory-Connector (ADC) und Windows 2000

Microsoft bietet Active-Directory-Connector (ADC) zusammen mit Windows 2000 als Mittel an, die Synchronisierung der Verzeichnisse von Exchange 5.5 und Active Directory zu realisieren (siehe dazu die Abbildung 18.2). Vom ADC gibt es zwei Versionen, von denen eine zusammen mit Windows 2000 und eine andere mit Exchange 2000 ausgeliefert wird. Die Version von Windows 2000 synchronisiert Nachrichtenobjekte zwischen Exchange 5.5 und Active Directory, während die Exchange 2000-Version des ADC nicht nur Nachrichtenobjekte zwischen den beiden Verzeichnissen synchronisiert, sondern auch die Konfiguration zwischen dem Exchange-Standort und der Konfigurationspartition des Active Directory synchronisiert. Falls Exchange 5.5 von Windows 2000 und Active Directory unterstützt wird und eine Synchronisation zwischen Exchange 5.5 und Active Directory erforderlich wird, muss das zusammen mit Windows 2000 ausgelieferte ADC eingesetzt werden. Die mit Exchange 2000 ausgelieferte Version von ADC wird später in diesem Kapitel erörtert.

Zum Zugriff und zur Aktualisierung jedes Verzeichnisses bei Änderungen verwendet ADC das Protokoll LDAP 3.0 (LDAP, Lightweight Directory Access Protocol). Im Moment synchronisiert ADC lediglich Active Directory und Exchange 5.5.

Verbindungsabsprachen

Bei ADC werden zwischen jedem Verzeichnis Verbindungsabsprachen konfiguriert, die die Objekte definieren, die zwischen den Verzeichnissen synchronisiert werden sollen. Verbindungsabsprachen definieren weiterhin, welche Empfänger-Container von Exchange mit den Organisationseinheiten (OUs) des Active Directory synchronisiert werden.

Die Parameter für Verbindungsabsprachen legen folgende Einstellungen fest:

- Das Synchronisierungsverzeichnis für die Richtung der Synchronisation
- Welche Container in jedem Verzeichnis synchronisiert werden
- Ein Synchronisierungszeitplan, der die Zeiten festlegt, zu denen eine Synchronisation stattfindet
- Die Festlegung, was mit den gelöschten Objekten in den Verzeichnissen geschehen soll, ob sie im synchronisierten Verzeichnis gelöscht werden und ob der Löschvorgang protokolliert wird
- Ob die Verbindungsabsprache als eine primäre Verbindungsabsprache betrachtet wird, mit der neu in einem Verzeichnis erstellte Objekte synchronisiert werden. Für jede Synchronisierungsrichtung gibt es einen Parameter für eine primäre Verbindungsabsprache. Dieser Parameter sollte nur für jeweils eine Verbindungsabsprache pro Domäne des Active Directory und eine Verbindungsabsprache pro Exchange-Standort angegeben werden.

Die Konfiguration von Verbindungsabsprachen ist einfach und funktioniert sehr gut, obwohl es Fälle geben kann, in denen der ADC-Entwurf knifflig wird. Beispielsweise kann cin Exchange-Entwurf mit mehreren Standorten auf einer Top-Level-Domänentopologie in einer Organisation unter Windows NT aufgebaut sein (siehe dazu die Abbildung 18.3).

Wenn diese Organisation von Windows NT auf Windows 2000 und Active Directory aktualisiert wird, werden die drei Windows-NT-Domänen über eine Aufteilung der Benutzer in Domäne 2 zwischen den Active-Directory-Domänen X und Y (siehe dazu die Abbildung 18.4) zusammengeführt.

Da jetzt die Windows-NT-Domäne 2 nicht länger existiert, werden ihre Benutzer auf die beiden Active-Directory-Domänen X und Y aufgeteilt (unter der Voraussetzung, dass die Domäne 2 nicht von einer einzelnen Domäne absorbiert wird).

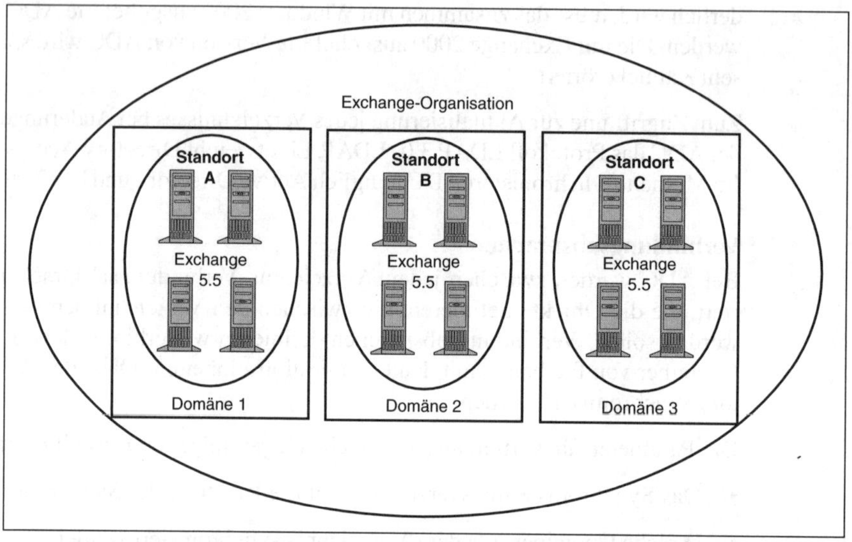

Abb. 18.3: Typische Exchange-Organisationsstruktur mit mehreren Standorten

In einer solchen Situation werden Sie nur die Domänenobjekte eines Standorts synchronisieren, der diese Objekte beherbergt. Darüber hinaus müssen Sie festlegen, wie weit neue Objekte in jeder Domäne und an jedem Standort synchronisiert werden.

- Neu am Standort A erstellte Objekte werden zur Domäne X hin synchronisiert. Auch neue in Domäne X erstellte Objekte werden zum Standort A hin synchronisiert. Somit wird die Verbindungsabsprache zwischen Standort A und Domäne X als primäre Verbindungsabsprache sowohl für den Exchange-Standort als auch die Active- Directory-Domäne konfiguriert.
- Neu am Standort B erstellte Objekte werden zur Domäne X hin synchronisiert. Daher wird die Verbindungsabsprache zwischen Standort B und Domäne X als primäre Verbindungsabsprache für den Exchange-Standort konfiguriert.
- Die Verbindungsabsprache zwischen Standort B und Domäne Y synchronisiert nur Objekte, die sowohl am Standort B und in Domäne Y existieren. Diese Verbindungsabsprache wird nicht als primäre Verbindungsabsprache konfiguriert.
- Neu am Standort C erstellte Objekte werden zur Domäne Y hin synchronisiert. Auch neue in Domäne Y erstellte Objekte werden mit dem Standort C synchronisiert. Daher wird die Verbindungsabsprache zwischen Standort C und Domäne Y als primäre Verbindungsabsprache sowohl für den Exchange-Standort als auch die Active-Directory-Domäne konfiguriert.

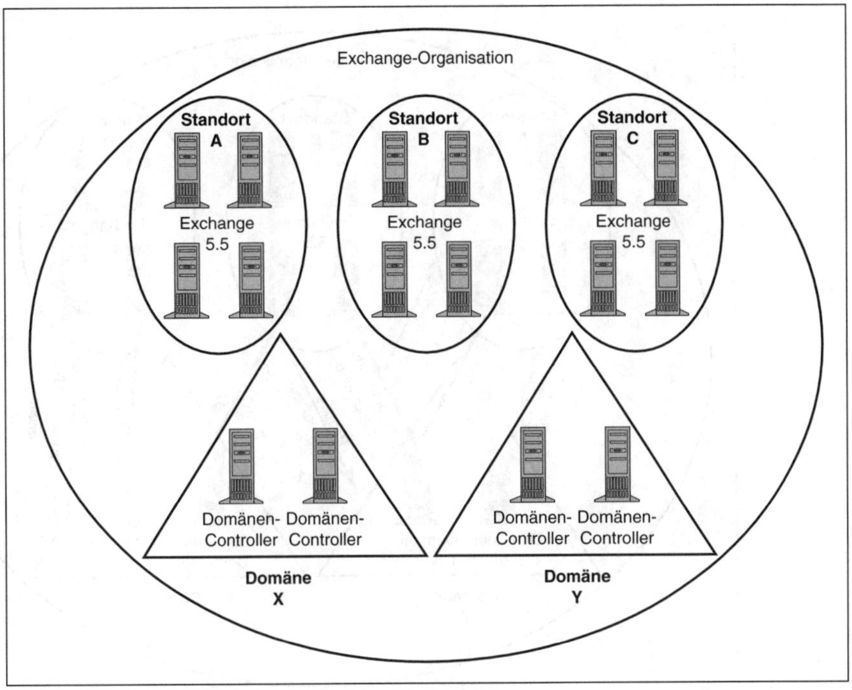

Abb. 18.4: Eine typische Exchange-Organisation mit mehreren Standorten nach Aktualisierung und Konsolidierung der Domäne

Bei dieser Konfiguration müssen Verbindungsabsprachen zwischen den Standorten und Domänen definiert werden, die diesen Anforderungen entsprechen (siehe Abbildung 18.5). Es ist wichtig sicherzustellen, dass sämtliche Objekte mit dem entsprechenden Verzeichnis-Container, zu dem sie gehören, synchronisiert werden können. Darüber hinaus muss jeder Standort und jedes Verzeichnis über einen korrespondierenden Verzeichnis-Container verfügen, in dem neue Objekte erstellt werden.

In diesem Beispiel werden die primären Verbindungsabsprachen konfiguriert, damit neue am Standort B erstellte Objekte mit der Domäne X synchronisiert werden können. Die anderen Verbindungsabsprachen müssen in Übereinstimmung mit den zuvor definierten Anforderungen festgelegt werden.

ADC im Test

ADC kann auch in Ihrer Active-Directory-Testumgebung verwendet werden. Nachdem Sie ein oder mehr Domänentopologien für Active Directory entworfen haben, können Sie ADC dafür einsetzen, Produktionsdaten von Ihrer Exchange-Organisation in die Testumgebung einzuführen, um Ihren Entwurf des Active Directory zu testen.

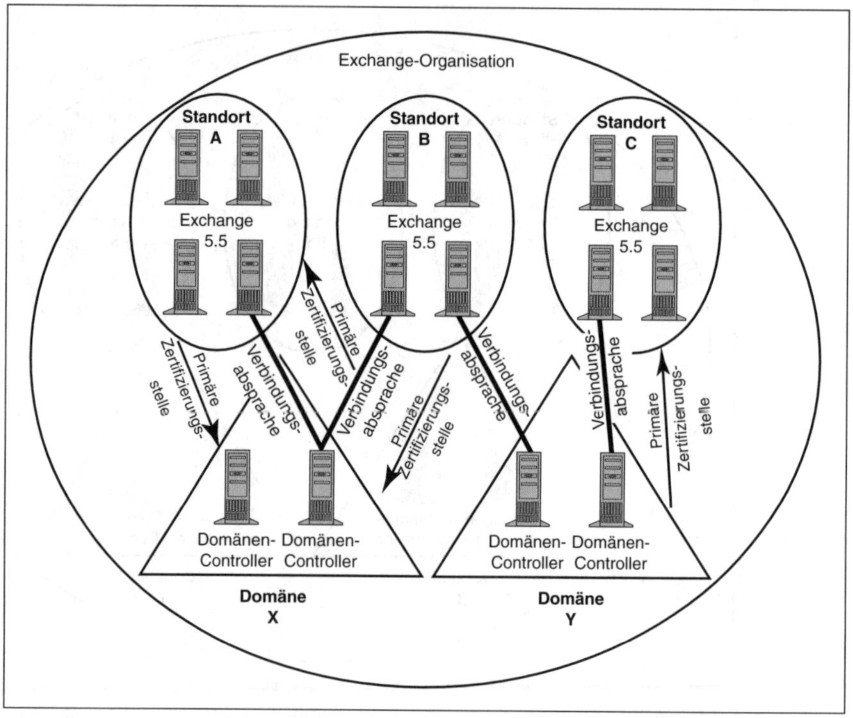

Abb. 18.5: Verbindungsabsprachen

Erledigt wird dies über einseitige Verbindungsabsprachen von der Exchange-Produktionsumgebung hin zur Testumgebung (siehe dazu die Abbildung 18.6). Nachdem die Verzeichnisdaten in die Testumgebung eingeführt worden sind, können Sie Ihren Entwurf des Active Directory testen. Darüber hinaus werden Änderungen am Exchange-Verzeichnis zur Testumgebung hin synchronisiert. Nachdem diese in der Testumgebung zum in der Verbindungsabsprache definierten Server hin synchronisiert worden sind, können sie innerhalb der Testdomäne repliziert werden. So haben Sie die Gelegenheit, die Arbeitsweise des Active Directory hinsichtlich der Replikation in Ihrer Organisation zu verfolgen.

ADC bereitstellen

Auch die Bereitstellung von ADC muss geplant und in Ihren Implementierungsplan eingebunden werden. Dies ist insbesondere deshalb wichtig, weil ADC das Verzeichnisschema von Exchange ändert. Wird eine Verbindungsabsprache zum ersten Mal für einen Standort erstellt, werden auch verschiedene Attribute geändert und dem Exchange-Schema hinzugefügt. Diese Schema-Änderungen am Exchange-Verzeichnis werden dann an jeden Exchange-Server in der Organisation repliziert. Wenn Sie daher ADC und dessen Verbindungsabsprachen an mehreren Standorten gleichzeitig implementieren wollen, wird sich als Folge ein star-

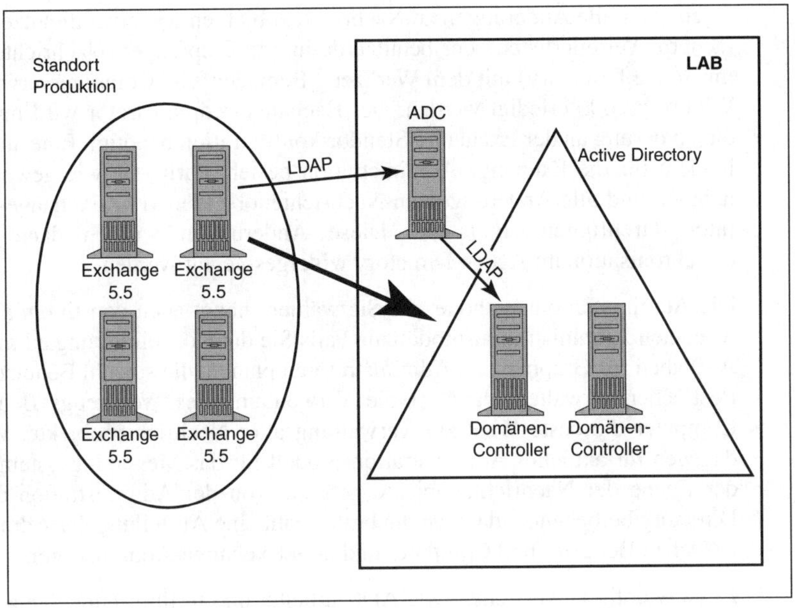

Abb. 18.6: Eine Testumgebung mit ADC und einer einseitigen Verbindungsabsprache

ker Exchange-Replikationsdatenverkehr in Ihrer gesamten Organisation ergeben. Es ist deshalb klüger, ADC in mehreren Phasen einzuführen, was jedem Standort die Möglichkeit verschafft, seine Schema-Änderungen zu replizieren, bevor die nächste Verbindungsabsprache erstellt wird. Am besten erstellen Sie einen ADC-Implementierungszeitplan, der zum Bestandteil Ihres Implementierungsplans wird und die Replikation mit einem Tempo angeht, mit dem Ihre Infrastruktur Schritt halten kann.

ADC kann auf einem DC des Active Directory erstellt werden. So braucht ADC nicht länger für Verbindungsabsprachen in der Domäne des DCs mit diesem über das ganze Netzwerk hinweg zu kommunizieren. Statt dessen kann ADC eine LDAP-Sitzung mit dem lokalen DC eröffnen, was zwar die Beanspruchung der Netzwerkbandbreite durch ADC herabsetzt, aber Ressourcen des DCs kostet. Ob diese Entscheidung sinnvoll ist, hängt von der Komplexität Ihrer Umgebung, der Anzahl der Änderungen an Ihren Verzeichnissen und der Leistung Ihrer DCs ab.

Administration

Ihr Entwurf des Active Directory sollte weiterhin die Art und Weise definieren, in der Ihre beiden Verzeichnisse nach der Synchronisierung über ADC administriert werden. Falls zweiseitige Verbindungsabsprachen zwischen den Verzeichnissen erstellt worden sind, können Änderungen sowohl am Active-Directory- als auch am Exchange-Verzeichnis vorgenommen werden. Beispielsweise können Sie festlegen, dass alle Änderungen an Nachrichtenobjekten wie etwa Benutzer mit Postfächern, Verteilerlisten oder benutzerdefinierte Empfänger (Nachrichtenkontakte im Active Directory) mit dem Werkzeug Benutzer- und Computerverwaltung von Windows 2000 erledigt werden. Der Exchange-Administrator wird nur noch für die Änderung an der Exchange-Standortkonfiguration benötigt. Eine andere Möglichkeit für die Exchange-Administration besteht darin, sie wie gewohnt vorzunehmen und alle Änderungen an Nachrichtenobjekten vom Exchange-Administrator durchführen zu lassen. Diese Änderungen würden dann nach der Synchronisation im Active Directory widergespiegelt werden.

Die Administrationsmethode, die Sie wählen, hängt auch von Ihrem aktuell verwendeten Administrationsmodell ab. Falls Sie die Konsolidierung administrativer Aufgaben für Gruppen von Administratoren planen, die sowohl Benutzer als auch Postfächer verwalten, dann ist die Verwendung des Werkzeugs Benutzer und Computer die beste Wahl zur Verwaltung aller Nachrichtenobjekte. Wollen Sie dagegen Ihr aktuelles Administrationsmodell für das Messagingsystem sogar auf der Ebene der Nachrichtenobjekte getrennt von der Administration des Active Directory beibehalten, dann ist die beste Wahl eine Aufteilung der Administration zwischen Benutzer und Computer und dem Exchange-Administrator.

Es ist wichtig zu verstehen, wie ADC arbeitet und in Ihrer Umgebung eingesetzt wird. Wenn Ihre Organisation Microsoft Exchange bereits verwendet, erstellen Sie in Ihrem Entwurf für Active Directory am besten einen Abschnitt nur für ADC. Dieser Abschnitt sollte erörtern, wie ADC bereitgestellt wird, welche Verbindungsabsprachen existieren, wie oft die Synchronisierung stattfinden soll, wie diese überwacht und wie ADC unterstützt wird.

18.1.2 Wettstreit der Dienste

Windows 2000 und Microsoft Exchange bieten ähnliche Dienste an. Eine Komplikation in der Unterstützung von Exchange unter Windows 2000 kann daher die Frage sein, welche Dienste auf welchem System zur Verfügung stehen sollen.

LDAP

Falls Sie Microsoft Exchange auf einem Active-Directory-DC unterbringen, versuchen damit zwei Systeme auf demselben Computer den TCP(Transmission Control Protocol)-Port 389 für LDAP zu nutzen. Dies würde zu einer Ressourcenkonkurrenz führen, die beide Dienste unbrauchbar macht. Zur Vermeidung dieser Situation sollten Sie den LDAP-Port von Exchange auf einen anderen als den TCP-Port 389 ändern.

Nach dieser Änderung sollte alles gut funktionieren, obwohl noch alle LDAP-Clients, die mit dem Exchange-Server Kontakt aufzunehmen versuchen, den neuen LDAP TCP-Port referenzieren müssen. Wenn Sie beispielsweise Exchange auf einem Active-Directory-DC installieren, ändern Sie den LDAP TCP-Port von Exchange auf 390, konfigurieren eine ADC-Verbindungsabsprache zum Exchange-Server und legen außerdem den LDAP-Port der Verbindungsabsprache auf 390 fest.

SMTP

Windows 2000 verfügt über einen SMTP-Host, den Sie beispielsweise für die Replikation des Active Directory zwischen Active-Directory-DCs verwenden können. Microsoft Exchange verfügt ebenfalls über einen SMTP-Host, der zur Verbindung der Exchange-Standorte oder zur Kommunikation mit fremden SMTP-Hosts wie etwa denen im Internet eingesetzt werden kann. Falls ein Windows-2000-Server einen Exchange-Server unterstützt, sollten Sie sicherstellen, dass nur eines der beiden Systeme SMTP benötigt. Ist der Exchange-Server unter Windows 2000 für Internet Mail Service (IMS) konfiguriert, sollten Sie gewährleisten, dass der Windows-2000-SMTP-Host nicht benötigt wird.

Wie die Abbildung 18.7 zeigt, wird der SMTP-Host eines Windows-2000- und Exchange-Server auf demselben Computer unterstützt. Dies wird durch eine Änderung des TCP-Ports eines SMTP-Hosts von Port 25 zu einem anderen verfügbaren TCP-Port möglich gemacht. Allerdings bedeutet dies, dass der andere SMTP-Host in dieser Umgebung für die Kommunikation denselben SMTP-Port verwenden muss.

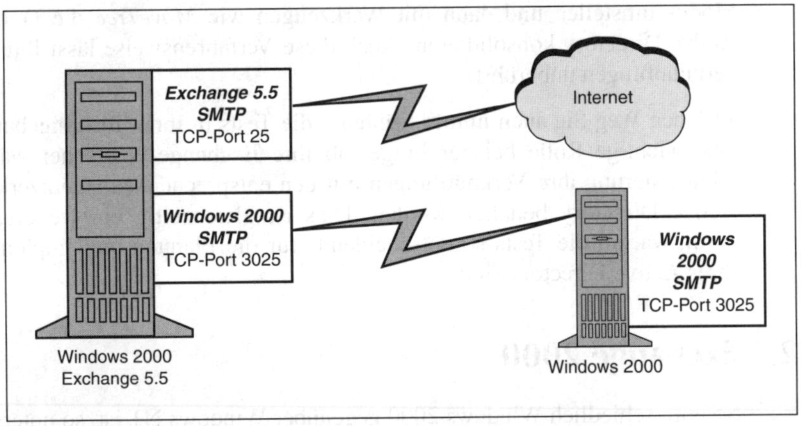

Abb. 18.7: Zwei SMTP-Hosts auf demselben Computer

Diese Konstellation ist zwar möglich, bedeutet jedoch gleichzeitig eine zusätzliche Komplexität Ihrer Umgebung und sollte vermieden werden.

Network News Transport Protocol (NNTP)

Ein weiteres Protokoll, welches unter Windows 2000 und Exchange existieren kann, ist NNTP. Zur Vermeidung von Portkonflikten wie bei SMTP sollten Sie sicherstellen, dass sowohl Windows 2000 als auch Exchange nicht gleichzeitig versuchen, den NNTP-Port 119 zu verwenden.

Auch hier ist es möglich, den mit NNTP verknüpften TCP-Port zu ändern, wofür dieselben Regeln und zusätzlichen Komplikationen gelten, die auch bei SMTP zu berücksichtigen sind.

18.1.3 Während der Aktualisierung auf Exchange 5.5

Bei der Aktualisierung von Windows NT zu Windows-2000-Active-Directory muss den Benutzerkonten und Dienstkonten im Hinblick auf Exchange besondere Beachtung geschenkt werden.

Bei der Aktualisierung Ihrer NT-Domänen werden Sie sicherstellen wollen, dass die Verknüpfungen zwischen dem Postfach des Benutzers und den NT-Konten während der Aktualisierung intakt bleiben. Dies kann Auswirkungen auf die von Ihnen gewählte Aktualisierungsmethode haben (weitere Informationen dazu finden Sie in Kapitel 22, »Windows NT 4.0 aktualisieren«).

Falls Sie Ihre NT-Domäne einfach nur überschreiben, sollten auch die Postfachverknüpfungen von Exchange an Ort und Stelle bleiben. Falls Sie die Domänen konsolidieren wollen, was wahrscheinlich sein dürfte, müssen Sie die Frage bedenken, ob eine Konsolidierung Ihrer Domänen unter NT 4.0 vor der Aktualisierung möglich ist, ohne dass die Postfach/Kontenverknüpfungen zerstört werden. Wenn Sie Ihre Domänen erst nach der Aktualisierung konsolidieren, können Sie Ihre NT-Domänen überschreiben, Active Directory auf den einheitlichen Modus umstellen und dann mit Werkzeugen wie *MoveTree* die Domänen des Active Directory konsolidieren. Auch diese Verfahrensweise lässt Ihre Postfachverknüpfungen unberührt.

Welchen Weg Sie auch immer wählen – die Tests in Ihrer Testumgebung spielen eine wichtige Rolle bei der Frage, ob Ihre Exchange-Postfächer während der Aktualisierung ihre Verknüpfungen mit den entsprechenden Benutzerkonten des Active Directory behalten werden. Dies ist gleichzeitig ein weiteres Beispiel dafür, warum die Tests so entscheidend für die Planung und Implementierung Ihres Active Directory sind.

18.2 Exchange 2000

So unterschiedlich Windows 2000 gegenüber Windows NT ist, so unterschiedlich ist auch Microsoft Exchange 2000 gegenüber den früheren Exchange-Versionen. Eine der größten Änderungen besteht darin, dass sich das Exchange-Verzeichnis geradezu buchstäblich in das Active Directory hineinentwickelt hat – Exchange 2000 unterhält nun nicht länger ein eigenes Verzeichnis. Statt dessen beruhen alle Verzeichnisdienste von Exchange 2000 auf Active Directory. Falls daher Ihre Organisation die Verwendung von Microsoft Exchange plant, sollten Sie die Auswirkungen auf Ihren Entwurf des Active Directory auf die Exchange-Organisation unbedingt berücksichtigen. Der folgende Abschnitt hebt einige der Punkte hervor, die im Entwurf von Exchange 2000 gegenüber Active Directory zu beachten sind.

18.2.1 Überblick über Exchange 2000

In früheren Versionen von Exchange war das Exchange-Verzeichnis zentral für die Kernkomponenten. Alle Exchange-Komponenten kommunizierten mit diesem Verzeichnis, um dort die zur Erfüllung ihrer Aufgaben notwendigen Informationen zu suchen.

In Exchange 2000 stellt das Verzeichnis immer noch einen zentralen Ort dar mit der Ausnahme, dass nun die Objekte und Konfigurationen, aus denen die Organisation von Exchange 5.5 besteht, durch Objekte des Active Directory gebildet werden. Nachrichtenempfänger sind nun Benutzer, Gruppen und Kontakte im Active Directory. Einander entsprechende Objekte im Active Directory und in Exchange finden Sie in der Tabelle 18.1.

Objekt in Exchange 4.0 u. 5.x	Active-Directory-Objekt
Postfach	Benutzer
Verteilerliste	Verteiler- oder Sicherheitsgruppe
Benutzerdefinierter Empfänger	Nachrichtenkontakt

Tab. 18.1: Das Active- Directory-Objekt und das entsprechende Exchange-Objekt

Der Nachrichtenaustausch zwischen den Servern mit Exchange 5.5 wurde innerhalb eines Standorts mit RPCs und zwischen den Standorten mit einem Connector erledigt. Exchange 2000 benutzt für die Kommunikation zwischen Servern innerhalb eines Standorts nicht länger RPCs – das Protokoll für die Kommunikation innerhalb eines Standorts ist jetzt SMTP. Dies bedeutet gleichzeitig, dass nun jeder Exchange-Server auch ein SMTP-Host ist.

Die Konfiguration der früheren Versionen von Exchange basierte auf einem X.500-ähnlichen Verzeichnis, welches aus einer Organisation bestand, die wiederum Standorte mit Konfigurationsinformationen, Servern und Nachrichtenempfängern enthielt. Dieser Aufbau war insofern begrenzt, als der Standort gleichzeitig einen administrativen und Routing-Kontext definiert. Falls es zwischen den physischen Standorten eine unzureichende Bandbreite gab, mussten Standorte definiert werden, die einen Connector unterstützten. Der Connector steuerte die Nachrichten zwischen den physischen Standorten und sorgte für eine Kompensation der fehlenden Bandbreite. Da der Standort gleichzeitig den administrativen Kontext festlegte, wurden zwischen den physischen Standorten administrative Grenzen errichtet – unabhängig davon, ob diese nun wünschenswert waren oder nicht. Exchange 2000 löst diese Situation durch eine Separierung des administrativen und Routing-Kontexts. Exchange 2000 enthält administrative und Routing-Gruppen, die im einheitlichen Modus von Exchange 2000 getrennt definiert werden können.

In der Abbildung 18.8 werden administrative Gruppen auf der Grundlage des Administrationsmodells der Organisation definiert, während die Routing-Gruppen auf der Grundlage der verfügbaren Netzwerkbandbreite zwischen den Standorten festgelegt werden.

Im vorhergehenden Beispiel werden Sie bemerkt haben, dass in Exchange 2000 sowohl der Begriff einheitlicher als auch gemischter Modus verwendet wird. Wie Active Directory, welches im gemischten Modus Server einer unteren Ebene unterstützt, unterstützt auch Exchange 2000 im gemischten Modus Exchange-Server der unteren Ebene. Erst nachdem Exchange 2000 in den einheitlichen Modus geschaltet worden ist, kann die volle Funktionalität des Produkts ausgeschöpft werden.

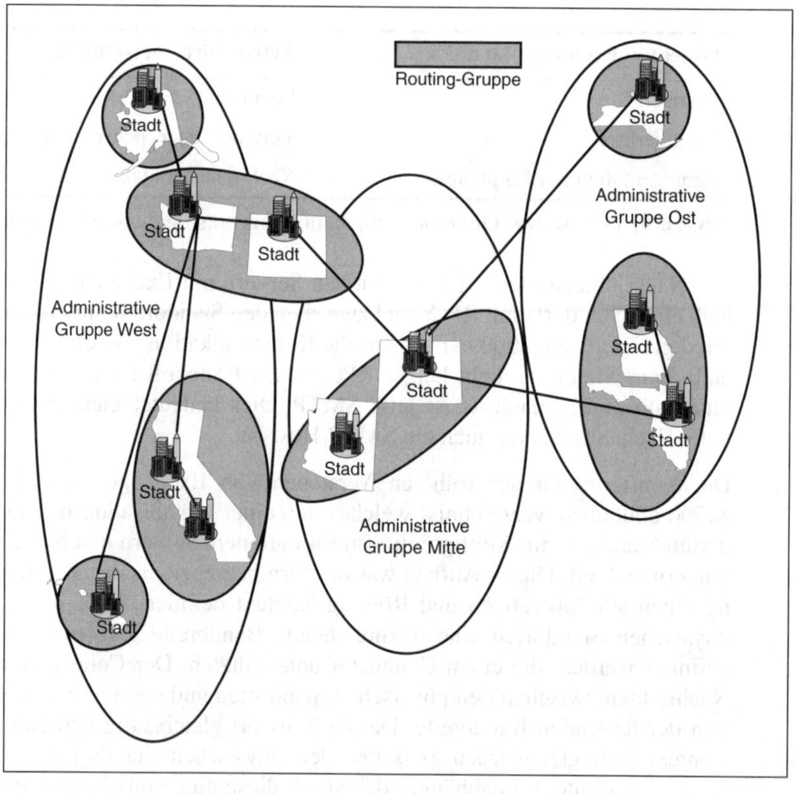

Abb. 18.8: Administrative und Routing-Gruppen

Administrative Gruppen

Administrative Gruppen stellen Sammlungen von Konfigurationsobjekten und Servern dar und können entsprechend dem administrativen Modell in Ihrer Messagingumgebung erstellt werden. Im vorherigen Beispiel mit mehreren physischen Standorten mit geringer Netzwerkbandbreite zwischen ihnen gibt es drei regionale Gruppenstandorte in den Regionen. Mit Exchange 2000 wird es möglich, unabhängig von der Netzwerk- und Domänentopologie für jede Region eine administrative Gruppe zu definieren. Durch die Eingruppierung der Server und Objekte in eine administrative Gruppe kann die Verwaltung dieser Objekte den entsprechenden Administratoren oder Gruppen unabhängig von der physischen Topologie der Organisation gewährt werden.

Routing-Gruppen

Während administrative Gruppen auf der Eingruppierung von Servern und Objekten auf der Grundlage des Administrationsmodells einer Organisation beruhen, gruppieren Routing-Gruppen Gruppenserver auf der Grundlage der Netzwerktopologie. Wie bei den Standorten mit Exchange 5.5 und Active Directory kommunizieren die Server innerhalb einer Routing-Gruppe miteinander bei Bedarf direkt über SMTP. Bei Servern innerhalb einer Routing-Gruppe wird eine angemessene Bandbreite zwischen ihnen vorausgesetzt – es werden daher keine Anstrengungen zur Steuerung der Netzwerkbandbreite unternommen, weder über eine Zeitplanung noch eine Datenkompression.

Zum Verbinden von Routing-Gruppen werden Connectors für Routing-Gruppen verwendet. Wie bei den früheren Exchange-Versionen finden für Routing-Gruppen Connectors für X.400 und SMTP Verwendung. Im Unterschied zum Standort-Connector, der RPC benutzt, verwendet der Connector der Routing-Gruppe zum Verschieben von Nachrichten zwischen Routing-Gruppen SMTP. Als Connector der Routing-Gruppe können ein oder mehr Replikationshub-Server in Verbindung mit einem Lieferzeitplan definiert werden.

Speicher

Ein weiterer Vorteil von Exchange 2000 ist die Unterstützung für mehrere Speicher auf einem einzigen Exchange 2000-Server. So können Sie beispielsweise anstelle eines einzelnen Nachrichtenspeichers mit 50 GB für 1000 Benutzer fünf Nachrichtenspeicher mit 10 GB (mit angenommenen 50 MB pro Benutzer) auf dem Exchange 2000-Server haben. Der Hauptvorteil hier besteht darin, dass jeder Nachrichtenspeicher unabhängig von allen anderen gesichert und wiederhergestellt werden kann. Wird ein Nachrichtenspeicher beschädigt, können die anderen vier weiterarbeiten, während der fünfte unabhängig von den anderen wiederhergestellt wird. Außerdem beträgt die Wiederherstellungszeit für diesen Nachrichtenspeicher nur noch ein Fünftel der Zeit, die für einen einzelnen 50 GB-Speicher benötigt wird.

Die auf einem Exchange 2000-Server gespeicherten Nachrichten können in Speichergruppen eingeteilt werden. Es darf bis zu 15 Speichergruppen pro System geben (plus einer verborgenen für die Wiederherstellung). Jede Speichergruppe kann bis zu sechs Nachrichtenspeicher unterstützen, die alle ein gemeinsames Transaktionsprotokoll unterstützen.

Neue Dienste

Exchange 2000 bietet weitere Verbesserungen wie etwa *Outlook Web Access* und öffentliche Ordner an. Es stellt auch zusätzliche Dienste wie etwa *Instant Messaging, Videoconferencing, Multimedia-Messaging* und das installierbare Dateisystem zur Verfügung, mit dem Sie ein Netzlaufwerk mit einem Ordner im Exchange 2000-System (zum Beispiel Ihr Postfach oder einen öffentlichen Ordner) verbinden können.

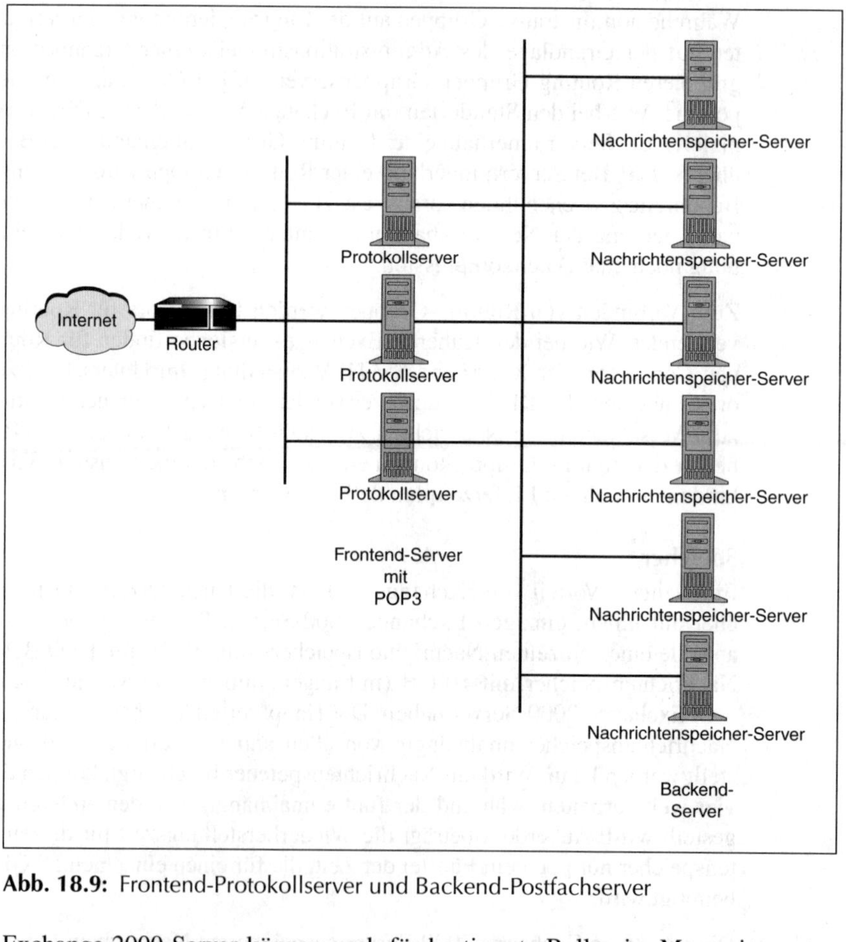

Abb. 18.9: Frontend-Protokollserver und Backend-Postfachserver

Exchange 2000-Server können auch für bestimmte Rollen im Messagingsystem konfiguriert werden. Mit Exchange 2000 können Sie Server als Protokollserver und Nachrichtenspeicherserver mit einer Frontend/Backend-Beziehung konfigurieren (siehe dazu die Abbildung 18.9). Protokollserver kennen alle unterstützten Internetprotokolle wie etwa POP3 und IMAP4 und leiten die Pakete an den richtigen Nachrichtenspeicherserver weiter. Auf diese Weise können Sie beispielsweise eine Gruppe von Protokollservern einrichten, die Frontend-Server mit mehreren

Nachrichtenspeicherservern als Backend-Servern enthält. Die Benutzer müssen nicht wissen, auf welchem Exchange 2000-Server ihr Postfach liegt – sie müssen sich lediglich mit den Frontend-Protokollservern verbinden.

18.2.2 Überlegungen zum Entwurf

Exchange 2000 ist selbst der Inbegriff einer zentralen Anwendung im Unternehmen, die sich der Funktionalität des Active Directory bedient. Statt eine autonome Anwendung zu sein, die oberhalb des Betriebssystems läuft, erweitert Exchange 2000 die Messagingdienste von Windows 2000 für die Benutzer.

Glücklicherweise werden die hauptsächlichen Entwurfsstrategien für Active Directory durch Exchange 2000 nicht berührt. Derjenige Entwurf Ihres Active Directory, der den geschäftlichen Anforderungen Ihres Unternehmens entspricht, entspricht gleichzeitig auch den Anforderungen von Exchange 2000. Einige Details zum Entwurf sollten allerdings noch hervorgehoben werden.

Entwurf der Gesamtstruktur

Zwar wurde kurz zuvor behauptet, dass Exchange 2000 Ihren Entwurf des Active Directory nicht berührt, jedoch gibt es hiervon eine einzige Ausnahme. Bei früheren Versionen von Exchange konnte eine Exchange-Organisation mehrere Standorte umspannen, für die es in Domänen von Windows NT keine Vertrauensstellungen gab. So lange es für jeden Exchange-Standort ein einziges Dienstkonto gab und alle Server innerhalb des Standorts sich in einer Domäne befanden, die der Domäne des Dienstkontos vertrauten, gab es von seiten Exchanges keine Notwendigkeit für Vertrauensstellungen zwischen Domänen, die keine Standorte umspannten.

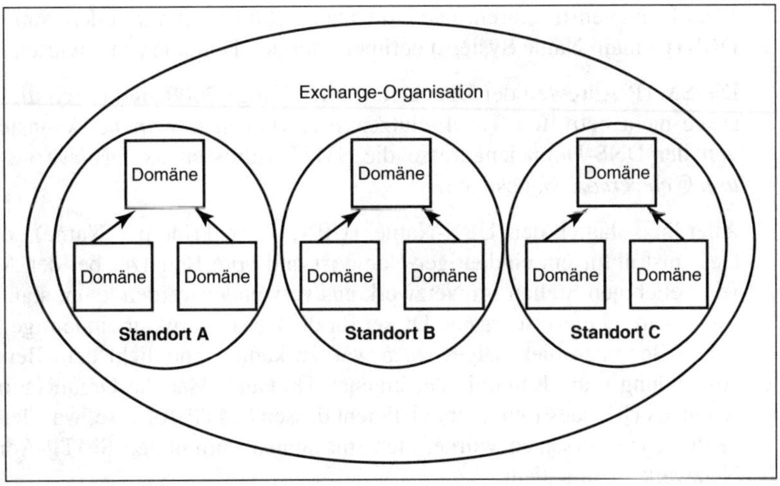

Abb. 18.10: Eine einzelne Exchange 5.5-Organisation mit Masterdomänen ohne Vertrauensstellungen

Mit Exchange 2000 ist dieses Szenario nicht länger möglich. Das Active Directory besteht aus einer einzigen Gesamtstruktur mit Domänen, die einander alle vertrauen. Eben diese einzige Gesamtstruktur stellt die Exchange-Organisation dar.

Wenn dieses Domänenmodell von NT 4.0 auf Active Directory aktualisiert wird, müssen Sie eine Neubewertung der Frage vornehmen, warum es mehrere Domänen ohne Vertrauensstellungen geben sollte. Sie können unter zwei Optionen wählen:

1. Eine einzige Gesamtstruktur mit vertrauenden Domänen entspricht den administrativen und Sicherheitsanforderungen Ihrer Organisation. Ihr Domänenmodell unter Windows NT wird auf eine einzige Gesamtstruktur mit Active Directory aktualisiert.
2. Ihre Organisation verlangt voneinander separierte Sicherheitsgrenzen, Schemata und Konfigurationen und daher auch mehrere Active-Directory-Gesamtstrukturen.

Beide Optionen unterstützen Exchange 2000. Wenn Sie sich jedoch für die Einrichtung mehrerer Gesamtstrukturen entschieden haben, sollten Sie sicherstellen, dass Sie und Ihre Organisation die Beschränkungen verstanden haben, die durch mehrere Gesamtstrukturen im Active Directory und bei Exchange 2000 entstehen. Außerdem müssen Sie eine Koexistenzstrategie zwischen den beiden Domänen entwickeln, die die Nachrichtenzustellung und Verzeichnissynchronisierung unterstützt.

Domänentopologie

Die Domänentopologie besteht aus ein oder mehreren Domänen in ein oder mehreren Domänenstrukturen. Die Domänenstruktur wird durch den Namespace des DNS (Domain Name System) definiert, der den Domänen zugewiesen ist.

Die SMTP-Adressen der Benutzer von Exchange 2000 sind durch diesen Namespace nicht betroffen. Ein Benutzer in *europa.cleverware.net* kann unabhängig von der DNS-Domänenadresse die SMTP-Adressen *user@cleverware.net* und *user@cleverco.com* besitzen.

Allerdings lautet der UPN-Name (UPN, User Principal Name), der in der Gesamtstruktur ein eindeutiger Name ist und vom Benutzer bei der Anmeldung von beliebigen Stellen im Netzwerk aus verwendet werden kann, standardmäßig *user@europa.cleverware.ne*t. Dieser für die Gesamtstruktur eindeutige Name, der jedem Benutzerobjekt zugewiesen werden kann, ermöglicht dem Benutzer eine Anmeldung ohne Kenntnis der eigenen Domäne. Manche Organisationen wünschen als UPN des Benutzers vielleicht dessen SMTP-Adresse, was den Benutzer in die Lage versetzen würde, sich mit seinen vermuteten SMTP-Adressen am Netzwerk anzumelden.

Andere Organisationen möchten vielleicht gerade dies vermeiden, weil es gegen ihre Sicherheitsrichtlinien verstoßen würde, wenn der Benutzer-Anmelde-Alias dem SMTP-Alias entspricht. Dies würde zur Folge haben, dass Sie den Anmeldenamen eines Benutzers kennen, sobald Sie dessen SMTP-Adresse kennen. Ein Benutzerkonto wird sicherer gegen unbefugte Benutzung, wenn man den SMTP- und Anmelde-Alias unterscheidet.

Die gesamte Domänenstruktur wird durch Exchange 2000 nicht berührt. Es ist möglich, Routing-Gruppen von Exchange 2000 zu haben, die Domänen überspannen, wobei sich Exchange 2000-Server in der einen und der Rest in einer anderen Domäne befindet. Alle befinden sich dann innerhalb derselben Routing-Gruppe.

OU-Entwurf

Auch OUs gehören zu den Komponenten des Active Directory, die von Exchange 2000 nicht betroffen sind. Die Standorte der Benutzer und Computer innerhalb der Domäne sind für Exchange 2000 irrelevant. Jedoch können Sie beispielsweise aus organisatorischen Gründen alle Ihre Exchange-Server in der Domäne in einer OU innerhalb Ihrer OU-Struktur zusammenfassen.

Outlook-Benutzer, die das Adressbuch von Outlook verwenden, bekommen OUs überhaupt nicht zu sehen. Die Adressbuchlisten werden aber von Exchange 2000 verwaltet und von Outlook-Benutzern zum Lokalisieren der Nachrichtenempfänger benutzt. Adressbuchlisten werden von Exchange 2000 unter Verwendung von LDAP-Filtern aufgebaut und verwaltet. Verschiedene Adressbuchlisten sind in Exchange 2000 bereits eingebaut und installiert – Ihre eigenen Adressbuchlisten können Sie auf einfache Weise selbst entwickeln.

Entwurf des Standorts

Auch die Active-Directory-Standorte sind von Exchange 2000 größtenteils nicht betroffen. Entwurfsüberlegungen, die sich mit der Frage befassen, welche Active-Directory-Standorte erstellt werden müssen, werden sich auch mit der Frage beschäftigen, welche Routing-Gruppen in Exchange 2000 benötigt werden. Die Principals der Active- Directory-Standorte und Exchange 2000-Routing-Gruppen sind einander ähnlich.

Dic Conferencing Dienste von Exchange 2000 weisen pro Active-Directory-Standort einen Conference-Manager zu. Innerhalb eines Active-Directory-Standorts können Sie mehrere Conference-Manger zuweisen, was jedoch nur aus Redundanzgründen geschehen sollte, da jeweils nur ein Conference-Manager zur selben Zeit aktiv sein kann.

Dienststellen

Denken Sie daran, dass die Clients des Active Directory den Zugriff auf DNS, die DCs des Active Directory und die GC-Dienste (GC, Global Catalog) benötigen, um sich gegenüber dem Active Directory authentifizieren zu können. Dieselben Dienste werden für Clients gebraucht, die auf die Messagingdienste von Exchange 2000 zugreifen wollen.

Auch die Server von Exchange 2000 brauchen den Zugriff auf diese Dienste. Während ihrer gesamten Kommunikation benötigen sie zur Authentifizierung, für Server-Informationen und Gruppenerweiterungen den Zugriff auf DNS, DCs und GC-Dienste.

Vergewissern Sie sich, dass Sie die entsprechenden Dienste nahe bei den Servern und Clients von Exchange 2000 platzieren.

Schemaänderungen

Exchange 2000 nimmt etwa 650 Änderungen am Schema des Active Directory vor. Die Änderungen finden statt, sobald der erste Exchange 2000-Server im Active Directory installiert wird. Außerdem werden dem Globalen Katalog (Global Catalog, GC) weitere Attribute hinzugefügt. Dies hat zur Folge, dass das Schema des Active Directory und die Konfigurationspartitionen diese Änderungen in der Gesamtstruktur des Active Directory replizieren müssen. Der erste Exchange 2000-Server sollte daher zu einem Zeitpunkt installiert werden, der es der Infrastruktur möglich macht, mit den Belastungen durch diese Replikationen fertig zu werden.

Eine weitere Möglichkeit besteht darin, das Setup von Exchange 2000 mit dem Schalter */schemaonly* zu betreiben. Ist dieser Schalter aktiv, dann wird nicht Exchange 2000 installiert, sondern es werden nur Änderungen am Schema und der Konfiguration vorgenommen. Falls Ihre Organisation Exchange 2000 erst nach der Bereitstellung des Active Directory implementieren möchte, ist es klüger, das Setup von Exchange 2000 nach der Installation der ersten paar DCs mit dem Schalter */schemaonly* zu betreiben. Hierdurch werden frühe Änderungen am Schema und der Konfiguration vorgenommen, die dann bei der Implementierung zusätzlicher DCs und GC-Server in die anfängliche Kopie der neuen Datenbankpartitionen übernommen werden können. Sobald Sie dann zur Implementierung von Exchange 2000 bereit sind, verfügen alle DCs und GC-Server schon über die zur Unterstützung von Exchange 2000 nötigen Änderungen.

Gruppenentwurf

Exchange 2000 verwendet die Gruppen des Active Directory für das Gruppen-Messaging. Das Active Directory kennt sowohl Sicherheits- als auch Verteilergruppen. Beide Gruppentypen enthalten Benutzer, Kontakte und weitere Gruppen. Sie können beide Nachrichtenempfänger sein, was bedeutet, dass Sie den Sicherheits- und Verteilergruppen Nachrichten senden können. Sicherheitsgruppen können auch Berechtigungen für Netzwerkressourcen zugewiesen werden, wodurch ihre Gruppenstruktur innerhalb des Active Directory vereinfacht wird. Sie müssen nun keine Verteilerliste mehr für Ingenieure und eine Windows-NT-Gruppe für Ingenieure erstellen und verwalten – statt dessen erstellen Sie eine einzelne Sicherheitsgruppe für Ingenieure, weisen ihr Berechtigungen für Netzwerkressourcen zu und senden ihr Nachrichten. Stellen Sie sicher, dass Sie nicht versehentlich einem Benutzer Berechtigungen für Ressourcen gewähren, den Sie ursprünglich als Mitglied einer Messaging-Gruppe vorgesehen haben. Denken Sie daran, dass ein Benutzer, den Sie einer Sicherheitsgruppe hinzufügen, nicht nur die dieser Gruppe gesendeten Nachrichten erhält, sondern auch den Zugriff auf die dieser Gruppe gewährten Ressourcen erhält.

Es sind auch Gruppen von Benutzern denkbar, die keine Berechtigungen bekommen sollen, sondern die Sie einfach nur zu dem Zweck zusammenfassen, Nachrichten zu empfangen. Für solche Gruppen verwenden Sie eine Verteilergruppe.

Die drei Gruppentypen (domänenlokal, domänenglobal und universell) können je nach dem gemischten oder einheitlichen Modus des Active Directory unterschiedliche Objekte enthalten. Auch ohne Exchange 2000 ist es für Sie vermutlich wichtig, die Art und Weise zu verstehen, wie Ihre Organisation Gruppen einsetzt. Bei der Planung von Exchange 2000 müssen Sie unter Umständen noch Verteilungs- oder sogar Sicherheitsgruppen zur Ergänzung der Gruppenstruktur hinzufügen, die für die Verwaltung Ihrer Active-Directory-Umgebung erforderlich ist.

Universelle Gruppen sind die flexibelsten Gruppen von allen. Allerdings ist eine Mitgliedschaft in einer universellen Gruppe zwischen den Domänen sichtbar, was bedeutet, dass die Mitgliedschaft im GC veröffentlicht wird. Falls Sie daher eine universelle Gruppe mit 1000 Benutzern haben, die sich häufig ändert, werden diese Änderungen an alle GC-Server in der Organisation repliziert. Globale Gruppen veröffentlichen dagegen ihre Mitgliedschaften nicht im GC, so dass Benutzer, die einer globalen Gruppe aus einer anderen Domäne Nachrichten senden, nicht erkennen können, wer sich in dieser Gruppe befindet. Daher passen diejenigen Gruppen, deren Mitgliedschaften statisch sind und die über die Domänen hinweg sichtbar sein müssen, sehr gut in eine universelle Gruppe. Gruppen dagegen, deren Mitgliedschaft dynamisch ist oder die über die Domänen hinweg nicht sichtbar sein müssen, passen gut in eine globale Gruppe.

18.2.3 Koexistenz mit Exchange 5.5

Die Koexistenz von Exchange 2000 mit Exchange 5.5 beinhaltet auch die Koexistenz des Active Directory mit Exchange 5.5. Die Erweiterung der Koexistenz, die sich nach der Einrichtung der Koexistenz zwischen Exchange 5.5 und Active Directory unter Verwendung von ADC ergibt, ist daher nicht so kompliziert, da die Verzeichnisse ja bereits koexistieren.

Active-Directory-Connector und Exchange 2000

Die benutzerseitigen Bestandteile der Verzeichnisse koexistieren über ADC und eine Verbindungsabsprache. Auch Exchange 2000 verlangt eine Koexistenz hinsichtlich der Konfiguration von Exchange 5.5 und Exchange 2000, die mit einer anderen Art von Verbindungsabsprache realisiert wird. Die Exchange 2000-Version von ADC unterstützt eine Konfigurationsverbindungsabsprache, die die Konfiguration der Exchange-Standorte mit derjenigen der administrativen und Routing-Gruppen von Exchange 2000 synchronisiert.

Bevor Sie daher Exchange 2000 an einem Standort mit Exchange 5.5 installieren, müssen Sie die Exchange 2000-Version von ADC installiert haben. Das Setup von Exchange 2000 konfiguriert automatisch eine Konfigurationsverbindungsabsprache zwischen der Active-Directory-Domäne und den Standorten von Exchange 5.5 (siehe dazu die Abbildung 18.11). Mit dieser Konfigurationsverbindungsabsprache wird eine Synchronisierung der Konfiguration von Exchange 2000 mit allen Standorten in der Exchange 5.5-Organisation erreicht.

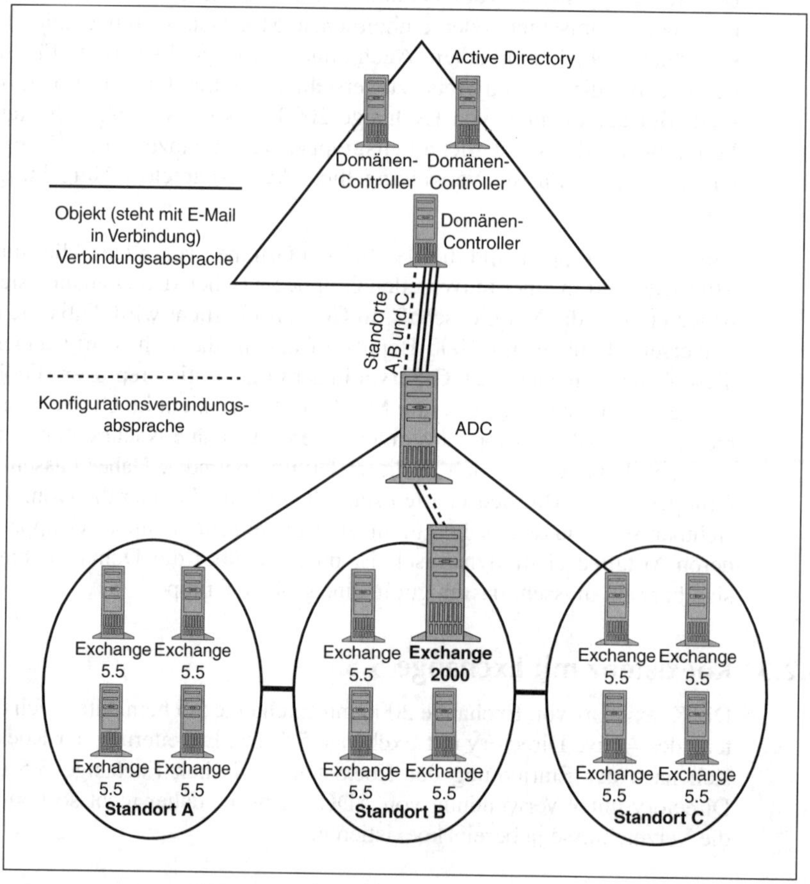

Abb. 18.11: Konfigurationsverbindungsabsprachen

Site Replication Service (SRS)

SRS ist ein weiteres Stückchen im Koexistenz-Puzzle. SRS stellt aus praktischen Gründen das Verzeichnis von Exchange 5.5 dar, welches auf dem Exchange 2000-Server liegt. Dieses Verzeichnis wird nur für die Koexistenz mit anderen Servern ohne Exchange 2000 in derselben Organisation verwendet.

Nach der Installation von Exchange 2000 in einen Exchange-Standort akzeptiert SRS Verzeichnisänderungen von anderen Exchange-Servern des Standorts. Die Konfigurationsverbindungsabsprache von ADC repliziert dann diese Änderungen ins Active Directory.

SRS kann auch Änderungen von anderen Exchange-Standorten akzeptieren. Falls der Exchange 2000-Server als Replikationshub für den Standort konfiguriert worden ist, empfängt er auch die Verzeichnisreplikationsnachrichten von anderen Standorten und repliziert diese Änderungen über RPC an andere Verzeichnisdienste des Standorts. Unterdessen kann ADC diese Änderungen von SRS entgegennehmen und mit dem Active Directory synchronisieren (siehe dazu die Abbildung 18.12).

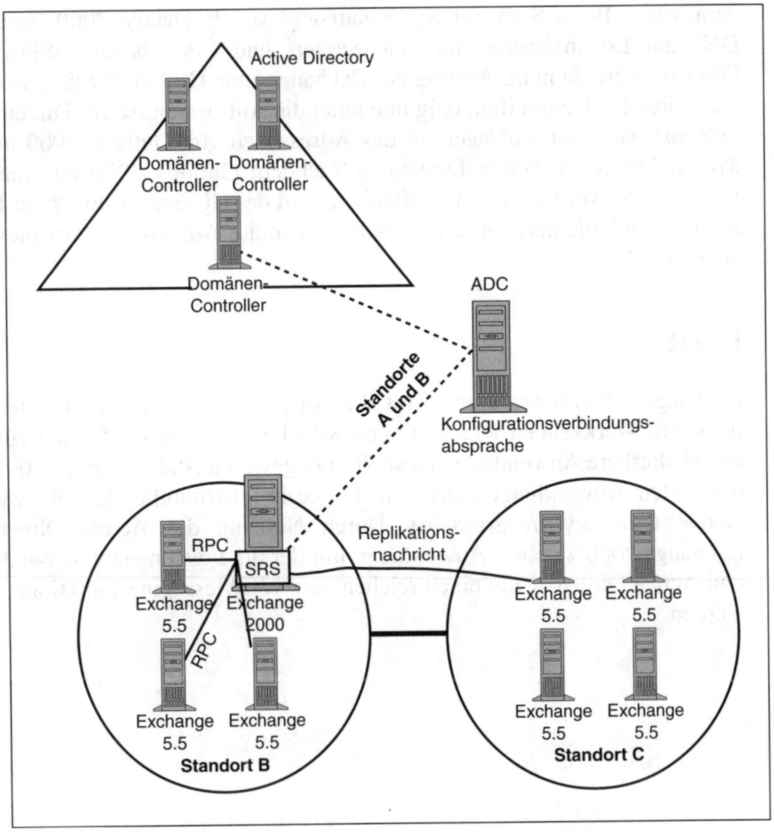

Abb. 18.12: SRS und ADC

Wenn Sie daher einen Exchange 2000-Server an einem Exchange-Standort installieren, ist es für die Verzeichnisreplikation gegenüber dem Active Directory effizienter, wenn Sie diesen Server zum Replikationshub für den Standort machen.

18.2.4 Server-Cache

Der Exchange 2000-Server verwendet den GC-Dienst für viele Zwecke. Zur Reduzierung der Last auf den GC-Servern in einer Organisation unterstützt der Exchange 2000-Server eine Verzeichnis-Cache namens *DSAccess*. Wenn ein Exchange 2000-Server auf den GC zugreift, wird die Antwort für eine gewisse Zeit (10 Minuten) zwischengespeichert, was die Last mindern hilft, die Exchange 2000 den GC-Servern auferlegt.

18.2.5 DSProxy

Wie Clients von Exchange 2000 auf Active Directory zugreifen, hängt vom Client ab. Die Art des Zugriffs des Clients wird vom Verzeichnisdienst-Proxy *DSProxy* verarbeitet. Beim Start der Systemaufsicht von Exchange 2000 benutzt dieser DNS zur Lokalisierung eines GC-Servers und leitet ihn an DSProxy weiter. DSProxy wird dann im Auftrag der Exchange- und Outlook97/98-Clients, die auf das Adressbuch zugreifen, tätig und leitet die Anfrage an Active Directory weiter. DSProxy verweist Anfragen an das Adressbuch von Outlook 2000 und höhere MAPI-Clients an Active Directory. Nachdem Outlook 2000 an einen Active-Directory-Server verwiesen worden ist, wird der GC-Server im Client-Profil verzeichnet und alle nachfolgenden Anfragen an das Adressbuch über diesen Server abgewickelt.

18.3 Fazit

Exchange 5.5 arbeitet nahtlos mit Windows 2000 und Active Directory zusammen. Mit Werkzeugen wie ADC und SRS bleibt Exchange 5.5 die zuverlässige und skalierbare Anwendung, die sie immer gewesen ist. Exchange 2000 stellt eine der ersten Anwendungen der BackOffice-Produktfamilie dar, die wahrhaft in Active Directory integriert ist. Durch Nutzung des Active Directory wird Exchange 2000 zu einer Anwendung, mit der die Leistungen von Windows 2000 und Active Directory um einen reichen Satz von Messaging-Funktionen erweitert werden.

Kapitel 19

Scripting mit dem Active Directory

Das Active Directory stellt in vielerlei Hinsicht eine verteilte Datenbank dar: sie verfügt über ein Schema, Datenwerte und wird für Administratoren, Endanwender und Anwendungen in der gesamten Organisation repliziert.

Mit Active Directory beginnt die Windows-Produktfamilie eine größere Rolle innerhalb der Organisationen einzunehmen. Diese neue Rolle gestattet es dem EDV-Personal, die Dienste und die Administration über eine einzige konsistente Betrachtungsweise des Gesamtarrangements kontrollieren und erweitern zu können. Active Directory ermöglicht eine wirksamere Verwaltung des Unternehmens. Mit den Scripts stehen gleichzeitig die Werkzeuge zur effizienten Verwaltung der Umgebung zur Verfügung.

19.1 Die Vorteile von Scripts

Der Einsatz von Scripts ist für den Administrator aus verschiedenen Gründen wertvoll. Als erstes sorgen sie für eine klare Dokumentierung der Dinge, die Sie tun. Wird ein Script bei der Administration eingesetzt, können Sie immer von Anfang an exakt feststellen, was Sie gemacht haben.

Mit Scripts steht Ihnen ein Mechanismus zur Verfügung, der eine genaue Verfolgung all Ihrer Arbeitsschritte bietet. Wenn Sie Ihre Scripts protokollieren lassen, verfügen Sie über eine zusätzliche Verfolgungsmöglichkeit Ihrer Tätigkeiten. Dies ist ein klarer Vorteil gegenüber dem mausgesteuerten Verfahren einer grafischen Benutzeroberfläche.

Scripts stellen außerdem eine direkte und schnelle Schnittstelle zum Verzeichnis zur Verfügung. Mit Scripts müssen Sie nicht zuerst eine grafische Oberfläche starten und verschiedene Dialogboxen mit Klicks beantworten, sondern gelangen direkt zur gewünschten Information.

Mit einem Script können wiederholte Arbeitsschritte beliebig oft abgearbeitet werden. Wenn Sie beispielsweise bei jedem Hinzufügen eines Benutzers zum Verzeichnis dieselbe Adresse benutzen, erstellen Sie einfach ein Script, welches eben diese Adresse verwendet. Hierdurch wird auch die Gefahr von Fehlern bei der Dateneingabe reduziert. Wie Sie bald erfahren werden, sind Scripts in vielerlei Hinsicht nützlich. Mit einem sorgfältig durchdachten Plan, zu dem gut dokumentierte Scripts gehören, lässt sich mit ihnen eine einfach zu handhabende und anzupassende administrative Umgebung aufbauen. Die Scriptverarbeitung besitzt folgende Vorteile:

- Klare Dokumentation der administrativen Arbeitsschritte
- Laufende Protokollierung und Dokumentation der ausgeführten Arbeitsschritte
- Schneller und direkter Zugriff auf das Verzeichnis
- Wiederholte Arbeitsschritte sind schnell zu erledigen

19.2 Ein einfaches Script erstellen

Nun, da Sie die Vorteile der Scriptverarbeitung für die Administration kennen gelernt haben, besteht der nächste Schritt darin, eines zum Ändern des Active Directory zu erstellen.

Das Ändern des Verzeichnisses mit Scripts beinhaltet mehrere Stufen. Ohne die Verwendung von Scripts würden Sie MMC starten und das Snap-In zum Ändern von Benutzern und Computern einbinden. Nach dessen Konfigurierung wären Sie dann in der Lage, ein Objekt auszuwählen und dessen Felder online zu ändern. Während Sie diese Aktionen ausführen, finden allerdings ohne Ihr Wissen mehrere Vorgänge statt: Als erstes überprüft das MMC-Snap-In das Schema des Active Directory. Dieses enthält die Objektnamen, die beschreibenden Namen und den oder die Werte jedes Objekts. Wenn Sie beispielsweise ein Benutzerobjekt öffnen und sich die Eigenschaften anschauen, werden Sie mehrere Registerkarten für die verschiedenen Informationen bemerken. Auf der Registerkarte *Allgemein* gibt es die Telefonnummer und E-Mail-Adresse, während es unter Adresse Straße, Postleitzahl usw. gibt. Über den beschreibenden und den Objektnamen kann jedes Feld eindeutig identifiziert werden.

19.2.1 Das MMC-Snap-In Schema

Das Snap-In für das Schema des Active Directory steht im Resource-Kit für das Active Directory zur Verfügung und findet sich auf der Installations-CD für den Server. Sie installieren das Resource-Kit, indem Sie auf der CD im Verzeichnis /*support* zu */tools* navigieren und darin das Script *2000rskt.msi* laufen lassen. Dieses installiert das Schema-Snap-In für Active Directory, mit dem das Schema angezeigt und Feldnamen zum Ändern lokalisiert werden können.

19.2.2 Ein Beispielscript

Mit den Snap-Ins für das Active-Directory-Schema und Active-Directory-Benutzer und -Computer sind Sie in der Lage, das Schema und die Felder eines Objekts darin anzuzeigen. Eine häufige Praxis besteht darin, die Felder zu ändern und zu bearbeiten. Daher werden im folgenden Beispiel die Felder aller Objekte in der Organisationseinheit (OU) geändert.

Im Beispiel wird auf eine neue Situation im Unternehmen reagiert, die darin besteht, dass sich sämtliche Telefonnummern und Anschriften aller Benutzer in einer Gruppe geändert haben. Es gibt jetzt für die Gruppe nur noch eine einzige Nummer in der Zentrale und neue Bürostandorte für die Benutzer in GPLAB in Cleverware.

Das Visual Basic-Script ist so aufgebaut, dass es auf einfachste Weise die Telefonnummer, Straße und Postleitzahl aller Benutzer in der OU GPLAB ändert. Bundesland und Stadt bleiben gleich. Die Aufgabe wird von dem folgenden Script namens *userupdate.vbs* ausgeführt.

```
REM userupdate.vbs
REM
REM
REM Subroutine Modify
REM   passes object that is a point in the tree
REM
Sub ModifyUsers(oObject)
Dim oUser
For Each oUser in oObject
Select Case oUser.Class
 Case "user"
  oUser.Put "streetAddress","1 Pennsylvania Avenue "
  ouser.Put "postalcode","98044"
  oUser.Put "telephoneNumber", "425-555-6666"
  oUser.SetInfo
 End select
Next
End Sub

REM Main program
REM
REM
Dim oDomain
Set oDomain=GetObject("LDAP://OU=GPLAB,DC=w2k,DC=Cleverware,DC=com")
ModifyUsers(oDomain)
MsgBox "Complete"
WScript.Quit
```

Das Script verfügt über einen Hauptteil und eine Subroutine. Das Hauptprogramm definiert mit der DIM-Anweisung das Domänenobjekt, welches anschließend mit der Routine *GetObject*, die das LDAP-Protokoll (LDPA, Lightweight Directory Access Protocol) zum Lokalisieren der OU benutzt, initialisiert wird. Nun wird *ModifyUsers* mit einem Zeiger auf die Stelle im Active-Directory-Baum aufgerufen, die über den LDAP-Pfad im Aufruf von *GetObject* definiert ist.

Die Subroutine *ModifyUsers* übernimmt den Zeiger auf den Baum und ändert für jeden Benutzer an dieser Stelle im Baum die Straße, die Postleitzahl und die Telefonnummer.

19.3 Testen des Scripts

Dieses Script kann auf einfache Weise getestet werden. Dazu müssen Sie nur eine arbeitsfähige OU mit einem einzigen Benutzer darin erstellen. Sie können das Script noch einfacher gestalten, indem Sie nur die Telefonnummer ändern. Auf eine neue Stelle in der Teststruktur zeigen Sie, indem Sie im Script die folgende Zeile ändern:

```
Set oDomain=GetObject(»LDAP://OU=GPLAB,DC=w2k,DC=Cleverware,DC=net«)
```

Nachdem Sie das Script geändert haben, besteht der nächste Schritt darin, einige Tests vorzunehmen. Sie erreichen dies durch Ändern der Telefonnummer und der Verwendung des MMC-Snap-Ins *Active-Directory-Benutzer und -Computer* zum Überprüfen der Änderungen.

19.4 LDIFDE

Mit LDIFDE ist das Werkzeug LDAP, *Data Interchange Format*, gemeint, mit dem Sie das Verzeichnis verwalten können. Sie haben die Möglichkeit, Verzeichniseinträge zu exportieren, neue zu importieren und vorhandene zu ändern. Der folgende Abschnitt beschreibt, wie Sie neue Verzeichniseinträge exportieren und importieren.

Mit LDIFDE kann ein Administrator Scriptdateien zur Ausführung administrativer Aufgaben erstellen. Dieser Abschnitt erörtert nun im Einzelnen, wie Verzeichniseinträge exportiert, importiert und geändert werden.

LDIFDE besitzt eine lange Liste von Parametern, deren Funktion nachstehend erläutert wird. Für den Export gibt es mehrere Parameter:

- *-I* wird für den Import in das Verzeichnis verwendet. Standardmäßig findet ein Export statt.
- *-f Dateiname* gibt den Namen einer Datei an, in die die exportierten Informationen geschrieben werden sollen. Der Dateiname wird außerdem beim Import zur Angabe der zu importierenden Daten verwendet.
- *-s Server* gibt den Namen des Servers an, dessen Verzeichnisinformationen exportiert werden sollen. Der Standardwert lautet auf den Domänencontroller (DC) mit dem angemeldeten System, welches das Script ausführt.
- *-c VonDN zuDN* gibt den *Distinguished Name* (DN) eines Objekts gegenüber einem anderen DN an. Der DN eines Objekts ist der eindeutige Name für das Objekt im gesamten Active Directory. Beispielsweise lautet der DN für einen Benutzer Bill Wade in der OU GPLAB in der Domänc Cleverware wie folgt: – *CN=Bill Wade, CN=GPLAB, DC=Cleverware, DC=NET.* Dies ist eine praktische Methode dafür, eine Datei zu exportieren und die Stelle in der Struktur zu ändern, an der sie ansetzt. Ein anderer Verwendungszweck hierfür liegt vor, wenn Sie eine Migration einer Domäne in eine andere vornehmen.
- *-v* schaltet den ausführlichen Modus ein. Dies ist nützlich beim Test eines Scripts – durch Umlenken der Ausgabe in eine Protokolldatei können Sie genau erkennen, was beim Ablauf des Scripts passiert.
- *-j* gibt den Speicherort der Protokolldatei an. Diese Option können Sie auch verwenden, falls Sie die Ergebnisse eines Exports protokollieren wollen.

- *-t* gibt die Portnummer für den Zugriff auf den Verzeichnisdienst an. Der standardmäßige LDAP-Port ist Port 389.
- *-d* gibt den Basis-DN für die Suche nach dem Datenexport an.

Ein einfacher Befehl für den Export eines einzelnen Benutzers ins Verzeichnis lautet beispielsweise: *ldifde -v -f output.lidf -d »cn=test user, cn=users,dc=Cleverware, DC=net«*. Durch diesen Befehl wird eine Ausgabedatei namens *output.ldf* erstellt, die alle Ausgabemeldungen für den Benutzer enthält. Betrachten Sie dazu das folgende Listung:

```
dn: CN=test user,CN=Users,DC=Cleverware,DC=net
changetype: add
memberOf: CN=Testgroup,CN=Users,DC=Cleverware,DC=net
accountExpires: 9223372036854775807
streetAddress:
badPasswordTime: 0
badPwdCount: 0
codePage: 0
cn: test user
countryCode: 0
displayName: test user
givenName: test user
instanceType: 4
lastLogoff: 0
lastLogon: 0
logonCount: 0
distinguishedName: CN=test user,CN=Users,DC=Cleverware,DC=net
objectCategory: CN=Person,CN=Schema,CN=Configuration,DC=Cleverwa-
re,DC=net
objectClass: user
objectGUID:: 2UINsf7tDOWL9cl4wKnn4Q==
objectSid:: AQUAAAAAAAUVAAAATWRJLufL3XOVJa9HgQQAAA==
primaryGroupID: 513
pwdLastSet: 125808936338153952
name: test user
sAMAccountName: testuser
sAMAccountType: 805306368
telephoneNumber: 425-555-6666
userAccountControl: 66048
userPrincipalName: testuser@w2k.Cleverware.net
uSNChanged: 130034
uSNCreated: 110608
whenChanged: 19990911215400.0Z
whenCreated: 19990904044032.0ZAs an example
```

Nun, da Sie einen Verzeichniseintrag exportiert haben, können Sie auch leichter erkennen, wie Verzeichniseinträge geändert und bearbeitet werden. Es gibt drei mit Verzeichniseinträgen in Zusammenhang stehende Aktionen, die für einen Administrator interessant sind. Mit der ersten werden Benutzer hinzugefügt, während die anderen beiden dem Ändern und Löschen von Einträgen dienen. Alle Aktionen können mit dem vorläufigen Standard *LDAP Data Interchange Format* (LDIF) realisiert werden.

Der vorläufige LDIF-Standard (ein vorgeschlagener Standard) beschreibt ein Dateiformat zur Bearbeitung von Verzeichnisinformationen. Dieses Dateiformat ist für den Import und Export der Verzeichnisinformationen zwischen LDAP-Verzeichnisdiensten gedacht.

19.4.1 Einträge hinzufügen

Zum Hinzufügen eines Eintrags in das Verzeichnis müssen Sie eine Datei mit der Information darin erstellen, dass Sie nun einen Benutzer hinzufügen möchten. Eine derartige Datei für einen Benutzer kann auf einfache Weise mit einem Script erstellt werden. Der erste Schritt besteht in der Festlegung, was diese Datei enthalten soll, wobei der Inhalt dieses Beispiels absichtlich einfach gehalten ist. Sie können das Beispiel später erweitern und eine anspruchsvollere Datei erstellen, die alle Felder enthält, die Sie pro Benutzer versorgen müssen.

Eine elementare LDIF-Datei enthält die Versionsnummer, den DN, den Surname (SN), den Given Name (GN) und die Telefonnummer. Weiterhin enthält die LDIF-Datei die Steuerbefehle für die Aktionen wie Hinzufügen, Ändern oder Löschen, die auszuführen sind. Es folgt nun ein Beispiel einer Datei, die einen Benutzer hinzufügt:

```
version: 1
dn: CN=Doug Hauger,CN=Users,DC=Cleverware,DC=net
changetype: add
cn: Doug Hauger
givenName: Doug
sn: Hauger
distinguishedName: CN=Doug Hauger,CN=Users,DC=Cleverware,DC=net
objectClass: user
telephoneNumber: 425-555-9696
```

Diese Datei fügt den Benutzer Doug Hauger zum Verzeichnis unterhalb des Containers *Users* hinzu. Der nächste Schritt besteht in der Bearbeitung eines Eintrags im Verzeichnis. Die Bearbeitung von Einträgen stellt eine häufige Aufgabe für Administratoren dar, da beispielsweise jede Änderung des Standorts oder der Telefonnummer eines Benutzers ein Verzeichnis erforderlich macht.

19.4.2 Benutzer bearbeiten

Zum Bearbeiten eines Benutzers wird eine Datei erstellt, die das zu bearbeitende Objekt bestimmt und das Bearbeitungsattribut *changetyp* enthält. Anschließend werden die Attribute, die geändert werden sollen, zusammen mit den neuen Werten aufgelistet. Das folgende Listing zeigt, wie die Telefonnummer geändert, die Postanschrift gelöscht und eine neue Anschrift eines Benutzers hinzugefügt wird.

```
version: 1
dn: CN=Doug Hauger,CN=Users,DC=Cleverware,DC=net
changetype: modify
replace: telephonenumber
telephoneNumber: 413-555-9696
delete: postaladdress
add: streetaddress
streetaddress: 1 Pennsylvania Avenue $ Bellevue, WA $ 98004
```

19.5 Scripts schreiben

LDIFDE ist zwar ein Werkzeug zur Bearbeitung des Verzeichnisses, jedoch hinsichtlich der Erstellung der Dateien nicht einfach zu handhaben. Ein simpler Fehler reicht, um die Dateien unbrauchbar oder fehlerhaft zu machen. Eine mögliche Ursache dafür kann ein falscher DN oder ein falsch angegebenes Feld sein – die Ursachen der möglichen Fehlerquellen sind zahllos. Daher ist es wichtig, alle Scripts vor dem Einsatz zu testen. Der Nutzen dieses Werkzeugs liegt vor allem darin, dass es beim versuchsweisen Erstellen einer Aktivitätenliste für das Verzeichnis verwendet werden kann und bei verteilter Administrationsarbeit hilft. Beides ist in großen Unternehmen von Bedeutung.

19.5.1 LDIF-Dateien erstellen

Wie schon weiter oben erwähnt, kann das Erstellen der LDIF-Dateien schwierig und risikoreich sein. Eine Methode, dies zu umgehen, besteht darin, eine der guten alten Stapeldateien zu schreiben, die Ihnen und anderen Administratoren dabei helfen, eine LDIF-Datei für die auszuführende Aufgabe zu erzeugen.

Telefonnummern von Benutzern ändern sich oft. Zum Erstellen eines Scripts, welches beim Erzeugen der LDIF-Datei hilft, müssen Sie zuerst die Schlüsselbestandteile der Datei bestimmen. Falls Sie beispielsweise die Telefonnummer ändern wollen, müssen Sie die Identität des Benutzers wissen, dessen Nummer Sie ändern wollen, und Sie müssen weiterhin wissen, auf welche Weise Sie die Nummer ändern. Außerdem müssen Sie Ihr Verzeichnis gut kennen. Verfügt beispielsweise jeder Benutzer in der Organisation über eine eigene Telefonnummer oder gibt es solche, die keine haben? Die Stapeldatei zum Ändern der Telefonnummer setzt voraus, dass jeder Benutzer im Verzeichnis eine Telefonnummer benötigt. Dies kann zwar eine Nummer in der Zentrale sein, aber es bleibt eine

Nummer, die mit dem Verzeichniseintrag eines bestimmten Benutzers verknüpft ist, was sich schon aus dem rekursiven Ablauf des Scripts ergibt. Das Script kennt keinerlei Ausnahmen.

Nachdem Sie daher die Mindestvoraussetzungen und den Funktionsablauf festgelegt haben, können Sie eine Stapeldatei erstellen, die ihrerseits die LDIF-Datei erzeugt. Ein typisches Beispiel ist so aufgebaut, dass Sie aus den ersten fünf Zeilen immer die Informationen entnehmen können, die zum Bearbeiten eines Verzeichnisses notwendig sind. Eine solche Datei kann mit dem folgenden Script erstellt werden:

```
Echo version: 1
Echo dn: CN=Doug Hauger,CN=Users,DC=Cleverware,DC=net
Echo changetype: modify
Echo replace: telephonenumber
Echo telephoneNumber: 413-555-9696
```

Das Problem dieses Scripts besteht darin, dass es bei jedem Lauf die Telefonnummer von Doug Hauger ändert und vor allem immer auf denselben Wert ändert. Um dem abzuhelfen, erzeugen Sie Variablen für den Vor-, den Familiennamen und die Telefonnummer, was das nächste Script ergibt. Dieses Script namens *chtele* (wegen »change telephone number«) erstellt eine Datei entsprechend den Parametern, die dem Script übergeben werden.

Nachdem die LDIF-Datei erzeugt worden ist, wird LDIFDE zusammen mit dieser Datei aufgerufen. Zum Ausführen des Scripts tippen Sie ein: *chtele Doug Hauger 425-555-9696 >> ad.log*. Dadurch wird außerdem noch eine Protokolldatei (ad.log) für spätere Überprüfungen angelegt.

```
REM
REM  chtele firstname lastname telephoneNumber  >> ad.log
REM
REM
IF »%1"=="" GOTO HELP
IF »%2"=="" GOTO HELP
IF »%3"=="" GOTO HELP
Del %1%2.tp
Echo version: 1  > %1%2.tp
Echo dn: CN=%1 %2,CN=Users,DC=Cleverware,DC=net >> %1%2.tp
Echo changetype: modify >> %1%2.tp
Echo replace: telephonenumber >> %1%2.tp
Echo telephoneNumber: %3 >>%1%2.tp
Ldifde -I -v -f %1%2.tp
IF 1==1 GOTO END
:HELP
Echo A parameter is missing
Echo ChTele Firstname Lastname TelephoneNumber
:END
```

19.5.2 Die praktische Verwendung von LDIFDE

Mit Stapeldateien und LDIFDE steht ein Satz von Werkzeugen zur Verfügung, mit dem Sie die Administration des Verzeichnisses protokollieren und den Zugriff darauf kontrollieren können. LDIFDE erweist sich als nützlich, wenn Sie zu einer verteilten Administration übergehen und eine Reihe von Stapeldateien erstellen, die der Administration dienen. Wegen der manuellen Arbeit beim Erstellen der LDIF-formatierten Dateien und der Möglichkeit von Fehlern scheint LDIFDE eher ein untaugliches Administrationswerkzeug zu sein. Bei sorgfältiger Handhabung und Planung entschädigt es Sie jedoch durch den kontrollierten Zugriff auf das Verzeichnis und die Gelegenheit, alle Transaktionen protokollieren zu können.

Durch Löschen der Zeile, in der LDIFDE steht, verhindern Sie den Import. Beachten Sie außerdem, dass Personen, die nicht über die erforderlichen Rechte für das Active Directory verfügen, keine Änderungen am Verzeichnis über Imports vornehmen können.

Mit der neu von Ihnen erstellten Scriptdatei verfügen Sie über ein Werkzeug für eine kontrollierte Administration. Durch die Weitergabe eines Scripts, dass sich für verschiedene Aufgaben eignet, verschaffen Sie Remote-Administratoren die Möglichkeit, die zur Verwendung für LDIFDE benötigten Dateien zu senden. Die Scripts können beispielsweise an ein bestimmtes Postfach für Remote-Administratoren gesendet werden, um dann einmal am Tag überprüft und ausgeführt zu werden.

Sie als zentraler Administrator erhalten dadurch Vorteile: Sie können die Änderungen am Verzeichnis kontrollieren und nachvollziehen, sobald sie ins Postfach eingehen.

Durch die Möglichkeit zur Kontrolle der protokollierten Aktivitäten, die Ihnen durch die Ausführung von LDIFDE in einer Stapeldatei geboten wird, verfügen Sie zugleich über eine Überwachung aller Änderungen des Verzeichnisses. Dies vermeidet dann die späteren Rückfragen, wer was am Verzeichnis verändert hat!

19.6 CSVDE

Mit CSVDE steht ein weiteres Werkzeug für Änderungen am Verzeichnis zur Verfügung. CSVDE ähnelt LDIFDE insofern, als es Änderungen am Verzeichnis vornehmen kann, aber mit der Ausnahme, dass es als Eingabedatei für Änderungen eine kommaseparierte CSV-Datei erwartet. Dies ist praktisch, wenn sich die Daten, mit denen Sie das Verzeichnis ändern wollen, im Excel- oder im Format einer Datenbank befinden, die CSV-Dateien erstellen kann.

Zum Hinzufügen eines Benutzers über CSVDE erstellen Sie eine Datei mit etwa dem folgenden Code:

```
Dn,cn,givenname,objectclass,samaccountname
"cn=billyboy,ou=user,dc=Cleverware,dc=net",billyboy,billyboy,user,billy-
boy
```

Die erste Zeile stellt die Kopfzeile dar, die den zu jedem folgenden Wert gehörenden Parameter identifiziert. In diesem Beispiel wird DN auf *cn=billyboy,ou=user,dc=Cleverware,dc=net* und der zweite Wert in Zeile 2 auf *cn=billyboy* gesetzt.

Durch diese Datei wird über den Aufruf von CSVDE mit *csvde -I -v -f Dateiname billyboy* dem Verzeichnis der OU des Benutzers hinzugefügt.

19.7 Werkzeuge anderer Anbieter

Für die Verzeichnisadministration über Scripts steht noch eine Anzahl weiterer Werkzeuge von Drittanbietern zur Verfügung. *Directscript* von Entevo bietet zur Administration einen ADSI-kompatiblen Zugriff auf Active Directory. Andere Hersteller wie Fastlane und Mission Critical Software stellen ebenfalls Software für die Administration des Active Directory zur Verfügung.

19.8 Fazit

Über das Scripting werden seit langer Zeit administrative Aufgaben in vielen EDV-Umgebungen ausgeführt. Mit Active Directory und Windows 2000 reichen Microsoft-Produkte noch weiter als bisher in eine Unternehmensumgebung hinein. In weitgespannten Umgebungen dieser Art sorgen Investitionen in das Scripting dafür, dass Ihr Personal eine effiziente und effektive Methode zur Verwaltung der Umgebung erhält. Die Möglichkeiten, die sich hieraus ergeben, hat dieses Kapitel kurz zu beleuchten versucht. Durch die Verknüpfung des Verzeichnisses mit dem Scripting erhalten Sie ein neues, leistungsfähiges Werkzeug.

Kapitel 20

Namespace-Szenarien für die Implementierung

Die Namespace-Hierarchie, die die Art und Weise definiert, in der das Active Directory implementiert wird, ist entscheidend für einen erfolgreichen Entwurf des Active Directory. Die Implementierung des Active Directory kann nicht erfolgreich verlaufen, wenn die Namespace-Hierarchie schlecht entworfen ist oder nicht mit den Anforderungen der Organisation übereinstimmt. In Kapitel 11, »Skalierbarkeit und Active Directory«, wurden das Active Directory und die Skalierbarkeit vor allem im Hinblick auf die Hierarchie der Organisationseinheiten (OUs) und Domänen erörtert. Dieses Kapitel wird genau untersuchen, aus welchen Komponenten eine Hierarchie des Active Directory besteht und wie diese Hierarchie entworfen werden sollte, um den Bedürfnissen der Organisation zu entsprechen, in der sie implementiert wird.

20.1 Definition einer Hierarchie

Die Hierarchie eines Active Directory umfasst mehrere Elemente, die Sie je nach dem Entwurf der Hierarchie entweder vollständig oder nur teilweise einbinden. Die Art und Weise, in der alle diese Elemente kombiniert werden, legt die Struktur der Hierarchie fest. Sie besteht aus folgenden Elementen:

- Objekt
- OU
- Domäne
- Struktur
- Gesamtstruktur

20.1.1 Objekt

Das grundlegende Element der Namespace-Hierarchie ist das Objekt. Objekte sind die Bausteine der Struktur des Active Directory. Objekte können folgende weitere Objekte enthalten, ohne aber auf diese beschränkt zu sein:

- Computer
- Benutzer
- Gruppen
- Drucker
- Sicherheitsrichtlinie
- OUs
- Anwendungen
- Freigegebene Ordner

Neben diesen Standardobjekten können auch noch benutzerdefinierte Objekte erstellt werden. Ein Beispiel eines benutzerdefinierten Objekts ist das Benutzerprofil einer Anwendung zur Planung von Unternehmensressourcen, das von der Personalabteilung verwendet wird. Ein solches Profil kann in Übereinstimmung mit der Planungsanwendung Sicherheitsdefinitionen für Benutzer enthalten. Es kann aber auch Definitionen für Anwendungsmodule, auf die der Benutzer beim Start der Anwendung zugreift, enthalten. Falls das Active Directory als Repository für die Profilinformationen von Anwendungen genutzt wird, kann eine Erweiterung des Active Directory-Schemas zur Aufnahme der neuen Objektklassen erforderlich werden.

Computer

Computerobjekte definieren die Eigenschaften eines Computerkontos in der Domäne. Die Eigenschaften des Computerobjekts können die jeweiligen Anwendungseinstellungen für einen Computer oder individuelle Benutzer definieren, die Berechtigungen zum Zugriff auf diesen Computer besitzen.

Benutzer

Das Benutzerobjekt definiert über die Eigenschaften des Benutzerkontos die Art und Weise, in der im Active Directory und in der Gesamtstruktur auf Ressourcen zugegriffen wird. Zu diesen Eigenschaften können Angaben darüber gehören, in welchen Gruppen der Benutzer Mitglied ist, zu welchen Zeiten des Tages er auf das Netzwerk zugreifen kann und wann sein Kennwort abläuft. Jedes Benutzerobjekt kann noch viele weitere Parameter enthalten.

Gruppen

Mit Gruppen werden Ansammlungen spezieller Benutzer und Gruppenobjekte innerhalb der Gesamtstruktur definiert. Gruppen können für Sicherheitszwecke verwendet werden, wie beispielsweise zum Definieren einer administrativen Gruppe, die sämtliche Administratoren enthält, die die Rechte zum Verwalten von Ressourcen in der Domäne oder der Gesamtstruktur besitzen. Gruppen können weiterhin für Administrationszwecke verwendet werden, wie beispielsweise zum Definieren einer Gruppe *Vertrieb*, die alle Benutzer in der Domäne oder Gesamtstruktur enthält, die sich im Vertrieb befinden. Damit wird die Zuweisung von Rechten oder Anwendungsrichtlinien zum gesamten Personal im Vertrieb erleichtert. Darüber hinaus bietet das Active Directory die Voraussetzung für Gruppen an, die mit E-Mail in Verbindung stehen. So ist es beispielsweise möglich, einen Satz von Benutzerobjekten für Managementassistenten und ausführendes Personal in einer einzigen Gruppen zusammenzufassen und ihnen über einen einzigen Mail-Alias Post zuzusenden.

Zusätzlich zur Verwendung von Gruppen für die Sicherheit oder für Administrationszwecke können Gruppen in Windows 2000 auch als Verteilergruppen konfiguriert werden, was ein bedeutender Unterschied gegenüber Windows NT 4.0. In Windows NT 4.0 konnte eine Gruppe nicht als eine Verteilergruppe für E-Mail konfiguriert werden. Mit Active Directory in Windows 2000 ist nun die Konfiguration einer Sicherheitsgruppe als E-Mail-Verteilergruppe möglich, was den Verwaltungsaufwand reduzieren hilft, der bei identischen Gruppen im Verzeichnis des Netzwerkbetriebssystems und des E-Mail-Systems entsteht (dies war bei Windows NT 4.0 und Exchange Server 5.5 der Fall).

Drucker

Druckerobjekte definieren die Eigenschaften von Druckern in der Gesamtstruktur. Druckereigenschaften enthalten die Typen von Druckertreibern, Druckerstandorte und spezifische Konfigurationseinstellungen, wie beispielsweise die Festlegung, ob auf dem Drucker weitere Einzugsschächte installiert sind.

Sicherheitsrichtlinien

Sicherheitsrichtlinien werden auf Objekte im Verzeichnis angewendet. Sie kontrollieren alles – angefangen von den Zugriffsrechten eines Benutzers für eine bestimmte Ressource bis hin zur Frage, ob der Datenverkehr zwischen zwei bestimmten Hosts im Netzwerk verschlüsselt werden soll. Die Sicherheitsrichtlinien werden im Active Directory als Untermenge der Gruppenrichtlinienobjekte (GPO, Group Policy Object) implementiert. Sie werden in diesem Zusammenhang auf Gruppen von Verzeichnisobjekten einschließlich Benutzer und Computer angewendet. Darüber kontrollieren Sicherheitsrichtlinien direkt über Sicherheitsvorlagen den lokalen Host.

OUs

OUs sind sowohl Objekte im Verzeichnis als auch die Container darin, in denen die Objekte liegen. OUs werden ausführlich weiter unten erörtert.

Anwendungen

Anwendungen können im Verzeichnis als Objekte registriert werden. Durch die Registrierung von Anwendungen als Objekte wird es möglich, den Objekten Sicherheitsrichtlinien zuzuweisen und spezielle Anwendungen speziellen Benutzergruppen zuzuordnen. Anwendungen können verfügbar oder obligatorisch für die Benutzer gemacht werden. Der Unterschied zwischen beiden besteht darin, dass im ersten Fall die Benutzer selbst entscheiden, ob sie die Anwendung installieren wollen. Im zweiten Fall sind Benutzer, die Mitglieder in Gruppen mit zugewiesenen Anwendungen sind, gezwungen, die Installation der Anwendung zu akzeptieren.

Freigegebene Ordner

Freigegebene Ordner sind Objekte im Verzeichnis, die den Standort und die Eigenschaften identifizieren, die mit den Dateien in der Netzwerkumgebung verknüpft sind.

20.1.2 OU

Die nächste Stufe in der Active Directory-Hierarchie ist die OU. Die OU ist der Container, in dem die verschiedenen Objekttypen gruppiert werden können. Gibt es ein Objekt im Active Directory, dann existiert es auch im Kontext einer OU bzw. eines Containers. Es ist wichtig zu bemerken, dass einige der im Active Directory eingerichteten Container standardmäßig keine OUs sind und daher konsequenterweise auch keine ihnen zugewiesenen Gruppenrichtlinien besitzen können. Hierzu gehören die Container für Benutzer und Computer.

OUs werden für administrative logische Eingruppierungen oder für Objekte benutzt, die zum Delegieren der Administration in der Domäne verwendet werden. Obschon das Delegieren der Administration einer der Hauptgründe zum Entwickeln von OUs ist, sollte dies nicht der Hauptgrund sein. Andere Gründe für das Entwickeln von OUs werden weiter unten in diesem Kapitel erörtert. Eine der entscheidenden Punkte beim Entwickeln einer Hierarchie des Active Directory besteht in der Festlegung, ob neue OUs erstellt werden sollen.

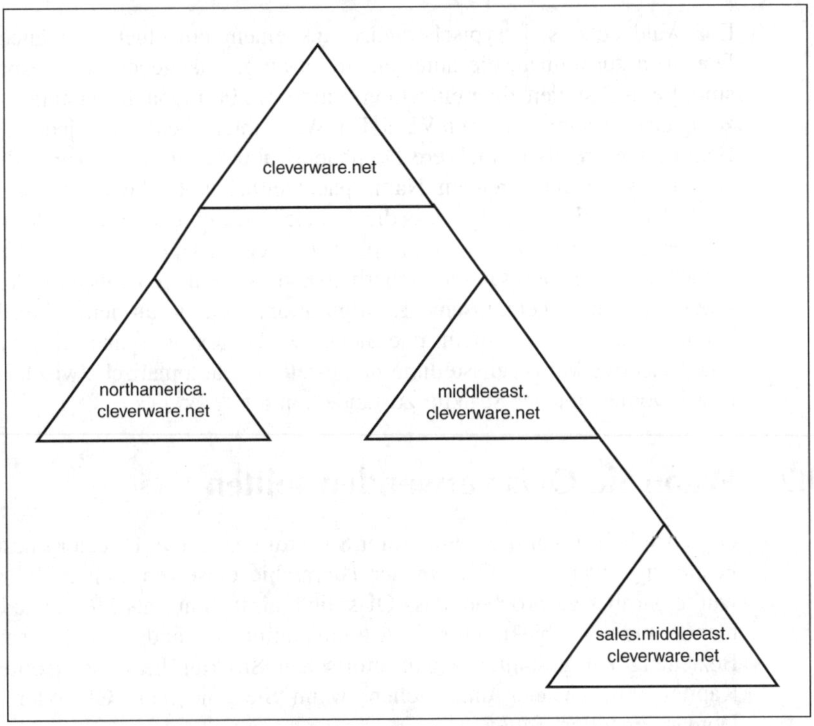

Abb. 20.1: Ein Domänennaum, der sämtliche Domänen umfasst, die an einem zusammenhängenden Namespace teilhaben

20.1.3 Domäne

Eine Domäne wird durch einen gemeinsamen Sicherheitskontext und gemeinsame Sicherheitsrichtlinien definiert und über einen einzigen Namespace innerhalb der Verzeichnishierarchie vereinheitlicht. Dieses Kapitel wird sich mit der Frage befassen, wann und warum anstelle einer OU eine Domäne zur Segmentierung von Objekten im Verzeichnis verwendet werden sollte.

20.1.4 Baum

Ein Baum ist eine Sammlung von Windows-2000-Domänen, die unter einen zusammenhängenden und vereinheitlichten Namespace fallen (siehe dazu die Abbildung 20.1). Alle Domänen in einem Baum teilen einen gemeinsamen Sicherheitskontext und einen Globalen Katalog (Global Catalog, GC). Dies trifft außerdem auch auf Domänen in einem Wald zu.

20.1.5 Wald

Ein Wald setzt sich typischerweise aus einem einzelnen Domänenbaum mit Domänen zusammen, die unter einem zusammenhängenden Namespace vereint sind. Beim Erstellen einer einzelnen Windows-2000-Domäne erstellen Sie gleichzeitig einen Baum und einen Wald. Ein Wald unterscheidet sich jedoch von einem Baum insofern, als er mehrere Domänenstrukturen enthalten kann, die nicht an einem zusammenhängenden Namespace teilhaben (siehe dazu die Abbildung 20.2). Die Abbildung zeigt, dass die von cleverware.net definierte Domänenstruktur keinen gemeinsamen Namespace mit cleverware.stuff teilt. Beide teilen jedoch einen gemeinsamen Sicherheitskontext, ein gemeinsames Verzeichnisschema und eine gemeinsame Konfiguration, weil sie an demselben Domänenbaum teilhaben. Der gemeinsame Sicherheitskontext wird über eine standardmäßige transitive Vertrauensstellung hergestellt, die automatisch zwischen den Top-Level-Domänen jeder Struktur zustande kommt.

20.2 Wann Sie OUs verwenden sollten

Der erste Schritt beim Entwurf Ihrer Struktur des Active Directory besteht in der Festlegung, wann Sie OUs in der Hierarchie einsetzen sollten. In Kapitel 11 wurde darüber gesprochen, dass OUs nicht einfach nur als Möglichkeit zur Segmentierung von Objekten für die Administration verstanden werden, sondern eine Beziehung zur gesamten organisatorischen Struktur herstellen sollten. Dieses Kapitel wird genauer untersuchen, wann Sie eine neue OU oder eine neue Domäne erstellen sollten.

Ein häufiger Grund, aus dem der unerfahrene Administrator des Active Directory eine OU erstellt, besteht in der Delegierung der administrativen Autorität.

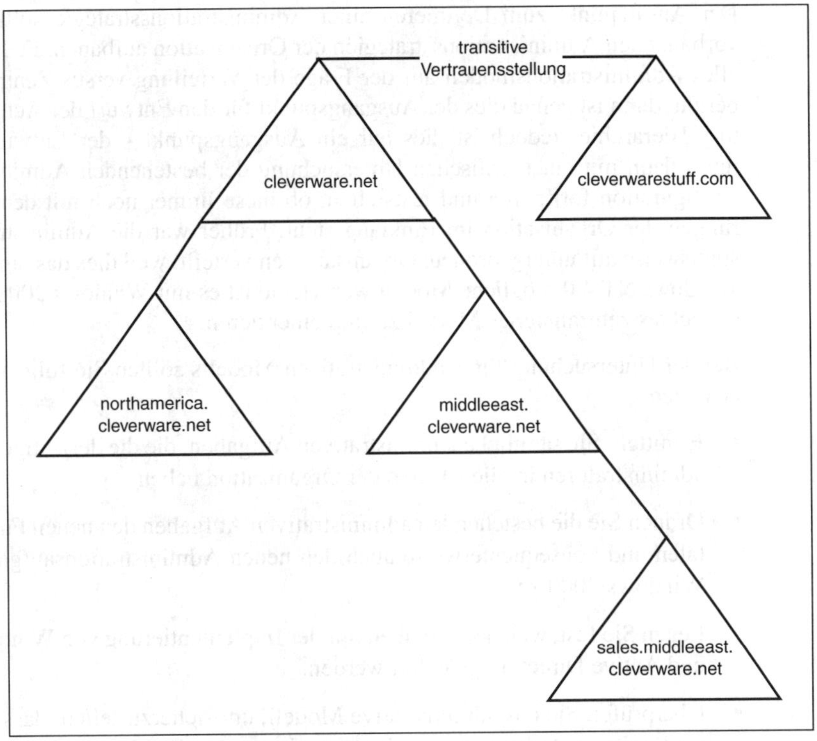

Abb. 20.2: Ein Domänenwald unter Windows 2000 unterscheidet sich insofern von einem einzelnen Domänenbaum, als er mehrere Domänenbäume mit nicht zusammenhängenden Namespaces enthalten kann.

Die Ursache liegt darin, dass es unter der Version Windows NT 4.0 und davor notwendig war, zur Delegierung der administrativen Autorität eine komplett neue Domäne zu erstellen. Mit dem nun zur Verfügung stehenden neuen Konzept der OU kommen viele Administratoren in Versuchung, innerhalb einer einzigen Domäne OU auf OU zu stapeln, um die Administration von Objekten immer weiter nach unten zu verteilen. Es ist wichtig zu verstehen, dass diese Vorgehensweise kein Ansatzpunkt für den administrativen Entwurf der Active-Directory-Hierarchie sein kann.

20.2.1 Delegieren der Administration

Beim Segmentieren der Hierarchie des Active Directory in mehrere OUs sollte die Delegation der Administration kein Hauptgrund sein. Ist sie es doch, dann stellt sich die Frage, welche Administrationsstrategie zum Delegieren der Autorität innerhalb einer Active-Directory-Hierarchie benutzt werden soll, die nun mehrfache Anforderungen an die Administration stellt.

Der Ansatzpunkt zum Definieren einer Administrationsstrategie sollte auf den vorhandenen Administrationsstrategien der Organisation aufbauen. Falls Ihr aktuelles Administrationsmodell auf der Frage der Verteilung versus Zentralisierung beruht, dann ist genau dies der Ausgangspunkt für den Entwurf der Active- Directory-Hierarchie. Jedoch ist dies nur ein Ausgangspunkt – der Entwurfsprozess muss dann mit einer kritischen Untersuchung der bestehenden Administrationskonfiguration fortfahren und feststellen, ob diese immer noch mit den Anforderungen der Organisation im Einklang steht. Früher war die Administration beispielsweise auf untergeordnete Organisationen verteilt, weil dies das einzige unter Windows NT 4.0 mögliche Modell war. Heute ist es mit Windows 2000 möglich, ein echtes zentralisiertes Modell zu implementieren.

Bei der Untersuchung Ihres administrativen Modells sollten Sie folgende Punkte beachten:

- Ermitteln Sie sämtliche administrativen Aufgaben, die die derzeitigen Systemadministratoren in allen Teilen der Organisation haben.
- Ordnen Sie die bestehenden administrativen Aufgaben den neuen Funktionalitäten und konsequenterweise auch den neuen Administrationsaufgaben unter Windows 2000 zu.
- Legen Sie fest, welche Aufgaben mit der Implementierung von Windows 2000 und Active Directory geändert werden.
- Überprüfen Sie das administrative Modell, um sicherzustellen, dass es immer noch mit den Anforderungen der Organisation im Einklang steht.

Nehmen Sie als Beispiel an, dass Ihre Organisation gegenwärtig Administratoren für die Aufgabe einsetzt, neue Benutzerkonten im Netzwerk und neue Postfächer in Exchange zu erstellen, wobei es Administratoren für die Netzwerk- und Exchange-Umgebung gibt. Der Grund für dieses Administrationsmodell liegt darin, dass es unter Windows NT 4.0 und Exchange 5.5 einfacher war, Mail-Administratoren gleichzeitig als Kontenadministratoren zu verwenden, so dass ein und dieselbe Person das Netzwerkkonto und das Exchange-Postfach einrichten konnte. Mit Active Directory ist es jetzt möglich geworden, Mail-Administratoren die Fähigkeit zum Erstellen von Benutzerkonten in bestimmten OUs zu verleihen, ohne Ihnen gleichzeitig die volle administrative Kontrolle für die Domäne zu verleihen.

Im Active Directory werden registrierte Benutzer, Sicherheitsgruppen, Computer und Ressourcen Sicherheitsprincipale genannt (weitere Informationen über Sicherheitsprincipale und Kerberos finden Sie in Kapitel 15, »Entwerfen einer Sicherheitsstrategie für das Netzwerk«). Sicherheitsprincipalen können Zugriffsberechtigungen gewährt und zugewiesen werden. Auf diese Weise ist es möglich, die administrative Kontrolle auf bestimmte Objekte im Verzeichnis zu beschränken, ohne zu diesem Zweck mehrere Ebenen von OUs zum Speichern der Sicherheitsprincipale einrichten zu müssen. Falls allerdings mehrere Sicherheits- und

Administrationsrichtlinien auf viele Sicherheitsprincipale angewendet werden müssen, ist dies zweifellos ein umständlicher Weg.

OUs sollten daher konsequenterweise in dem Fall zur Segmentierung in der Administration von Sicherheitsprincipalen verwendet werden, wenn es eine große Anzahl von individuellen Benutzerobjekten im Verzeichnis gibt, die zur Funktion einen anderen Satz von Sicherheitsrichtlinien benötigen.

20.2.2 OUs der obersten Ebene

OUs der obersten Ebene sollten zur Segmentierung von Sicherheitsprincipalen und zur Eingruppierung von Richtlinien in Einheiten verwendet werden, die im Hinblick auf die geschäftlichen und Administrationsanforderungen relativ statisch sind. Wie schon in Kapitel 11 erörtert, können OUs der obersten Ebene auf der geografischen Segmentierung der Organisation, in der Active Directory implementiert wird, beruhen. Sie können außerdem auch auf einer organisatorischen Segmentierung aufbauen.

Entwurfsüberlegungen für OUs der obersten Ebene sollten sich um die Frage drehen, wie die administrativen Richtlinien auf die Hierarchie des Active Directory angewendet werden. Falls jeder Benutzer in der Organisation denselben Zugriffs- und Administrationsanforderungen unterworfen sein soll, besteht keine große Notwendigkeit für eine segmentierte Hierarchie mit mehreren OUs der obersten Ebene. Dies ist jedoch nur selten der Fall – in den meisten Organisationen werden in der Praxis mehrfache OUs der obersten Ebene erstellt. OUs der obersten Ebene sollten als Home-Container für organisationsweite Gruppenrichtlinien verwendet werden. Eine bedeutende Verringerung des administrativen Aufwandes kann dadurch erzielt werden, dass so viele organisationsweite Gruppenrichtlinien wie möglich in die erste Ebene der Hierarchie verlagert und für OUs der zweiten und dritten Ebene eine Vererbung eingerichtet wird.

Betrachten Sie hinsichtlich der Einrichtung Ihrer OU-Struktur der ersten Ebene den folgenden Ablauf:

1. Untersuchen Sie die aktuelle organisatorische Segmentierung der Organisation. Überlegen Sie, ob diese Segmentierung auch für die Zukunft die Segmentierung der Organisation darstellen soll.

2. Nehmen Sie eine geografische Segmentierung der Organisation vor. Überlegen Sie, ob die geografische Verteilung statisch ist oder sich im Laufe der Zeit bedeutend verändert.

3. Legen Sie fest, welche Segmentierung sich im Laufe der Zeit wahrscheinlich am wenigsten verändern wird.

4. Errichten Sie die OU-Struktur der ersten Ebene auf der Grundlage der in Schritt 3 entwickelten Segmentierung.

Während der Planung Ihrer OU-Struktur ist es wichtig festzuhalten, dass OUs für Benutzer in der Regel nicht sichtbar sind. Zwar können Benutzer OUs beim Durchsuchen sehen, jedoch sollte das Durchsuchen kein Bestandteil der Entwurfsüberlegungen beim Entwickeln der Active-Directory-Hierarchie sein. Standardmäßig wird die OU-Struktur aus der Ergebnismenge einer Anfrage an das Active Directory nicht ersichtlich. Außerdem werden OUs nicht als Teil des DNS-Dienstes (DNS, Domain Name System) sichtbar, der die Namensauflösung für Active Directory besorgt.

Hinweis

> *Die Anwendung von Gruppenrichtlinien über die OU*
>
> *Gruppenrichtlinien für die OU werden auf Objekte in OUs vom Domänenstamm abwärts angewendet. Falls Sie daher ineinander geschachtelte OUs mit mehreren Ebenen und mit diesen OUs verknüpfte mehrfache Gruppenrichtlinien haben sollten, kann eine deutliche Beeinträchtigung der Antwortzeit des Clients bei der Anmeldung auftreten.*

20.2.3 OUs der zweiten Ebene

OUs der zweiten Ebene sollten verwendet werden, wenn eine Segmentierung der Ressourcen einschließlich von Benutzern und Computern in Gruppen notwendig wird, die eine größere Granularität gegenüber jenen Gruppen bietet, die sich aus der im vorigen Abschnitt erörterten Delegierung der Sicherheit und Administration ergeben. Diese Vorgehensweise kann aufgrund der Struktur der Organisation erforderlich werden. Beispielsweise kann der gesamte Vertrieb denselben Sicherheitsrichtlinien und demselben Sicherheitsmodell unterworfen sein, während es trotzdem noch notwendig ist, verschiedene Gruppen im Vertrieb auf geografischer Grundlage voneinander zu isolieren.

20.3 Wann Sie mehrere Domänen in einem einzelnen Baum verwenden sollten

Eine der schwierigsten Entscheidungen besteht darin, wann in einem einzelnen Baum anstelle von mehreren OUs mehrere Domänen verwendet werden sollen. Mehrere Domänen in einem Baum teilen viele derselben Attribute, die auch zwischen mehreren OUs in einer einzelnen Domäne genutzt werden – es gibt ein gemeinsam genutztes Schema des Active Directory, einen Sicherheitskontext und einen Namespace. Warum sollte man daher anstelle einer Implementierung mehrerer OUs in einer einzelnen Domäne mehrere Domänen implementieren? Um diese Entscheidung treffen zu können, ist es wichtig, die Charakteristiken eines Baumes mit mehreren Domänen zu verstehen.

20.3.1 Schema

Mehrere Domänen in einem Baum teilen sich ein gemeinsames Schema, was bedeutet, dass Änderungen am Schema in der Datenbank des Active Directory in den Schema-Betriebsmaster geschrieben und dann an andere Domänencontroller (DC) im Baum repliziert werden (siehe dazu die Abbildung 20.3). Standardmäßig ist der Schema-Betriebsmaster der erste DC im Wald; das Standardschema wird dann auf diesem DC geladen, wenn auch Windows 2000 das erste Mal auf diesem DC geladen wird. Wenn an dem Schema beim Schema-Betriebsmaster Änderungen vorgenommen werden, werden diese an jeden DC repliziert. Aus diesem Grunde sollte der Entscheidungsprozess hinsichtlich der Verwendung mehrerer Domänen innerhalb einer Organisation nicht abhängig von Schemafragen sein.

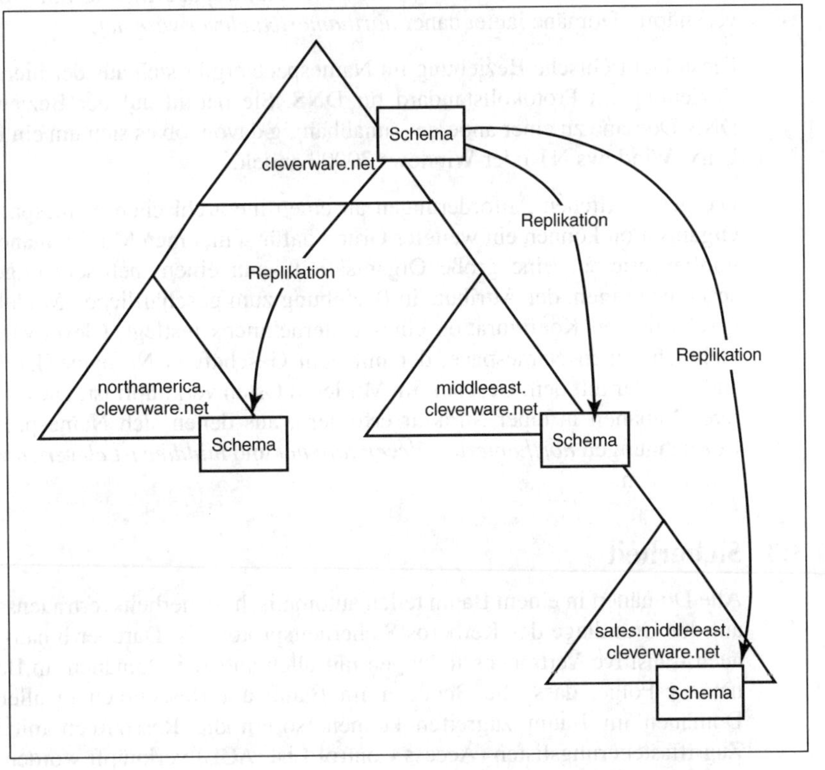

Abb. 20.3: Alle Domänen in einem Baum teilen ein gemeinsames Active-Directory-Schema.

20.3.2 Namespace

So wie sie ein gemeinsames Schema teilen, teilen alle Domänen in einem Baum auch einen gemeinsamen Namespace. Lautet beispielsweise die Stammdomäne einer Organisation cleverware.net, dann sind sämtliche untergeordneten Domänen eine Untermenge des Namespace von cleverware.net. Jede untergeordnete Domäne besitzt genau eine übergeordnete Domäne. Eine übergeordnete Domäne kann mehrere ihr zugeordnete untergeordnete Domänen haben. Jede Hierarchie-Ebene ist in Begriffen des Namespace direkt mit der Hierarchie-Ebene darüber und darunter verknüpft. Nehmen Sie als Beispiel an, dass es unterhalb der Stammdomäne von cleverware.net eine untergeordnete Domäne namens northamerica gibt. Der Namespace dieser Domäne wird aus der Beziehung mit der Domäne oberhalb von ihr abgeleitet. Der Namespace für die mit Nordamerika verknüpfte Domäne lautet daher *northamerica.cleverware.net.*

Diese hierarchische Beziehung im Namespace ergibt sich aus der hierarchischen Beziehung im Protokollstandard für DNS. Sie beruht auf der Beziehung einer DNS-Domäne zu einer anderen – unabhängig davon, ob es sich um ein DNS unter Unix, Windows NT oder Windows 2000 handelt.

Die geschäftlichen Anforderungen an einen hierarchischen Namespace in einer Organisation können ein weiterer Grund dafür sein, einen Multidomänenbaum zu implementieren. Eine große Organisation kann einen mehrschichtigen Namespace benötigen, der Attribute in Beziehung zum geschäftlichen Modell oder der geschäftlichen Konfiguration eines Unternehmens festlegt. Cleverware benötigt vielleicht einen Namespace, der mit dem Geschäft in Nordamerika, und einen anderen, der mit dem Geschäft im Mittleren Osten verknüpft ist. Dies würde mehrere Domänen in einer Struktur erfordern, aus denen sich Namespace mit den Bezeichnungen *northamerica.cleverware.net* und *middleeast.cleverware.net* ergeben würden.

20.3.3 Sicherheit

Alle Domänen in einem Baum teilen automatisch Sicherheitsvertrauensstellungen auf der Grundlage des Kerberos-Sicherheitsprotokolls. Darüber hinaus teilen sie auch transitive Vertrauensstellungen mit allen anderen Domänen im Baum. Dies hat zur Folge, dass alle Benutzer im Baum auf Ressourcen in allen anderen Domänen im Baum zugreifen können, sofern die Ressourcen mit korrekten Zugriffssteuerungslisten (Access Control List, ACL) verknüpft worden sind. Die transitive Vertrauensstellung stellt eine zweiseitige sichere Beziehung dar, die zwischen einer untergeordneten Domäne im Baum und ihrer übergeordneten Domäne besteht (siehe dazu die Abbildung 20.4). Diese Vertrauensstellung wird automatisch eingerichtet, sobald die Domäne dem Baum hinzugefügt wird. Eine transitive Vertrauensstellung liegt vor, wenn die Domäne A der Domäne B und diese wiederum der Domäne C vertraut, wobei die Domäne A durch die transitive Vertrauensstellung nun auch der Domäne B vertraut.

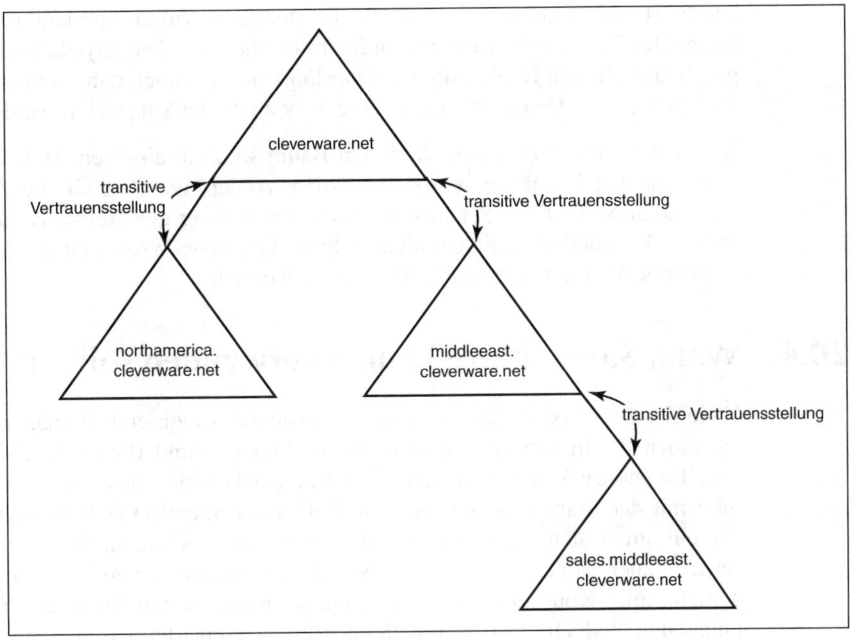

Abb. 20.4: Transitive Vertrauensstellungen zwischen untergeordneten und übergeordneten Domänen

Obwohl jede Domäne beim erstmaligen Erstellen automatisch eine transitive Vertrauensbeziehung besitzt, ist auch die Einrichtung von querverbundenen Vertrauensstellungen zwischen individuellen Domänen im Baum zur Verbesserung der Authentifizierungsleistung möglich. Eine Domäne im Baum kann auch isoliert werden. Dies ist ein weiterer wichtiger Grund dafür, weshalb ein Szenario mit mehreren Domänen gegenüber einem Szenario mit nur einer Domäne zu bevorzugen wäre. Es kann notwendig werden, die Administration der Ressourcen und Benutzer in einer Domäne gegenüber den Benutzern in anderen Domänen im Baum zu segmentieren. Dies kann viel leichter erreicht werden, wenn die Benutzer und Ressourcen nicht in mehrere OUs innerhalb einer einzelnen Domäne, sondern in mehrere Domänen segmentiert werden.

20.3.4 Replikationsverkehr

Der Replikationsverkehr zwischen den DCs in einer Domäne kann ein weiterer wichtiger Grund dafür sein, einen Multidomänenbaum zu erwägen. In einer einzelnen Domäne werden alle Änderungen an der Domäne des Active Directory einschließlich aller Änderungen an den Objekten und Eigenschaften zwischen den DCs in dieser Domäne repliziert. Diese Replikation kann bis zu einem gewissen Ausmaß durch die Implementierung einer geeigneten Standortarchitektur gebremst und kanalisiert werden, die die Domänenstruktur überlagert (eine Erörterung des Standortentwurfs finden Sie in Kapitel 10, »Die physikalische Topologie: Standorte und Replikation«). Allerdings müssen auch dann immer noch alle Änderungen der Daten des Active Directory an die DCs repliziert werden.

Im Falle mehrerer Domänen in einem Baum sind die einzigen Änderungen, die zwischen den Domänen repliziert werden, Änderungen am GC-Server, an der Konfiguration und am Schema. Falls die Umgebung des Active Directory eine Infrastruktur enthält, die sich über mehrere langsame WAN-Leitungen erstreckt, sollte eine Multidomänenstruktur erwogen werden.

20.4 Wann Sie mehrere Bäume verwenden sollten

Viele der zuvor beschriebenen Fragen hinsichtlich mehrerer Domänen in einem einzelnen Baum betreffen auch mehrere Domänen und Bäume in einem Wald. Alle Bäume im Wald teilen sich über eine zweiseitige transitive Vertrauensstellung mit der Stammdomäne für den Wald ein gemeinsames Schema und einen gemeinsamen Sicherheitskontext. Was einen Wald von einem Satz beziehungsloser Domänenbäume unterscheidet, ist die Nutzung eines gemeinsamen Schemas, gemeinsamer Konfigurationsinformationen und einer gemeinsamen Sicherheitsumgebung. Jedoch existieren noch andere Unterschiede zwischen einem einzelnen Baum und mehreren Bäumen in einem Wald, die eine Organisation dazu bewegen können, die Implementierung eines Waldes in Betracht zu ziehen.

20.4.1 Unzusammenhängender Namespace

Vielleicht der wichtigste Grund, einen Wald mit mehreren Bäumen anstatt mit einem einzigen Baum zu wählen ist die Notwendigkeit mehrerer Namespaces innerhalb der Organisation. Mehrere Namespaces können aus verschiedenen Gründen nötig werden:

- Die Organisation kann in Geschäftsfeldern tätig sein, die unterschiedene und nicht aufeinander bezogene Namespace im Internet erforderlich machen, wobei auch weiterhin eine zentrale Administration und ein organisationsweiter Zugriff auf Ressourcen benötigt wird.
- Die Organisation wächst durch Zukauf und möchte nicht sofort auf die Namespace verzichten, die von den zugekauften Unternehmen ererbt wurden.
- Die Organisation kann Partnerschaften eingehen, in der der Partner keine Active-Directory-Struktur verwalten und lieber eine bestehende Struktur weiter ausbauen möchte.

Alle diese Szenarien können mit einer Implementierung eines einzelnen Waldes mit mehreren Domänenbäumen realisiert werden (siehe dazu die Abbildung 20.5). Es ist allerdings wichtig festzuhalten, dass es trotz des unzusammenhängenden Namespace im Wald immer noch einen einzelnen Schema-Betriebsmaster, an den alle Schema-Änderungen gehen, und einen einzelnen GC für den Wald gibt. Zur Beherbergung des GCs können auch mehrere DCs als GC-Server konfiguriert werden.

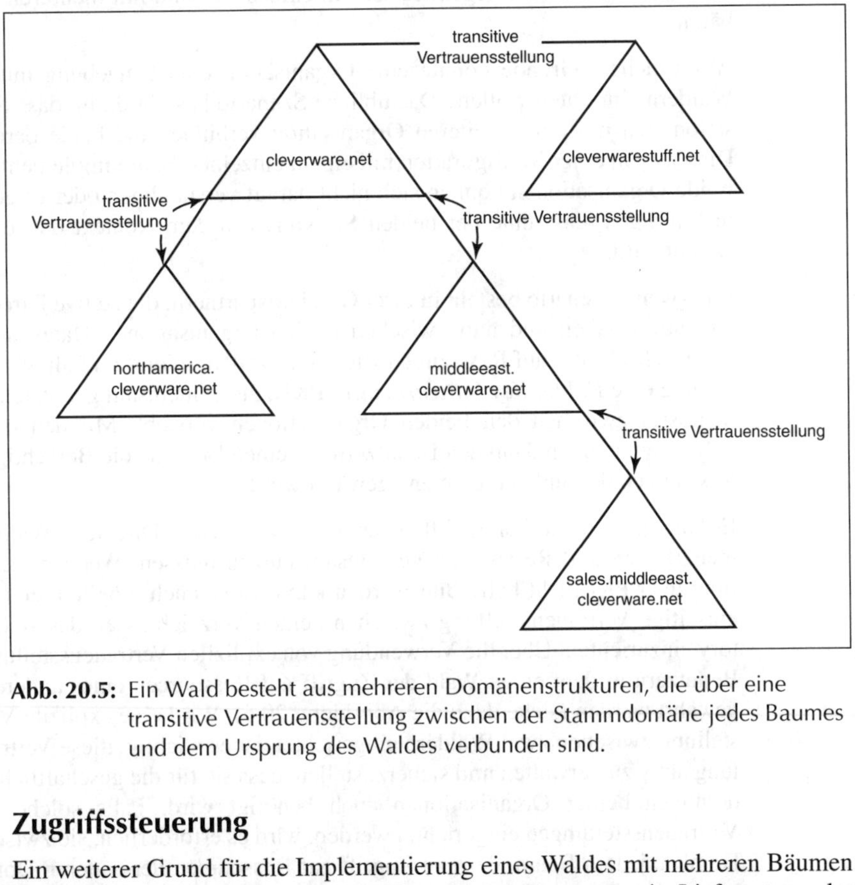

Abb. 20.5: Ein Wald besteht aus mehreren Domänenstrukturen, die über eine transitive Vertrauensstellung zwischen der Stammdomäne jedes Baumes und dem Ursprung des Waldes verbunden sind.

20.4.2 Zugriffssteuerung

Ein weiterer Grund für die Implementierung eines Waldes mit mehreren Bäumen besteht in der Steuerung des Zugriffs externer Benutzer wie Lieferanten oder Geschäftspartner auf Ressourcen. Eine Organisation kann Partnerkonten in einem separaten Baum im Wald einrichten und dem Unternehmensadministrator auf diese Weise die Zugriffssteuerung für empfindliche Domänenressourcen des Unternehmens erleichtern.

20.5 Wann Sie mehrere Wälder verwenden sollten

Die Entscheidung zur Verwendung mehrerer Wälder im Entwurf der Active-Directory-Hierarchie sollte nicht leichtfertig erfolgen. Es ist zwar möglich, Umgebungen mit mehreren Wäldern einzurichten, jedoch können sie schwierig und kostspielig zu verwalten sein. In den meisten Umgebungen einzelner Organisationen bietet ein Entwurf des Active Directory mit mehreren Wäldern keinen geschäftlichen Vorteil gegenüber einem einzelnen Wald mit mehreren Domänenbäumen.

Aus welchem Grunde könnte eine Organisation eine Umgebung mit mehreren Wäldern einrichten wollen? Das übliche Szenario besteht darin, dass die Organisation sich mit einer weiteren Organisation verbindet und beide bereits Active Directory in einer Konfiguration mit einem einzelnen Baum implementiert haben. Beide Organisationen können sich nicht darauf verständigen oder es geschäftlich rechtfertigen, dass eine der beiden Strukturen in dem Kontext der anderen neu erstellt wird.

Das zweite Szenario besteht in zwei Geschäftspartnern, die Active Directory implementiert haben und nun zwischen beiden Organisationen Daten austauschen und wechselseitig auf Ressourcen zugreifen wollen. In diesem Fall wäre die beste Lösung eine *Public Key Infrastructure* (PKI), die gemeinsam genutzte öffentliche Schlüssel zwischen den beiden Organisationen vorsieht. Mit den öffentlichen Schlüsseln können dann den Benutzern der einen Domäne die Berechtigungen für Ressourcen der anderen Domäne gewährt werden.

Es kann jedoch den Sonderfall geben, dass zwei Active-Directory-Wälder zusammenarbeiten und Ressourcen gemeinsam nutzen müssen. Wenn diese Anforderung über PKI nicht befriedigt werden kann, ist es auch möglich, eine explizite, einseitige Vertrauensstellung zwischen beiden Verzeichnissen des Active Directory einzurichten. Über die Verwendung von expliziten Vertrauensstellungen kann Benutzern in dem einen Wald der Zugriff auf Ressourcen eines anderen Waldes gewährt werden (siehe dazu die Abbildung 20.6). Wird eine explizite Vertrauensstellung zwischen zwei Wäldern eingerichtet, ist es wichtig, diese Vertrauensstellung aktiv zu verwalten und sicherzustellen, dass sie für die geschäftlichen Anforderungen beider Organisationen auch benötigt wird. Falls solche expliziten Vertrauensstellungen eingerichtet werden, wird es erforderlich, sie zwischen jeder Domäne jedem Baum, der den Zugriff auf Ressourcen der anderen Domäne verlangt, zu definieren. Als Ergebnis davon kann der Prozess der Einrichtung expliziter Vertrauensstellungen recht schwerfällig werden.

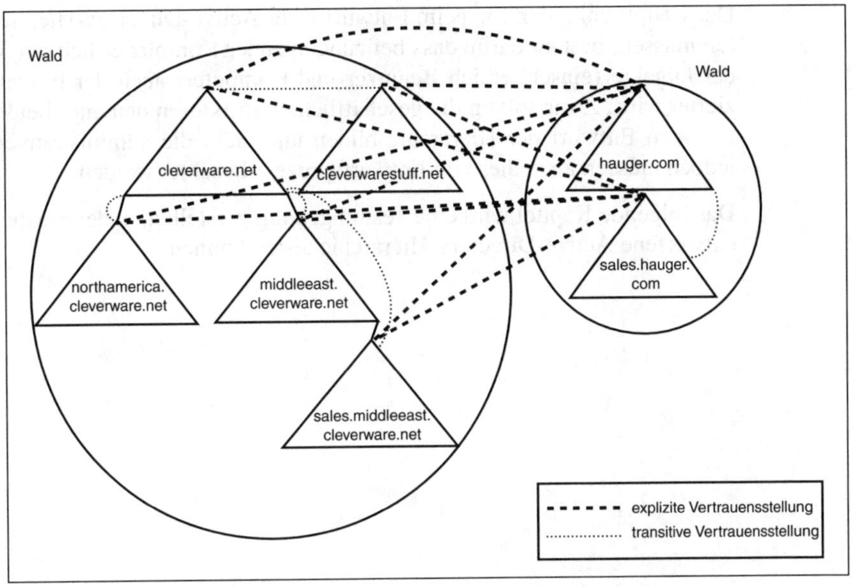

Abb. 20.6: Es ist möglich, eine explizite Vertrauensstellung zwischen mehreren Domänenwäldern einzurichten. Jedoch sind die Beziehungen solcher Vertrauensstellungen, wie die Abbildung zeigt, komplex und schwierig zu verwalten und erfordern eine ständige Überwachung, die sicherstellt, dass sie auch weiterhin sinnvoll sind.

20.6 Fazit

Dieses Kapitel hat verschiedene Wege zur Segmentierung von Objekten in einer Active-Directory-Hierarchie aufgezeigt. Auf der einen Seite können Sie eine einzelne Domäne mit einer einfachen OU-Struktur konfigurieren. Auf der anderen Seite können Sie aber auch einen Multidomänen-Wald mit mehreren Namespace und komplexen OU-Strukturen mit mehreren Ebenen einrichten. Windows 2000 und Active Directory sind so leistungsfähig, dass sie die nötige Flexibilität für unterschiedliche organisatorische Anforderungen bereitstellen. Der entscheidende Faktor für die Festlegung der zu implementierenden Konfiguration besteht darin, welches die geschäftlichen Strukturen sind, die die Implementierung des Active Directory steuern. Wenn Ihr Unternehmen ein komplexes Sicherheits- oder Zugriffssteuerungsmodell oder andere der in diesem Kapitel erörterten Faktoren verlangt, wird dies auch Auswirkungen auf die Komplexität Ihrer Active-Directory-Hierarchie haben.

Der Hauptpunkt, den Sie beim Entwurf Ihrer Active-Directory-Hierarchie beachten müssen, besteht darin, dass bei zunehmender Kompliziertheit der Verwaltung der Objekte (einschließlich Benutzer und Computer) auch der Entwurf komplizierter wird. Zwar sollten die geschäftlichen Strukturen den entscheidenden Faktor beim Entwurf der Hierarchie bilden und nicht die administrativen Belange, jedoch müssen auch diese im Entwurfsprozess beachtet werden.

Das folgende Kapitel wird eine Testumgebung vorstellen, in der Sie die von Ihnen entworfene Active-Directory-Hierarchie testen können.

Kapitel 21

Testfeld erstellen

Beim Lesen dieses Buches werden Sie wahrscheinlich Lust auf die Aussicht bekommen haben, Active Directory auch in Ihrer Organisation implementieren zu können. Vielleicht interessieren Sie Hightec-Produkte und Sie möchten die neueste und modernste Soft- und Hardware lieber heute als morgen installieren. Der größte Teil dieses Buches hat sich mit dem Entwurfsprozess der Architektur des Active Directory und der Implementierung dieser Architektur in der Organisation befasst. Eine Implementierung kann jedoch kaum stattfinden, wenn der Entwurf nicht zuvor eine intensive Testphase durchlaufen hat. Jede Organisation, ob groß oder klein, muss den Entwurf des Active Directory testen, bevor sie ihn an die Produktion übergeben kann.

Was muss nun getestet werden? Wie soll getestet werden? Wie werden die Testergebnisse gemessen? Welche quantitative und qualitative Analyse muss stattfinden, damit das Management der Organisation sicher sein kann, dass Active Directory und Windows 2000 in einer Produktionsumgebung ohne Beeinträchtigung der Geschäftsabläufe installiert werden können? Das nun folgende Kapitel beschäftigt sich mit den wichtigsten Fragestellungen, die sich um die Einrichtung einer Testumgebung des Active Directory drehen.

21.1 Aufbau eines Testteams

Bevor Sie mit dem Aufbau Ihrer Testumgebung beginnen können, müssen Sie die Gruppen oder Einzelpersonen bestimmen, aus denen das Testteam bestehen soll. Für eine erfolgreiche Implementierung Ihres Active Directory ist es wichtig, alle betroffenen Parteien in den Testvorgang einzubeziehen, da Sie sich damit deren Unterstützung und Erfahrung für die Implementierung und den Support des Active Directory in der Produktion sichern.

Wer sollte zum Testteam gehören? Als erstes müssen Sie einen Teammanager bestimmen, der eine Person sein sollte, die die Tests und die Bedeutung eines strengen Testfahrplans zur Einhaltung aller Implementierungstermine für die Produktion begreift. Der Teamleiter ist für die Einhaltung des Zeitplans, die Teilnehmer, die Zusammenstellung der Testergebnisse und die Präsentation dieser Ergebnisse gegenüber dem Management der Organisation verantwortlich.

Das zweite Mitglied des Teams sollte eine technisch versierte Person sein, die die Architektur des Active Directory versteht und nachvollziehen kann und in der Lage ist, einen Testplan zu entwickeln. Diese Person sollte Erfahrungen mit Tests besitzen und über genügend Sachkenntnis verfügen, um Lösungen für mögliche Probleme zu finden.

Die nächsten Teammitglieder sollten entsprechend der Größe der gesamten Umgebung Experten für die Software und Hardware dieser Umgebung sein. Ist die Organisation sehr groß, dann sollten die Hard- und Software-Kompetenzen auf mehrere Personen verteilt werden. Es kann dann beispielsweise eine Person geben, die sich mehr auf Tests des Active Directory im Netzwerk konzentriert, während eine andere sich mit der Serverumgebung befasst und eine weitere Person das Hauptaugenmerk auf den Test der in der Organisation eingesetzten Anwendungen richtet. Im Falle einer großen Organisation kann es außerdem noch einen zusätzlichen Bedarf an Testern geben, die spezielle Tests überwachen, die von den Soft- und Hardware-Experten entwickelt worden sind.

Das Team sollte weiterhin einen Vertreter aus jeder größeren Benutzergruppe in der Organisation enthalten. Bei diesen Personen sollte es sich um die wichtigsten Abteilungen in der Organisation handeln, die ein begründetes Interesse an der Implementierung und reibungslosen Funktion des Active Directory vorweisen können. Innerorganisatorische Abteilungen, die auf diese Weise repräsentiert werden, können etwa die Personal- und Buchhaltungsabteilung, die einzelnen Geschäftsbereiche, das Management und die interne EDV sein. Die Einzelpersonen, die diese Abteilungen repräsentieren, brauchen an den eigentlichen Tests in der Testumgebung nicht teilzunehmen, sollten aber in die regelmäßigen Teambesprechungen einbezogen werden, um ihre eigenen Abteilungen über den Fortschritt der Tests unterrichten zu können. Darüber hinaus sollten sie direkt in die Definition der geschäftlichen Anforderungen und der dementsprechenden Funktionalität des Active Directory involviert sein.

Eines der wichtigsten Teammitglieder ist der Sponsor des Projekts, der eine entscheidende Funktion für den Erfolg des Tests haben kann. Ein Sponsor kann dabei helfen, Probleme zu lösen, die während des Testprozesses auftreten, wie etwa: Budgets zur Implementierung des Tests beschaffen, entscheiden, wann Funktionsteile beiseite gelassen werden müssen, die während der Tests zu Problemen geführt haben, oder aber festlegen, wann in der Organisation für zusätzliche Unterstützung spezifischer Funktionen gesorgt werden muss. Wie bei den Abteilungsvertretern muss auch der Sponsor nicht direkt an den Tests teilnehmen, sollte aber in die regelmäßigen Teamsitzungen einbezogen werden.

21.2 Entwickeln der Teststrategie und -methode

Die Einrichtung einer Testumgebung und der Test des Active Directory muss vor der Produktionseinführung stattfinden. Bevor überhaupt ein Test durchgeführt werden kann, muss eine Teststrategie und -methode entwickelt werden. Falls Ihre Organisation relativ erfahren in Programmen zur Qualitätssicherung ist, dann haben Sie vielleicht bereits eine Teststrategie in der Organisation bereitliegen, die Sie für den Test des Active Directory nutzen können. In diesem Fall sind Sie in einer glücklichen Lage – die meisten Organisationen verfügen nämlich über keinerlei umfassende und regelmäßig angewendete Teststrategie.

21.2.1 Entwickeln eines Testplans zur Betriebsbereitstellung

Einer der wichtigsten Punkte, den Sie gleich zu Beginn beim Einrichten Ihrer Testumgebung festlegen sollten, betrifft die Zusammenstellung der Parameter, die Sie im Verlaufe der Tests erproben wollen. In der Regel werden die Ergebnisse der Tests einer Bereitschaftsgruppe innerhalb der Organisation vorgelegt, die dann nach der Implementierung die Betriebsverantwortung für die Netzwerkumgebung von Windows 2000 und Active Directory übernimmt. Die für diese Gruppe wichtigen Testparameter werden am besten in einem Testplan zur Betriebsbereitstellung festgelegt.

Der Testplan zur Betriebsbereitstellung ist ein Plan, der zwischen dem Team, welches den Entwurf des Active Directory entwickelt und gestestet hat, und den Bereitschaftsgruppen, die die spätere Umgebung verwalten, ausgehandelt wird. Das Ziel des Plans besteht im Aufstellen von Testverfahren, die nach dem erfolgreichen Abschluss die Implementierung des Entwurfs in der Produktion erleichtern helfen. Der Plan sollte daher Tests für sämtliche Aspekte des Systems vorsehen, mit denen die Bereitschaftsgruppe später zu tun haben wird.

Treffen Sie zum Aufbau Ihres Testplans für die Betriebsbereitstellung folgende Festlegungen:

- die zu testende Funktionalität
- die Testparameter für alle Funktionsaspekte
- die von jedem Test erwarteten Ergebnisse

Bei der Festlegung der zu testenden Funktionalität ist es wichtig, jeden Aspekt des Produktes in die Überlegungen einzubeziehen. Sie erstellen zwar einen Testplan für Active Directory, dieser ist aber auch direkt von der Leistung der Netzwerkumgebung von Windows 2000 betroffen. Es kann daher auch Aspekte von Windows 2000 geben, die in die Tests einbezogen werden müssen. Nachdem Sie die zu testenden Funktionen festgelegt haben, müssen Sie eine Testmatrix errichten.

21.2.2 Entwickeln der Testmatrix

Die Testmatrix enthält eine Erläuterung der Funktionen, die getestet werden, wie diese getestet werden und welche Ergebnisse aus diesen Tests erwartet werden. Darüber hinaus bezieht sie auch die geschäftlichen Gründe mit ein, die zu dem Erfordernis eben dieser Funktionen geführt haben. Dies ist ein besonders wichtiger Gesichtspunkt bei der Entwicklung des Testplans für die Betriebsbereitstellung. Wenn es nämlich für die Implementierung eines spezifischen Aspekts des Produkts keine geschäftlichen Gründe gegeben hat, werden Sie es gegenüber dem Management schwer mit der Begründung des Tests, des Entwurfs und der Implementierung dieses Aspekts haben. Nehmen Sie beispielsweise an, dass Sie die Integration der Public Key Infrastructure (PKI) in Active Directory testen wollen. Gab es keine geschäftlichen Gründe dafür, PKI in Ihrer Organisation zu implementieren, gibt es auch keinen Grund für die Durchführung von Tests für Funktionen, die Sie niemals benötigen werden. Auch das Umgekehrte trifft zu – Sie müssen sicherstellen, dass alle geschäftlichen Anforderungen für die Implementierung eines Netzwerksystems und Verzeichnisdienstes erkannt wurden und die

Funktionalität von Windows 2000 und Active Directory mit dem Geschäftsablauf in Übereinstimmung gebracht worden ist. Dies erleichtert es Ihnen, die Implementierung des Produkts gegenüber dem Management der Organisation zu rechtfertigen. Nachdem Sie die geschäftlichen Gründe für die zu testenden Funktionen ermittelt haben, sollten Sie die Testmatrix erstellen. Ein Beispiel einer solchen Matrix ist in der Tabelle 21.1. enthalten.

Funktionalität	geschäftl. Gründe	Wie testen	Erwartetes Ergebnis	Ergebnis	Kennzeichen
Anmeldung	Anmeldung ist für Zugriff auf Umgebung erforderlich	Anmeldung wird über die in der Testumgebung konfigurierten Arbeitsplätze ausgeführt	Anmeldung funktioniert innerhalb akzeptabler Grenzen – Authentifizierung dauert nicht länger als 5 Sek.	Anmeldung dauerte 4,5 Sek.	GRÜN
Unspezifische Verzeichnissuche	Suchen im Active Directory ist zur Integration des Verzeichnisses mit den LOB (Lines of Business)-Anwendungen erforderlich	50.000 Objekte in Verzeichnis speichern und eine Suche nach einem einzelnen Objekt durchführen	Suche nach einzelnem Objekt in einem Verzeichnis mit 50.000 Objekten sollte nicht länger als 5 Sek. dauern	Suche im Verzeichnis nach einem einzelnen Objekt dauerte 8 Sek.	GELB
Dynamische Registrierung mit DNS	Dynamische Registrierung mit dem Domain Name System (DNS) während DHCP	Start eines mit DHCP konfigurierten Arbeitsplatz-PCs und Verifizierung, dass dynami sches DNS (DDNS) mit dem DNS-Registrierungsserver stattfindet	Der Arbeitsplatz-PC registriert sich während des Starts automatisch über den DNS-Server.	Der Arbeitsplatz-PC registriert sich während des Starts nicht über den DNS-Server.	ROT

Tab. 21.1: Beispiel einer Matrix

In der Tabelle 21.1 sind drei unterschiedliche Testkennzeichen enthalten. Als erstes wird der Anmeldetest ausgeführt – er erzielt ein Ergebnis, welches sich innerhalb der akzeptablen Parameter bewegt. Hier müssen keine weiteren Schritte unternommen werden.

Der zweite Test, der die Suchzeit im Active Directory testet, wird abgeschlossen, erreicht jedoch nicht die akzeptablen Ergebniswerte. Das Ergebnis ist jedoch nicht schwerwiegend genug, um ein rotes Kennzeichen zu rechtfertigen – der Test erhält daher ein gelbes Kennzeichen. Ein gelbes Kennzeichen kann eine weitere Aktion erforderlich machen, muss es jedoch nicht. Weitere Schritte hängen in diesem Fall von der Akzeptanz der Grenzwerte im Test ab.

Das Ergebnis des dritten Testes ist eindeutiger – der Test der DDNS-Registrierung erhält ein rotes Kennzeichen, weil der Client nicht in der Lage war, sich beim DDNS-Server zu registrieren. Falls während der Tests ein rotes Kennzeichen vergeben werden muss, muss unbedingt ein Lösungsweg entwickelt werden, denn wenn im Beispiel oben der Arbeitsplatz-PC nicht in der Lage ist, sich beim DDNS zu registrieren, kann er in der Windows-2000-Umgebung auch nicht richtig funktionieren. Beachten Sie beim Entwickeln eines Lösungsweges folgende Punkte:

- Die Schritte zur Lösung des Problems
- Termine für die Lösung
- Schritte, die unternommen werden sollen, wenn das Problem nicht gelöst werden kann
- Teammitglieder, die für die Lösung des Problems verantwortlich sind

21.3 Erstellen einer Testumgebung

Das Erstellen einer angemessenen Testumgebung ist wichtig, um Testergebnisse zu erhalten, die so exakt wie möglich auf der Systemleistung aufbauen, die Sie auch in Ihrer Produktionsumgebung vorfinden werden. Das Beste wäre daher der Aufbau einer Testumgebung, die eine schlichte Verdoppelung Ihrer Produktionsumgebung darstellt. In einer solchen idealen Umgebung fänden sich exakte Kopien der späteren Einsatzgebiete in der Produktion von der Anzahl der Server, der Client-Arbeitsplätze, Netzwerkbetriebslasten, WAN-Leitungen, externen Netzwerkverbindungen bis hin zu den Anwendungen, die in den LOB-Einheiten des Unternehmens verwendet werden. In der Realität ist der Aufbau einer solchen Umgebung natürlich unmöglich. Möglich ist aber der Aufbau einer Umgebung, die dieselben Herausforderungen bereithält, denen Sie auch in Ihrer Produktionsumgebung begegnen werden.

Was ist mit diesen Herausforderungen, denen Sie in der Produktionsumgebung begegnen, gemeint? Es kann zahlreiche Aspekte der Produktionsumgebung geben, die die Leistung des Active Directory direkt nach der Implementierung beeinflussen. Der wichtigste Faktor unter ihnen ist die Netzwerkleistung und die verfügbare Netzwerkbandbreite für den Verzeichniszugriff und die Replikation. Dies können Sie in einer Testumgebung mit Hilfe eines WAN-Simulators und einem speziellen Gerät wie etwa einem *Network General Sniffer* oder einem ähnlichen Gerät zum Testen der Netzwerkleistung simulieren. Ein weiterer Aspekt der Produktionsumgebung, der die Systemleistung beeinflussen kann, ist die Anzahl der Benutzerobjekte im Verzeichnis. Microsoft stellt über das Windows 2000 Resource Kit Werkzeuge zur Verfügung, mit denen simulierte Benutzerobjekte in einer Testumgebung des Active Directory gespeichert werden können, um die Betriebslast einer größeren Produktionsumgebung zu simulieren.

21.3.1 Bestandsaufnahme

Der erste Schritt in der Entwicklung Ihrer Testumgebung besteht in einer kompletten Bestandsaufnahme Ihrer gesamten Produktionsumgebung. Für manche Organisationen mag dies eine leicht zu lösende Aufgabe sein, da sie wegen der Jahr-2000-Problematik oder anderen Implementierungsprojekten für Software vielleicht bereits über eine solche Bestandsaufnahme verfügen. Auf viele Organisationen trifft dies jedoch nicht zu. Beachten Sie daher hinsichtlich des Umfangs der zu inventarisierenden Komponenten die folgenden Punkte:

- **Vollständige Netzwerkumgebung:** Dokumentieren Sie Ihre gesamte Netzwerkumgebung einschließlich aller LANs, WANs und externen Netzwerkverbindungen; wie etwa die Verbindungen ins Internet und zu anderen Netzwerkprovidern.

- **IP-Adressenschema:** Bestimmen und dokumentieren Sie alle IP-Adressinformationen für das Netzwerk. Lokalisieren und dokumentieren Sie alle DHCP-Server, DHCP-Bereichskonfigurationen und statischen Adressen, die Servern, Arbeitsplatz-PCs und aktiven Netzwerkkomponenten zugewiesen sind.

- **Router-Konfiguration:** Dokumentieren Sie die Konfiguration der Router in der Umgebung. Dokumentieren Sie alle jemals eingerichteten statischen Routingtabellen. Bestimmen Sie die Firmware- und Betriebssystemversionen jedes Routers. In manchen Fällen kann es notwendig werden, Router zu aktualisieren, um sie mit gewissen RFCs wie etwa RFC1542 zur Unterstützung von BootP-Relay kompatibel zu machen.

- **Andere Netzwerkprotokolle:** Bestimmen Sie alle anderen Netzwerkprotokolle im Netzwerk wie IPX/SPX, AppleTalk und SNA.

- **Sicherheitskonfiguration:** Verfolgen und dokumentieren Sie die Sicherheitskonfiguration der Produktionsumgebung. Hierzu sollten u.a. die Zugriffsrechte für Dateien und Netzwerkressourcen, Firewall-Konfigurationen, Restriktionen für den Fernzugriff und die interne Netzwerksegmentierung gehören.

- **Konfigurationsrichtlinien für Arbeitsplatz-PCs:** – Ermitteln Sie die verschiedenen Typen von Konfigurationen für Arbeitsplatz-PCs, die in der Produktion verwendet werden und klassifizieren Sie deren Verwendungszweck. Falls es unterschiedliche Konfigurationen für unterschiedliche Arbeitsgruppen gibt, dokumentieren Sie die geschäftlichen Gründe für die Segmentierung und die Konfigurationsdetails, die mit den geschäftlichen Gründen zu tun haben.
- **Anwendungen:** Nehmen Sie eine Bestandsaufnahme sämtlicher Anwendungen in der Produktion vor und dokumentieren Sie die benutzerdefinierten Konfigurationen der Anwendungen. Sofern bestimmte Anwendungen mit besonderen Gruppen verknüpft sein sollten, dokumentieren Sie, was jede einzelne Gruppe mit dieser Anwendung macht.
- **Administrationsmodell:** Dokumentieren Sie das Administrationsmodell für die gegenwärtige Produktionsumgebung. Es ist zwar wahrscheinlich, dass zusammen mit dem Active Directory ein anderes Administrationsmodell implementiert wird, jedoch ist es wichtig zu verstehen, was sich momentan vor Ort befindet. Auf diese Weise können die Unterschiede beider Modelle nachvollzogen und eine Differenzanalyse als Bestandteil der Tests betrieben werden. Was ein Administrator heute erledigt, wird vielleicht morgen nach der Implementierung des Active Directory von anderen Administratoren weitergeführt werden müssen. Daher muss auch die Segmentierung der Administration in der Testumgebung getestet werden.

Wenn Sie alle diese Punkte, die vor der Implementierung dokumentiert werden müssen, erwägen, werden Sie selbst leicht verstehen, weshalb eine Bestandsaufnahme der gegebenen Produktionsumgebung so wichtig ist und einen zeitaufwendigen Schritt beim Entwerfen und Implementieren der Testumgebung darstellen kann.

21.3.2 Entwurf und Implementierung der Testumgebung

Nach dem Abschluss der Bestandsaufnahme wird es Zeit, mit dem Entwurf und der Implementierung der Testumgebung zu beginnen. Wo immer dies möglich ist, sollten Sie dieselbe Hard- und Software verwenden, die sich auch in der Produktion befindet. Das größte Hindernis hierfür stellen wahrscheinlich die Grenzen des für die Testausrüstung verfügbaren Budgets dar – viele Organisationen verfügen nicht einmal über ein angemessenes Budget für die Ausrüstung und Software der Produktionsumgebung, ganz zu schweigen von einer Testumgebung. Falls dies auch bei Ihnen der Fall sein sollte, müssen Sie kreativ werden und über alternative Wege zum Erhalt nötiger Ressourcen nachdenken. Falls Ihre Organisation groß ist, können Sie vielleicht entsprechende Ausrüstung bei Ihrem Hardwarelieferanten ausleihen. Erwägen Sie auch ein Leasing der Ausrüstung während der Testphase. Unter Umständen können Sie sich auch ein Budget über die LOBs in Ihrer Organisation sichern, denn ein durchgreifendes Austesten kann nur im Interesse der LOBs liegen – vielleicht kriegen Sie sie dazu, sich angemessen mit einem Budget am Aufwand zu beteiligen.

Wie schon an anderer Stelle erwähnt, sollten sämtliche Netzwerkbedingungen im Rahmen der Testumgebung simuliert werden. Erwägen Sie zu diesem Zweck die Anschaffung eines Netzwerksimulationsgerätes, mit dem Sie die Bandbreite und Betriebslast Ihres Netzwerks simulieren können (beispielsweise eine 56K-DFÜ-Verbindung oder eine WAN-Standleitung).

Es ist von äußerster Wichtigkeit, dass die Testumgebung komplett von der Produktionsumgebung in Ihrer Organisation isoliert wird. Sicher möchten Sie nicht, dass Aktionen in der Testumgebung negative Seiteneffekte auf die Produktionsumgebung oder, schlimmer noch, auf die Serverkonfiguration dort haben. Errichten Sie daher keine zwei Testumgebungen an zwei separaten physischen Standorten mit anschließender Verbindung mit dem LAN oder WAN der Produktion.

21.3.3 Festlegen des Standorts der Testumgebung

Ihre Testumgebung sollte sich außerdem noch in einer gesicherten Umgebung befinden. Bringen Sie sie nicht an einem ungeschützten Platz unter, an dem jeder vorbeiwandern und an der Tastatur des Stammdomänencontrollers herumfingern kann! Falls möglich, sollten Sie die Testausrüstung in demselben Raum unterbringen, in dem sich auch die Server für die Produktion befinden. Der Raum für die Produktionsserver wird vermutlich hinreichend gesichert sein und über die nötigen Klimatisierungen und Lüftungen verfügen.

21.4 Hardware testen

Nach der Festlegung der Testumgebung können Sie mit dem Test der Hardware beginnen. Der erste Schritt besteht darin, die zu testende Funktionalität des Testplans für die Betriebsbereitstellung aufzustellen, die Testverfahren festzulegen und die gewünschten Ergebnisse zu formulieren. Zu diesem Zweck bestimmen Sie jedes einzelne Teil der Ausrüstung aus der Dokumentation der Bestandsaufnahme und dokumentieren die Funktionalität, die von der Implementierung des Active Directory betroffen sein wird. Bei einem Router sollten Sie beispielsweise folgende Festlegungen treffen:

- Ist der Router kompatibel mit den RFCs? Testen Sie in diesem Fall die Funktionen des DHCP-Relay.
- Unterstützt der Router das QoS-Networking (QoS, Quality of Service)? Testen Sie, falls ja, die Funktionen und den Betrieb von QoS.
- Kann der Router fernverwaltet werden? Testen Sie in diesem Fall die Verwaltung des Routers unter Verwendung der MMC und Snap-Ins, die der Lieferant gegebenenfalls mitgeliefert hat.

Zusätzlich zum Entwickeln einer Testmatrix für jede individuelle Netzwerkkomponente ist auch der Test der Funktionen zwischen den einzelnen Komponenten wichtig. Funktionen, die mehrere Komponenten im Netzwerk betreffen, dürfen keine negativen Auswirkungen auf einzelne Komponenten im System haben. Hinsichtlich des Routers ist es beispielsweise wichtig zu testen, ob der Router die DHCP-Anfragen weiterleitet und korrekt mit dem DHCP-Server zusammenarbeitet, der die DHCP-Anfragen aus dem DHCP-Bereich bearbeitet.

Schließlich sollten Sie noch sicherstellen, dass Sie bei der Verwirklichung des Testplans für die Betriebsbereitstellung auch die aus jedem Test hervorzugehenden optimalen Ergebnisse festlegen. Dies sollte für jeden funktionalen Aspekt im Kontext des gesamten Systems geschehen. Ein optimales Ergebnis kann beispielsweise darin bestehen, dass alle Router DHCP-Anfragen an den DHCP-Server weiterleiten und die DHCP-Antworten auch zurück an den Client leiten. Zusätzlich wird noch erwartet, dass keine überhöhten Betriebslasten auf dem Router oder dem Netzwerk liegen. Alle diese Punkte sollten in der Spalte *Erwartetes Ergebnis* der Matrix des Testplans zur Betriebsbereitstellung dokumentiert werden. Sie werden selbst schnell erkennen können, wie sich dieser Plan zu einem umfangreichen und entscheidenden Dokument im gesamten Testprozess entwickeln wird.

Nachdem Sie die Hardware im Testplan für die Betriebsbereitstellung verzeichnet haben, können Sie mit den Tests beginnen. Starten Sie mit der zu Grunde liegenden Systemfunktionalität und gehen Sie dann zum Test der systemweiten Funktionen über.

21.5 Software testen

Wie schon beim Testprozess für die Hardware beginnt auch der Software-Testprozess mit der Verzeichnung der zu testenden Funktionen im Testplan für die Betriebsbereitstellung. Stellen Sie sicher, dass Sie alle Aspekte aller Anwendungen einbeziehen, die getestet werden müssen. Falls Sie beispielsweise eine Anwendung im Personalbereich einsetzen, die mit einer Backend-Datenbank zusammenarbeitet und Daten aus dieser Datenbank über das unternehmenseigene Intranet den Benutzern zur Verfügung stellt, kann Ihre Aufstellung zum Beispiel folgenden Inhalt haben:

- Benutzeranmeldung: Macht die Anwendung korrekten Gebrauch von den Informationen zur Benutzeridentifikation aus dem Active Directory?
- Sicherheitskontext: Ermittelt die Anwendung die korrekten Zugriffsrechte für den Benutzer aus dem Active Directory? Falls zutreffend für Ihre Organisation: Arbeitet die Anwendung korrekt mit Kerberos zur Nutzung der Kerberos-Authentifizierung für den Ressourcenzugriff zusammen?

- Auswirkungen auf das Netzwerk: Welche Auswirkungen hat die Anwendung auf den Netzwerkverkehr?
- Kompatibilität mit Windows 2000: Funktioniert die Anwendung korrekt in einer Betriebssystemumgebung mit Windows 2000?

Bei der Festlegung der zu testenden Anwendungen sollten Sie sicherstellen, dass sämtliche Anwendungen in der Umgebung einschließlich der Produktivitätsanwendungen auf den Arbeitsplatz-PC, der Serveranwendungen und der intern »gewachsenen«, in den LOBs in Produktion befindlichen Anwendungen berücksichtigt werden.

21.6 Dokumentieren der Testergebnisse

Kein Test ist die Implementierung wert, wenn keine angemessen dokumentierten Ergebnisse vorliegen. Stellen Sie sicher, dass bei allen getesteten Funktionsbereichen die unternommenen Schritte und die eingetretenen Testergebnisse akribisch genau dokumentiert werden. Ergebnisse, die während der Tests geringfügig oder unbedeutend erscheinen, können signifikante Beziehungen mit anderen Funktionsbereichen aufweisen, die erst später im Testprozess getestet werden.

Vergewissern Sie sich, dass jede mit dem Testprozess befasste Person ein Notizbuch besitzt, in dem sie eifrig jedes eingetretene Ergebnis festhält. Dies hilft beim Identifizieren von Problemen, die während des Testprozesses auftreten können. Darüber hinaus mildert dies die Probleme, die entstehen, wenn eine Person plötzlich ausfällt und ihre Tests nicht weiterführen kann. In der stets unruhigen EDV-Welt ist es durchaus normal, dass Tester plötzlich für andere Projekte abgezogen werden, eine andere Aufgabe in der Organisation übernehmen oder sogar die Organisation verlassen.

Einer der wichtigsten Aspekte beim Dokumentieren von Testergebnissen besteht in der Bestimmung des Handlungsbedarfs, der im Spannungsfeld der erwarteten und tatsächlichen Ergebnisse auftreten kann. Funktionen, die mit einem grünen Kennzeichen getestet worden sind, haben den Test offensichtlich ohne Notwendigkeit weiterer Maßnahmen bestanden. Gelbe Ergebnisse müssen auf ihren Schweregrad untersucht werden. Für sie muss eine Entscheidung dahingehend getroffen werden, ob sie korrigiert und erneut getestet werden sollen oder nicht. Rote Ergebnisse müssen genau untersucht und einem Lösungsplan unterzogen werden. Das Erstellen dieses Plans sollte unter gemeinsamer Verantwortung des Testleiters und des Teammanagers stattfinden.

21.7 Präsentieren der Testergebnisse

Zum Schluss müssen die Testergebnisse noch der Organisation präsentiert werden. Durch die Präsentation der Testergebnisse wird deutlich gemacht, dass der Entwurf des Active Directory produktionsreif ist und die Implementierung beginnen kann. Die Präsentation sollte mit der Betriebsgruppe beginnen, die die Verantwortung für die Verwaltung der Umgebung nach der Einführung in der Produktion übernommen hat. Es sollte ein Treffen einberufen werden, an dem alle wichtigen Vertreter der Betriebsgruppen teilnehmen. Sorgen Sie dafür, dass die Inhalte der Präsentation sowohl in elektronischer Form als auch in Form von Kopien zum Mitnehmen für die Sitzungsteilnehmer bereitliegen.

Nach dem Auftritt der Betriebsgruppe organisieren Sie dann eine Sitzung des leitenden Personals zur Überprüfung der Ergebnisse. Die Sitzung sollte vom Sponsor des Projekts einberufen werden. Stellen Sie sicher, dass Sie auch einen Vertreter aus der Betriebsgruppe dabei haben, damit Fragen, die die Akzeptanz hinsichtlich des Betriebs betreffen, sofort beantwortet werden können. In dieser Sitzung ist es wichtig, dass die Ergebnisse möglichst präzise und eindeutig präsentiert werden. Falls es noch offene Punkte geben sollte, achten Sie darauf, diese gleich zu Beginn der Sitzung zu benennen. Hat der Testprozess Aspekte im Entwurf des Active Directory ergeben, die eine Auswirkung auf die geschäftlichen Anforderungen in der Organisation haben, sollten Sie diese ebenfalls benennen. Vergewissern Sie sich darüber hinaus, dass alle vom leitenden Personal noch zu unternehmenden Schritte benannt und die speziellen Aufgaben zugewiesen werden. Falls LOB-Budgets für zusätzliche Anschaffungen im Rahmen des Projekts erhöht werden müssen, legen Sie die nötigen Investitionen und Gründe dafür fest. Achten Sie auf absolute Klarheit und auf die notwendigen Schritte, die unternommen werden müssen – dies ist wichtig für den Erfolg des Projekts.

21.8 Fazit

Dieses Kapitel hat Ihnen einen Überblick über die einzelnen Punkte geboten, die bei der Implementierung einer Testumgebung für Ihr Active Directory zu beachten sind: Aufbauen des Testteams, Entwickeln einer Teststrategie, Aufbau der Umgebung, Testen und Dokumentieren der Ergebnisse. Der gesamte Prozess kann eine wichtige Rolle bei der Implementierung des Active Directory in Ihrer Organisation spielen. Er hilft dabei, Vertrauen in Ihr Projekt bei allen Kolleginnen und Kollegen und beim Management aufzubauen. Noch wichtiger ist, dass dieser Prozess der Ort ist, an dem Sie Ihren Entwurf validieren und den Bedarf an einer Überarbeitung ermitteln können. Von hier aus können Sie zum Schluss die Feststellung treffen, dass Sie bereit zur Implementierung sind. Nehmen Sie die Testphase für Ihr Active-Directory-Projekt ernst – sie ist entscheidend für Ihren Erfolg!

Kapitel 22

Windows NT 4.0 aktualisieren

Dieses Kapitel bietet Einsichten in den Prozess des Umstiegs von einer Umgebung mit Windows NT 4.0 zum Active Directory. Diese Art des Umstiegs stellt wahrscheinlich die in der Praxis häufigste Form der Migration dar. Microsoft hat viel Zeit und Mühe darauf verwandt, diese Migration mit Werkzeugen und Instruktionen zu unterstützen, die den Prozess so einfach wie möglich gestalten sollen. Das Modell dieser Migrationsmethode wird vermutlich unabhängig von der Umgebung oder den Systemen, die Sie migrieren, im Wesentlichen übertragbar sein.

Dieses Kapitel legt die wichtigsten Ziele fest, die Sie bei der Migration zu Windows 2000 im Auge behalten müssen. Es enthält weiterhin Informationen darüber, wie Sie sich schon heute auf eine spätere Aktualisierung Ihrer Systeme vorbereiten können. Darüber hinaus erfahren Sie weitere Einzelheiten über den Aktualisierungsprozess und lernen Lösungsansätze für die Aktualisierung, Szenarien bei der Aktualisierung und Phasen eines Aktualisierungsprojekts kennen.

22.1 Gründe für die Aktualisierung

Es kann zwar zahlreiche Gründe geben, die Unternehmen an der Aktualisierung auf Windows 2000 und Active Directory hindern, jedoch existieren mehrere Faktoren, die sie über kurz oder lang vermutlich doch in Richtung einer frühen Aktualisierung auf Windows 2000 bewegen werden.

Zu diesen Faktoren kann das Interesse an einem einzigen Schema für das gesamte Unternehmen gehören. Nach dem Abschluss der Aktualisierung und der Anpassung Ihrer kompatiblen Server und Clients an ein Windows-2000-Schema haben Sie die Möglichkeit, alle Ihre Drucker, Ressourcen und Freigaben zu veröffentlichen. Dies ist von einer Veröffentlichung in den gegenwärtigen Umgebungen mit Windows NT 4.0 zu unterscheiden, weil Active Directory den Benutzern eine direkte Methode zum Auffinden der Ressourcen anbietet. Wenn Sie beispielsweise einen lokalen Drucker unter Windows NT 4.0 suchen, müssen Sie zunächst die Domäne und den Server ermitteln, um diesen Drucker feststellen zu können. Mit einem gut entworfenen Active Directory finden Sie dagegen den Drucker über den Standort oder bestimmte Attribute.

Active Directory bietet ein einziges Verzeichnis für viele Computerressourcen. Als Beispiel sei nur genannt, dass die nächste Version von Microsoft Exchange überhaupt kein eigenes separates Verzeichnis mehr besitzt, sondern statt dessen Active Directory nutzt.

Windows-2000-Clients bieten Ihnen darüber hinaus die Möglichkeit zum Suchen nach Ressourcen über Schlüsselattribute oder -wörter.

Die Delegierung der Administration ist ein weiterer wichtiger Grund zur Aktualisierung auf Active Directory. Hiermit ist nicht nur die Delegation von Administratoren gemeint, sondern auch eine Konsolidierung und Segmentierung in einer zentralisierten Umgebung. Active Directory gibt Ihnen die Gelegenheit, über

Gruppenrichtlinien, MMC und Scripting eine größere Granularität hinsichtlich des Delegierens von Verantwortlichkeiten zu erreichen. So können Sie manche der administrativen Funktionen zurück in Ihr EDV-Team holen.

Der Locatordienst des Domänencontrollers (DC) sorgt für noch effizientere Authentifizierung. In einer Umgebung mit Windows NT 4.0 können sich beispielsweise Benutzer bei langsamen Netzwerkverbindungen gegenüber einem Backup-Domänencontroller (BDC) authentifizieren, weil dieser vom WINS (Windows Internet Naming Service)-Server zurückgeliefert wird. Mit dem Locatordienst des DCs wird ein Benutzer auf der Grundlage des antwortzeitgünstigsten Standorts und der Netzwerkkonnektivität an den nächstliegenden DC verwiesen. Der Locatordienst des DCs liefert bei einer Anfrage an das DNS (Domain Name System) den am nächsten stehenden DC zurück. Mit diesen Verfahren erhält der Benutzer die kürzestmöglichen Antwortzeiten, was positive Auswirkungen auf die Erfahrung des Benutzers mit dieser Umgebung haben wird.

Die Beseitigung der 40-MB-Grenze bei der Domänengröße, die unter Windows NT 4.0 galt, bietet den Organisationen die Möglichkeit, so viele Computer und Benutzer einzurichten, wie benötigt werden. Das Active Directory unterstützt Millionen von Objekten.

Mit der Kerberos-Sicherheit stehen transitive Vertrauensstellungen zur Verfügung. Ihre Umgebung wird dadurch sicherer und orientiert sich mehr als bisher an geltenden Standards. Sie erhalten die Möglichkeit, Drittorganisationen Benutzerzugänge zu verschaffen und damit eine bessere Integration aufzubauen. Die Integration von Extranet und Partnereinbindung wird mit der Kerberos-Sicherheit möglich.

Kerberos bietet eine zweiseitige Authentifizierung, die eine höhere Sicherheit als unter Windows NT 4.0 ergibt. Bei Windows NT 4.0 wird der Benutzer gegenüber Ressourcen authentifiziert, die auf einem Server liegen, was auch unter Windows 2000 noch der Fall ist. Jedoch sorgen Active Directory und Windows 2000 außerdem noch dafür, dass der Server, mit dem Sie sich verbinden, tatsächlich der von Ihnen gewünschte Server ist. Erreicht wird dies durch den Austausch von Authentifizierungsinformationen, die Ihnen als Benutzer die Sicherheit geben, dass der Netzwerkserver oder die -ressource, auf den bzw. die Sie zugreifen, auch wirklich der Server oder die Ressource ist, den oder die Sie meinen.

Das Suchen nach Ressourcen im Unternehmen wird durch die Möglichkeit, über Attribute im Active Directory nach Ressourcen suchen zu können, verbessert.

Bestandteil von Active Directory und Windows 2000 ist ein fehlertolerantes Multimaster-DC-Modell. Fällt ein Controller aus, verfügen Sie immer noch über eine Schreib/Lesekopie eines DCs im Unternehmen. Da jeder DC auch als Master arbeiten kann, können Änderungen im gesamten Unternehmen übernommen und verteilt werden. Bei einem einzelnen primären Domänencontroller (PDC) unter Windows NT 4.0 musste entsprechend ein BDC dazu gebracht werden, Änderungen zu übernehmen und im Unternehmen zu verteilen, was manuelle Eingriffe erforderlich machte.

Mit dem Active Directoy und Windows 2000 gibt es weniger oder gar keine expliziten Vertrauensstellungen mehr. In einer Umgebung mit Windows NT 4.0 müssen Sie immer noch Benutzer- und Ressourcendomänen erstellen und verwalten. Die Funktionsweise von Windows 2000 und Active Directory macht explizite Vertrauensstellungen für die vergleichbaren Funktionalitäten überflüssig, was Ihre Betriebskosten reduziert.

Windows NT 4.0 besitzt ein flaches Gruppenmodell. Beim Active Directory können dagegen hierarchische Gruppen implementiert werden. Damit wird eine mehr logische Abbildung der Umgebung möglich. Strukturen der realen Welt können jetzt besser in den hierarchischen Gruppen des Active Directory abgebildet werden.

Das Active Directory besitzt Snap-Ins für MMC. Damit erhalten Sie die Gelegenheit zum Erstellen benutzerdefinierter Ansichten und zur Integration verschiedener Snap-Ins auf eine Weise, die besser Ihrer Form der Umgebungs-Verwaltung entspricht. Außerdem steht ADSI zum Verwalten des Verzeichnisses über Programme und Scripts zur Verfügung.

Über den Einsatz des LDAP-Protokolls (LDAP, Lightweight Directory Access Protocol) und DNS für die Namensauflösung in einer Windows-2000-Umgebung können Sie die Verwendung weniger zuverlässiger und effizienter Dienste wie WINS minimieren und unter Umständen sogar ganz auf sie verzichten.

22.2 Projektphasen

Beim Übergang zu Active Directory und Windows 2000 wird zur Minimierung der Auswirkungen auf Ihre Organisation die Einhaltung verschiedener Phasen empfohlen. Es handelt sich dabei um einen allgemeinen Ansatz, der bei jeder Migration hin zu Windows 2000 verwendet werden kann. Weiter unten in diesem Kapitel werden Einzelheiten über die Migration von Windows NT 4.0 zu Windows 2000 erörtert.

Die Migrationsphasen lauten wie folgt:

- Untersuchungsphase
- Entwurfsphase
- Testphase
- Pilotphase

Die erste Phase ist die Untersuchungsphase. Sie sorgt dafür, dass die Migration zu Windows 2000 korrekt auf Ihre aktuelle Umgebung abgestimmt wird. Obwohl Sie wahrscheinlich gut mit dem Aufbau und der Funktionsweise Ihrer Umgebung vertraut sind, ist es eine gute Praxis, Ihr Projekt im Kontext des Übergangs zu

Active Directory und Windows 2000 mit einem unvoreingenommenen Blick auf Ihre gegenwärtige Umgebung unter Windows NT 4.0 zu beginnen.

Entsprechend zu Ihrer Untersuchungsphase zu Windows 2000 und Active Directory sollten Sie ein Dokument erstellen, welches Aufzeichnungen zu den Anforderungen und Untersuchungen enthält. Dieses Dokument soll beim Durchgang durch die übrigen Phasen als Referenz dienen und Ihnen dabei helfen, während der Phase 1 der Implementierung Abwägungen hinsichtlich erwünschter, aber nicht realisierbarer Funktionen vornehmen zu können.

In der Entwurfsphase legen Sie fest, wie Sie die im Anforderungs- und Untersuchungsdokument festgestellten Anforderungen implementieren wollen. Ein Produkt der Entwurfsphase ist das Entwurfsdokument zu Windows 2000 und Active Directory als Referenz während der Implementierungsphase. In diesem Dokument sind die für Ihre Organisation definierten Konfigurationen und Standards enthalten. Ein einfaches Beispiel eines Standards ist die Namenskonvention, die für Benutzerobjekte oder den Standort der DCs in Ihrem Unternehmens-WAN verwendet werden soll. Das Entwurfsdokument definiert den Endpunkt der Phase 1 Ihrer Implementierung.

Die Testphase stellt die Phase dar, in der Sie Ihren Entwurf validieren. Hier verbinden Sie die Informationen aus dem Entwurf mit den Erwartungen an die neue Umgebung. Als Teil der Testphase sollten Sie noch ein Dokument für den Testplan und die Validierung erstellen, welches die Ergebnisse der implementierten Tests enthält.

Der Testphase, die gegebenenfalls noch Änderungen am Entwurf und Neudefinitionen der in der Phase 1 der Implementierung zur Verfügung stehenden Funktionen beinhaltet, folgt die Pilotphase. Die Pilotphase besteht normalerweise aus zwei Teilen: einem kontrollierten Teil, in dem eine kleine Benutzergruppe mit dem neuen System im Produktionsmodus arbeitet, und einem später folgenden Teil mit einer größeren Gruppe, die die gesamte Benutzergemeinde repräsentiert.

Der Pilotphase folgt eine Aktualisierungsphase. Ein wichtiger Schritt in der Aktualisierungsphase besteht im Erstellen eines Dokuments, welches die Verfahren zum Implementieren der Aktualisierung klar umreißt.

22.3 Ziele der Migration

Die Ziele Ihrer Migration von Windows NT 4.0 hin zu Active Directory und Windows 2000 bestehen in maximaler Verfügbarkeit, minimaler Beeinträchtigung des Betriebs, minimalen manuellen Eingriffen bei Migration und Support, Sicherheit und minimalem Zeitaufwand. Ihr Ziel hinsichtlich Ihrer Benutzer besteht in einer sauberen Implementierung der neuen Umgebung mit geringstmöglicher Beeinträchtigung der Benutzer. Dies ist wichtig, weil der Eindruck, den die Benutzer von der Migration haben, ihre Meinung über die neue Technologie beeinflussen wird. Schlechte Eindrücke von der Migration sind später nur schwer zu überwinden.

22.4 Vorbereitung der Migration und des Active Directory

Die Schulung Ihres administrativen und Entwurfsteams ist eine wichtige Komponente bei der Beschaffung von Informationen über die technischen Details der neuen Umgebung. Erfahrene Entwickler für Active Directory werden am Anfang nur schwer zu finden sein. Am besten sorgen Sie für eine Schulung von Microsoft, um schnell anfangen zu können, was Ihrem Personal gleichzeitig eine gute Grundlage dafür verschafft, die in diesem Buch beschriebene Methode anzuwenden.

22.4.1 Neubewertung des administrativen Modells

Als Teil der Vorbereitung auf das Active Directory sollten Sie eine Neubewertung Ihres administrativen Modells vornehmen und festlegen, wie Sie in Zukunft die Gruppenrichtlinien und das Verzeichnis zu nutzen gedenken. Die neuen Werkzeuge sind so flexibel und die Granularität bei der Delegierung der Administration ist so hoch, dass es sich lohnt, einmal einen Schritt zurückzutreten und sich zu überlegen, wie Ihre Umgebung später einmal verwaltet werden soll.

22.4.2 Schauen Sie sich die gegenwärtigen Gruppen von Windows NT 4.0 an

Zusammen mit Ihrem Übergang zu Active Directory sollten Sie die Gelegenheit nutzen, sich einmal die momentane Gruppenstruktur von Windows NT 4.0 anzuschauen und diese zu dokumentieren. Bei Active Directory und Windows 2000 haben sich die Gruppen geändert. Es stehen nun vier Gruppentypen zur Verfügung, die weiter unten beschrieben und in der Tabelle 22.1 dargestellt werden.

Es ist außerdem von Bedeutung zu verstehen, welchen Effekt Gruppen auf den Betrieb von Windows im einheitlichen oder gemischten Modus haben. Sie sollten sich auch die Zeit nehmen, die Verwendung Ihrer lokalen Gruppen zu untersuchen. Nach sorgfältigen Ermittlungen können Sie dann Ihre Ergebnisse in den Test übertragen, den Migrationsprozess selbst austesten und dafür sorgen, dass die Zugangsmöglichkeiten migriert oder eliminiert worden sind.

22.4.3 Der Aktualisierungsprozess für Windows NT 4.0

Bei einer Migration von Windows NT 4.0 müssen verschiedene Punkte berücksichtigt werden, die die Aktualisierung des PDC der Ressourcendomäne, die eigentlichen Aktualisierungsschritte und die Reihenfolge der Domänenaktualisierungen betreffen.

Wenn Sie den PDC aktualisieren, wird dieser zur ersten Domäne in der neuen Windows-2000-Struktur und läuft standardmäßig im gemischten Modus. Mit gemischtem Modus ist gemeint, dass das System einen PDC für die alte Domäne für sämtliche BDCs emuliert, die noch in der alten Domäne existieren (PDC-

Emulation). Alle Änderungen für einen BDC in der alten Domäne werden wie in einer Umgebung mit Windows NT 4.0 am PDC vorgenommen.

Mit »gemischter Modus« ist weiterhin gemeint, dass es immer noch DCs unter Windows NT 4.0 gibt, während »einheitlicher Modus« bedeutet, dass alle DCs unter Windows 2000 laufen. Auch in einer Umgebung mit einheitlichem Modus stellt der PDC-Emulator immer noch gewisse Dienste zur Verfügung. Zu diesen gehören beispielsweise:

- Authentifizierung für kompatible Clients
- Replikation von Kennwortänderungen vorzugsweise an den PDC-Emulator
- Verarbeitung von Kontosperren über den PDC-Emulator

Die SAM (Security Account Manager) von Windows NT 4.0 wird in das Active Directory geladen. Während sich das Active Directory im gemischten Modus befindet, können die BDCs von Windows NT 4.0 hinzugefügt werden. Außerdem werden Sie gegebenenfalls sicherstellen wollen, dass sämtliche in der alten Umgebung vorhandenen Vertrauensstellungen beibehalten werden. Der PDC im gemischten Modus stellt für die verbleibenden Systeme mit Windows NT 4.0 immer noch die Kontodomäne dar.

Mehrere PDCs

Wenn Sie mehrere Domänen mit Windows NT 4.0 und damit auch mehrere PDCs haben sollten, muss der zweite PDC zur Windows-2000-Struktur hin aktualisiert werden. Sie erreichen dies, indem Sie den PDC zu einer anderen Domäne in der Struktur aktualisieren. Dies sorgt für eine Unterstützung des gemischten Modus, solange die BDCs noch in die Struktur verschoben werden und Sie eventuell zum einheitlichen Modus übergehen.

Aktualisierung der Ressourcendomänen

Bei der Betrachtung der zu aktualisierenden Ressourcendomänen müssen Sie erwägen, warum Sie die betreffende Ressourcendomäne ursprünglich erstellt haben. Welche Anforderung hat damals bestanden? Ein typischer Grund ist beispielsweise die Vermeidung von Problemen wegen der SAM-Größenbeschränkung. Ein weiterer Grund für Ressourcendomänen kann die Delegierung der Administration sein. Beide Beschränkungen sind mit dem Active Directory überwunden worden. Das Active Directory besitzt keinerlei Größenbeschränkungen mehr; außerdem bieten seine Organisationseinheiten (OUs) die Gelegenheit zur Segmentierung der Administration an.

Bei Ressourcendomänen verfügen Sie über mehrere Aktualisierungsoptionen. Sie können die Domänen an Ort und Stelle aktualisieren oder sie in eine neue Gesamtstruktur und neue DCs aktualisieren, die Objekte in die endgültige Gesamtstruktur verschieben und dann die alte Domänengesamtstruktur aufgeben. Sie können die Ressourcendomänen aber auch in der Form von OUs neu strukturieren.

22.4.4 Aktualisierungsschritte für das Active Directory

Der erste Schritt bei der Aktualisierung hin zum Active Directory besteht in der Einrichtung der Stammdomäne. Beim Einrichten der Stammdomäne müssen Sie festlegen, ob Sie eine vorhandene Kontodomäne nutzen oder eine neue Domäne erstellen. Diese Frage ist von Ihrem endgültigen Entwurf des Active Directory abhängig – falls Sie beispielsweise im Moment über zwei Kontendomänen verfügen (eine in Europa und eine in Nordamerika), können Sie eine Stammdomäne erstellen und dann die nordamerikanischen und europäischen Benutzer in separate OUs der Stammdomäne migrieren.

Konten, die in OUs migriert worden sind, verfügen über dieselben Zugriffsrechte für Ressourcen, die sie auch schon in den separaten Domänen besaßen.

Nach der Einrichtung der Stammdomäne aktualisieren Sie als erstes die Kontendomänen. Hierbei können Sie sich die neuen Funktionen des Active Directory zunutze machen. Ein Beispiel einer dieser neuen Funktionen, die Sie schnell werden verwenden können, ist die Delegierung der administrativen Kontrolle unter Durchbrechung der Domänenbeschränkungen unter Windows NT 4.0.

Nach den Kontendomänen können Sie die Ressourcendomänen migrieren.

22.4.5 Reihenfolge der Domänenaktualisierungen

Unter Berücksichtigung der Reihenfolge bei der Aktualisierung der Domänen sollten Sie die Größe der Domänen abklären und mit der kleinsten zuerst beginnen. Hierdurch werden die möglichen Auswirkungen auf den Endanwender minimiert.

Falls Ihre größeren Domänen Kontendomänen sein sollten, werden Sie diese zuerst migrieren. Eine Migration der Kontendomänen sorgt für eine einfachere Administration.

Nach der Feststellung der Domänengröße sollten Sie außerdem überlegen, ob eine Domäne konsolidiert oder nur migriert werden und weitgehend intakt bleiben soll. Die Migration von Kontendomänen, die vermischt werden, sollten Sie erst dann vornehmen, wenn der Prozess der Migration der anderen Kontendomänen abgeschlossen ist.

Kontendomänen können vermischt werden, indem die Benutzer in eine Gesamtstruktur von Windows 2000 migriert werden. Der erste Schritt besteht darin, Vertrauensbeziehungen zur Gesamtstruktur einzurichten, damit Sie in der Lage sind, den Zugriff auf die Ressourcendomänen zu administrieren. Als nächstes sollten Sie in der Gesamtstruktur globale Gruppen für jede globale Gruppe erstellen, die in der Umgebung mit Windows NT 4.0 existiert. Nachdem die Vertrauensstellungen und globalen Gruppen eingerichtet sind, können Sie die einzelnen Benutzer unter Verwendung von *ClonePrincipal* zum Klonen der Benutzer für die Zieldomäne migrieren. Über dieses Verfahren können Sie Benutzer aus mehreren Domänen in eine einzelne Domäne verschieben.

Bei Ressourcendomänen sollten Sie diejenigen Domänen migrieren, in denen es nur eine begrenzte Anzahl von Arbeitsplatz-PCs gibt. Diesen sollten die Domänen mit Anwendungen folgen, die Gebrauch von Active Directory machen. Ein Beispiel hierfür ist die neue Generation von Microsoft Exchange. Als nächstes sollten die Ressourendomänen migriert werden, die nach der Migration fortbestehen werden, sowie diejenigen, die konsolidiert wurden.

Zum Migrieren einer Exchange-Ressourcendomäne zu einer Windows-2000-Domäne erstellen Sie als erstes die Vertrauensstellungen von der Exchange-Ressourcendomäne hin zur Windows-2000-Domäne. Dies erlaubt Benutzern in der Windows-2000-Domäne den Zugriff auf die Ressourcen in der Exchange-Ressourcendomäne. Zur Bestimmung der existierenden Vertrauensstellungen zwischen der Ressourcen- und der Kontodomäne können Sie *NetDom* verwenden. Als nächstes degradieren Sie die Anwendungsserver zu Mitgliedsservern und verwenden *NetDom* dazu, in der Zieldomäne, in die der Mitgliedsserver verschoben wird, Computerkonten zu erstellen. Zum Schluss bauen Sie die Ressourcendomäne ab.

22.4.6 Werkzeuge zum Verschieben von Objekten

Zum Verschieben von Objekten, die Teil des Active Directory sind, existieren mehrere Werkzeuge. Mit dem Werkzeug *ClonePrincipal* beispielsweise können Benutzer und Gruppen zwischen Domänen verschoben werden.

Ein wichtiger Teil jeder Migrationsstrategie ist der *SID-Verlauf*, ein Werkzeug, mit dem Sie die Benutzer in der Realität verschieben können. Vergessen Sie nicht, dass Sie beim Verschieben eines Benutzers zwischen Domänen eigentlich einen Benutzer in der neuen Domäne erstellen und in der alten löschen. Dies kann zu Problemen führen, weil Sie in diesem Augenblick auch eine neue SID erstellen, die dann nicht mehr auf die Ressourcen zugreifen kann, die sich in der alten Domäne befinden.

Um dieses Problem zu vermeiden, hat Microsoft einen SID-Verlauf für Benutzer erstellt, mit dem die alte SID dem Benutzer zur Domäne folgen kann. Versucht dieser Benutzer auf eine Ressource in der alten Domäne zuzugreifen, wird der SID-Verlauf zum Ermitteln der alten SID benutzt und der Zugriff auf die Ressourcendomäne gewährt.

NetDom ist ein während des Migrationsprozesses verwendetes Scripting-Werkzeug, mit dem Sie Vertrauensstellungen aufbauen und Computerkonten erstellen können. Dies ist praktisch für große Organisationen, in denen Hunderte von Ressourcen bewegt werden müssen. Mit *MoveTree* können Objekte zwischen Domänen in eine einzelne Gesamtstruktur verschoben werden. Dieses Werkzeug kann zur Aktualisierung einer Domänentopologie an Ort und Stelle benutzt werden. Alle diese Werkzeuge sind ein Bestandteil des Resource Kit und können nach der Installation des Resource Kit im Verzeichnis *c:\Programme\Resource Kit* gefunden werden.

22.5 Ansätze zum Aktualisieren auf Active Directory

Bei einer Aktualisierung an Ort und Stelle wird Ihre vorhandene Domäne aus der Umgebung mit Windows NT 4.0 unter Windows 2000 und Active Directory auf demselben Computer installiert. Bei dieser Art der Aktualisierung behalten Sie denselben Topologietyp bei, den Sie schon immer gehabt haben. Stellen Sie sich in einem solchen Fall folgende Fragen: »Habe ich wirklich alle Vorteile des Active Directory ausgenutzt?« »Ist mein Entwurf des Active Directory umfassend und sorgfältig genug, um sämtliche Vorteile des Active Directory zu berücksichtigen?«. »Verfüge ich über Möglichkeiten bei den Standorten für die Verminderung des Netzwerkverkehrs beim Kombinieren von Kontendomänen?«.

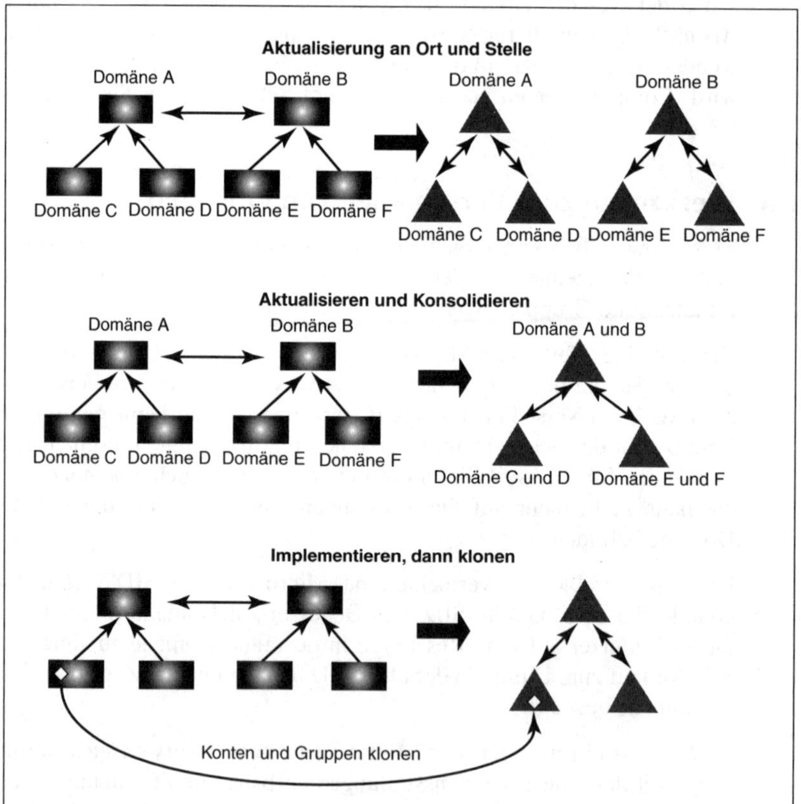

Abb. 22.1: Ansätze für die Aktualisierung.

Der nächste Ansatz für die Aktualisierung auf Active Directory lautet *aktualisieren und konsolidieren.* Dieser Ansatz beinhaltet eine Aktualisierung der Domänen an Ort und Stelle mit anschließendem Einsatz von Werkzeugen, mit denen die Domänen so konsolidiert werden, dass sie Ihren Domänenentwurf für das Active Directory widerspiegeln.

Der populärste Ansatz ist die Implementierung mit anschließendem Klonen. Dies ist ein Verfahren, welches sich ausgezeichnet für Organisationen eignet, die ihre Domänen mit Windows NT 4.0 an Ort und Stelle belassen wollen, parallel dazu Active Directory implementieren und dann nach und nach die Benutzer in die neue Domänenstruktur mit Active Directory einbringen. Microsoft hat die erforderlichen Werkzeuge zur Unterstützung dieses Vorgehens entwickelt.

22.5.1 Überlegungen zu einer Aktualisierung an Ort und Stelle

Die Aktualisierung an Ort und Stelle ist bei einfachen Umgebungen der gradlinigste Ansatz, erfordert aber nichtsdestotrotz einige Planung bei den Details. Als erstes ist die Reihenfolge der Aktualisierungen von Konten und Domänen von Bedeutung. In der Regel werden Sie als erstes die Konten aktualisieren.

Die DCs können koexistieren, so dass eine graduelle Migration von Windows NT 4.0 zum Active Directory mit anschließender Umwandlung des gemischten in den einheitlichen Modus möglich ist.

Sie sollten sich darüber im Klaren sein, dass während des Migrationsprozesses sämtliche Objekte von Windows NT 4.0 zu Objekten des Active Directory werden. Es ist daher ratsam, unter Ihren Objekten in Windows NT 4.0 Ordnung zu schaffen und aufzuräumen, damit die Migration keine überflüssigen Daten im neuen Verzeichnis erzeugt.

Eine weitere Überlegung betrifft die Verwendung der BDCs. Sie können einen BDC erstellen und diesen für den Fall offline bereitstellen, dass Sie zu Ihren Domänen unter Windows NT 4.0 zurückkehren müssen. Den BDC können Sie dann wieder zum PDC machen. Ein anderer Ansatz besteht darin, vor der Migration des PDCs einen BDC neu auf einem separaten PC zu erstellen, ihn offline in einem isolierten LAN bereitzuhalten und dann zum PDC zu befördern. Über diesen PDC, der eine Abbildung Ihrer aktuellen Umgebung mit Windows NT 4.0 ist, können Sie dann die am Ort stattfindende Migration mit echtem SAM testen.

Eine letzte Bemerkung zur Aktualisierung an Ort und Stelle betrifft die Überprüfung der Vertrauensstellungen zwischen Domänen von Active Directory und Windows NT 4.0, die sicherstellen, dass die Benutzer den Zugriff auf die Ressourcen behalten, die sie benötigen.

22.5.2 Konsolidierung

Beim Übergang zu Active Directory gibt es zwei Methoden zur Konsolidierung von Domänen. Die eine Methode besteht darin, zuerst Ihre Domänen zu konsolidieren und diese dann zu aktualisieren. Bei der zweiten Methode wird aktualisiert und anschließend mit dem Einsatz entsprechender Werkzeuge konsolidiert.

Das Problem bei der ersten Methode liegt darin, dass es in einer Umgebung mit mehreren Domänen unter Windows NT 4.0 sehr wahrscheinlich einen Grund für diese Konstellation gegeben hat. Wenn Sie mehrere Domänen wegen der Größenbeschränkungen bei SAM erstellt haben, werden Sie vor der Migration nicht konsolidieren können.

Haben Sie dagegen die Möglichkeit, vor der Migration zu konsolidieren, dann können Sie auf entsprechende Werkzeuge von Drittanbietern zurückgreifen, die eine derartige Vorgehensweise unterstützen. Microsoft bietet zu diesem Zweck MoveTree zum Konsolidieren von Konten in Domänen in Abhängigkeit von Ihrem Entwurf an.

Eine Liste der Werkzeuge von Drittanbietern steht unter der Webadresse *http://www.microsoft.com/Windows/server/deploy/directory/accessory.asp* zur Verfügung. Auf der Liste der hier genannten Unternehmen stehen u. a. NetIQ, Entevo Corporation, FastLane Technologies Inc., Master Design and Development, Mission Critical Software, NetPro und Full Armor Corporation.

22.5.3 Überlegungen zur Konsolidierung

Wenn Sie konsolidieren, müssen Sie die SIDs in Ihre Überlegungen miteinbeziehen, weil Sie ohne eine Migration der SIDs Schwierigkeiten haben werden, auf die Ressourcen in der alten Domäne unter Windows NT 4.0 zuzugreifen. Eine andere Überlegung betrifft die Auswirkung der Konsolidierung auf den Netzwerkverkehr. Der Verkehr zu den DCs kann dann zu einem Flaschenhals in der Systemleistung werden, wenn es nicht viele DCs gibt. Während einer Konsolidierung können auch Änderungen am DNS erforderlich werden, falls es vor der Konsolidierung mehrere Domänen in verschiedenen Namespace gegeben hat, die ebenfalls konsolidiert wurden.

Sie sollten außerdem darüber nachdenken, die Benutzer nach und nach zu migrieren, um die Auswirkungen der Änderungen zumindest in den frühen Stadien der Migration zu minimieren.

Vor dem Start der Migration legen Sie einen Rückführungsplan fest, den Sie auch testen und der vielleicht so simpel wie das Erstellen eines BDCs sein kann, den Sie offline bereithalten. Sorgen Sie für einen ausreichenden Test Ihrer Rückzugsstrategie, damit Sie im Fall des Falles nicht unter Panikbedingungen arbeiten müssen!

22.5.4 Implementieren der Kontodomäne mit anschließendem Klonen

Falls Sie sich für den Migrationsansatz *implementieren mit anschließenden Klonen* entschieden haben, beginnen Sie mit dem Erstellen eines neuen Waldes. Diese neue, saubere Umgebung beruht auf dem Entwurf des Active Directory, den Sie erstellt haben.

Der erste Schritt besteht im Erstellen von Vertrauensstellungen zwischen dem neuen Wald und der Benutzerdomäne in der Umgebung mit Windows NT 4.0. Die Vertrauensstellungen verlaufen von der Domäne mit Windows NT 4.0 zum Baum des Active Directory (siehe dazu die Abbildung 22.2).

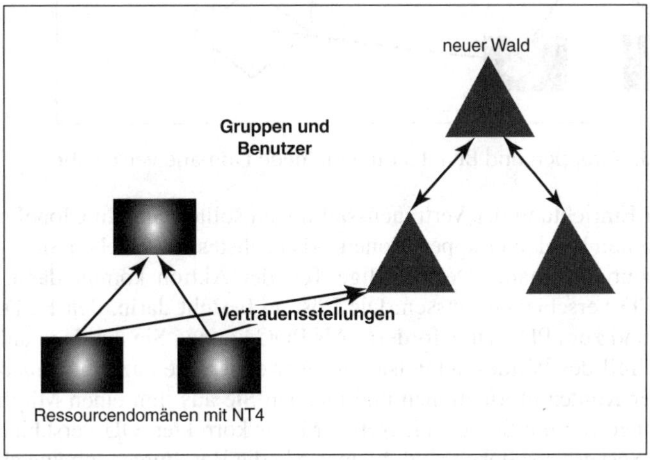

Abb. 22.2: Ressourcendomänen vertrauen sowohl der Kontodomäne unter Windows NT 4.0 als auch der neuen Windows-2000-Domäne.

Nach der Einrichtung der Vertrauensstellungen müssen Sie die Gruppen und Benutzer über die Werkzeuge ClonePrincipal und SID-Verlauf klonen.

22.5.5 Implementieren mit anschließendem Klonen der Ressourcendomäne

Beim Beginn des Klonens müssen Sie bedenken, dass es in beiden Domänen Benutzer gibt. Dies macht es erforderlich, dass Sie eine Vertrauensstellung von der Active-Directory-Domäne hin zur Domäne unter Windows NT 4.0 einrichten, damit die Benutzer auf der Seite der Domäne unter Windows NT 4.0 auf die Ressourcen im neuen Active-Directory-Baum zugreifen können (siehe dazu die Abbildung 22.3).

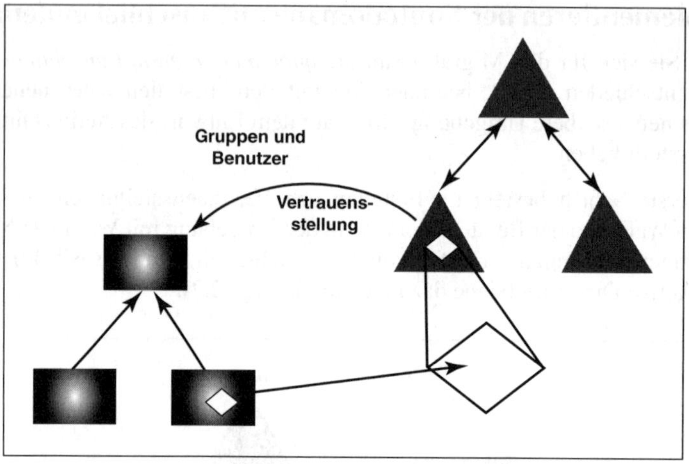

Abb. 22.3: Gruppen und Benutzer in eine neue Domäne verschieben

Nach der Einrichtung der Vertrauensstellungen sollten Sie mit ClonePrincipal die gemeinsamen lokalen Gruppen klonen. Als nächstes verschieben Sie die Server in die Ressourcendomäne. Der knifflige Teil der Aktion kommt dann, wenn Sie einen BCD verschieben müssen. Die Lösung besteht darin, den BCD offline zu nehmen und zum PDC zu befördern. Als PDC können Sie ihn dann auf Windows 2000 als Teil des Waldes aktualisieren. Verwenden Sie dazu *DCpromo* zum Entfernen der Konteninformationen und machen Sie aus ihm einen Mitgliedsserver. Jetzt können Sie die Server mit NetDOM zur korrekten OU verschieben. Nachdem alle Server verschoben sind, können Sie die Ressourcendomäne abbauen.

22.6 Aktualisierungsszenarien für Active Directory

Dieser Abschnitt beschäftigt sich mit den verschiedenen Migrationsszenarien. Er erörtert das Einzeldomänenmodell, das Masterdomänenmodell und das Multimastermodell und erklärt, wann man zum einheitlichen Modus übergehen sollte.

22.6.1 Einzeldomäne

Eine Umgebung mit Windows NT 4.0 mit einer einzigen Domäne stellt die einfachste Form einer Umgebung dar, die Sie migrieren können. Als erstes aktualisieren Sie Ihren PDC und dann die BDCs. Nach der Aktualisierung organisieren Sie nach Bedarf die Objekte in OUs und erstellen Gruppenrichtlinien, die die Vorteile des Active Directory nutzen. Als nächstes denken Sie über die Einrichtung von Standorten zur Steuerung des Netzwerkverkehrs nach.

22.6.2 Masterdomänenmodell

Bei einem Masterdomänenmodell sollten Sie als erstes die Masterdomäne aktualisieren. Falls Sie zu mehreren Active-Directory-Domänen wechseln wollen, können Sie eine Aktualisierung an Ort und Stelle vornehmen. Falls Sie nur eine einzige Active-Directory-Domäne haben werden, kann Ihre Ressourcendomäne mit Windows NT 4.0 in die Active-Directory-Domäne verschoben werden. Sie müssen dann aber explizite Vertrauensstellungen erstellen.

22.6.3 Multimastermodell

Beim Multimastermodell nehmen Sie eine Aktualisierung hin zu einem idealen Active-Directory-Domänenmodell vor. In diesem Szenario gibt das Active Directory Antworten auf die Fragestellungen, die vom Multimastermodell in großen Unternehmen aufgeworfen wurden.

Im Rahmen dieser Migration sollten Sie einem Baum mit einer leeren Stammdomäne erstellen und für jede Masterdomäne eine Domänenstruktur aufbauen. Die leere Stammdomäne bietet die Möglichkeit eines zusammenhängenden Namespace. Der Wald, in der sich die Masterdomänen befinden, verfügt über ein gemeinsames Schema, eine Konfiguration und transitive Vertrauensstellungen.

Die Kontendomänen können konsolidiert werden. Eine große einzelne Domäne im Active Directory kann unterstützt werden und hat hinsichtlich des Netzwerkverkehrs so lange keinerlei Auswirkungen auf die Authentifizierung der Endanwender, wie es eine genügend große Zahl von DCs gibt, die richtig verteilt worden sind.

Kontendomänen werden konsolidiert, indem sie in separate Domänen im gleichen Wald migriert werden. Nach der Aktualisierung einer Kontodomäne können dann die Benutzer und Gruppen unter Verwendung von ClonePrincipal für einzelne Benutzer oder MoveTree für größere Aktionen in eine andere Domäne in der Gesamtstruktur migriert werden.

22.6.4 Vollständiges Vertrauensstellungsmodell

Bei diesem Szenario müssen Sie verstanden haben, warum Sie überhaupt ein voll ständiges Vertrauensstellungsmodell vor sich haben. Liegt der Grund darin, dass Ihre Organisation über ursprüngliche Abteilungsgrenzen hinausgewachsen ist? Wenn dies der Fall ist, sollten Sie einen idealen Entwurf des Active Directory entwickeln und dann hin zu einem Wald mit einer leeren Stammdomäne ähnlich dem Multimastermodell aktualisieren. Falls Sie das vollständige Vertrauensstellungsmodell wegen der existierenden Geschäftsbeziehungen haben, sollten Sie die Auswirkungen eines einzelnen Waldes mit Bäumen oder ein Szenario mit mehreren Gesamtstrukturen in Erwägung ziehen.

22.7 Wann Sie zum einheitlichen Modus übergehen sollten

Im einheitlichen Modus stehen Ihnen verschiedene Funktionen zur Verfügung, die einen Übergang zu diesem Modus nahe legen können. Sie verfügen im einheitlichen Modus über mehr Gruppentypen und können ein Gruppenmanagement mit verschachtelten Gruppen realisieren.

Die verfügbaren Gruppen und ihre Funktionen werden in der Tabelle 22.1 aufgeführt. Als neue Gruppentypen sind domänenlokale und universelle Gruppen hinzugekommen. Domänenlokale Gruppen ähneln lokalen Gruppen mit der Ausnahme, dass sie domänenweit sind. Domänenlokale Gruppen ermöglichen den Zugriff auf Ressourcen in der Domäne, was analog zu lokalen Gruppen zu verstehen ist, die den Zugriff auf computerspezifische Ressourcen ermöglichen. Universelle Gruppen verfügen über eine Reichweite, die sich über den gesamten Wald erstreckt. Universelle Gruppen können den Zugriff auf Ressourcen in jeder Domäne im Wald und in Domänen in anderen Wäldern geben, sofern korrekt eingerichtete Vertrauensbeziehungen existieren.

Gruppentyp	verfügbarer Modus	Funktion
Lokale Gruppe	gemischt und einheitlich	Zugriff auf computerspezifische Ressourcen
Domänenlokale Gruppe	nur einheitlich	Zugriff auf domänenweite Ressourcen. Kann auf jedem Computer der Domäne verwendet werden. Auf ihre lokale Domäne begrenzt
Globale Gruppe	gemischt und einheitlich	Ähnlich den globalen Gruppen unter Windows NT. Domänenweiter Mitgliedschaftsbereich. Kann Berechtigungen in anderen Domänen erhalten
Universelle Gruppen	nur einheitlich	Mitgliedschaft und Berechtigungen in der ganzen Gesamtstruktur

Tab. 22.1: Verfügbare Gruppentypen und -funktionen

Der einheitliche Modus beseitigt den BDC-Replikationsverkehr im Netzwerk, während der PDC gänzlich fortfällt. Auch die Größenbeschränkung bei SAM ist aufgehoben.

Das Verbleiben im gemischten Modus hat keinerlei Auswirkungen auf die Art des Client-Zugriffs. Es gibt nur wenige Gründe dafür, den gemischten Modus beizubehalten. Sie können darin bestehen, dass sich die vorhandene Hardware nicht zum Einsatz des Active Directory eignet, eine Rückzugsposition beibehalten werden soll oder die BDCs nicht aktualisiert werden können, weil es auch Anwendungen gibt, die nicht aktualisiert werden sollen.

22.8 Fazit

Der Übergang zum Active Directory ist keine leichte Aufgabe. Dieses Kapitel sollte Ihnen jedoch genügend Hintergrundinformationen für eine erfolgreiche Aktualisierung geliefert haben. Der Wechsel kann wegen der vielfältigen neuen Funktionen von Active Directory und Windows 2000 eine bedeutende logistische und technische Herausforderung im Unternehmen darstellen.

Stichwortverzeichnis

K

M